Einführung in die Berufliche Förderpädagogik

Waxmann Verlag GmbH
Steinfurter Straße 555, 48159 Münster
info@waxmann.com

Arnulf Bojanowski, Martin Koch,
Günter Ratschinski, Ariane Steuber (Hrsg.)

Einführung in die Berufliche Förderpädagogik

Pädagogische Basics zum Verständnis benachteiligter Jugendlicher

Waxmann 2013
Münster / New York / München / Berlin

Bibliografische Informationen der Deutschen Nationalbibliothek
Die Deutsche Nationalbibliothek verzeichnet diese Publikation in der
Deutschen Nationalbibliografie; detaillierte bibliografische Daten sind
im Internet über http://dnb.d-nb.de abrufbar.

Waxmann Studium

ISSN 1869-2249
ISBN 978-3-8309-2760-0

© Waxmann Verlag GmbH, 2013
Postfach 8603, 48046 Münster

www.waxmann.com
info@waxmann.com

Umschlaggestaltung: Pleßmann Design, Ascheberg
Umschlagabbildung: © lassedesignen – Fotolia.com
Gedruckt auf alterungsbeständigem Papier, säurefrei gemäß ISO 9706

Printed in Germany

Inhalt

Vorwort

▶ Was will Berufliche Förderpädagogik?

Sie arbeiten als Praktikerin oder als Praktiker[1] in irgendeinem Segment des „Übergangssystems" oder der Benachteiligtenförderung. Vielleicht betreuen Sie in einer „Maßnahme" Jugendliche, die als Schulverweigerer aufgefallen sind, oder Sie arbeiten als Lehrerin oder als Lehrer in einem schulischen Berufsvorbereitungsjahr (BVJ) oder Sie wollen Lehrkraft an einer berufsbildenden Schule werden und haben schon beim ersten Praktikum mit Jugendlichen zu tun, die Sie als „schwierig" empfinden. Unweigerlich werden Sie sich mit einer Fülle von Fragen und Problemen konfrontiert sehen, mit denen Sie in Ihrer bisherigen pädagogischen Laufbahn oder in Ihrem Leben noch nicht zu tun hatten. Ja – Sie haben es mit „benachteiligten Jugendlichen" zu tun und Sie ahnen, dass Sie mit einem üblichen Repertoire pädagogischer Kunstgriffe und alltagspraktischer Erfahrungen erst einmal nicht viel weiterkommen. Vielleicht fragen Sie zunächst eine Kollegin, einen Kollegen um Rat? Auch wenn das sinnvoll ist – Sie werden vielleicht weiterfragen: Wieso weiß ich so wenig über diese (benachteiligten) jungen Menschen? Weshalb gibt es so viele Maßnahmen, solch einen „Dschungel" von Förderaktivitäten? Warum reden alle jedes Jahr wieder über die möglicherweise fehlenden Ausbildungsstellen, aber nicht über diejenigen, die dafür – nach offiziellem Sprachgebrauch – nicht die erforderliche „Ausbildungsreife" haben? Wieso gibt es einen Fachkräftemangel und zugleich so viele „unversorgte" Jugendliche? Warum wird der oftmalige Migrationshintergrund benachteiligter Jugendlicher öffentlich „wie ein rohes Ei" behandelt?

Wenn Sie sich in die Sache vertiefen, werden Sie bald feststellen: Es fehlt an Leitlinien, besser: an organisierenden Kategorien, die Ihnen helfen, das Feld aufzuschließen. Es stellt sich also – nicht nur Ihnen – die Frage: Lässt sich der **Gesamtkorpus** einer Pädagogik, die sich vorrangig mit der Förderung benachteiligter Jugendlicher und junger Erwachsener befasst, angemessen, zeitgemäß, konsistent, anschlussfähig und anspruchsvoll beschreiben?

Eine solche vorläufige Beschreibung und Einordnung ist das Ziel dieses Buches. Wir gehen davon aus, dass schon etliche z.T. völlig heterogene (pädagogische) Elemente, Bausteine und Puzzlestücke einer Pädagogik der Benachteiligtenförderung existieren, und wir wollen versuchen, die verschiedenen zusammenhanglosen Teile einer **Pädagogik für benachteiligte Jugendliche** begrifflich zu fassen und systematisch(er) zusammenzuführen (Bojanowski 2005a). Um die vorhandenen Disziplingrenzen zu überwinden, bedarf es eines neuen Zugangs, einer neuen Strukturierung, ja eines neuen Namens für das Vorhaben. Dazu haben wir zunächst auf der Ebene des Wissenschaftssystems bzw. der Erziehungs-

---

1 Im Text sind wir nicht einheitlich gendergerecht. Immer aber sind beide Geschlechter gemeint, wenn wir Personen nennen.

wissenschaft angesetzt und von hier aus eine Strukturierung für eine Benachteiligtenpädagogik entwickelt, dies allerdings immer mit „Bodenhaftung", mit Verbindungen zur realen Praxis. Der konkrete Vorschlag lautet: Die Pädagogik, die sich um benachteiligte Jugendliche kümmert, also die Pädagogik der Benachteiligtenförderung, soll programmatisch den Titel „Berufliche Förderpädagogik" tragen. Die nun folgenden Bestimmungen und Definitionsversuche zum **Gegenstandsbereich**, zu den **Adressaten** einer beruflichen Förderpädagogik, zum Begriffsfeld des „**Förderns**" sowie zum **bildungspolitisch-organisationellen Bezugsfeld** sollen ein erstes Referenzsystem bilden, das unser Feld eingrenzt.

▶ Was ist der Gegenstandsbereich?

Der Basis-Vorschlag lautet: Wir nutzen die Fülle disparater pädagogischer Elemente der schon vorhandenen Pädagogiken für benachteiligte Jugendliche, strukturieren sie unter ordnenden Gesichtspunkten und kombinieren sie in ein konzeptionell verbundenes Gebilde: „Berufliche Förderpädagogik". Sie sei als eine integrierende Pädagogik des Jugendalters zu verstehen, die im Blick auf die Förderung benachteiligter junger Menschen wissenschaftliche Hypothesen und Argumente, Impulse aus aktuellen Zeit- und Situationsbeschreibungen, pädagogische Leitlinien und Handlungsregulative sowie Ergebnisse der pädagogischen Forschung bündelt und vor allem für die Praxis in der beruflichen Benachteiligtenförderung und für ihre Professionalitätsentwicklung aufbereitet.[2] Eine so verstandene Pädagogik soll im Kontext von Förderung oder Betreuung benachteiligter Jugendlicher Impulse für die pädagogische Gestaltung von Einrichtungen der Benachteiligtenförderung oder für die Fortbildung des Personals oder auch für die Entwicklung von Curricula geben.

Berufliche Förderpädagogik speist sich aus vier Teildisziplinen, die in unterschiedlicher Intensität für das Feld der beruflichen Benachteiligtenförderung strukturierend und inspirierend wirken, nämlich Berufspädagogik, Sozialpädagogik, Sonderpädagogik und Schulpädagogik. Sicherlich hatten Sie in Ihrer Praxis oder in Ihrem Studium schon – in unterschiedlichem Ausmaß – mit einer dieser Teildisziplinen zu tun, so dass Sie sich vielleicht sogar mit ihr identifizieren können. Damit kann in der beruflichen Benachteiligtenförderung produktiv an Ihr Professionswissen angeknüpft werden. Die Leistungen und Aufgaben dieser vier erziehungswissenschaftlichen Disziplinen sollen hier in knappsten Strichen angedeutet werden.

---

2 Eine berufliche Förderpädagogik entwickelt auch Bezüge zu pädagogischen Aktivitäten und Ansätzen für diejenigen Jugendlichen, die mit Lern- oder Verhaltensproblemen in der (Teilzeit-) Berufsschule zu finden sind und besonderer Betreuungsformen bedürfen. Ebenfalls lassen sich Bezüge zur Praxis der Berufsorientierung ausmachen, wie sie verstärkt in den Schulen des Sekundarbereichs I zu finden sind.

- Die Aufgabe der **Berufspädagogik** besteht darin, Arbeit und Beruf im gesellschaftlichen Kontext zu thematisieren und pädagogisch aufzubereiten. Bei der Benachteiligtenförderung fällt der Berufspädagogik insbesondere die Rolle zu, als Sachwalterin für die in der Jugendphase unmittelbar anstehende Aufgabe der Berufsorientierung und -findung genauso zu fungieren wie Beiträge für die inhaltliche Ausgestaltung der Lernprogramme in Berufsschule (Berufsvorbereitungsjahr), (Jugend-)Werkstatt oder Betrieb zu liefern.

- In der **Sozialpädagogik** geht es – wiederum vereinfacht – um die Prävention und Intervention in verschiedensten gesellschaftlichen Handlungsfeldern, um Klienten vor Abweichung zu bewahren und ihre (Re-)Integration in Gesellschaft und Gemeinschaft zu befördern. Für die Förderung Benachteiligter gibt es eine Fülle von Anregungen etwa zum Umgang oder zur Beratung eines Heranwachsenden („Einzelfallhilfe"), zur individuellen Betreuung im Gruppenkontext („Gruppenarbeit") oder zur Netzwerkarbeit in einer Region („Gemeinwesenarbeit").

- In der **Sonderpädagogik** steht als Motiv die Achtung der Würde und Integrität des einzelnen (abweichenden oder behinderten) Menschen im Vordergrund, nebst weit verzweigten Anregungen zur Betreuung und Unterrichtung dieses Personenkreises. Solche Ansätze, vor allem im Hinblick auf Lernbehinderungen oder Verhaltensprobleme, gilt es für Unterricht oder Rehabilitation fruchtbar zu machen. Wer aus der Sonderpädagogik kommt, nimmt eher die Herkünfte der Jugendlichen (vor allen aus der Förder-/Sonderschule), sodann den Alltag oder die Lebensbegleitung in den Blick.

- **Die Schulpädagogik** schließlich thematisiert und strukturiert allgemein bildende Lehr-Lernprozesse in schulförmigen Organisationen und entwickelt didaktisch-methodische Vorschläge für die Ausgestaltung von Unterrichtssituationen. Aus diesem Erfahrungskreis kann die Benachteiligtenförderung Anregungen ziehen für die Entwicklung von Unterrichtsprozessen und angemessenen Lehr-Lern-Arrangements z.B. im BVJ oder in den ausbildungsbegleitenden Hilfen (abH).

▶ Wer wären die **Adressaten** einer Benachteiligtenpädagogik?

Seit Jahren und Jahrzehnten gibt es in Deutschland (in Europa, in allen Industrienationen, in allen Entwicklungsländern) eine Gruppe solcher jungen Menschen, die nicht in den Arbeitsmarkt hineinkommen und die oft auch individuelle Probleme haben (Lernprobleme, Verhaltensauffälligkeiten etc.), so dass sowohl Arbeitsmarktintegration scheitert als auch Persönlichkeitsentwicklung und Lebensbewältigung gefährdet sind. Berufliche Förderpädagogik bezieht sich auf diese Jugendlichen und versteht sich als eine integrative Jugendpädagogik. Adressaten sind Jugendliche bzw. junge Erwachsene etwa zwischen vierzehn/fünfzehn und siebenundzwanzig Jahren. Deutschland lebt inzwischen mit der Faktizität von ca. 15 bis 20 % Jugendlicher eines Altersjahrgangs, die durch Ausgrenzungen oder Lebensprobleme bedroht sind und die sich (damit) als benachteiligt umschreiben lassen. Der deutschen Gesellschaft blieb keine andere Wahl, als die fraglichen Zielgruppen administrativ zu erfassen, Bildungsorganisationen zu gründen oder auszubauen, Bildungsangebote zu entwickeln und die Zielgruppen versuchsweise zu definieren. Für die Bestimmung der Adressaten einer beruflichen Förderpädagogik gibt es hinreichend fachliches Wissen, annähernde Klärungen oder auch „Intuitionen" der Praktiker. Es ist freilich bisher wissenschaftlich nicht gelungen, die Zielgruppen allgemeingültig oder konsensfähig zu bestimmen. Unbestritten bleibt im gesellschaftlichen und im fachlichen Diskurs, dass es diese Gruppe benachteiligter Jugendlicher tatsächlich gibt – und dass sie als Problem einer modernen Gesellschaft kaum wahrgenommen wird. Wir haben uns daher für eine weit gefasste „Definition" entschieden: „Inklusives Kriterium [...] soll also die **‚Unversorgtheit im Bildungswesen und/oder auf dem Arbeitsmarkt'** sein. Es darf mithin keine unversorgten Restgruppen nach der Sekundarstufe I geben" (Bojanowski 2012b, 69). Berufliche Förderpädagogik muss bei diesen Jugendlichen nicht nur die Übergänge in die Arbeitswelt thematisieren (Zielformel: employability), sondern auch Anregungen zur eigenständigen Lebensbewältigung geben (Zielformel: independent life).

▶ Warum die gewählte Nomenklatur „**Berufliche Förderpädagogik**"?

Unseres Wissens existiert weder eine ausgearbeitete Pädagogik der beruflichen Förderung noch eine entfaltete Theorie des Förderns. Allerdings ist es zweifellos eine der unmittelbarsten pädagogischen Aufgaben, Heranwachsende, also Kinder und Jugendliche so zu (be-)fördern, dass ihre Selbstentwicklung voranschreitet und sie Integrationsperspektiven (in die Gesellschaft, in den Arbeitsmarkt) entwickeln können. Insofern greift unser Buch begrifflich auf eine längst (bzw. immer schon) vorhandene pädagogische Tätigkeit zurück, ohne die wahrscheinlich pädagogisches Handeln gar nicht gedacht werden kann. Damit aber kann unsere Intention deutlicher werden: Der Begriff „fördern" scheint uns am besten zum Ausdruck zu bringen, dass es hier um von außen kommende Anregungen zur (inneren) Selbstentwicklung geht. Wer mithin einen Menschen fördert, der will ihn „bewegen", will ihn anregen, will ihn unterstützen, jedoch ohne den autonomen Kern des Menschen anzugreifen oder gar zu verletzen. „Fördern" drückt in seiner pädagogischen Begrifflichkeit aus, dass es immer um eine Art angeleitete Selbstentwicklung geht.[3] „Berufliche Förderpädagogik" kann zum Ausdruck bringen, dass die Adressaten Jugendliche sind, die sich „irgendwie", aber unausweichlich,

---

3 Schon aus diesen wenigen Bestimmungen mag deutlich werden, dass wir uns hier explizit von der arbeitsmarkt- und bildungspolitischen Inanspruchnahme des Förderns, vor allem dem zynischen Satz des „Förderns und Forderns" absetzen.

der Entwicklungsaufgabe oder dem Thema „Arbeit und Beruf" stellen müssen. Berufliche Förderpädagogik wird damit eine Pädagogik, die nach der Allgemeinbildungsphase (Kindheit und frühe Jugend) Anstöße für die dann lebensgeschichtlich notwendige Qualifizierungsphase geben will. Da sich Berufliche Förderpädagogik auf benachteiligte junge Menschen (mit entsprechenden Lebensproblemen) bezieht, wird sie notwendigerweise Fragen nach dem Versäumten, nach dem Nicht-Gelebten zu beantworten suchen.

► Was ist der „**Ort**" der Benachteiligtenförderung?

Grundsätzlich unterstellen wir für Deutschland mit dem Begriff der „beruflichen Benachteiligtenförderung" ein reales „Gesamt-System" vorberuflicher und beruflicher Förderung für benachteiligte Jugendliche. Zwar ist dieses „Gesamt-System" noch völlig roh und unausgeformt; ja, es besteht in Wahrheit lediglich aus Teilstücken und ist in seiner Förderfunktion zweifelhaft. Dies wird vor allem dann sehr plastisch deutlich, wenn von einem „**Förderdschungel**" gesprochen wird: Berufliche Benachteiligtenförderung wird lokal, föderal, national und europäisch auf vier Steuerungsebenen und allein im bundesweiten Kontext in Kompetenz von mindestens drei Ministerien organisiert, ohne dass die verschiedenen Angebote systematisch abgestimmt würden (Bojanowski et al. 2007). Die Nationalen Bildungsberichte gehen davon aus, dass sich zwischen die herkömmlichen Sektoren „Schulberufssystem" und „duales System der Berufsausbildung" ein neuer Sektor geschoben hat, das „Übergangssystem". Bildungssoziologisch konstatierten die Nationalen Bildungsberichte neben einem allmählichen Rückgang der Eintritte ins „duale System" und neben einer seit vielen Jahren gleich bleibenden Eintrittssituation in das „Schulberufssystem" eine Zunahme der Eintritte in das „Übergangssystem", die erst langsam wieder abnimmt: Seit gut 10 Jahren werden wohl mehrere 100.000 junge Menschen jährlich in diesen Sektor der beruflichen Bildung gedrängt.

Der Begriff des „Übergangssystems" soll das Wirrwarr von Maßnahmen und Institutionen im vorberuflichen, berufsorientierenden und berufsvorbereitenden Bereich des Bildungswesens erfassen helfen. Unterstellen wir also ein solches hypothetisches Gesamtsystem „beruflicher Benachteiligtenförderung" und denken wir dabei die verschiedenen auf benachteiligte Jugendliche gerichteten Maßnahmen als Quasi-Einheit zusammen, dann gewinnen wir eine neue Perspektive: Berufliche Förderpädagogik würde ihren verankernden Bezug in einem offenen Benachteiligtensystem finden, das schon in vielfältigen Elementen existiert, aber einer vertiefenden bildungspolitischen Systematisierung und einer pädagogischen Durchdringung bedarf. Allerdings ist das Feld der beruflichen Benachteiligtenförderung nicht so klar strukturiert wie etwa eine Schulform, sondern es wird durch aktuelle bildungspolitische Entscheidungen um neue Formen laufend ergänzt. So muss analytisch das Übergangssystem inzwischen noch weiter gefasst werden, als man auch die Abschlussklassen der allgemein bildenden Schulen oder die Leistungen, die den schulischen Unterricht und die betriebliche Ausbildung ergänzen und unterstützen, hinzuzählen müsste. Daher sprechen wir im Text i.d.R. vom **(beruflichen) Übergangssektor** oder von **(beruflicher) Benachteiligtenförderung**.

▶ Das „Drei-Waben-Modell": Zur Topologie der Beruflichen Förderpädagogik

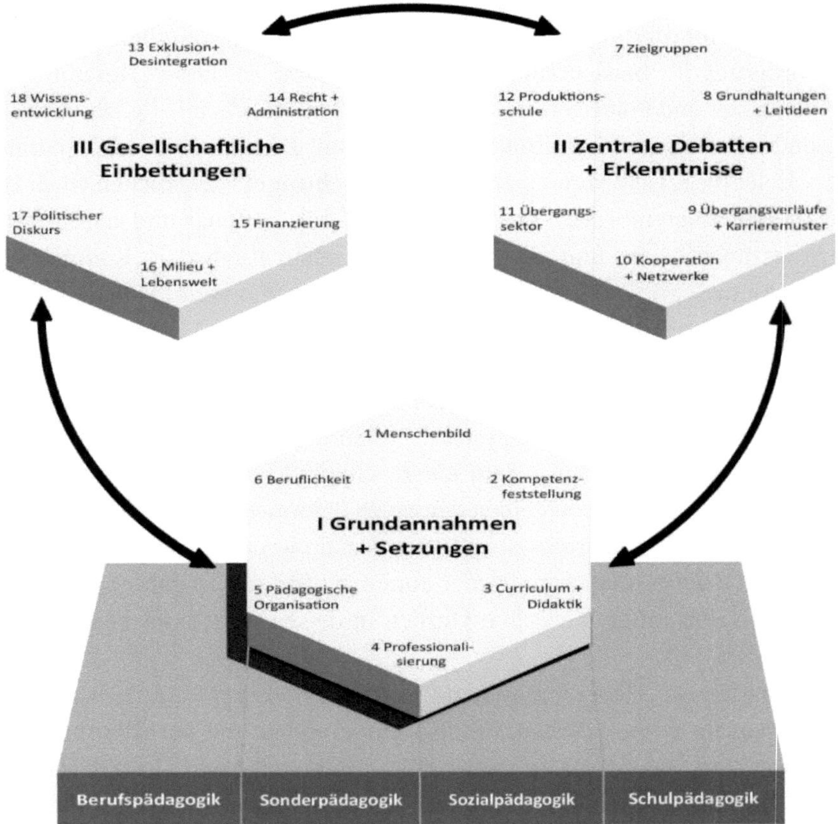

Bei dem „Drei-Waben-Modell", das dieser „Einführung" zugrunde liegt, wird mit einer in der Erziehungswissenschaft eher selten verwendeten Form gearbeitet. Das Modell schließt – mit Renate Girmes, die sich wiederum auf Herbart bezieht – an die Idee einer topologischen Strukturierung des Gegenstandsfeldes an (Girmes 1997, 91f.). Damit sei gemeint, dass die verschiedenen Kategorien des hier zu umreißenden Feldes zwar schon in der Pädagogik (bzw. in den Pädagogiken) auftauchen, dies aber weder vollständig noch eindeutig. Ein topologischer Zugang erlaubt es, die verschiedenen „Orte" relativ verbindlich festzulegen, sie kategorial zu erfassen und ihre Beziehungen zu bestimmen, jedoch eine Offenheit für Neuformierungen und Erweiterungen zu erhalten (Bojanowski 2005a). Die Grafik gibt einen ersten Überblick zum gedanklichen Aufbau des Buches (entnommen aus Bojanowski 2005a, 357, leicht modifiziert).

Zunächst geht es in der ersten Wabe um den inneren Kern einer solchen Pädagogik mit ihren normativen **Grundannahmen und Setzungen**. Sodann werden in der zweiten Wabe durch Bezugnahmen auf **zentrale Debatten und Erkenntnisse** des Feldes weitere zentrale Strukturkategorien beschrieben. Und dann geht es in der dritten Wabe um wichtige **gesellschaftliche Einbettungen und Rahmungen**. Es handelt sich bei dieser Topologie um einen tastenden Versuch in einem diffusen Feld. Nach unserem Einblick hatte bisher niemand versucht, das explizite (und implizite) Wissen einer Pädagogik der Benachteiligten zusammenzufügen und in dieser Form besser handhabbar zu machen.

Dieser topologische Ansatz strukturiert nun unsere „Einführung". Alle Eckpunkte jeder Wabe sind „Topoi", sind kategoriale Vergewisserungen, die wiederum aufgeschlossen werden müssen. Sie als Leserin oder Leser werden vermutlich schon bei der Betrachtung der 18 Eckpunkte erste Anknüpfungen oder Assoziationen haben. Beim Blättern im Buch und beim Studieren der Texte zu den jeweiligen Kapiteln (=Wabeneckpunkte) können und sollten Sie bei den Sie interessierenden Teilen innehalten und weiter studieren. Es gibt aber keine Leseautomatik. Gleichwohl wird deutlich: Unser Buch hat zum Ziel, die Benachteiligtenförderung auf ihrem derzeitigen Stand umfassend und anschlussfähig darzustellen, es will einen Einblick in wichtige fachliche Diskurse und Strömungen oder in empirische Untersuchungen und wissenschaftliche Konzepte geben. Zugleich liegt ihm der Anspruch zugrunde, einen Beitrag zu einer allmählichen Überwindung der verwirrenden Heterogenität des Gegenstandsfeldes zu leisten.

▶ Gliederung der einzelnen Kapitel

Jedes Kapitel ist wie folgt aufgebaut: Zunächst wird der jeweilige Wabeneckpunkt skizziert oder – wenn möglich – wenigstens annähernd definiert, sowie seine Bedeutung für die Berufliche Förderpädagogik erläutert (1). Sodann folgt ein möglichst illustratives Beispiel aus der Praxis (2). Dann werden wichtige Anknüpfungspunkte, Wissenswertes und zentrale Forschungsergebnisse umrissen (3). Schließlich gibt es zentrale Erfahrungswerte aus der Praxis der Benachteiligtenförderung, die im Sinne eines handlungsorientierenden optimistischen Credos zusammengefasst werden (4). Zum Schluss jedes Kapitels finden sich praktische Anregungen, Empfehlungen, Übungen zum Ausprobieren oder Tipps (5).

▶ Der „Autor" dieses Buches

Unsere „Einführung" ist in einem langen, tastenden Prozess entstanden. Den Ausgangspunkt bildete ein Aufsatz, in dem das „Drei-Waben-Modell" eingeführt wurde (Bojanowski 2005a). Nächste Station war eine Expertise, die im Rahmen des damaligen BQF-Programms der Bundesregierung verfasst wurde. Auf dieser Textbasis kam es zu einem für die Studierenden zusammengestellten größeren Konvolut für eine „Einführung in die berufliche Benachteiligtenförderung", das dann mehrmals verändert wurde. Im Laufe der folgenden Jahre haben wir Stück für Stück die innere Gliederung neu strukturiert. Angesichts der Dynamik in der Benachteiligtenförderung bleibt es eine Herausforderung, allen aktuellen Entwicklungen halbwegs gerecht zu werden. Etliche Textversionen wurden mit Studierenden der Abteilung Sozialpädagogik in Einführungsveranstaltungen und Masterseminaren durchgesprochen; ihre inhaltlichen Vorschläge sind substantiell eingearbeitet. Und schließlich baten wir mehrere Masterstudierende, für ihre Abschlussarbeiten aus ihrer Sicht einige Kapitel zu bearbeiten. Hier sind wir nicht in allen Punkten ihren Vorstellungen und Vorschlägen gefolgt. Die Autorinnen und Autoren sind in den einzelnen Kapiteln genannt; überdies hätte dieses Buch nicht entstehen können ohne die anregenden Diskurse mit: Christine Buchholz, Peter Eckardt, Maren Mutschall, Henning Schierholz (†) und Melanie Schulze. Ihnen allen gebührt ein herzlicher Dank der Abteilung Sozialpädagogik des Instituts für Berufspädagogik und Erwachsenenbildung.[4] Wenn auch viele Autorinnen und Autoren an dieser Einführung mitgewirkt haben, so heißt dies keine „Kollektivhaftung". Für zugespitzte Positionen, für Fehler oder für Ungenauigkeiten im Text bleibt die fachliche Letztverantwortlichkeit bei uns.[5]

Für die Abteilung Sozialpädagogik am Institut für Berufspädagogik und Erwachsenenbildung der Leibniz Universität Hannover:

Arnulf Bojanowski, Martin Koch, Günter Ratschinski & Ariane Steuber,
im Mai 2013

---

4 Ein besonderer Dank gilt Theresia Hannig-Schohaus für intensive Unterstützung in der Endphase und unserer Studentin Johanna Redlich, die mit vielen inhaltlichen Anregungen und ihren Gestaltungsideen dazu beitrug, dass aus Roh-Manuskripten leserliche Kapitel und schließlich eine übersichtliche Druckversion entstand.

5 In diesem Buch wurden ausschließlich gepflogene oder über die einschlägigen Medien nachschlagbare Abkürzungen verwandt. Daher haben wir auf ein Abkürzungsverzeichnis verzichtet. Bitte senden Sie Kritik, Verbesserungsideen, Überarbeitungsvorschläge und Ergänzungen an: theresia.hannig-schohaus@ifbe.uni-hannover.de. Herzlichen Dank!

Teil I: Grundannahmen und Setzungen

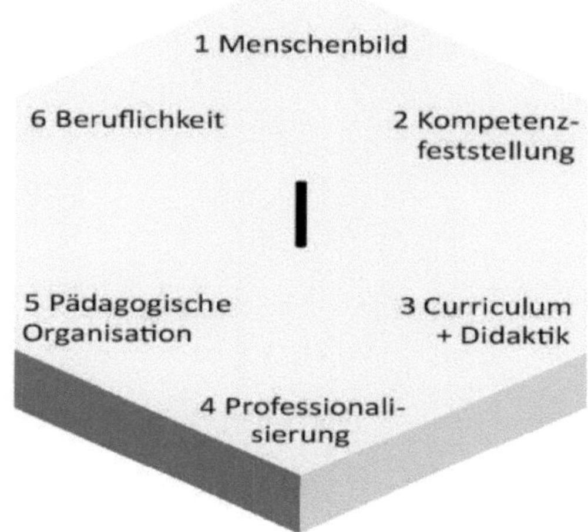

Die erste „Wabe" nimmt grundlegende pädagogische Klärungen vor: Eine Berufliche Förderpädagogik muss sich ihres „Menschenbildes" vergewissern, weil
sie angesichts der hoch ausdifferenzierten Problemlagen der (benachteiligten)
Heranwachsenden auf „pädagogische Individualisierung" verwiesen ist (Kapitel
1). Im Kapitel 2 „Kompetenzfeststellung und Förderplanung" wird pädagogische Individualisierung weiter konkretisiert. Das Kapitel 3 „Curriculum und
Didaktik" zeigt: Lehren und Lernen sollte so auf die Adressaten bezogen werden, dass die Kriterien der Individualisierung gültig bleiben. Hier werden wichtige pädagogische Strukturierungsvorschläge angeregt. Mit den folgenden Kapiteln „Professionalisierung des Fachpersonals" (Kapitel 4) und „Pädagogische
Organisation: Qualitätsentwicklung und interne Kooperation des Personals"
(Kapitel 5) werden Fragen der beruflich-professionellen Fortentwicklung des
pädagogischen Personals in der Benachteiligtenförderung in Bezug auf die jeweiligen Organisationsformen beschrieben. Im Kapitel 6 dieser Wabe „Produktionsorientierung und Beruflichkeit" wird eine konkrete Bestimmung für die
Ausrichtung der Benachteiligtenförderung geliefert. Für ein vertieftes Studium
der Felder dieser Wabe sind Bezugnahmen zu den in der Einführung umrisse-
nen vier rahmenden erziehungswissenschaftlichen Teildisziplinen ebenso sinnvoll wie zu weiteren Wissenschaftsdisziplinen.

1 Menschenbild und Pädagogische Individualisierung

Arnulf Bojanowski & Jana Propp

„Nichts kann den Menschen mehr stärken,
als das Vertrauen, das man ihm entgegenbringt.“
Paul Claudel

1.1 Worum geht es in diesem Kapitel?

Die grundlegende Aufgabe der Beruflichen Förderpädagogik lautet: **Unterstützung bei der Persönlichkeitsentwicklung geben!** Jugendliche sollen sich entfalten können; ihnen sollen Wege eröffnet werden, sich neu und anders zu entdecken. Berufliche Förderpädagogik versteht „Selbstentwicklung“ als einen Prozess der Individuierung im Sinne eines Selbstgestaltungs- oder gar „Selbsterfindungsprozesses“. Berufliche Förderpädagogik kann nur auf der **Grundlage eines optimistischen Menschenbilds** gedacht werden. Mit dieser Aussage soll der bislang immer noch obwaltenden Defizitorientierung widersprochen werden. Annahmen für eine optimistische Auffassung vom Menschen formuliert verstärkt die Sonderpädagogik, bspw. repräsentiert in dem Ansatz „von den Stärken ausgehen“ (Eggert 2007, 11). Die Benachteiligtenförderung spricht vom „Kompetenzansatz“.

Ein optimistisches Menschenbild fußt auf den Annahmen der pädagogischen Anthropologie und bezieht neuere Ansätze **individuellen Lernens und Unterrichtens** in sein Konzept ein. Die Berufliche Förderpädagogik will die Formen, in und an denen gelernt wird, so öffnen, dass die Heranwachsenden ihre aktuellen und im Lebensprozess auftretenden Probleme und Aufgaben eigenständig be- und verarbeiten können. Eine solche Pädagogik nimmt dann die Suchbewegungen junger Menschen gerade in der „sensiblen Phase“ der Pubertät und Adoleszenz auf (Ziehe 1987) und entwickelt Arrangements, in denen Selbstgestaltung und Selbsterfahrung möglich wird.

▶ Begriffsannäherung I

Menschenbilder sind Vorstellungen über grundlegende Wesensmerkmale des Menschen und damit Teil der Anthropologie. „Anthropologie“ leitet sich aus dem griechischen Wort anthropos = Mensch und dem Wort logos = Lehre oder Wissenschaft ab. Man versteht also unter „Anthropologie“ die Wissenschaft vom Menschen. Sie untersucht das Wesen des Menschen mit seiner organischen und psychischen Eigenart und seiner besonderen Stellung in Natur und Geschichte. Die **pädagogische Anthropologie** geht den Fragen nach: „Wieso ist der Mensch erziehbar?“ Oder: „Warum muss der Mensch erzogen werden?“ Zur Klärung solcher Fragen stützt sie sich auf Erkenntnisse verschiedener Wissenschaften wie bspw. Biologie, Philosophie und Psychologie und versucht diese für die Pädagogik fruchtbar zu machen. „Wer pädagogisch handelt, hat ein (mehr oder weniger bewusstes) Menschenbild" (Gudjons 2003, 175). Wer den Menschen als ein biologisches Mängelwesen sieht, das instinktunsicher und triebhaft ist, wird anders erziehen als jemand, der den Menschen als die Krone der Schöpfung sieht.

▶ Begriffsannäherung II

Zur „Menschwerdung" sind **Sozialisation und Erziehung** notwendig. „Sozialisation meint den umfassenden Prozess der Entstehung und Entwicklung der Persönlichkeit in wechselseitiger Abhängigkeit von der gesellschaftlich vermittelten sozialen und materiellen Umwelt" (Geulen & Hurrelmann 1980, 51). Die **Sozialisation** impliziert umfassend die Gesamtheit aller Lernprozesse, wobei der Anteil der bewussten (intentionalen) Erziehung lediglich eine Teilmenge ausmacht (Baumgart 2000). Nach Brenzinka werden unter **Erziehung** soziale Handlungen verstanden, durch welche Menschen versuchen, die Persönlichkeit anderer Menschen in irgendeiner Hinsicht zu fördern.

Letztendlich steht Erziehung im Dienste des Selbstfindungsprozesses und der Selbstverwirklichung des Zu-Erziehenden. Ein **Erziehungs- und Bildungsbegriff der beruflichen Benachteiligtenförderung** muss an die Tradition der Bildungstheorie anknüpfen, die die Entwicklung von Autonomie in den Mittelpunkt von Erziehung und Bildung stellt. Erziehung hat dabei keinen direkten Zugriff auf die Persönlichkeit, sondern sie ist der Versuch einer Verbesserung. Erziehung kann nicht nur durch gezielte zweckrationale Einwirkungen erreicht werden, wie Belohnung und Verstärkung. Es müssen auch Erfahrungsmöglichkeiten in dem Prozess der Erziehung geboten werden, die Wachstum und personale Reifung ermöglichen (Arnold & Pätzold 2002, 61).

▶ Begriffsannäherung III

Pädagogische Individualisierung als Konkretisierung des Menschenbildes vor dem Hintergrund von Sozialisation, Erziehung und Bildung stellt immer eine Gleichzeitigkeit von einer einerseits beruflich verwertbaren Qualifizierung und einer persönlichkeitsbezogenen Förderung dar. Das Bedürfnis benachteiligter Jugendlicher nach Entwicklung beruflicher Identität verlangt nach einer arbeitsbezogenen Persönlichkeitsentwicklung, die mit der bloßen Herausbildung arbeitsmarktrelevanter Eigenschaften im Widerspruch steht. Unserer Leitidee, ein individualisierter Unterricht, ist geprägt von der Erkenntnis, dass jeder Mensch, insbesondere Heranwachsende, ein Recht auf eine ihm angemessene Förderung hat. Der Pädagoge hat die Aufgabe individuelle Lernprozesse zuzulassen, ja sogar sie anzuregen und zu fördern. Denn „Lernen ist das persönlichste auf der Welt, so eigen wie Dein Gesicht" (Reinhard Kahl, entnommen aus Hannemann 2008, 3).

▶ Relevanz dieses Kapitels

Das Menschenbild einer Pädagogin, eines Pädagogen prägt immer auch seine Tätigkeit mit Jugendlichen. Es spiegelt sich unter anderem in seiner Persönlichkeit wider. Um benachteiligte Jugendliche zu erziehen und zu bilden bedarf es einer **„Bewusstmachung" des eigenen Menschenbildes**. Die Auseinandersetzung mit den eigenen Vorstellungen vom Menschen, von Erziehung und von Bildung, weiter noch von Sozialisation und Persönlichkeitsentwicklung, wirken sich unmittelbar auf die Arbeit mit benachteiligten Jugendlichen aus (z.B. auf die Wahl der Inhalte und der Methoden). Das erzieherische Klima ist abhängig von Vorstellungen des Pädagogen: Welche Erziehungsmittel sind geeignet? Welchen anthropologischen Grundannahmen oder welcher gesellschaftstheoretischen Konzeptionen folge ich? Die Aufgabe eines Pädagogen besteht nicht nur in der Vermittlung von Fachwissen. Mit dem Menschenbild eröffnen sich neue Möglichkeiten für das eigene Lehren. Besonders das Prinzip der „Pädagogischen Individualisierung" ist mit einem humanistischen, offenen und positiven Menschenbild und einer beruflichen Benachteiligtenförderung vereinbar.

1.2 Ein Beispiel aus der Praxis: Die Futurum Schule in Schweden

In Schweden gehört das Prinzip des individuellen Lernens zu den zentralen Zielvorgaben des Bildungssystems. Das Bewusstsein, dass jeder Schüler unabhängig von seiner Herkunft ein Recht auf optimale Förderung durch die Schule hat und zunehmend lernt, Verantwortung für seinen Lernprozess zu übernehmen, ist prägend für die Einstellung der Lehrer in Schweden. Ein anregendes Modell verkörpert die Futurum Schule (in Balsta – nahe bei Stockholm). Die Schule hat als normale örtliche Regelschule konsequent schulorganisatorisch, pädagogisch und architektonisch ihre Gestalt verändert (Stadt Herford).

Die Futurum Schule besteht aus *sechs kleineren Schuleinheiten* unter einem Dach. Sie arbeitet nach dem schwedischen Konzept der „Skola 2000". Architektonisch heißt das: Es gibt eine gemeinsame Mitte; in der Futurum-Schule zeigt sich dies in einem großen Zentrum, in dem die Schüler sich zum Essen treffen und der regelmäßig als Aufführungsraum genutzt wird. Curricular werden die Kernfächer in kleinen homogenen Gruppen unterrichtet; die Natur- und Sozialwissenschaften im Projektunterricht. Beispielsweise das Projekt „Wasser". In dem Projekt befassen sich die Schüler mit „Wasser" als einem übergeordneten Thema. Mehrere Wochen erarbeiten sie sich in einem Lernteam, welche Funktionen Wasser hat; wie es chemisch zusammengesetzt ist; warum es bald Kriege um Wasser geben könnte; welche Rolle der Flüssigkeitshaushalt im Körper spielt, usw. (Füller 2002). Dabei ist das Zusammenspiel von Pädagogik, Organisation und Schulatmosphäre die Basis für das Konzept.

Die Lernprozesse der Schüler sind gekennzeichnet von Schüleraktivität, dabei wird die Verantwortung für das eigene Lernen in den Vordergrund gestellt. Der Individualität wird durch persönliche Entwicklungspläne, die für jeden Schüler erstellt werden, nachgekommen. Jeder Schüler hat dazu ein *Logbuch*, in dem individuelle Aufgaben, Abgabefristen, Ergebnisse und Ziele vermerkt werden. Diese werden zusammen mit dem Kontaktlehrer erstellt und wöchentlich kontrolliert und aktualisiert. Das Logbuch wird verwendet, um die Ziele im Schulalltag präsent zu halten und den einzelnen Schülern die Möglichkeit zu geben, den Weg dorthin selbstständig zu strukturieren und zu planen. Um die Transparenz auch für die Eltern sicher zu stellen, müssen diese das Logbuch wöchentlich gegenzeichnen (Stadt Herford 2006).

Computer und andere Lernmittel sind für die Schüler leicht zugänglich. Um den Heranwachsenden Nähe und Sichtbarkeit zu ermöglichen, gibt es keine langen dunklen Korridore mit abgeschlossenen Klassenzimmern. Stattdessen gibt es große helle Gemeinschaftsräume mit modern ausgestatteten Arbeitsplätzen und kleine „Lernstuben". Die Möblierung ist variabel nutzbar, der Arbeitsplatz frei wählbar. Jedes Kind hat einen *persönlichen Rollcontainer* für seine Arbeitsmaterialien. Musikräume sind ebenso vorhanden wie gemütliche Leseecken.

Jede *Schuleinheit* umfasst ca. 100 Schüler. Der Clou ist: In jeder Schuleinheit lernen alle zusammen; das Alter der Schüler einer Schulgemeinschaft reicht von 6 bis 15. Die „Jüngeren" kennen bald die „Älteren"; diese wiederum fühlen sich für die „Jüngeren" verantwortlich. Jede Schuleinheit (z.B. das „PINK Team", oder das „GREEN Team") bildet gewissermaßen in der groß dimensionierten Futurum-Schule ein inneres Zentrum, einen gemeinsamen Ort, mit dem man sich rasch identifizieren kann. Statt herkömmlicher Klassen gibt es altersgemischte Arbeitseinheiten. Die Schüler sollen nicht nur miteinander sondern auch voneinander lernen. Auch die Lehrer können sich gut mit „ihrer" Einheit identifizieren. Sie bilden ein kleines Team von ca. 12 Personen, verfügen über einen großen Raum mit individuellen Arbeitsplätzen und sind erst einmal für ihre Schuleinheit „zuständig". Die Lehrerteams haben verschiedene Professionen: Kinderpfleger, sozialpädagogisches Fachpersonal, Freizeitpädagogen, musische und technische Pädagogen, muttersprachliche Lehrkräfte, Sonderpädagogen, Schulpsychologen, um eine möglichst hohe Bandbreite an Förderung zu gewährleisten. In Teamsitzungen wird über die Schüler gesprochen, um eventuelle Förderbedarfe festzustellen. Die Teams überlegen sich gemeinsam Tages- und Wochenverläufe. In jedem Team gibt es einen „Special-Teacher" der über besondere Qualifikationen im Bereich Förderung verfügt, vergleichbar mit einem Sozialpädagogen. Seine Aufgabe ist die Unterstützung der Schüler mit erhöhtem Förderbedarf. In solchen Fällen kann ein gesonderter Unterricht in kleinen Lerngruppen stattfinden.

An der Futurum Schule werden die Kinder nach dem Prinzip der Rhythmisierung unterrichtet. Dies bedeutet, dass eine Entzerrung der Leistungszeit stattfindet. Konzentrations- und Zerstreuungsphasen wechseln sich nach individuellem Bedarf ab. Es gibt keine herkömmlichen Stundenpläne, sondern „Gleitfenster" mit Kernzeiten. Die Schüler können später kommen, müssen dann aber länger bleiben. Der „Stundenplan" ist geprägt von „Flex-Zeiten", in denen die Schüler an ihren *individuellen Arbeitsplänen* arbeiten. Diese Organisation gewährleistet, dass Lernen sich am individuellen Lerntempo, an der individuellen Leistungsfähigkeit und Konzentrationsfähigkeit orientiert. Des Weiteren fördern die „Flex-Zeiten" das eigenverantwortliche Arbeiten, da die Schülerinnen und Schüler selbstständig entscheiden, welches Thema sie bearbeiten.

1.3 Was man über „Menschenbilder" und „Pädagogische Individualisierung" wissen sollte

Was haben diese Passagen zur Futurum Schule mit unserem Thema zu tun? Beim Nachdenken wird vielleicht deutlich, dass hier zentrale pädagogische Fragen aufscheinen, etwa Fragen nach der Offenheit und der Erziehungsbedürftigkeit des Menschen oder überhaupt nach der Notwendigkeit von Bildung. Diese pädagogischen Fragen stellen sich natürlich auch in der Beruflichen Förderpädagogik. Neben solchen grundlegenden Klärungen lehrt uns das Praxisbeispiel aber auch, dass solche neuartigen Lern- und Schulformen nur aus einem bewussten Menschenbild und einem Konzept pädagogischer Individualisierung entstehen können. Angesichts der Heterogenität der Schülerschaft in der schwedischen Futurum Schule bedurfte es solcher Steuerungsformen wie die des „Logbuches". Auch in der Benachteiligtenförderung müssen wir darüber nachdenken, wo wir auf Basis eines offenen Menschenbildes neue didaktische und schulorganisatorische Formen pädagogischer Gestaltung entwickeln können.

▶ Offenheit und Erziehungsbedürftigkeit des Menschen

Das Ziel der Anthropologie ist es, das **Wesen des Menschen** zu bestimmen. Ein Weg hierzu besteht darin, die Unterschiede zwischen Mensch und Tier zu untersuchen. Der Mensch als „physiologische Frühgeburt" (Adolf Portmann; 1897-1982), betont die mangelhafte körperliche und instinktmäßige Ausstattung des Menschen. Denn er weist bei seiner Geburt – im Vergleich zum Tier – einen erheblichen Entwicklungsrückstand auf, den er erst am Ende seines ersten Lebensjahres aufgeholt hat. Bedingt durch diese „Frühgeburt" kann die Einflussnahme auf den Menschen möglichst früh beginnen, da der Mensch umso beeinflussbarer ist, je früher die Prägung (Formung) erfolgt (Schwarte 2002, 146).

Helmut Plessner (1892-1985) begründet die Normierungsbedürftigkeit des Menschen durch seine Exzentrizität. „Während das Tier sein Leben einfach (zentrisch) erlebt [...] muss der Mensch sein Leben führen. Er kann (und muss) seine Zentrizität verlassen und sich von außen betrachten, reflektieren, korrigieren und seinem Leben einen Sinn geben" (Schwarte 2002, 143f.). „Ich bin, aber ich habe mich nicht" (ebd., 144). Zugleich betont Plessner die Notwendigkeit der Regelung des menschlichen Verhaltens durch Normen, um die Verlockungsvielfalt auszuhalten, die sich aus der Weltoffenheit ergibt. „Mensch sein heißt, von Normen gehemmt, Verdränger zu sein" (Plessner 1961, zitiert nach Schwarte 2002, 144). Ihren Höhepunkt hat dies in der Verinnerlichung der kulturellen Forderungen in Motive des eigenen Handelns.

Arnold Gehlen (1904-1976) sprach vom Menschen als „Mängelwesen"; die Mängel müssen durch Lernen und Erziehung ausgeglichen werden. Der Mensch ist „organisch" mittellos. Kennzeichnend für seine „Unspezialisiertheit" ist, dass er nichts kann, aber geradezu zu allem fähig ist. Diese Mängel gehen mit einer **hohen Lernfähigkeit** einher. Dem Menschen sind keine natürlichen Grenzen gesetzt. Die Mangelhaftigkeit bedingt jedoch eine Labilität, die den Menschen anfällig und verführbar machen. Diese Labilität muss der Mensch durch Institutionen, die als Stabilisatoren dienen, ausgleichen. „Zerschlägt man die Institutionen eines Volkes, dann wird die ganze elementare Unsicherheit, die Ausartungsbereitschaft und Chaotik im Menschen freigesetzt" (Schwarte 2002, 145).

Aus diesen beiden Ansätzen ergibt sich einerseits die Erziehungsbedürftigkeit, andererseits der spezifische Vorteil – Potenziale –, dass der Mensch, wie kein anderes Lebewesen lernfähig ist. Eine Zusammenfassung über pädagogisch-anthropologische Einsichten, die sich für eine allgemeine pädagogische Anthropologie, wie auch für eine Pädagogik der Förderung ergeben, findet sich bei Bundschuh (2007, 87): An erster Stelle steht die Erziehungsbedürftigkeit des Menschen. Der Mensch beginnt beim Kinde: Kindsein ist ein Modus des Menschsein. Der Mensch hat trotz Erziehungsbedürftigkeit ein **Recht auf Freiheit**: Bildsamkeit des Menschen zur Selbstentscheidung. Erziehbarkeit ist nicht alles, da es individuelle Unterschiede gibt. Der Mensch hat, wie Heinrich Roth (1906-1983) sagt, die Fähigkeit, „Einsichten, Werte, Normen zu erleben und sich für sie entscheiden zu können" (zitiert nach Bundschuh 2007, 87).

▶ Notwendigkeit von Bildung und Erziehung

Es ist also davon auszugehen, dass der Mensch der Erziehung bedarf. Immanuel Kant (1724-1804) formulierte dies mit den Worten: „Der Mensch kann nur durch Erziehung Mensch werden." Daraus ergibt sich für den Pädagogen die Pflicht zur Erziehung, sowohl in Bezug auf eine soziale Umwelt, wie auch in Relation zur Gesellschaft. Kernaufgabe ist es den Jugendlichen optimal auf sein Leben vorzubereiten (Arnold & Pätzold 2002, 8ff.). Außer der Bildung obliegt der Schule als organisierte Institution auch die Erziehung der heranwachsenden Gesellschaftsmitglieder. Dies schlägt sich z.B. in Länderverfassungen nieder: „Die Schulen sollen nicht nur Wissen und Können vermitteln, sondern auch Herz und Charakter" (Bayrische Verfassung Artikel 131 (1)), wie auch in den Leitbildern einzelner Schulen (→ Kapitel 8). Dieser Sachverhalt erweitert die Rolle des Pädagogen neben der bekannten Rolle des Wissensvermittlers um die Rolle eines Erziehenden.

In der Geschichte wurde die Rolle des Erziehers kontrovers thematisiert. Verkürzt lassen sich deren Akzentuierungen auf drei Metaphern bringen. (a) Der Erzieher als **Gärtner**: Erziehen heißt hier „begleitetes Wachsenlassen" (Gudjons 2003, 185), denn das Kind entfaltet sich auf eine mehr oder weniger natürliche Art und Weise. (b) Der Erzieher als **Bildhauer**: Erziehen heißt hier „herstellendes Machen", analog zur handwerklichen Produktion eines Gegenstandes (ebd.). Das Kind wird nach dem „Bild" des Erziehers geformt (Wiater 2005, 318). (c) Der Erzieher als **Bergführer**: Erziehen heißt hier „begleiten". Das Kind setzt sich seine eigenen Ziele und der Erzieher unterstützt es bei dessen Erreichung (Wiater 2005).

Bei näherer Betrachtung wird klar, dass eine angemessene Erziehung nur durch die Verschränkung dieser drei Metaphern möglich ist. Ein guter Pädagoge weiß, wann er wachsen lassen, begleiten oder führen muss. Es muss eine Balance geschaffen werden zwischen Fremd- und Selbstbestimmung des Heranwachsenden. Ein hohes Maß an Fremdbestimmung zeigen leider die meisten Formen von Schule. Unterricht als institutionalisierte Form der Erziehung, scheint die Erziehungsziele Selbstverantwortung und Autonomie zuweilen auszublenden. Das Konzept des individualisierten Unterrichts hingegen versucht diesen drei Metaphern gerecht zu werden, um eine optimale Entwicklung der Schüler zu gewährleisten.

▶ Wo können wir theoretische und praktische Anschlüsse finden?

Eine berufliche Benachteiligtenförderung, die sich der Leitnorm „Pädagogische Individualisierung" verschrieben hat, hat ein grundsätzlich positives Verständnis vom Menschen. Anknüpfungspunkte findet dieses Menschenbild unter anderem im Humanismus. Ein **humanistisches Menschenbild** sieht in jedem Menschen eine eigenständige, in sich wertvolle Persönlichkeit und respektiert die Verschiedenartigkeit verschiedener Menschen. Ein humanistisches Menschenbild geht davon aus, dass jeder Mensch grundsätzlich auf Selbstaktualisierung und Wachstum angelegt und zu Veränderung und Problemlösung fähig ist. Die humanistische Pädagogik entwickelte sich aus den Ansätzen der Reformpädagogik und der Humanistischen Psychologie. „Ziel [...] ist die Förderung auf den Menschen bezogener Formen ganzheitlichen Erziehens, Lehrens und Lernens. Bedeutsam ist hierbei der sich vollziehende Kontrakt, die Begegnung von Person zu Person mit voller gegenseitiger Anerkennung der personalen Würde" (Schröder 2001, 155). Lehr-/Lernprozesse müssen nach der humanistischen Pädagogik so arrangiert werden, dass neben der Vermittlung von Fachwissen auch Empathie, Echtheit und positive Wertschätzung von den Lernenden erlebt, erprobt und geübt werden können (Arnold & Pätzold 2002, 20).

Ein offenes Menschenbild findet auch gute Anschlüsse an verschiedenste **sonderpädagogische Konzepte**, vor allem an Modellen zu Lernbehinderung und Verhaltensproblemen (Zielinski 1998; Baudisch 2002). Solche Konzepte haben seit geraumer Zeit Eingang in die Benachteiligtenförderung gefunden und werden breit rezipiert, um Jugendliche in ihren Lernbarrieren und negativen Erwartungen aufzufangen und zu stabilisieren. In der **Sozialpädagogik** formieren sich seit gut 15 Jahren ebenfalls gewichtige Argument für eine Entwicklungsoffenheit des Menschen z.B. im Umkreis der Figur des „Empowerments". Hierbei wird deutlich auf lebensweltliche und subjektorientierte Aktivierung gesetzt, gegen die Anpassung und Entmündigung der Menschen durch die Apparaturen des Sozialsystems.

In den **theoretischen Versuchen zur Benachteiligtenförderung** (→ Kapitel 8) finden sich seit den 1990er Jahren Anschlüsse durch die Kritik an der Defizitorientierung, dann zumeist verbunden mit Hinweisen auf die „subjektiven Stärken", die „inneren Ressourcen" oder die „zu entwickelnden Kompetenzen" der benachteiligten Jugendlichen: Kompetenzansatz (→ Kapitel 2). Typisch für den Argumentationsgang sind biographische und lebensweltliche Begründungen und Verweise auf die extreme Heterogenität der Zielgruppen. Anhand von Lebensgeschichten benachteiligter Jugendlicher wird aus den differenten Biographien und unklärbaren Milieulagen auf Differenz in den pädagogischen Herangehensweisen geschlossen (Bojanowski, Carstensen-Bretheuer & Kipp 1996). Untersucht man Modellversuche oder empirisch orientierte Forschungsprojekte, so ergeben sich etliche produktive Hinweise zu einem für die Benachteiligtenpädagogik anschlussfähigen Menschenbild. So verweist die Idee eines Biographie- und Tätigkeitsbezuges (Brater et al. 1988) genauso auf die Notwendigkeit der Eigenaktivität des Lerners wie die qualitativen Studien im Umkreis der Kategorie „Lebensbewegungen" (Mollenhauer & Uhlendorff 2004). Zugleich aber kann auch der Kompetenzansatz argumentative Kraft entfalten, wenn er sich auf Grundlagentheorien wie den „Konstruktivismus" bezieht, dessen entscheidender Gedanke ja die Selbstorganisationsfähigkeit des Subjekts darstellt und die aktive Rolle des lernenden Subjekts betont (→ Kapitel 3). Bei dieser Betonung der Selbstentwicklung wird gleichermaßen an den Auftrag der europäischen Pädagogik angeschlossen, zur Eigenständigkeit, zur Selbständigkeit oder zur Autonomie anzuregen. Hier greifen alteuropäische Pädagogik mit dem Gedanken der „Aufforderung zur Selbsttätigkeit" (Benner 2001) und jüngere (Erziehungs-)Wissenschaft ineinander.

Auch **international** lassen sich Anknüpfungspunkte für eine Kindern und Jugendlichen angemessene und zugewandte Haltung ableiten. So finden sich in den Leitbildern etwa des schwedischen oder des kanadischen Bildungswesens Leitnormen wie „Individualität und Zusammenarbeit". Und auch in **historischer** Vergewisserung kann eine berufliche Förderpädagogik wichtige pädagogische Leitgedanken aufgreifen, seien es Ideen eines „Umgangs mit den Schwierigen", unvergleichlich bis heute dargestellt von A.S. Makarenko, seien es die Anknüpfungsmöglichkeiten, die die Reformpädagogik und hier vor allem die Montessori-Pädagogik bieten (→ Kapitel 8), seien es Ideen zur Ausgestaltung der „Jungarbeiterschule", wie sie Günther Wiemann (1962) ausarbeitete, oder seien es die Ansätze zur Produktionsschule (→ Kapitel 12).

▶ Pädagogische Individualisierung – schon etwas konkreter

Individualisiertes Lernen meint einen Unterricht, in dem jeder Jugendliche als **eigenständiger Lerner** betrachtet und ernst genommen wird. Jeder einzelne soll innerhalb einer Lerngruppe berücksichtigt und individuell unterstützt werden. Der Lehrer richtet seinen Blick nicht auf eine zu unterrichtende Gesamtgruppe, sondern auf eine Vielzahl einzelner, gänzlich unterschiedlicher Lernindividuen. Die individuelle Förderung jedes Einzelnen steht im Mittelpunkt. Dabei orientiert sich der Lehrer im Unterricht an den individuellen Leistungspotenzialen, den persönlichen Lernstilen und Interessen wie auch an der persönlich-emotionalen Lage der Heranwachsenden. Im optimalen Fall werden Schüler nicht Maßnahmen, Programmen, Klassen oder Jahrgangsstufen zugeteilt, in denen in strukturierten Form festgelegte Lerninhalte vermittelt werden sollen, sondern sie erhalten **passgenaue pädagogische Programme**, die ihre Lernvoraussetzungen, Vorkenntnisse, Fähigkeiten, biographischen Besonderheiten und Bedürfnisstrukturen sowohl in der Form als auch bei inhaltlichen Festlegungen berücksichtigen (Bönsch 2004). Merkmale pädagogischer Individualisierung sind: Messung der Lernfortschritte an einer individuellen Bezugsnorm (nicht an einer sozialen Bezugsnorm), Modularisierung des Lernstoffes, Betonung der Eigenaktivität des Lernenden (oft in handlungsorientierten Unterrichtsformen), Berücksichtigung des individuelles Lerntempos (Gage & Berliner 1996).

„Pädagogische Individualisierung" wird damit in der Pädagogik zu einem zentralen Gestaltungsprinzip von Lehr-/Lernprozessen (Schaub & Zenke 2000). Aufgrund der schlechten Ergebnisse bei internationalen Lernstandserhebungen und Schulleistungserhebungen wie TIMSS[1] und PISA rückt „Individualisierung" zunehmend in den Mittelpunkt pädagogischer Diskussion. Länder, die bei PISA überdurchschnittlich gut abgeschnitten hatten, wie bspw. die skandinavischen Länder, nennen individualisiertes Lernen als zentrale Zielvorgabe ihres Bildungssystems. Individualisierung als grundlegendes Prinzip des Schulwesens kann der wachsenden Heterogenität des Klientels und den damit verbundenen Schwierigkeiten bei der Bildungsvermittlung entgegenwirken. Individualisierter Unterricht stellt sicher, dass die Schüler das Lernen lernen, als Grundlage für lebenslanges Lernen. Die Lernfähigkeit eines Menschen ist ausschlaggebend für die Leistungsfähigkeit auf dem Arbeitsmarkt und hängt von den frühen Erfahrungen in der Schule ab (Eliasson 1996, 2).

Pädagogische Individualisierung steht im direkten Zusammenhang mit **Heterogenität**. Das gegliederte Schulsystem, die Versetzungsordnung, die Vorschriften zur Notengebung und zur Fachleistungsdifferenzierung verpflichten Lehrer in Deutschland geradezu zur Homogenität. Diese ist jedoch schon seit langem, wenn

---

1 TIMSS – Trends in International Mathematics and Science Study ist eine international vergleichende Schulleistungsuntersuchung, die seit 1995 im vierjährigen Turnus von der International Association for the Evaluation of Educational Achievement (IEA) durchgeführt wird.

sie überhaupt einmal vorhanden war, nicht mehr gegeben. Obwohl Deutschland von allen bei PISA untersuchten Ländern die am stärksten homogenisierten Schülergruppen hat, klagen die Lehrkräfte hier zu Lande am meisten über die Probleme mit der Heterogenität. Die Länder, die bei TIMSS und PISA besser abgeschnitten hatten, kennen keine so hart selektierenden Schulformen. Die Kinder und Jugendlichen werden in Gesamtschulen unterrichtet, in denen Heterogenität als Chance angesehen wird. Der Heterogenität wird nicht entgegengewirkt, sondern sie ist die Grundlage des individualisierten Unterrichts. Diese Pädagogik der Vielfalt befähigt die Schüler zu beachtlichen Leistungen (Ratzki 2005, 37ff.).

▶ Grenzen pädagogischer Individualisierung

Man möchte zwar davon ausgehen, dass jeder Mensch Menschenwürde in sich trägt und somit alle Menschen dieselben Rechte haben (Bundschuh 2007, 84), allerdings wirken auch Zeitepoche und Lebensstil auf die Menschenbilder. In sie gehen industrielle, wirtschaftliche und gesellschaftliche Interessen meist direkt mit ein. Die Wunschvorstellungen der aktuellen Gesellschaft sind zunehmend mit Nützlichkeit bzw. Funktionstüchtigkeit verbunden. Benachteiligte Jugendliche können diesen Kategorien und der Wunschvorstellung häufig nicht gerecht werden und geraten zunehmend unter Druck sich zu rechtfertigen. Genauso gerät zuweilen ihre Pädagogik unter diesen Druck. Die Notwendigkeit wird von neuen individualisierten Formen des Lehrens und Lernens von der Gesellschaft häufig noch verkannt.

In der Schule wird Lernen zumeist als Vermittlung einer Wahrheit mit vorgefassten didaktischen Mitteln und Methoden verstanden. Versagt ein Schüler so trägt er die Verantwortung dafür in aller Regel selbst. „Dies setzt ein Menschenbild voraus, das den Schüler als ein beschreibbares Lebewesen, den Gegenstand (Lerninhalt) als objektiv und den Unterricht als didaktisch richtig erkanntes Instrumentarium für alle Schüler betrachtet" (Hauschild 1994, 53). Die Verantwortung jedoch liegt bei der Gesellschaft und damit bei der Schule als Institution für Bildung und Erziehung.

Eine weitere Grenze pädagogischer Individualisierung liegt in dem Spannungsfeld Individuum – Gruppe. Mag Berufliche Förderpädagogik auch noch so stark von pädagogischer Individualisierung ausgehen, so ist sie doch auch auf die pädagogische Kraft der Gruppe verwiesen, zumal Maßnahmen und Angebote in der Benachteiligtenförderung bisher fast immer in Lerngruppen organisiert werden. Und auch die Kraft des Lernens im Team sollte pädagogisch genutzt werden, so wie dies bspw. Konzepte der Peergroup Education (Lernen Gleichaltriger im Gruppenkontext) oder des voneinander Lernens in der Produktionsschuldidaktik zu finden sind. Das Spannungsverhältnis von Individuum und Gruppe wird im „Pädagogischen Poem" von Makarenko dargestellt (→ Kapitel 8): Das nach dem Muster der „Kollektiverziehung" organisierte Programm der Gorki-Kolonie fußt gleichermaßen auf den Aktivitäten „starker" Individuen, ohne die wiederum die Gruppe nicht denkbar ist. Pädagogische Individualisierung und gemeinsame Aktivitäten in der Gruppe dürfen in einer beruflichen Förderpädagogik nicht gegeneinander ausgespielt werden.

1.4 Unser Credo: Wie man sich zu benachteiligen Jugendlichen verhalten sollte

! Wenn man im Kontext der Beruflichen Förderpädagogik mit (jungen) Menschen umgeht, sollte man sein eigenes Menschenbild und damit seine „Haltung" zu den Jugendlichen sorgfältig reflektieren, um Selbsterkenntnis zu erlangen und um sich Entwicklungs- und Handlungsmöglichkeiten zu eröffnen.

! Pädagogik muss dazu beitragen, den Heranwachsenden bei seiner Entwicklung zu fördern. Es muss darüber hinaus immer eine Pädagogik der Ermutigung, des Vertrauens, des Zutrauens und der Sachorientierung sein. Vorausgesetzt wird ein sensibles, die eigenen pädagogischen Ansätze differenzierendes Verständnis.

! Individualisiertes Lernen fördert die Lernkompetenz und dies bildet auch eine Grundlage für das Prinzip des Lebenslangen Lernens. Individualisierung von Unterricht und Lernen sollte in der gesamten Berufsvorbereitung Eingang finden.

! Ein guter Pädagoge muss immer wieder für sich ausprobieren, wann er „wachsen lassen", „begleiten" oder „führen" muss. Dazu sollte er die Biografien der Jugendlichen kennen und seine pädagogischen Erfahrungen in der jeweiligen Lerngruppe reflektieren. Eine solche pädagogische Handlungskompetenz entsteht besonders durch Reflektion mit anderen (kollegiale Beratung).

! Der „Kompetenzansatz" ist Richtschnur des eigenen pädagogischen Handelns. Der Pädagoge in der Benachteiligtenförderung geht grundsätzlich von den Stärken aus – auch wenn er weiß: natürlich hat ein junger Mensch lebensgeschichtlich bedingte Defizite und Probleme. Der Kompetenzansatz basiert auf der eindeutigen Haltung: „ Jeder kann etwas"!

! Heterogenität von Lerngruppen bedeutet: Chance und nicht Belastung! Der Benachteiligtenförderer sieht in der Vielfalt junger Menschen einer Lerngruppe immer die Möglichkeit, individuelle Potentiale zu entdecken und diese im Sinne einer pädagogischen Vielfalt nutzbar zu machen.

1.5 Praktische Empfehlungen, Aufträge, Übungen, Tipps

☞ Übung 1

Ein Menschenbild entwickelt sich durch Erziehung, Sozialisation, Milieus, Erfahrungen und Reflexion. Wir alle haben unser ganz persönliches Bild vom Menschen. Um dies in Max Schelers (1874-1928) Worten zu sagen: Jeder Mensch hat seine je eigene „Welt" (Weltanschauung), die sich freilich manchmal nur in Nuancen von der seines Nachbarn unterscheidet, zuweilen aber durchaus „Welten" von ihr getrennt ist. Fragen zur *Reflexion des eigenen Menschenbildes* helfen da: „Was ist der Mensch und was benötigt er zum (über-)leben?" „Was unterscheidet den Menschen vom Tier?" „Welche Ziele hat Erziehung und welche Aufgaben sind dann damit verbunden?" „Wie kann man der Vielfältigkeit der Menschen gerecht werden?

☞ Übung 2

Möchte man Unterricht individuell gestalten, bedeutet dies zumindest eine teilweise Abkehr von dem üblichen Rollenverständnis und den herkömmlichen Aufgaben einer Lehrkraft. Hannemann (2008, 81ff.) hat Prinzipien und Aufgaben für das Verhalten von Lehrern im *individualisierten Unterricht* aufgelistet:

- Das Prinzip der minimalen Hilfe. Der Lehrkraft hilft nur, wenn dies ausdrücklich von ihr gefordert wird. Wer Fehler direkt nach ihrer Entstehung korrigiert, verhindert das eigenständige Denken bei der Fehlersuche.
- Das Prinzip der Hilfe zur Selbsthilfe. Fragen sollen im abgestuften Weg an die Fragensteller zurückgeworfen werden. Beispiel: Schülerfrage: „Erhöht Kaffee den Blutdruck?"
  - „Was können wir tun, um dies herauszufinden?"
  - „Hast du mal in ein Buch geschaut?"
  - „Versuche es herauszufinden!"
  - „Miss deinen Blutdruck vor einer Tasse Kaffee – und danach."
- Das Prinzip der individuellen Reaktion. Hilfestellungen werden entsprechend der individuellen Fähigkeiten und der Persönlichkeit gegeben. Voraussetzung dafür ist, dass man seine Schüler gut kennt.
- Die Aufgabe ein angstfreies Klima herzustellen. Fehler werden nicht sanktioniert. Das eigene Verhalten wird transparent gemacht und erläutert.
- Die Aufgabe, die Selbsttätigkeit der Schüler zu fördern. Durch begrüßen und fordern von Schüleraktivitäten und der Bereitstellung von „Freiräumen".
- Die Aufgabe, durch Lob und Anerkennung das Selbstbewusstsein der Schüler zu fördern.
- Die Aufgabe Grundlagen für selbstbestimmtes Lernen zu schaffen. Indem man den Schülern Zeit gibt, Umwege zulässt, Wahlmöglichkeiten schafft und nicht von allen Schülern das Gleiche verlangt.

- Das Prinzip der vielfältigen Ursache von Problemen. Wichtig zur Lösung von Problemen ist erst einmal herauszufinden, wo das Problem eigentlich steckt. Beispiel: Die Schüleräußerung: „Ich kapier das nicht!" kann viele Bedeutungen haben:
  - Ich habe die Aufgabestellung nicht verstanden.
  - Ich habe den Lösungsweg vergessen.
  - Ich bin unsicher, ob mein Lösungsweg der richtige ist.
  - Mir fehlen noch die Grundlagen um eine solche Aufgabe zu lösen.
  - Ich brauche dich jetzt.
  - Es ist mir zu anstrengend den Lösungsweg selbst zu suchen.
- Überlegen Sie, ob Sie ähnliche Wege vorgeschlagen hätten. Machen Sie sich klar: Ebenso vielfältig wie die Ursachen für ein Problem sollten auch Ihre Reaktionen darauf sein. Finden Sie Situationen aus Ihrem eigenen pädagogischen Handeln heraus, die Sie mit diesen Tipps hätten anders machen können.

📖 Literatur zum Weiterlesen

☐ Schwarte, J. (2002): Der werdende Mensch. Persönlichkeitsentwicklung und Gesellschaft. Wiesbaden: Westdeutscher Verlag, S. 113-182.

☐ Groeben, A. v.d. (2008): Verschiedenheit nutzen. Besser lernen in heterogenen Gruppen. Berlin: Cornelsen-Scriptor.

2 Kompetenzfeststellung und Förderplanung

Günter Ratschinski, Jana Propp & Arnulf Bojanowski

„Zwei Drittel der Hilfe ist, Mut einzuflößen"
Irisches Sprichwort[1]

2.1 Worum geht es in diesem Kapitel?

Berufliche Förderung bei benachteiligten Jugendlichen meint einen Lernansatz, der sich auf das Individuum bezieht. Mithin gilt es, sich bei seinen pädagogischen oder didaktischen Überlegungen vorrangig über individuelle Ressourcen und Bildungsbedarfe zu verständigen. Dafür hat sich in der Fachszene der Begriff **„Kompetenzfeststellung"** durchgesetzt. Parallele Anschlüsse bieten Begriffe wie „Eingangsanalyse", „Eignungsfeststellung", „Potenzialanalyse", „psychosoziale Diagnostik", etc. Kompetenzfeststellung ist in der Praxis verschmolzen mit der Kategorie der **individuellen Förderplanung**, beide sind aufeinander verwiesen. Individuelle Förderplanung bedarf deshalb der Kompetenzfeststellung, weil die – in der Regel mit dem Jugendlichen gemeinsam – verabredete Festlegung auf einen Förderweg nur dann halbwegs pädagogisch sinnvoll vonstatten gehen kann, wenn der individuelle Weg an dem anknüpft, was ein Jugendlicher latent kann, artikuliert oder signalisiert. Vorgängige oder laufende Kompetenzeinschätzungen fließen daher regelmäßig in den Förderprozess ein.

Jugendliche ohne Schulabschluss stehen oft am Anfang einer „Maßnahmekarriere" im „Förderdschungel" (→ Kapitel 11). Viele verbringen die Jahre nach der Schulzeit in wenig aufeinander abgestimmten Maßnahmen. Für die Jugendlichen bedeutet dies Umwege, besonders wenn sie nicht mit den individuellen Zielen harmonisieren. Auch für die zuständigen pädagogischen Fachkräfte ist die Situation unbefriedigend.

▶ Begriffsannäherung I

Kompetenzfeststellung zielt auf das Erkennen der Potenziale, Kompetenzen und Ressourcen eines benachteiligten Jugendlichen. Damit werden die Verbindungen zum Menschenbild (→ Kapitel 1) unmittelbar sichtbar: Das Menschenbild der Beruflichen Förderpädagogik unterstellt einerseits eine Entwicklungsoffenheit des Heranwachsenden, andererseits will und muss eine Benachteiligtenpädagogik – angesichts der Problemlagen der jungen Menschen – die gezielte und damit auf das jeweilige Individuum zugeschnittene Unterstützung („Förderung") organisieren. Um benachteiligte Jugendliche optimal fördern zu können, muss das Wissen über das Individuum über unsystematische Eindrücke hinaus erweitert werden.

---

1 Dank an unseren Studenten Emmanuel Bocande für diesen Hinweis!

Kompetenzfeststellungen erfordern eine systematische Verhaltensbeobachtung (BMBF 2005, 89). Die jungen Menschen im Übergang Schule – Beruf blicken in der Regel auf Lebensgeschichten mit Problemen, Brüchen, Blockaden, Verhinderungen, Verweigerungen etc. zurück (→ Kapitel 7). Eine Kompetenzfeststellung muss diese ansatzweise – für den Jugendlichen und die begleitenden Pädagogen – aufklären, damit Anregungen nicht vorbeizielen, und der Jugendliche Herr seiner Lebensgeschichte und seiner Lebenslage werden kann. Diagnostik steht, auch wenn dies leider häufig nicht in der Praxis erkennbar ist, eng im Zusammenhang mit der didaktisch-methodischen Konzeption von Unterricht. Bei der Frage nach den Lernzielen, -inhalten und deren Vermittlung spielt Diagnostik eine Rolle, weil sie den Unterrichtsgegenstand hinsichtlich seiner Brauchbarkeit für die Schüler analysiert und Aufschluss darüber gibt, wie die Vermittlung, erfolgen kann. Da Lernprozesse individuell unterschiedlich sind, bedarf es sowohl einer Eingangs- als auch einer Prozessdiagnostik, um diese adressatengerecht zu gestalten.

▶ Begriffsannäherung II

Die Ergebnisse der Kompetenzfeststellung bilden die Grundlage für die Erstellung eines **individuellen Förderplanes**. Inzwischen sprechen etliche Konzepte von **Entwicklungsplanung**, um den selbstaktiven Anteil der Jugendlichen besser zu treffen. Wir bleiben zur Vereinfachung beim älteren Sprachgebrauch. Kompetenzfeststellung und Förderplanung bezieht sich immer auf individuelle Kompetenzen, Potentiale und Ressourcen. Die zentralen Fragen, die in der Benachteiligtenförderung gestellt werden müssen, lauten: Was kann der Heranwachsende? Was sind seine Stärken? Woran könnte wie angeknüpft werden? Was müsste noch an Unterstützung gegeben werden, damit sich brachliegende Kompetenzen entfalten können? Im Feld solcher Förderplanungen haben sich in der beruflichen Benachteiligtenförderung verschiedenste Verfahrensweisen herausgebildet, die allesamt ähnliche Merkmale aufweisen: eine lose, aber strukturierte Schrittfolge, Teamarbeit der begleitenden Pädagogen, Mitwirkung des Heranwachsenden, gemeinsame Kontraktbildung über Schritte, Wege und Ziele, sowie regelmäßige Überprüfungen der Zielvereinbarungen und Vorgaben. Voraussetzung solcher abgestimmter Vorgehensweisen sind organisationskulturelle Verabredungen (→ Kapitel 5).

▶ Relevanz dieses Kapitels

Alle im pädagogischen Arbeitsfeld stehenden Personen beobachten, also diagnostizieren nahezu ununterbrochen, sie sind sich dessen nur nicht immer bewusst (Bundschuh 2007, 27). Förderdiagnostische Tätigkeiten werden immer wichtiger, denn eine Förderdiagnostik soll Aufschluss über geeignete Erziehungs-, und Fördermaßnahmen geben und helfen pädagogische Handlungsansätze zu planen, durchzuführen und zu kontrollieren. Erkenntnisse aus der Lernpsychologie weisen der Lehrkraft mehr und mehr die Rolle eines **Lernberaters** zu; die Grundlage einer guten Lernberatung bilden Kenntnisse über Lernstand, Lernwege, Persönlichkeit, Stärken und Schwächen eines Schülers. Diese Forderung ist unweigerlich mit einer Diagnostik und Förderplanung verbunden.

2.2 Ein Beispiel aus der Praxis: Das Kompetenzfeststellungsmodell DIA-TRAIN

In Nordrhein-Westfalen wurde im Dezember 2001 das Modellprojekt „DIAgnose- und TRAININgseinheit zur Potenzialerfassung und individuellen Entwicklungsförderung" (DIA-TRAIN erfolgreich abgeschlossen. Das Projekt wurde von Vertretern der Jugendsozialarbeit in NRW gemeinsam mit dem Institut für berufliche Bildung, Arbeitsmarkt- und Sozialpolitik (INBAS) initiiert. Ein Kurzeinblick:

Das Verfahren wurde für Jugendliche im Übergang Schule-Beruf entwickelt. Zur Zielgruppe gehören somit sowohl Schüler der allgemeinbildenden und berufsbildenden Schulen, wie auch Teilnehmer in berufsvorbereitenden Maßnahmen. In der DIAgnose- und TRAININgseinheit sind zwei Zielsetzungen vereint: Sie stellt Schlüsselkompetenzen und Ressourcen fest; die Trainings dienen der Kompetenzentwicklung und dem Ausbau individueller Ressourcen. DIA-TRAIN umfasst sieben unterschiedliche Verfahren: 1. ein dreitägiges Sozialtraining; 2. ein narratives Interview; 3. ein Kreativtraining; 4. ein zweitägiges Assessment-Center; 5. ein Lerntraining; 6. erlebnispädagogische Übungen; 7. eine Zukunftswerkstatt. Die sieben Verfahren verknüpfen zwei diagnostische Ansätze der systematischen Verhaltensbeobachtung. Das Assessment-Center wird nach stark standardisierten Vorgaben, die anderen Verfahren nach teilstandardisierten Vorgaben individuell beobachtet und ausgewertet (Lippegaus 2005, 130ff.).

Die DIAgnose- und TRAININgseinheit umfasst insgesamt über 40 verschiedene Übungen, die so angelegt sind, dass sie in die Lebenswelt der Teilnehmer passen und zum Mitmachen und Durchhalten motivieren (Schmidt-Lorch 2006). Ihr liegen pädagogische Prinzipien und Qualitätsstandards zugrunde, die in Anlehnung an die Strukturmaximen der Jugendhilfe (BMJFFG 1990) und den Standards des Arbeitskreises Assessmentcenter (Arbeitskreis Assessment Center e.V. 2004) formuliert wurden:

- Kompetenzansatz: DIA-TRAIN will die Kompetenzen und Potenziale der Jugendlichen entdecken und ihnen bewusst machen. Dabei stehen die Stärken im Vordergrund, nicht die Schwächen.
- Individualisierung: Durch das Programm sollen Teilnehmer mit unterschiedlichen Voraussetzungen angesprochen werden und es auch nutzen können. Die Aufgaben sind so konzipiert, dass sie auch von Jugendlichen mit eingeschränkten Sprachkompetenzen bearbeitet werden können. Die einzelne Persönlichkeit steht im Vordergrund, jeder einzelne wird getrennt beobachtet, um Ansatzpunkte für eine gezielte individuelle Förderung zu erhalten.

- Ganzheitlichkeit: Bei DIA-TRAIN wird die gesamte Persönlichkeit in ihrem jeweiligen sozialen Kontext gesehen. Übungen und Verfahren sprechen möglichst viele Sinne der Teilnehmenden an. Das persönliche Umfeld wird ebenso berücksichtigt wie die gesellschaftlichen Rahmenbedingungen, z.B. Geschlechterrollen und kulturelle Hintergründe.

- Lebensweltorientierung: Das Programm ist auf die Zielgruppe zugeschnitten – professionelle Anforderungen sind mit einer jugendgerechten Gestaltung gekoppelt; die Aufträge stammen aus der Erfahrungswelt der Jugendlichen.

- Partizipation: Die Jugendlichen selbst sollen ihre Lern- und Entwicklungsprozesse steuern und zu Problemlösungen finden.

- Kontrollierte Subjektivität: DIA-TRAIN gewährleistet eine professionelle Durchführung und Auswertung und darf daher nur von zertifizierten Personen durchgeführt werden (Lippegaus-Grünau 2009, 132). Alle DIA-TRAINer müssen vor der ersten Durchführung eine 12-tägige Fortbildung absolviert haben, die sie theoretisch und praktisch qualifiziert. Sie werden insbesondere in der Beobachtung und Beurteilung geschult; für alle Auswertungen liegen Beurteilungshilfen vor.

- Sozialpädagogische Orientierung: Die Verfahren sollen in den Einrichtungen durchgeführt werden, die nach dem Landesjugendplan gefördert werden. Sie sollen für Sozial- und Werkpädagogen handhabbar sein (Lippegaus 2003, 169).

Die Ergebnisse der Verfahren werden am Ende des Programms für jeden einzelnen Teilnehmer ausgewertet und in einem individuellen Förderbericht festgehalten. Dieser soll den Transfer der Ergebnisse in die pädagogische Arbeit mit dem Jugendlichen gewährleisten (Lippegaus 2005, 130ff.). Am Ende der zehntägigen DIAgnose- und TRAININgseinheit erhalten die Jugendlichen ein Zertifikat und ihren individuellen Förderbericht, in dem neben den Schlüsselkompetenzen, Entwicklungspotenzialen und Ressourcen auch Hinweise auf die weitere empfohlene Förderung festgehalten sind (Schmidt-Lorch 2006).

2.3 Was man über Kompetenzfeststellung und Förderplanung wissen sollte

Was lehrt uns das Beispiel der Kompetenzfeststellung bei DIA-TRAIN? Sehr schnell werden die pädagogische Bedeutung von Kompetenzfeststellung und der Zusammenhang von Kompetenzfeststellung und Förderplanung deutlich. Eine wie geartete Diagnose eines Jugendlichen geschieht immer in pädagogischer Absicht. Es geht nicht darum, ihn „kriminalistisch" zu erfassen, sondern darum, aus der Untersuchung der Ausgangsbedingungen Förderhinweise oder Förderwege zu gewinnen. Mit einem pragmatischen Verständnis von „Kompetenzen" meinen wir: Es geht bei Kompetenzfeststellung um die Erkenntnis und die Entfaltung der Ressourcen, der inneren Stärken eines jungen Menschen. Anknüpfend an unser oben dargelegtes Menschenbild lassen sich nun verschiedene Ansätze und Verfahren der Kompetenzfeststellung und der Erstellung eines Förderplans auch unter Qualitätsgesichtspunkten erläutern. Damit wird ein wichtiges Instrument der Benachteiligtenförderung eingeführt, allerdings in skeptischer Absicht: Der Jugendliche soll da abgeholt werden, wo er steht; er soll nicht klassifiziert oder sortiert werden.

▶ Zum Zusammenhang von Kompetenzfeststellung und Förderplanung

Förderplanung beruht auf Kompetenzfeststellung und diese wiederum auf diagnostischen Verfahren. In den 1970er Jahren etablierte sich der Begriff der **Förderdiagnostik** im Bereich der Heil- und Sonderpädagogiken (Niedermann, Schweizer & Steppacher 2007, 21). „Diagnostik ist eine der Förderung immanente, wissenschaftsgeleitete Erkenntnistätigkeit. Mit ihren Methoden und Strategien werden Prozesse der Erziehung und Bildung [...] in einer Art begleitet, wie es ohne Diagnostik nicht möglich wäre" (Schuck 2008, 106). Mit der Verknüpfung von Diagnose und Förderung versteht sich die Förderdiagnostik als eine pädagogische Diagnostik, die auf erziehungswissenschaftlichen, bildungstheoretischen und entwicklungspsychologischen Konzepten beruht und sich erkenntnistheoretischer, methodischer und testtheoretischer Grundlagen der empirischen Sozialforschung bedient (Schuck 2008, 106ff.). „Erkennen, Analysieren und Verstehen sind wesentliche Momente förderdiagnostischer Prozesse" (Bundschuh 2007, 25). Dabei werden vermehrt subjektive Verfahren angewendet.

Der Förderdiagnostik immanent ist eine Wertschätzung individueller Lernprozesse (Schuck 2008, 106ff.). Sie wird häufig als Gegenbegriff der Selektionsdiagnostik verwendet. Eine pädagogisch orientierte Diagnose soll daneben auch ermutigen, „stark machen" und helfen (Bundschuh 2007, 25); das impliziert Offenheit und Transparenz als Merkmale der Förderdiagnostik. Ziel der Förderdiagnostik ist es, die Heranwachsenden in ihrer Lernentwicklung optimal zu begleiten und zu unterstützen. Anknüpfungspunkte sucht sie dabei in den Stärken der Jugendlichen (Eggert 1997), im Gegensatz zu der herkömmlichen psychologisch-pädagogischen Diagnostik, die Defizite im Individuum lokalisiert, um sie nachfolgend bestimmten Institutionen zuzuweisen (Niedermann, Schweizer & Steppacher 2007, 23f.).

Bedingt durch das zugrunde liegende Menschenbild (→ Kapitel 1), unterstellt eine berufliche Benachteiligtenförderung jedem Menschen „Stärken" die ihm innewohnen. Diese Stärken sind Kompetenzen und Ressourcen, welche durch förderdiagnostische Verfahren aufgedeckt werden sollen, um sie für die Entwicklung des Jugendlichen fruchtbar zu machen.

▶ Was könnte mit „Kompetenzen" gemeint sein?

Das Konzept der **Kompetenzen** hat das der Qualifikationen als Zielgröße klassischer Aus- und Weiterbildung weitgehend ersetzt. Damit werden Veränderungen in den beruflichen Anforderungen ausgedrückt, die durch Transformationsprozesse im Bereich betrieblicher Arbeitsorganisation infolge des technologischen und gesellschaftlichen Wandels eingesetzt haben (Rychen & Salganik 2003). Während Qualifikationen in standardisierten Prüfungssituationen abrufbar sind, zeigen sich Kompetenzen eher indirekt im flexiblen Bewältigen komplexer beruflicher Herausforderungen. Die Erfassung und Feststellung beruflicher Handlungskompetenzen geschehen allerdings durch Zuschreibungen (Attribuierungen) anderer und sind damit anfällig für Beurteilungsfehler. Aus der Beobachtung selbstorganisierten Handelns wird auf eine Kompetenz als Persönlichkeitsmerkmal (Disposition) geschlossen. Kompetenzen können als Dispositionen selbstorganisierten Handelns oder Selbstorganisationsdispositionen betrachtet werden. Nicht das Wissen selbst, sondern die Anwendung steht im Vordergrund. Daneben umfasst die Kompetenz aber auch Emotionen, Einstellungen, Erfahrungen, Antriebe, Werte und Normen (Erpenbeck & Rosenstiel 2003a).

Darüber hinaus will die Kompetenzfeststellung auch **Ressourcen** der Jugendlichen erkennen. Unter Ressourcen versteht man Voraussetzungen, die jemandem zur Bewältigung einer Aufgabe zur Verfügung stehen. Dabei unterscheidet man interne und externe Ressourcen. Interne Ressourcen beinhalten physische und psychische Voraussetzungen, externe die Unterstützungsmöglichkeiten der Umwelt (ökonomische, psycho-soziale und sozio-kulturelle Ressourcen) (Lippegaus 2005, 139f.).

Die praktische Kompetenzfeststellung erfolgt mit den gleichen Verfahrensarten, die auch im Bereich der Personalentwicklung und Personalauswahl, aber auch im Bereich der sonderpädagogischen Förderdiagnostik, angewendet werden. Dazu gehören Methoden wie Interviews, Gespräche und Befragungen, Verhaltensbeobachtung und -analyse, Testanwendung und Rollenspiele. Bei der Anwendung werden jedoch sozial- und sonderpädagogische Prinzipien berücksichtigt, um die Diagnostik mit der gesamten sozialpädagogischen Orientierung der Benachteiligtenförderung kompatibel zu halten. Der Einsatz der Verfahren darf nicht dem Selbstzweck dienen, sondern der Förderung des Heranwachsenden (Eggert 2007, 113).

▶ Verschiedene Ansätze und Verfahren der Kompetenzfeststellung

Man unterscheidet zwischen Kompetenzmessung und Kompetenzbeschreibung. Einige Testverfahren wurden eigens für die Benachteiligtenförderung entwickelt (Pfeiffer, Goll & Tress 2002), andere wurden dafür adaptiert. Besonders verbreitet ist der Assessment-Center-Ansatz, der nach dem Vorbild von Personalentwicklung und -platzierung direkt auf Fragestellungen der Benachteiligtenförderung übertragen wurde (Druckrey 2003) oder in ein umfassendes Diagnose und Trainingssystem integriert worden ist (Lippegaus 2005).

Das Assessment-Center gehört der **Kompetenzmessung** an. Es handelt sich dabei um eine stark standardisierte Form der Beobachtung und Beurteilung. Die

Teilnehmer werden in mehreren standardisierten Situationen von geschultem Personal beobachtet und bewertet (ebd. 2005, 141). Ergebnisse direkter Verfahren wie Verhaltensbeobachtungen und Einschätzskalen können in Dokumentationssystemen festgehalten werden, die nach dem Vorbild von Krankheitssystematiken wie dem ICD-Diagnoseschlüssel der Weltgesundheitsorganisation erstellt wurden (Kick 2002). Seit Längerem liegen auch Checklisten für die Erstellung von Anforderungs- und Fähigkeitsprofilen vor (Berntzen 2002; Kleffmann, Weinmann & Föhres 1997).

Die Kompetenzbeschreibung befasst sich mit der Frage: „Warum verhält sich ein Mensch in einer bestimmten Situation so?" (Lippegaus-Grünau 2009, 69). Dabei wird Wert auf die individuelle Beschreibung der Kompetenzen gelegt, um möglichst genaue Anhaltspunkte für den Förderprozess zu gewinnen (Lippegaus 2005, 141). Die Methoden, die angewendet werden, sind keine Standardbedingungen, sondern individuell angepasste Situationen (Lippegaus-Grünau 2009, 69).

Art und Einsatz der Verfahren lassen sich sowohl nach Zielen und Anforderungen (Person oder Arbeitsplatzbezug) als auch nach der Aufgabenart gruppieren (offene oder geschlossene Aufgabenstellungen) oder danach, ob sie innerhalb oder außerhalb der Einrichtung durchgeführt werden (Enggruber & Bleck 2004).

▶ Zur Erstellung eines Förderplans

Die Ergebnisse aus der Eignungs- und Kompetenzanalyse bilden die Grundlage für einen **Förderplan**, der von Mitarbeitern pädagogischer Einrichtungen in Absprache mit dem Jugendlichen erstellt wird. Förderplanung in der Berufsausbildung z.B. ist als zielgerichtetes pädagogisches Handeln zu verstehen, das dem Zweck dient, für jeden Auszubildenden die notwendige Überstützung zu planen und bereitzustellen, die er für einen erfolgreichen Abschluss der Berufsausbildung und als Voraussetzung für die Teilhabe an der Gesellschaft benötigt (Projektgruppe Förderplanung 2001a, 7). Inhalt des Förderplans sind kurzfristige und langfristige Ziele, die mit dem Jugendlichen vereinbart werden und die in einem überschaubaren Zeitraum erreichbar und überprüfbar sind (BMBF 2005, 97). Gewöhnlich wird dabei anhand der festgestellten Kompetenzen und Ressourcen eine Folge von Verfahrens- und Vorgehensschritten festgelegt, die pädagogische Maßnahmen strukturieren und die für den Jugendlichen und die Einrichtung Transparenz schaffen sollen. Im Idealfall schlagen sich die Effekte der Maßnahmen in den Ergebnissen einer wiederholten Anwendung der Eignungsanalyse nieder.[2]

Man unterscheidet zwischen phasenbezogener und anlassbezogener Förderplanung. Phasenbezogene Förderplanung bezieht sich auf die Gestaltung und Begleitung bei Einstiegs- und Orientierungsphasen, wogegen anlassbezogene För-

---

2 Diese Form der Ergebniskontrolle wird jedoch in der Praxis – von wenigen Ausnahmen abgesehen – kaum verwirklicht.

derplanung der Gestaltung und Begleitung bei besonderen Lernschwierigkeiten dient (Schnadt 2000).

Die systematische Förderplanung hat eine Schlüsselstellung in der Benachteiligtenförderung. Sie spiegelt die pädagogische Konzeption der Einrichtung, ihre Förderschwerpunkte sowie die individuelle Ausgangslage der Jugendlichen, Maßnahmenerfolge und -misserfolge wieder und liefert eine Prozessbeschreibung von Interventionseffekten und Entwicklungsfortschritten. Verschiedene Konzeptelemente und -prinzipien erfordern ein personenzentriertes (nicht maßnahmenorientiertes) Vorgehen. Der in der Förderplanung vorherrschende Zwang zur Prozessdokumentation kann allerdings auch zur Erhöhung der Verwaltungsanteile in der Förderpädagogik führen und sogar eine Entkoppelung von Dokumentation und tatsächlichen Maßnahmen begünstigen, wenn der Maßnahmenerfolg an einem zu großen Anteil subjektiver Einschätzungen gemessen wird.

▶ Qualitätssicherung

Im Rahmen allgemeiner Bemühungen um Qualitätssicherung verlangt auch die Bundesagentur für Arbeit eine auf den Ergebnissen von Kompetenzfeststellungen aufbauende Förderplanung, um die Effekte der von ihr geförderten Maßnahmen bestimmen zu können (BA 2004). Sowohl die Mittelvergabe als auch die Auswahl der Maßnahmenträger werden von der Durchführung von Förderplanungen abhängig gemacht (Bundesanstalt für Arbeit 1999). Kompetenzfeststellungen erleichtern Jugendlichen eine realistische Einschätzung ihrer Berufswünsche. Sie sichern durch positive Rückmeldungen ein erhöhtes Selbstwertgefühl und motivieren zur Ausübung berufsrelevanter Tätigkeiten.

Mit den Jugendlichen abgestimmte Förderplanungen geben Klarheit, Perspektiven und Ziele. Darüber hinaus dienen Förderpläne der kontinuierlichen Rückmeldung über den Förder- oder Qualifikationsstand. Durch Aufgabenangemessenheit wird Über- und Unterforderung vermieden und eine positive Arbeits- und Lernhaltung begünstigt. Insgesamt sollte eine konsequente Förderplanung die Effektivität und Effizienz der Maßnahmen erhöhen. Durch Prozesskontrollen sollen ineffektive Interventionen und Prozessrückschritte unmittelbar sichtbar gemacht und ggf. über angepasste Maßnahmen korrigiert werden.

Als **Gütemaßstäbe** für Kompetenzfeststellung und Förderplanung können Qualitätsstandards der pädagogischen und psychologischen Diagnostik herangezogen werden, aus denen die Verfahren und Vorgehensweisen entlehnt sind (Häcker, Leutner & Amelang 1998). Von verschiedenen Initiativen wurden Qualitätsmerkmale erarbeitet. Dazu gehört das Konzept von hiba (Projektgruppe Förderplanung 2001a; 2001b), die Qualitätsmerkmale, die vom Arbeitskreis Assessment Center e.V. (2004) vorgelegt wurden, oder die von INBAS erarbeiteten Qualitätsmerkmale (INBAS 2003), die von der Bundesagentur für Arbeit übernommen wurden (BA 2004). Zu diesen Qualitätsmerkmalen zählen u.a.: Individualisierung, Kompetenzansatz, Arbeits- und Lebensweltbezüge, Partizipation, Transparenz, Datenschutz und Gender Mainstreaming.

▶ Zur Erhebungssituation

Es gibt bei der Kompetenzfeststellung das Problem, dass oftmals gesellschaftlich wünschenswerte Persönlichkeitseigenschaften eines Jugendlichen in den Vordergrund rücken, ohne dass man dem, was ihn wirklich ausmacht, gerecht werden kann. Z.B. birgt die Praxis der Eignungsanalyse der Bundesagentur für einen Heranwachsenden wenig Chancen, seine Potentiale so einzubringen, dass er sich selbst darin wieder finden kann. Zugespitzt: Kompetenzfeststellung in ihrer heutigen Praxis ordnet zu, selektiert, weist zu, unterwirft sich trotz „kontrollierter Subjektivität" Maßstäben, die nicht die der Jugendlichen sind.

Diese „Kolonialisierung" durch Kompetenzfeststellung sollte einem anderen Konzept weichen: Benachteiligte Jugendliche haben natürlich auch die Fähigkeit, Anforderungen von außen in ihrem eigenen Stil zu bewältigen. Kompetenzförderung hieße also, diese so anzulegen, dass in Anforderungs- und Bewältigungssituationen die Jugendlichen **ihre eigenen Ressourcen erleben, reflektieren und in berufsbezogene Kompetenzen übersetzen** können. Um solche Formen der Kompetenzförderung zu entwickeln, müsste von den bisherigen Verfahren abstrahiert werden. Die von impliziten oder expliziten Skalen ausgehende Einordnung müsste zugunsten eines anderen Verfahrens geändert werden: Die Kompetenz-Diagnostiker müssten sich wirklich den Wahrnehmungs- und Verhaltensweisen der von ihnen zu verstehenden Jugendlichen öffnen. Dann erst könnte es gelingen aus den, auf den ersten Blick defizitären, jugendlichen Praktiken individuelle Ressourcen zu identifizieren. Es bedarf also neuer Formen der Feststellung von Eigenschaften; es sollte eine Kompetenzfeststellung sein, in die ein junger Mensch sich selbst einbringen kann (Koch & Straßer 2008).

▶ Ein spezielles Problem: Gender Mainstreaming

Die deutsche Benachteiligtenförderung wird beeinflusst durch Politik und Programme der Europäischen Union (EU), insbesondere durch den Europäischen Sozialfonds, der auch die Steigerung einer dauerhaften Beteiligung von Frauen am Erwerbsleben unterstützt (Gender Mainstreaming[3]; BMBF 2005, 222). Somit wird auch für die Kompetenzfeststellung eine geschlechterreflexive Entwicklung und Durchführung von eignungsdiagnostischen Verfahren gefordert (Ratschinski 2008, 211).

---

3 Gender Mainstreaming bedeutet, bei allen gesellschaftlichen Vorhaben die unterschiedlichen Lebenssituationen und Interessen von Frauen und Männern von vornherein und regelmäßig zu berücksichtigen, da es keine geschlechtsneutrale Wirklichkeit gibt.

Forschungsergebnisse verweisen darauf (Faulstich-Wieland 2006), dass es **sozialisationsbedingte geschlechtsspezifische Unterschiede** in den Selbstkonzepten und daraus resultierend in den Kompetenzen von Mädchen und Jungen gibt. Nicht erkannte Unterschiede können dazu führen, dass scheinbar neutrale Maßnahmen Mädchen und Jungen auf unterschiedliche Weise beeinflussen und sogar bestehende Unterschiede noch verstärken (Rose 2004, 9). Da das Förderprinzip an die bereits vorhandenen Stärken anknüpfen will, ist es gerade für Kompetenzfeststellungsverfahren eine wichtige Voraussetzung, bei ihrem Aufbau und bei der Durchführung auf geschlechterreflexive Aspekte zu achten. Das bedeutet, dass bereits beim Aufbau etwaige Diskriminierungsfaktoren vermieden werden. Die Beurteilungskriterien müssen geschlechterunabhängig sein. Bei der Durchführung müssen die Beobachter darauf achten, dass sie den Teilnehmerinnen und Teilnehmern nicht geschlechtertypische Attributionen und Handlungsmuster (z.B. Fürsorglichkeit oder Durchsetzungsvermögen) unterstellen. Die Gestaltung von Materialen muss für beiderlei Geschlecht gleich attraktiv sein und die Übungen müssen so gestaltet sein, dass nicht vornehmlich traditionelle Männer- oder Frauenberufe bedient werden. Auch bei der Auswahl des Personals ist ein ausgewogenes Geschlechterverhältnis zu berücksichtigen.

2.4 Unser Credo: Potentiale erkennen – Entwicklungsfahrpläne einsetzen!

! Mit dem Kompetenzansatz wurden Eingangsanalyse und Förderplanung in die Benachteiligtenförderung eingeführt. Es soll die Motivation der Jugendlichen gefördert werden, es sollen aber auch Wünsche und Ideen der Jugendlichen mit der Realität in Übereinstimmung gebracht werden.

! In der Benachteiligtenförderung hat sich die Sichtweise verdichtet, dass es bei Jugendlichen in schwierigen Lebenslagen nicht fruchtbar ist, von ihren Defiziten auszugehen, da sich hiermit nur die lebenslangen Defizit- und Misserfolgserfahrungen in das Jugendalter hinein verlängern, ohne dass die Heranwachsenden eine neue Perspektive gewinnen.

! Um an den eigenen Kompetenzen und Potenzialen arbeiten zu können, müssen diese realistisch eingeschätzt werden. Es hat sich gezeigt, dass der Anschluss in Ausbildung, Arbeit oder zurück zur Regelschule besser gelingt, wenn der Jugendliche Kenntnisse über seine eigenen Fähigkeiten und Interessen hat. Wichtig bei der Begleitung der Jugendlichen ist, dass die Kompetenzen im Entwicklungsprozess immer wieder neu beobachtet und abgeglichen werden.

! Jugendliche sollen nicht durch willkürlich ausgewählte Maßnahmen für Ausbildung oder Arbeit qualifiziert werden. Die Stichworte zur Überwindung dieser prekären Situation lauten an Stil und Praktiken der Jugendlichen anknüpfende Kompetenzfeststellung und Förderplanung.

! Eine Benachteiligtenförderung ohne Individualität kann ihre Ziele nicht erreichen, da es sich bei den Jugendlichen um eine sehr heterogene Gruppe handelt. Individualisierte Förderung macht einen Ausstieg aus „Maßnahmekarrieren" möglich und eröffnet den jungen Menschen Perspektiven und die Möglichkeit ihr Leben selbst zu gestalten.

2.5 Praktische Empfehlungen, Aufträge, Übungen, Tipps

☞ **Übung 1**
Vielfältige Informationen zum Thema Kompetenzfeststellung sowie Förderplanung und -diagnostik findet man im Internet. Suchen Sie sich vertiefende Informationen über ein bestimmtes Kompetenzfeststellungsverfahren heraus und überlegen Sie, wie Sie es einsetzen könnten.

☞ **Praxistipp 1**
Voraussetzung für die Durchführung von Kompetenzfeststellungen ist ein systematisches Beobachtertraining und eine durch Fortbildungen sichergestellte fachliche Qualifizierung für die Anwendung diagnostischer Verfahren und Methoden. Die Prozesssteuerung von Kompetenzfeststellungen und Förderplanungen sollte in einem Handbuch oder einem schriftlichen Programm festgelegt sein und über Zuständigkeiten und Verantwortlichkeiten im Verfahren sollte Klarheit herrschen.

☞ **Praxistipp 2**
Eignungsanalysen sollten grundsätzlich dem Kompetenzansatz folgen, d.h. sie sollten Jugendlichen positive Rückmeldungen über vorhandene bzw. festzustellende Fähigkeiten und Potentiale geben, die als Anhaltspunkte für eine individuelle Förderung dienen. Die dabei zu bearbeitenden Aufgaben sollten komplex sein und mehrere Handlungsmodi erfordern (Ganzheitlichkeit), aus dem Erfahrungsbereich der Jugendlichen stammen (Lebensweltbezug) und ihnen eine aktive und selbstbestimmte Rolle zuweisen (Partizipation). Jeder Teilnehmer bekommt eine individuelle Rückmeldung (Individualisierung), die für ihn ebenso nachvollziehbar und verständlich ist, wie die Aufgaben und die gesamte Prüfprozedur (Transparenz).

☞ **Praxistipp 3**
Die dokumentierten Beobachtungen, Einschätzungen und Bewertungen sollten durch Erfassung von Beobachterübereinstimmungen und durch Vorbereitungstrainings für die Beobachter kontrolliert werden (kontrollierte Subjektivität). Eignungsfeststellung und Förderung sollten eine Einheit bilden, so dass Förder-, Entwicklungs- und Qualifizierungsfortschritte erfasst und notwendige Interventions-

korrekturen vorgenommen werden können (Prozessorientierung). Alle Maßnahmen sollten mit einer (sozial-)pädagogischen Orientierung der Benachteiligtenförderung vereinbar sein, keine fachpsychologische Qualifikation voraussetzen und Datenschutzbestimmungen beachten. Die Ergebnisse der Kompetenzfeststellung werden in einem Bericht dokumentiert, in dem Beobachtungsergebnisse beschrieben sind, Bewertungen vorgenommen sind und Empfehlungen für die weitere Förderung gegeben werden. Alle Ergebnisse sollten den Jugendlichen in einem „Klima von Wertschätzung und Achtung" mitgeteilt werden (Transparenz) und es sollte der Transfer der Ergebnisse in die pädagogische Praxis abgesichert werden.

☞ Praxistipp 4
Die Ziele der Förderplanung sollten positiv, konkret und spezifisch formuliert werden und durch konkrete Handlungen erreichbar sein. Neben Fernzielen sollten unter Einbezug der Teilnehmer auch Nah- und Zwischenziele gesetzt werden, die flexibel auf Veränderungen angepasst werden können. Der Förderplan sollte Zuständigkeiten, zeitliche Festlegungen und eine verbindliche Ablauforganisation beinhalten, aber Änderungen und Korrekturen jederzeit zulassen. Je besser die erwähnten sozialpädagogischen Prinzipien verwirklicht werden, desto effektiver ist das sozialpädagogisch orientierte Förderkonzept.

📖 Literatur zum Weiterlesen

- Projektgruppe Förderplanung (2001a): Individuelle Förderplanung in der Benachteiligtenförderung, Bd .1: Verfahren und institutionelle Bedingungen der Förderplanung. Münster: hiba (2. Aufl.).
- Projektgruppe Förderplanung (2001b): Individuelle Förderplanung in der Benachteiligtenförderung, Bd. 2: Instrumente, Methoden und Dokumentation der Förderplanung. Münster: hiba (2. Aufl.).
- Erpenbeck, J. & Rosenstiel, L.v. (2003b): Handbuch Kompetenzmessung. Erkennen, verstehen und bewerten von Kompetenzen in der betrieblichen, pädagogischen und psychologischen Praxis. Stuttgart: Schäffer-Poeschel.
- Koch, M. (2008a): Wozu braucht Jugendberufshilfe Kompetenzfeststellung? In: Landesarbeitsgemeinschaft der Jugendsozialarbeit in Niedersachsen (Hrsg.): Kompetenzfeststellung im Übergang Schule – Beruf als fester Bestandteil des regionalen Übergangsmanagements. Hannover: LAGJSA, S. 24-31.

3 Curriculum und Didaktik

Peter Straßer & Jana Propp

„Denken und Tun, Tun und Denken,
das ist die Summe aller Weisheit.“
Johann Wolfgang Goethe

3.1 Worum geht es in diesem Kapitel?

Wer als Lehrkraft in der Beruflichen Förderpädagogik tätig ist, muss vielfältig und vielmals sein pädagogisches Tun und Wirken reflektieren. Man benötigt ein pädagogisches Konzept „im Hinterkopf", das adäquat den (Lern-)Bedingungen benachteiligter Jugendlicher gerecht wird. Dazu finden sich in diesem Wabeneckpunkt erste Klärungen: Die Begriffe Curriculum und Didaktik befassen sich mit der **Planung und Durchführung von Unterricht bzw. von Lehr-/Lernprozessen**. Allerdings gilt hier in besonderem Maße: Man sollte üben, üben, üben. Unterrichtliche Praxis können Sie zwar vorstrukturieren, aber: „Schwimmen lernen Sie erst beim Schwimmen im Wasser"!

Berufliche Förderpädagogik zielt wie andere berufspädagogische Programme auf das übergreifende Ziel einer **„beruflichen Handlungskompetenz"** (BMBF 2002; Biermann & Rützel 1999). Berufliche Handlungskompetenz differenziert sich pragmatisch in die Bereiche: „Fach- und Sachkompetenz", „Methodenkompetenz" (z.B. Lernen lernen), „Sozialkompetenz" (Vermittlung von Fähigkeiten für ein tolerantes Zusammenleben usw.) und „personale oder Selbst-Kompetenz" (Vermittlung von Fähigkeiten für die eigene, auch außerberufliche Lebensbewältigung). Zur Beförderung solcher Kompetenzentwicklung bedarf es zweierlei: (1) Es bedarf der Reflektion dessen, **was** gelernt werden soll (Lerngegenstände). Hier geht es um Aktivitäten und Konzepte, die sich auf inhaltliche Strukturierungen der (unterrichtlichen) Angebote beziehen. (2) Man muss vom jugendlichen Lerner und der Lernsituation ausgehen. Hier kommt das **„Wie"** des Lernens ins Spiel. Es geht um die didaktisch-methodischen Arrangements oder Settings des Unterrichts vor dem Hintergrund des Lernbedarfs benachteiligter Jugendlicher. In diesem Kapitel werden wir dazu vor allem **individuell gestaltete Förderformen** von Unterricht aufgreifen.

▶ Begriffsannäherung I

Curriculum: Im alltäglichen Sprachgebrauch wird meist nicht zwischen „Curriculum" und „Lehrplan" unterschieden. Ältere Lehrpläne beschränkten sich oft auf die Aufzählungen von Lerninhalten, während ein Curriculum seit den 1970er Jahren sich eher an Lernzielen und dem Ablauf von Lehr-/Lernprozessen orientiert. Folgendes gemeinsame Verständnis können wir zugrunde legen: Curricula oder

„Lehrpläne zeichnen sich aus durch die Angabe übergeordneter Ziele (z.B. Bildung, Qualifikation, Kompetenz), Auswahl, Festlegung und Anordnung von fächerübergreifenden und fachspezifischen Inhalten, Angabe des Niveaus, auf dem jeweils Wissen und Können gelehrt und gelernt werden soll, Festlegung von Methoden und Medien und Wegen zur Überprüfung des Lern- und Unterrichtserfolges (Leistungskontrollen) resp. Evaluation des Unterrichts" (Kiper & Mischke 2004, 38). Ein Lehrplan will die bildungspolitischen Intentionen des Gesetzgebers schulartenspezifisch und fachspezifisch konkretisieren. Lehrpläne legen Mindeststandards fest und sollen damit eine gewisse Vergleichbarkeit gewährleisten. Sie werden zumeist von den Kultusministerien der Länder für die einzelnen Schulformen erlassen. Unterschieden werden sollte zwischen geschlossenen und offenen Curricula. Ein geschlossenes Curriculum zeichnet sich dadurch aus, dass neben Ziel- und Themenvorgaben auch Zeit-, Prüfungs- und Umsetzungsvorgaben bestehen (Peterßen 1998). Von einem offenen Curriculum wird gesprochen, wenn lediglich Ziele und Themen vorgegeben werden und Teilnehmer die Möglichkeit haben, an der weiteren Curriculumausgestaltung mitzuwirken. In der Benachteiligtenförderung sind auch die Ausbildungsordnungen für die betriebliche Ausbildung oder die Geschäftsanweisungen der Bundesagentur für Arbeit („Fachkonzept") wichtige curriculare Vorgaben.

▶ Begriffsannäherung II

Didaktik: Das Wort Didaktik leitet sich aus dem Griechischen ab und heißt wörtlich übersetzt „Lehrkunst". Während ein Curriculum den Rahmen der Vermittlungsprozesse strukturiert und mit Inhalten sowie Zielen versieht, beschreibt Didaktik die Umsetzungsplanung und die Auswahl, Durchführung und Auswertung der unmittelbaren Lehr-/Lernprozesse. Hier unterscheidet die einschlägige Literatur noch zwischen Didaktik und **Methodik**: Didaktik (im weiteren Sinne) befasse sich mehr mit dem „Was" (Inhaltsfragen) und Methodik mit dem „Wie" (Vermittlungsfragen) (Meyer & Jank 1991). Eine strikte Trennung zwischen beiden greift jedoch zu kurz, da Didaktik durchaus auch Fragen der Methodenwahl einschließt. Meist wird von didaktisch-methodischen Konzepten oder didaktisch-methodischem Handeln gesprochen. Wir gehen hier von einem **weiten Didaktikverständnis** aus und beziehen Methodenfragen mit ein.

▶ Relevanz dieses Kapitels

Als Lehrkraft in der Benachteiligtenförderung ist man zum einen gehalten, seinen Unterricht nach von **außen vorgegebenen curricularen Vorgaben** zu konzipieren, d.h., man muss sich stets mit diesen Vorgaben auseinandersetzen, diese kritisch untersuchen und auf die eigene Lerngruppe beziehen. Zum anderen muss man Ziele und Inhalte so aufbereiten, dass die Schüler **motiviert und aktiviert** am Lernprozess teilnehmen. Man braucht dazu sehr viel didaktisch-methodisches Handwerkszeug, das aber durchdacht verwendet und eingesetzt werden muss. Unterricht in der Berufsschule oder in der (Jugend-)Werkstatt ist zudem immer auch **organisiertes** Lehren und Lernen, selbst wenn man sich als Lehrkraft stark zurücknimmt und den Schülern viel eigenen Gestaltungsraum lässt. „Organisiert meint u.a., dass im Unterricht planmäßig und systematisch vorgegangen wird" (Schelten 2004, 148).

3.2 Ein Beispiel aus der Praxis: Förderung von selbstgesteuertem Lernen

Das Praxisbeispiel beruht auf einem Forschungsprojekt, das ein Training zur Förderung reflexiven Lehrens und Lernens in der beruflichen Benachteiligtenförderung anregte und wissenschaftlich untersuchte (Straßer 2008a). Das Training richtete sich vor allem an Jugendliche im schulischen Berufsvorbereitungsjahr (BVJ). These des Projekts: Die Fähigkeit, das eigene Lernen bewusst zu steuern und zu regulieren, ist bei vielen lernbeeinträchtigten Jugendlichen wenig ausgeprägt – und es wird selten bewusst seitens der Lehrkraft gefördert. Häufig reflektieren lernbeeinträchtigte Jugendliche ihr Lernverhalten nicht und haben keine abstrahierten und ausdifferenzierten Ziel- und Vorgehensüberlegungen. Ein Kurzeinblick:

Häufig lässt sich bei lernbeeinträchtigten Jugendlichen ein unzureichendes und unstrukturiertes *Vorwissen* beobachten. Darüber hinaus verfügen sie oftmals über wenige und teilweise auch uneffektive *Lern- und Kontrollstrategien*. Ihnen fällt es mitunter schwer mitzuteilen, was sie wissen und können und was nicht: Es fehlt an *Lern- und Wissensbewusstsein*. Dies kann sich als nicht wahrgenommene Kompetenz- und Entwicklungsmöglichkeit negativ auf ihre Lern- und Leistungsmotivation auswirken. Wer sein Wissen und Können äußeren, nicht beeinflussbaren Faktoren zuschreibt, wird wenig motiviert sein, Aufgaben und Probleme eigenständig anzugehen. Lernbeeinträchtigte werden daher oft auch als *„passive Lerner"* bezeichnet. Lauth beschreibt ihr Lernverhalten zusammenfassend so, dass sie weniger Zeit auf die aktive Verarbeitung der Aufgabenstellung verwenden, vorhandenes Vorwissen in geringerem Maße abfragen, weniger handlungsbegleitende Kontrolle über ihre Lerntätigkeit ausüben, seltener auf übergeordnete, regelhafte Vorgehensweisen zurückgreifen, seltener eine Aufgabe aktiv abbilden und das Lernproblem in eigenen Worten formulieren, seltener ein verbindliches Ziel, das sie später auch überprüfen können, für das eigene Lernen formulieren, ihr Lernen seltener überwachen und den eingeschlagenen Lernweg seltener korrigieren, wenn er nicht zum Erfolg führt (Lauth 2000, 24f.).

Oft fehlen ihnen differenzierte, handlungs- und kontrollleitende Vorstellungen in Form *innerer Repräsentationen*. Die Jugendlichen orientieren sich häufig lieber an konkreten als an abstrakten Vorstellungen. Sie streben eher nach Befriedigung von Bedürfnissen, als dass sie sich zum Durchhalten, Überwachen und Regulieren motivieren können. So entsteht ein *fataler Kreislauf* zwischen unstrukturiertem und fehlendem Wissen, ineffektivem Lernverhalten und der Schwierigkeit, den Wissensaufbau und die Anwendung von Wissen bewusst zu planen, zu überwachen und gegebenenfalls zu regulieren.

Wie kann man diesen Kreislauf verändern? Dies wird in der *Förderung des Bewusstseins für das eigene Wissen, Können und Lernen* gesehen (*„Metakognition"*). Metakognitionen nehmen Einfluss auf die eigene Lernregulation und Lernleistung. Während „deklarative" Metakognition rein begriffliches Wissen meint, beinhaltet „prozedurale" Metakognition vor allem Wissen über Verfahrens- und Vorgehensweisen, das häufig weiter in die Bereiche Planung, Überwachung, Kontrolle und Auswertung ausdifferenziert wird. Der Begriff Metakognition deutet darauf hin, dass es insbesondere *kognitive* (= geistige) Informations- und Erkenntnisprozesse sind, die ein Bewusstsein für das eigene Wissen und die damit verbundene Möglichkeit der Regulation darstellen. Dabei weiß man natürlich, dass neben kognitiven vor allem *emotional-motivationale* Aspekte auf Unterrichtsqualität und Lernleistung einwirken. Zudem war klar: Eine Lehr-/Lernreflexion mit dem Ziel einer anhaltenden, selbstständigen Lernregulation kann *nicht instruiert*, wohl aber angeregt werden. Erst ein bedeutungsvoll erscheinendes und emotional positiv erlebtes Reflektieren erhöht die Wahrscheinlichkeit eines Annehmens des Wissens und damit die Aussicht auf ein anhaltendes selbstreguliertes Lernen.

Im Training standen neben den vermittelten reflexionsfördernden Lehr- und Lernhilfen auch der Einbezug eigener Lehr- und Lernhilfen der Lehrkräfte und der Schüler im Vordergrund. Durch eine bewusste Hervorhebung und Thematisierung sollten sie im Sinne des Kompetenzansatzes (→ Kapitel 2) als bewusste Ausgangs- und Anknüpfungspunkte für weitere Lehr-/Lernhilfen genutzt werden.

Ausgangspunkt für das Training war insbesondere die Beobachtung, dass lernbeeinträchtigte Auszubildende häufig im Laufe eines Aufgaben- oder Problemlösungsprozesses nicht mehr wissen, was gefragt war und was sie tun. Dadurch agieren sie mehr als zu reflektieren. Bei einer wissenschaftlichen Erkundung in einer Ausbildungswerkstatt stellten wir fest: Hier wurde überwiegend „unbewusst" und routiniert gelehrt und gelernt, das eigene Aufgaben- und Problemlöseverhalten wurde von vielen Auszubildenden nicht reguliert. Auch gaben die Ausbilder nur selten Hilfen oder Hinweise auf Lehr-/Lernhilfen. In einer zweiten Explorationsphase erprobten wir dann mehrere reflexionsfördernde Lehr-/Lernhilfen. Sie sollten möglichst ein Bewusstwerden der prozeduralen Phasen Planung, Überwachung, Regulierung und Auswertung fördern.

Während im ersten Teil des Trainingskonzepts die Lehrkräfte sensibilisiert wurden und reflexionsfördernde Lehr-/Lernhilfen kennen lernen und erproben konnten, standen im zweiten Teil der Einsatz und die Umsetzung dieser Lehr-/Lernhilfen im Unterricht im Vordergrund. Dann führten wir ein Metakognitionstraining durch: An zwei Tagen stand anhand von theoretischen und praktischen Aufgabenstellungen und Übungen das eigene Lehr-/Lernverständnis, eigene praktizierte und neue reflexionsfördernde Lehr-/Lernhilfen im Mittelpunkt. Anschließend wurde mit den Lehrkräften ein Projektunterricht geplant (vier Wochen, an jeweils zwei Tagen in der Woche).

Die erhobenen Daten zeigen: Das Bewusstmachen und Einbringen von Lehr-/Lernhilfen innerhalb des Unterrichts war für Lehrkräfte und Schüler *ungewohnt*. Immer wieder versanken die Lehrer aufgrund vielfältiger Unterrichtstätigkeiten (z.B. motivieren, disziplinieren, organisieren usw.) in ein routiniertes Agieren. Die kurzen Vor- und Nachbesprechungen mit den Lehrern, bei denen Inhalte, Methoden und Ablauf des Unterrichts ausgewertet und die nächste Einheit geplant wurden, erwiesen sich als hilfreich für eine bewusste Umsetzung eines reflexiven Lehrens und Lernens.

Aus didaktisch-methodischer Sicht ergibt sich im Resümee ein uneinheitliches Bild: Während eingesetzte methodische Modelle wie „Hilfen zur Texterarbeitung", „Merkwort" und „Mind-Map" keine eindeutige Präferenz erkennen lassen, fanden insbesondere tätigkeitsorientierte Lehr-/Lernhilfen wie das „Legen einer Wissensstruktur mit Begriffskarten" durch die Schüler und der „Lehr-/Lernwechsel" ($\rightarrow$ Kapitel 6) durchweg positiven Anklang. Die Lehrer fühlten sich trotz zu Beginn geäußerter Umsetzungszweifel besonders durch den *Lehr-/Lernwechsel* unterstützt und entlastet. Dessen Wirkung auf die Jugendlichen wurde von den Lehrern als motivierend und das Sozialverhalten fördernd beschrieben. Ein weiteres wichtiges Ergebnis: Bei einer Förderung selbstgesteuerten Lernens anhand reflexiven Lehrens und Lernens sind *Kooperation und Kommunikation unter den Lehrern* zentrale Umsetzungsvoraussetzungen.

3.3 Was man über „Curriculum und Didaktik" wissen sollte

An dem Praxisbeispiel kann man gut erkennen, welchen Entwicklungsbedarf es in unserem Feld für die Auslegung von Curricula gibt und welche didaktischen Fragen weiter zu klären sind. Gleichwohl lassen sich einige Bestimmungen für die Berufliche Förderpädagogik festhalten: Notwendig sind Ansätze, die die Eigenaktivität des Lerners in den Mittelpunkt rücken. Wenn Lernen ein konstruktiver eigenständiger Prozess des Subjekts ist, dann stellen sich auch Fragen nach den Methoden, die im Unterricht oder in der Werkstatt verwendet werden sollten. Schon aus dem Praxisbeispiel stechen die aktivierenden Methoden und Anteile hervor. Weitergehend sollte man auch organisatorische und zertifikatsbezogene Konsequenzen bedenken. Eine wichtige Idee aus der Benachteiligtenförderung lautet: Qualifizierungsbausteine. Solche beruflichen Module können den Jugendlichen relativ schnell zu ersten Erfolgserlebnissen verhelfen und sind vielleicht mittelfristig ein wichtiges Förderinstrument.

▶ Prinzipien für die Auslegung von Curricula

Die Definitionselemente der Lehrpläne, insbesondere die Elemente Ziele und Inhalte, lassen die Unmöglichkeit erkennen, von einer einheitlichen curricularen Gestaltung auszugehen. Entsprechend vielgestaltig erscheint das curriculare Feld der Benachteiligtenförderung. Die Curricula sollten individuell an Ziele, Zielgruppen und vorhandene Kompetenzen angepasst werden. Seine Bedeutung erhält ein Curriculum vor allem dadurch, dass es als selbstverpflichtende Planungs- und Evaluationsgrundlage für Lehrende anzusehen ist. Die Entwicklung berufsbezogener, handlungsorientierter und auf Persönlichkeitsentwicklung ausgerichteter Curricula ist eine zentrale Anforderung an die Benachteiligtenförderung.

Die Zielsetzung für das Entwickeln von Curricula ist demnach breit gespannt: Das Ziel einer beruflichen Handlungskompetenz darf nicht auf den Bereich ausschließlich beruflich verwertbarer Fertigkeiten beschränkt bleiben, sondern ist stets auch im Sinne einer umfassenden und „zweckfreien" Persönlichkeitsförderung zu verstehen (Rauschenbach 2005). Unter einer zweckfreien Persönlichkeitsförderung werden hierbei vor allem Fähigkeiten und Kompetenzen verstanden, die auch außerhalb eines ökonomischen Verwertungsprozesses zur ganzheitlichen, selbstbestimmten und selbstständigen Lebensführung und konsistenten Identitätsbildung beitragen. Entsprechend sollten Curricula stets auch die Möglichkeit einer Mitgestaltung durch alle Beteiligten beinhalten. Um der Partizipation näher zu kommen, sind daher Curricula und damit verbundene Maßnahmen transparent zu gestalten und mit kooperativen, die Teilnehmer integrierenden Gestaltungsmöglichkeiten auszustatten. Als grundlegende, das Curriculum strukturierende Prinzipien in der Beruflichen Förderpädagogik können angesehen werden:

- **Kompetenzansatz:** Vorhandene, bewusst gemachte Kompetenzen oder Stärken dienen als Ausgangspunkt von Selbstwirksamkeitserfahrungen. Sie legen die motivationale Grundlage, um auch Schwächen angehen zu können. Bei der Curriculumentwicklung sind somit vorhandene Kompetenzen und subjektive Anschlussmöglichkeiten zu berücksichtigen (→ Kapitel 2).

- **Individualisierung:** Das pädagogische Prinzip der Individualisierung wird ausführlich in dieser „Einführung" (→ Kapitel 1) erörtert.

- Die **Adäquatheit** findet ihren Ausdruck darin, in welchem Umfang und in welcher Form Besonderheiten und Erwartungen der Lernenden aufgenommen und mit den zu vermittelnden Zielen, Inhalten und Methoden abgestimmt werden.

- **Lebensweltorientierung** stellt eine Grundvoraussetzung für Verstehens- und Transferprozesse dar. Wer auf Basis der Lebensweltorientierung arbeitet, versucht an vorhandene, individuelle Deutungsmuster der Lernenden anzuknüpfen (→ Kapitel 16). Lebensweltorientierung findet ihren Ausdruck auch in einer subjektorientierten Didaktik.

- **Handlungsorientierung**: Ausgehend von entwicklungspsychologischen Erkenntnissen stellt die unmittelbare (praktische) Selbsterfahrung den Ausgangspunkt weiterer, abstrakter (Denk-)Operationen dar (Piaget 1976). Neben dieser grundlegenden Erkenntnisfunktion bietet die Handlungsorientierung Kompetenz- und Kompensationsmöglichkeiten. Die curriculare Berücksichtigung dieses Prinzips wird meist in didaktisch-methodischen Umsetzungsformen deutlich (z.B. handlungsorientiertes Lernen, Projektmethode, Lernen in der Arbeit usw.).

- **Ganzheitlichkeit**: Während Handlungsorientierung eine Tätigkeit als Ausgangspunkt von Lernprozessen betont, verweist Ganzheitlichkeit auf Lerninhalte und Aspekte, die über berufliche Verwertungssituationen hinaus zielen und neben persönlichen, sozialen und lebensweltlichen auch gesellschaftliche Bezüge mit einschließen. Neben kognitiven Prozessen impliziert Ganzheitlichkeit ebenfalls das Einbeziehen emotional-motivationaler Aspekte in Lehr-/Lernprozesse.

▶ Methodisch-didaktisches Handeln

Didaktik wird heute allgemein verstanden als „Theorie und Praxis des Lehrens und Lernens" (Meyer & Jank 1991, 16), bei der es maßgeblich um die systematische und aufbereitete Begegnung zwischen Subjekt und Welt geht: „Gegenstand der Didaktik ist die systematische Verschränkung von Zielen, Inhalten, Methoden, Medien und Evaluation im Hinblick auf die Aneignung von Welt durch die Subjekte" (Biermann & Rützel 1999, 15).

Innerhalb dieses Verständnisses gibt es verschiedene Positionen, Theorien und damit verbundene Modelle, die versuchen, die Zusammenhänge zwischen Lehren und Lernen zu klären und die Gestaltungshinweise für Lehr-/Lernprozesse geben. Die **Funktion didaktischer Theorien** ist es, die Komplexität von Unterricht auf die wesentlichen Handlungsabläufe zu reduzieren. Didaktische Modelle stellen eine weitere Reduktion dar und wollen als Planungs-, Vorbereitungs-, und Evaluationshilfe für Unterricht verstanden werden (Hallitzky & Seibert 2005, 206f). Vereinfacht geht es immer um mindestens fünf Schritte: 1. Analyse des didaktischen Feldes; 2. Methodenwahl; 3. Methodische Planung; 4. Realisierung von Unterricht; 5. Evaluation und Reflexion.

Für die heutige Pädagogik sind mehrere didaktische Theorien und Modelle von Bedeutung, z.B. die bildungstheoretische bzw. kritisch-konstruktive Didaktik von Wolfgang Klafki und die lerntheoretische bzw. lehrtheoretische Didaktik von Paul Heimann, Günter Otto und Wolfgang Schulz. Daneben gibt es weitere didaktische Modelle, die mehr oder weniger geschlossene Unterrichtstheorien darstellen: etwa die lernzielorientierte Didaktik oder die handlungsorientierte Didaktik (Arnold & Pätzold 2002, 94). Professionelles pädagogisches Handeln bedient sich niemals nur einer Theorie, sondern mehrerer Theorien, denn didaktische Theorien und Modelle können keine zusammenfassende Darstellung liefern, sondern nur Anleitungshilfen für das pädagogische Handeln.

▶ Anregende didaktische Ansätze für die Berufliche Förderpädagogik

In der Benachteiligtenförderung kann nicht von einem einheitlichen, konsistenten und ausgearbeiteten Didaktikkonzept gesprochen werden (Stein 1997; Biermann & Rützel 1999). Neben unterschiedlichen Modellen sind für die didaktisch-methodische Vielfalt und Unübersichtlichkeit sicherlich auch unterschiedliche Qualifikationen sowie Lehr- und Lernerfahrungen der Lehrenden mitverantwortlich. So wird seit längerem gefordert, Lehr-/Lernmethoden einzusetzen, die den oben genannten curricularen Prinzipien gerecht werden und die ein aktives und handlungsorientiertes Lehren und Lernen fördern. In der unmittelbaren Gestaltung der Lehr-/Lernprozesse jedoch werden solche aktivierenden Methoden häufig, u.a. auch aufgrund fehlender Erfahrungen nicht eingesetzt (Pätzold et al. 2003).

Seit den 1990er Jahren wird in der beruflichen Bildung und auch in der beruflichen Benachteiligtenförderung, überwiegend von einer **konstruktivistisch-subjektorientierten** Didaktik ausgegangen (Eckert & Rützel 1996; Biermann & Rützel 1999). Dies bedeutet einen Paradigmenwechsel: An die Stelle der „Vermittlungsdidaktik" tritt die „Aneignungsdidaktik", die auf die methodische Anregung von selbstreguliertem Lernen zielt (Bonz 2006, 93).

Die **konstruktivistischen** Ansätze gehen davon aus, dass Lernen ein konstruktiver Prozess ist, indem jeder Mensch auf der Grundlage seiner Erfahrungen lernt und dabei eigene Werte, Überzeugungen, Muster und Vorerfahrungen einsetzt. Lernen als Konstruktion kritisiert die Formen des Aneignungs- und Abbildungs-Lernens. „Auf den Lehr-Lernprozess bezogen bedeutet dies, dass eine direkte deterministische Beeinflussung des Lernenden durch die Lehrenden nicht möglich ist. [...] Diese Auffassung stellt die Idee des Lehrens im Sinne eines Belehrens in Frage. Konstruktivistische Überlegungen unterstreichen damit die aktive **Rolle des Lernenden**, der sein Wissen subjektiv aufbaut bzw. konstruiert" (Straßer 2008a, 49). Für ein erfolgreiches Gestalten des individuellen Lernprozesses sind aus konstruktivistischer Sicht Kompetenzen des Selbstlernens und insbesondere des Selbstregulierens von zentraler Bedeutung. Den Lehrenden kommt zunehmend die Rolle von **Lernbegleitern** zu, die versuchen Lernprozesse anzuregen, sie zu begleiten und bei Bedarf zu beraten (ebd., 49f.). Ihre Funktion besteht u.a. in der Bereitstellung einer „herausfordernden Umgebung", welche die Jugendlichen dazu anregt Probleme aktiv handelnd zu lösen.

Die **subjektive Didaktik** folgt dem systemischen Ansatz. Dabei werden Menschen als „Systeme" verstanden, die sich selbst organisieren. Ein Mensch entscheidet selbst, welche Interaktionen er mit seiner Umwelt eingeht. Die Möglichkeiten des Kontaktes zu anderen (Menschen, Gruppen, Institutionen, Dingen) werden als strukturelle Kopplung bezeichnet. Die Konsequenz dieses Denkansatzes ist, dass der Lehrer und die Schule als Außensystem die Aufgabe haben, strukturelle Anreize zu bieten, um den vielen individuellen „Systemen" Lernen zu ermöglichen (Bönsch 2006, 106f.). Entsprechend den curricularen Prinzipien stehen in einer konstruktivistisch-subjektorientierten Didaktik also vor allem die individuellen Voraussetzungen, Fähigkeiten und Erfahrungen der Lernenden, im Vordergrund (Ott 2000). Die Methoden in der beruflichen Benachteiligtenförderung sollten also Lehr-/Lernprozesse fördern, die sowohl handlungsorientiert als auch problemorientiert, ganzheitlich und zielgruppenspezifisch sind (BMBF 2002).

▶ Handlungsorientierung – auch für die Berufliche Förderpädagogik leitend

Das Ziel der beruflichen Handlungskompetenz wird vermehrt durch handlungsorientierte, situative Lehr-/Lernmethoden und Arrangements zu realisieren versucht. „Handlungsorientierung erstrebt ganzheitliches Lernen, in dem Denken und Tun eng zusammenhängen" (Bonz 2009, 115). Ganzheitliche Berufsbildung ist somit sowohl an Bildung (Persönlichkeitsentwicklung) als auch an Qualifizierung (berufliche Handlungskompetenz) ausgerichtet. Beides gleichzeitig zu erreichen, ist mittels **handlungsorientierter** Methoden möglich (ebd.). Im handlungsorientierten Unterricht wird bei den Lernenden ein handelnder Umgang mit den Lerngegenständen und -inhalten angeregt. Die materiellen Tätigkeiten der Lernenden bilden dabei den Ausgangspunkt des Lernprozesses; und es sollen Handlungsprodukte als konkrete Ergebnisse des Lern- und Arbeitsprozesses erstellt werden.

Neben methodischen Überlegungen spielen innerhalb der didaktischen Ausgestaltung des Lehr-/Lernprozesses vor allem auch **situationsgestaltende** Überlegungen eine wichtige Rolle. Die Gestaltung der Lernsituation bildet den Rahmen der Interaktion. Sie nimmt entscheidenden Einfluss darauf, an welchem Ort und in welcher Form handlungsorientiert gelernt wird. Da Lehr-/Lernmethoden handlungs- und problemorientiert sein sollten, steht zur Förderung einer Ernsthaftigkeit von Ausbildungsinhalten und -prozessen zunehmend – auch aus ökonomischen Gründen – das Lernen in Geschäfts- und Arbeitsprozessen im Mittelpunkt didaktischer Überlegungen (Rützel & Schapfel 1997). Bedeutsam bei didaktisch-methodischen Überlegungen und Lernsituationsgestaltungen sollte sein, dass vor allem die Handlungsschritte: Informieren, Planen, Entscheiden, Ausführen, Kontrollieren und Auswerten, im Sinne der vollständigen Handlung, bewusst eingesetzt, thematisiert und methodisch gefördert werden (→ Kapitel 6).

▶ Welche Methoden sollten wir verwenden?

In der Praxis stehen oftmals Methoden, verstanden als mögliche „Vermittlungswege" im Vordergrund. Die Auswahl der Methoden hängt vor allem von Erfahrungen und Zielen des Lehrenden sowie von Inhalten und der Zielgruppe ab. „Methoden sind lernorganisatorische Maßnahmen, durch die Lerninhalte vom Lehrenden vermittelt bzw. Lernziele vom Lernenden erreicht werden" (Ott 1997, 124). Methoden werden also als Weg einer möglichen Ausgestaltung von Lehr-/Lerninteraktionen verstanden. Je nachdem, wie es gelingt, Neues mit Altem zu verknüpfen, tragen Methoden wesentlich zu Verstehensprozessen bei.

In der Benachteiligtenförderung können grundsätzlich alle bestehenden Methoden eingesetzt werden (Bonz & Huisinga 1999). Gemäß dem Prinzip der Handlungsorientierung stehen **aktivierende und konstruktive Lehr-/Lernmethoden** im Vordergrund (z.B. Leittextmethode, Projektarbeit, Experiment), ebenso besteht die Forderung an die Lehrenden, Kenntnisse über die individuellen Kompetenzen und Lernweisen der Schüler zu haben – „das Skript, das ein Lernender für sich hat, gilt es zu erkennen" (Bönsch 2006, 109). Instruktionistische Methoden, wie z.B. die frontale Vermittlung, verlieren dennoch nicht ihre Bedeutung, wohl aber ihre exklusive didaktisch-methodische Vormachtstellung. Methoden können daneben auch selbst zum zu vermittelnden Unterrichtsinhalt werden; dann spricht man vom Erwerb einer „Methodenkompetenz", wie sie auch im Konzept der beruflichen Handlungskompetenz impliziert ist. Entscheidend ist, dass Methoden inhaltlich und individuell an die jeweilige Situation und an die Interaktionspartner angepasst werden (z.B. Vorkenntnisse, Erfahrungen, Ziele), da bei vielen Jugendlichen in der Zielgruppe negative Lernerfahrungen bestehen und Lernen von ihnen oft als theoretische, passiv erlittene Belehrung erlebt wurde.

▶ Eine wichtige Idee für die Berufliche Förderpädagogik:
   Qualifizierungsbausteine

Die Qualifizierungsbausteine sind ein Versuch, zu einem Curriculum und zu Inhalten, Zielen und Methoden in der Beruflichen Förderpädagogik zu kommen. Nehmen wir die niedersächsische **Berufseinstiegsklasse (BEK)**. Für diesen Bildungsgang sehen die vom Kultusministerium erlassenen Rahmenrichtlinien vor: Die Vermittlung fachpraktischer und fachtheoretischer Inhalte soll in zeitlich begrenzten Lerneinheiten erfolgen, den Qualifizierungsbausteinen. Der zentrale Kern eines Qualifizierungsbausteins ist ein Kompetenzbild, in dem zu erreichende Kompetenzen und die dazugehörigen Inhalte beschrieben sind, wobei die inhaltlichen Schwerpunkte des Kompetenzbildes aus den Rahmenrichtlinien der jeweiligen Ausbildungsberufe zu entwickeln und zu beschreiben sind. Sie beziehen sich in der Regel auf die Grundstufe. Es ist vorgesehen, dass die Fachpraxis- und Theorielehrer einer Schule oder einer Abteilung für jeden Qualifizierungsbaustein gemeinsam ein Curriculum entwickeln, das sich an den jeweiligen Gegebenheiten und den Lernvoraussetzungen der Jugendlichen orientiert.

Da sich einzelne Faktoren ändern können, hat die Berufseinstiegsklasse solch ein offenes und kein statisches Curriculum. Darüber hinaus sind die Qualifizierungsbausteine auch mit der didaktischen Jahresplanung im berufsübergreifenden Lernbereich abzustimmen, besonders in Mathematik, Deutsch/Kommunikation und Englisch. Für diese Lernbereiche sind die Bildungsstandards der Hauptschule für den Jahrgangsstufe neun anzuwenden. Pro Schuljahr sollen mindestens vier und maximal neun Qualifizierungsbausteine durchgeführt werden. Ist das Ziel des Qualifizierungsbausteins erreicht, sollen die Schüler umgehend einen Nachweis erhalten (Niedersächsisches Kultusministerium 2010, 10).

3.4 Unser Credo für „Curriculum und Didaktik"

! Wir müssen den vorhandenen Blockaden des Lernens, dem Erfahrungsverweigern und dem Selbstdefätismus produktive Inseln und exemplarische Erfahrungen entgegensetzen. Das ist ein hoher Anspruch an das didaktisch-methodische Setting in Unterricht und Werkstatt der beruflichen Benachteiligtenförderung.

! Sinnvoll ist es in der Beruflichen Förderpädagogik, die Vielfalt der verschiedenen didaktischen Theorien und Modelle zu nutzen. Da die selbstständigen Aktivitäten des Lerners im Mittelpunkt stehen sollten, sind konstruktivistische Ansätze besonders geeignet.

! Generell sind Methodenvielfalt und -kombination unterschiedlichster Lehr-/ Lernmethoden zu empfehlen, entsprechend den unterschiedlichen individuellen Lernvoraussetzungen (Individualisierung, Zielgruppenorientierung) und Zielen. Unter dem Aspekt der Motivation bieten sich aktivierende Lehr-/Lernmethoden an.

! War früher die Rolle des Didaktikers den Lehrenden vorbehalten, so muss sie heute auch den Lernenden zugesprochen werden. Je mehr die Lernerrolle auf Selbsttätigkeit, Selbstbestimmungsanteile, Steigerung der Selbstverantwortung und des Selbstvertrauens sowie Zunahme des Selbstwerts hin angelegt ist, desto mehr didaktisiert der Lerner sein eigenes Lernen. Dies fördert die Entwicklung in Bezug auf Selbstständigkeit, wie auch die Selbstlernkompetenz.

! Benachteiligte Jugendliche sind auch benachteiligt, weil sie zu wenig Anerkennung bekommen (haben). Oft fehlen ihnen auch formale Anerkennungen. Daher sollte man überlegen, wie man durch die Vergabe von Zertifikaten den Jugendlichen zeigen und bescheinigen kann, dass sie in bestimmten Bereichen kompetent sind; hierzu sind die Qualifizierungsbausteine ein Weg.

3.5 Praktische Empfehlungen, Aufträge, Übungen, Tipps

☞ Auftrag 1

Untersuchen Sie eine Ihnen bekannten berufsvorbereitende Maßnahme, aus dem schulischen (z.B. Berufsvorbereitungsjahr), dem außerschulischen (z.B. Berufsvorbereitenden Bildungsmaßnahme) oder dem betrieblichen Bereich (Einstiegsquali-fikationen). Was sind die zentralen *curricularen Vorgaben* dieser Maßnahme? Sind Ihrer Auffassung nach die Vorgaben eher „geschlossen" (z.B. Rahmenlehrpläne) oder eher „offen" (z.B. Fördermaterialien)?

☞ Auftrag 2

Untersuchen Sie nunmehr diese curriculare Vorgabe genauer: Nehmen Sie aus den Kategorien und Prinzipen der Beruflichen Förderpädagogik das „Individualisie-rungsprinzip" heraus und untersuchen Sie, ob in der curricularen Vorgaben hinrei-chend *individuelle Möglichkeiten oder Lernformen* für junge Menschen verankert sind. Dazu sollten Sie die folgenden Fragen beantworten:

- Lässt sich – auch zwischen den Zeilen – ein „pädagogisches Menschenbild" aus-machen (→ Kapitel 1)?
- Können Sie ein „pädagogisches Leitkonzept" – auch eher zwischen den Zeilen – entdecken (→ Kapitel 8)?
- Sind die curricularen Vorgaben explizit oder implizit „förderdiagnostisch" ange-legt, so die Lernentwicklungen der Schüler erkennbar werden könnten (→ Kapi-tel 2)?
- Gibt es Hinweise darauf, ob die „Lebenswelten" der Heranwachsenden berück-sichtigt werden (→ Kapitel 16)?

☞ Übung 1

Machen Sie bitte einmal einen *lernbiografischen Selbstversuch*. Rekonstruieren Sie (am besten mit Stift und Papier), von welchen schulischen und außerschulischen Lernerfahrungen Sie in der Kindheit und vor allem in der Jugend beeinflusst wor-den sind:

- War der Unterricht an allgemein bildenden und beruflichen Schulen eher auf selbstbestimmtes Denken und Handeln oder auf reine Wissensvermittlung (oder gar Auswendiglernen) ausgerichtet?
- Wenn Sie Ihren eigenen persönlichen und beruflichen Werdegang reflektieren, haben diese schulischen (curricularen, unterrichtsmethodischen) Vorgaben Ihre individuelle Vorgehensweise z.B. bei der eigenen Form der Wissensaneignung geprägt?
- Wenn Sie sich nun als (zukünftige) Lehrkraft reflektieren, wie würden Sie Ihre Rolle beschreiben?
- In → Kapitel 18.3 findet sich die Idee von Erich Weniger, der zufolge jeder päda-gogische Praktiker eine Alltagstheorie seines praktischen Handelns ausformt. Wie sehen Ihre Alltagstheorien, wenn Sie sich zum Abschluss dieses Selbstver-suchs reflektieren, z.B. bezüglich des Jugendalters oder der Wissensvermittlung aus?

☞ **Praxistipp 1**

Die Rolle der Lehrkraft in einem auf die Eigenaktivität der Lernenden zielenden Lehr-/Lernarrangement verdeutlicht die folgende *Unterrichtsepisode*:

In einer Unterrichtsstunde in einer Berufseinstiegsklasse hatte die junge Lehrerin die Idee, die Methode „Stationenlernen" einzusetzen: Die Jugendlichen sollten selbstständig den Umgang mit dem Duden üben. Dazu mussten sie Übungsmaterialien, die an verschiedenen Lernstationen in der Klasse auslagen, selbstgesteuert (z.B. ihrem eigenen Lerntempo gemäß) bearbeiten. Bei dieser Methode steuert das Lernmaterial (Leittexte) gewissermaßen den Lernprozess. Die Situation war besonders für die Schüler ungewohnt: Sie fragten z.B.: „Wie, Sie sitzen jetzt die ganze Zeit hier rum?" Dennoch gingen Unterrichtsstörungen zurück, da die Materialien die Aufmerksamkeit der Jugendlichen auf sich zogen. Allerdings war es für die Lehrkraft schwierig, den Eigenaktivitäten der Schüler tatsächlich freien Raum zu lassen und sich mit eigenen Instruktionen zurückzuhalten, z.B. als ein Schüler einen anderen quer durch den Klassenraum fragt: „Wo steht das denn im Wörterbuch?"

Überlegen Sie, wie Sie als Lehrkraft mit dieser „Störung" umgehen würden.

☞ **Übung 2**

Untersuchen Sie in einer Einrichtung der Berufsvorbereitung Ihres Vertrauens, ob die *Räumlichkeiten* und das *Mobiliar* individualisierte oder kleingruppenorientierte Lernformen zulassen. Entwickeln Sie – rein aus Ihrem Empfinden heraus – völlig vorläufige Gedanken dazu, wieso und warum Ihnen bestimmte Räumlichkeiten, Unterrichtsräume oder Werkstätten gefallen und andere weniger (→ Kapitel 12). Suchen Sie das Gespräch mit den Pädagogen der Einrichtung und erzählen Sie ihnen Ihre Empfindungen und Eindrücke.

☞ **Praxistipp 2**

Viele Beispiele für *Qualifizierungsbausteine* hat das Good-Practice-Center des Bundesinstituts für Berufsbildung veröffentlicht. Sie sind aktuell von der Website des Good-Practice-Centers abrufbar.

📖 Literatur zum Weiterlesen

☐ Dörfel, S. (2001): Lernen ist lernbar. Grundlagen für eine adressatengerechte Methodik und Didaktik. Darmstadt: hiba.

☐ Straßer, P. (2005): Wege zum Verstehen – reflektiertes Lehren und Lernen in der beruflichen Benachteiligtenförderung. In: Bojanowski, A., Ratschinski, G. & Straßer, P. (Hrsg.): Diesseits vom Abseits. Studien zur beruflichen Benachteiligtenförderung. Bielefeld: Bertelsmann, S. 85-110.

4 Professionalisierung des Fachpersonals
Arnulf Bojanowski & Rayko Brunotte

„Das, was wir mit dem Wort ‚hochqualifiziert' bezeichnen:
sicheres und präzises Wissen, Können, Kunstfertigkeit, ‚goldene Hände',
wortkarges Wesen, das Vermeiden leerer Phrasen, stete Bereitschaft zur
Arbeit – das ist es, was die Jugend im höchsten Grade mitreißt."
Anton Semjonowitsch Makarenko

4.1 Worum geht es in diesem Kapitel?

In diesem Kapitel kommen die in der Benachteiligtenförderung beruflich Tätigen aus verschiedenen Berufsgruppen ins Spiel. Die formale Struktur der Benachteiligtenförderung liegt im Schnittfeld von Jugendberufshilfe, Berufsausbildung und Ausbildungsvorbereitung. Lehrende, Ausbildende, Werkstattpädagogen oder Betreuende in Betrieben, außerbetrieblichen Einrichtungen oder (Berufs-)Schulen müssen auf der Basis einer speziellen Professionalität mit benachteiligten Jugendlichen arbeiten können.[1] Der kompetente Umgang mit diesen jungen Menschen erfordert besondere Formen der Ausbildung, der Weiterbildung und des organisationsinternen Teamworks. „Professionalisierung" meint zum einen historische und berufsständisch organisierte Aufstiegsprozesse (Prozess der Verberuflichung von Tätigkeiten). Zum anderen geht es um die Verbesserungsprozesse des eigenen beruflichen Handelns. Angesichts der Problemlagen benachteiligter Jugendlicher ist die **Entwicklung professioneller Haltungen und Reflexionsmöglichkeiten** in der Benachteiligtenförderung von hoher Bedeutung, es gibt allerdings keine einheitliche Ausbildung bzw. Qualifizierung des Fachpersonals.

▶ Begriffsannäherung I

Zunächst wird **zwischen „Beruf" und „Profession"** unterschieden. Berufe werden beschrieben, anerkannt und institutionalisiert. Sie können durch Ausbildungen erworben und mit Zertifikaten nachgewiesen werden. Eine Profession ist nur wenigen Berufen zuerkannt, z.B. Ärzten, Richtern und Geistlichen, und hat historische Hintergründe. Das Wort Profession hat seinen Ursprung im lateinischen „professio", was so viel heißt wie „Bekenntnis, Gewerbe, Beruf". Für eine Profession bedarf es jedoch mehrerer Merkmale: hohe Standesorganisation mit Durchsetzung eigener Interessen, eigene Wissensbereiche (akademische Ausbildung), Wertebezug, weitgehende Autonomie in der Berufsausübung, sowie Monopolisierung (Feldmann 2002). Rapold (2006, 20) fügt noch die Existenz einer berufsrelevan-

---

1 Die Lehrkräfte der allgemein bildenden Schulen sollten hier nicht unerwähnt bleiben, zumal sie in ihrer Rolle bei der Übergangsproblematik und/oder bei Schulverweigerung inzwischen auch für die Berufliche Förderpädagogik an Bedeutung gewonnen haben.

ten Forschung, entsprechende Rechtsgrundlagen sowie einen Berufskodex hinzu. Profession in diesem Sinne sorgt für eine standespolitische Abgrenzung.

▶ Begriffsannäherung II

Sodann geht es in wissenschaftlichen Theorien und die pädagogischen Handlungen um die Verzahnung und den wechselseitigen Einfluss des theoretischen mit dem handlungspraktischen Wissen. Professionalität wird mit der **Verbesserung der Qualität in der pädagogischen Arbeit** verbunden, also der Verbesserung der pädagogischen Handlungskompetenz. Diese Position wird durch das folgende Zitat gut beschrieben und sollte in der pädagogischen Arbeit bei der Professionalisierung des Fachpersonals herangezogen werden. „Professionalität heißt, auf eine Kurzformel gebracht, die Fähigkeit nutzen zu können, breit gelagerte, wissenschaftlich vertiefte und damit vielfältig abstrahierte Kenntnisse in konkreten Situationen angemessen anwenden zu können. Oder umgekehrt betrachtet: in eben diesen Situationen zu erkennen, welche Bestandteile aus dem Wissensfundus relevant sein können" (Tietgens 1988, 37).

▶ Relevanz dieses Kapitels

Die Zahl der als benachteiligt geltenden Jugendlichen und jungen Erwachsenen ist groß und somit besteht ein hoher Bedarf an gut ausgebildetem und professionell handelndem Fachpersonal. Die jungen Menschen sollten durch Mitarbeiter unterschiedlicher Professionen auf die Berufs- und Arbeitswelt vorbereitet werden. Gleichzeitig gibt es **kein Berufsfeld** „Berufliche Förderpädagogik" und somit auch keine einheitliche Ausbildung bzw. Weiterbildung der Mitarbeiter für die Förderung Benachteiligter.

4.2 Ein Beispiel aus der Praxis: Makarenko und der Jugendliche Tschobot

Die folgende Passage stammt aus dem berühmten Roman von Anton Semjonowitsch Makarenko: „Der Weg ins Leben. Ein pädagogisches Poem". Der Roman stammt aus den 1920er Jahres. Makarenko (im Text: „Ich") berichtet aus den Anfängen der sog. Gorki-Kolonie, einer Einrichtung für – wie wir heute sagen würden – benachteiligte Jugendliche. Auch wenn etliches aus den Passagen zeitgebunden ist, bleibt doch in der Episode die zeitlose Frage nach der pädagogischen Professionalität.

Jeder Tag meines damaligen Lebens bestand aus Glauben, Freude und Verzweiflung.

Scheinbar ist alles in bester Ordnung. Am Abend haben die Erzieher ihre Arbeit beendet, ein Buch gelesen, sich unterhalten, ein Spiel gespielt, den Jungen gute Nacht gesagt und sind auseinander gegangen.

Die Jungen sind in friedlicher Stimmung zurückgeblieben und schicken sich an, schlafen zu gehen. In meiner Stube klingen die letzten Pulsschläge der Tagesarbeit ab. Kalina Iwanowitsch sitzt noch da und stellt, wie üblich, philosophische Betrachtungen an; ein neugieriger Zögling steht noch im Zimmer herum, an der Tür bereiten sich Gud und Bratschenko zum fälligen Angriff auf Kalina Iwanowitsch wegen des Futters für die Pferde vor.

Da stürzt plötzlich einer der kleinen Zöglinge schreiend herein: „Im Schlafraum stechen sie mit Messern!"

Ich renne aus dem Zimmer. Im Schlafraum heilloses Durcheinander und Geschrei. In einer Ecke zwei zähnefletschende Gruppen. Drohende Gesten und plötzliches Anspringen wechseln ab mit unflätigem Geschimpfe. Einer kriegt einen Faustschlag hinter die Ohren. Burun entreißt einem dieser Helden ein finnisches Messer. Aus der äußersten Ecke wird ihm zugerufen:

„Was mischst du dich ein? Willst wohl meine Unterschrift auf deiner Fresse haben?"

Auf einem Bett, umringt von einer Gruppe Mitfühlender, sitzt ein Verletzter und verbindet schweigend seine zerschnittene Hand mit einem Stück Laken.

Bei Raufereien trennte ich niemals die Beteiligten, versuchte auch nicht, sie zu überschreien.

Kalina Iwanowitsch flüstert erschrocken hinter mir:

„Ach, schnell! Schnell, Lieber! Sie stechen sich tot, diese Schmarotzer ..."

Doch ich stehe schweigend an der Tür und beobachte. Allmählich bemerken die Jungen meine Anwesenheit und verstummen: Die schnell eintretende Stille bringt auch die Rasendsten zu sich. Die finnischen Messer verschwinden, und die Fäuste senken sich, die wütenden und gemeinen Schimpfkanonaden hören auf. Aber ich schweige immer noch; in meinem Inneren erwachen Wut und Haß gegen diese ganze wilde Welt. Es ist der Haß der Ohnmacht, denn ich weiß ganz genau: das ist nicht das letzte Mal.

Endlich tritt im Schlafraum eine unheimliche, bedrückende Stille ein, sogar das dumpfe, schwere Atmen ist nicht mehr zu hören.

Da bricht es plötzlich aus mir selbst hervor, in einem Anfall echten Zorns, und in der vollen, klaren Überzeugung, daß dies das Richtige ist

„Die Messer auf den Tisch! Wird's bald ... Teufel!"

Auf dem Tisch werden deponiert: finnische Messer, eigens für diese Auseinandersetzung mitgebrachte Küchenmesser, Federmesser und selbstgemachte, in der Schmiede angefertigte Messer.

Noch immer herrscht das Schweigen im Raum. Am Tisch steht Sadorow und lächelt, der prachtvolle, liebe Sadorow, der mir jetzt der einzige nahestehende Mensch zu sein scheint. Ich befehle kurz:

„Die Schlagringe!"

„Einen hab ich. Hab ihn weggenommen", sagt Sadorow.

Mit gesenkten Köpfen stehen alle da.

„Schlafen gehen!"

Ich verlasse erst den Schlafsaal, als alle in den Betten liegen.

Am nächsten Tag bemühten sich die Jungen, die Sache nicht zu erwähnen. Auch ich spreche nicht davon.

Es vergehen ein, zwei Monate. In verborgenen Winkeln glimmen einzelne Feindschaftsherde schwach weiter; wenn sie im Begriff sind aufzuflammen, werden sie im Kollektiv mit eigenen Kräften schnell gelöscht.

Doch plötzlich eine neue Explosion, und wieder jagen wütende, nicht mehr menschenähnliche Zöglinge mit Messern hintereinander her.

An einem solchen Abend erkannte ich, daß ich ‚die Schraube etwas fester anziehen' müßte, wie man bei uns sagt. Nach einer Schlägerei befehle ich Tschobot, einem der hartnäckigsten Messerhelden, auf mein Zimmer zu kommen. Gehorsam trottet er hinter mir her. Ich sage ihm:

„Du wirst die Kolonie verlassen müssen."

„Aber wo soll ich denn hingehen?"

„Ich rate dir, dorthin zu gehen, wo es erlaubt ist, mit Messern zu stechen. Nur weil dir heute ein Kamerad beim Essen nicht Platz machen wollte, hast du ihm eins mit dem Messer versetzt. Such dir also einen Ort, wo Streitigkeiten mit dem Messer entschieden werden."

„Wann soll ich gehen?"

„Morgen früh!"

Mit düsterem Gesicht geht er. Am nächsten Morgen, beim Frühstück, bitten mich alle Jungen, Tschobot möge doch bleiben, sie würden für ihn bürgen.

„Womit bürgt ihr?"

Sie verstehen mich nicht.

„Womit bürgt ihr? Wenn er nun doch zum Messer greift, was werdet ihr dann tun?"

„Dann können Sie ihn fortjagen!"

„Also, ihr könnt nicht für ihn bürgen? Nein, er wird die Kolonie verlassen."

Nach dem Frühstück tritt Tschobot zu mir und sagt:

„Leben Sie wohl, Anton Semjonowitsch. Ich danke für die Lehre ..."

„Auf Wiedersehen – behalte mich in gutem Angedenken. Sollte es dir schwer ankommen, so kehre zurück ... aber nicht früher als in zwei Wochen."

Nach einem Monat erschien er, abgemagert und blaß.

„Da bin ich wieder ... wie Sie gesagt haben."

„Hast also einen solchen Ort nicht gefunden?"

Er lächelte.

„Warum ... sollte ich keinen finden? Es gibt schon solche Orte. Ich bleibe in der Kolonie ... ich werde kein Messer mehr anrühren."

Freudig begrüßten uns die Zöglinge im Schlafsaal:

„Sie haben ihm also doch verziehen ... wir wußten es ja!"

Entnommen aus: Makarenko 1951, S. 66-69.

4.3 Was man über Professionalisierung wissen sollte

Die Geschichte aus der Feder Makarenkos belehrt uns vielfach, welche unterschiedlichen und in sich widersprüchlichen Anforderungen die Fachkräfte in der Benachteiligtenförderung schon in den konkreten Interaktionen balancieren müssen und welches praxisnahes Kompetenzspektrum ein Benachteiligtenförderer aufweisen muss. Es lohnt sich, die Passage genauer zu analysieren! Im heutigen Übergangsektor arbeiten nun verschiedenste Fachkräfte, z.B. aus der Berufspädagogik oder aus der Sozialpädagogik, die eine noch viel breitere Vielfalt der Anforderungen bewältigen müssen. Hier kommt dann die Fort- und Weiterbildung ins Spiel, die für die Entwicklung der eigenen Professionalität wichtig ist. Empirische Ergebnisse zeigen, dass es allerdings nicht leicht ist, die Professionalisierung voran zu treiben. Notwendig in der Benachteiligtenförderung ist es, das alltägliche Wissen und Können der Praktiker zu berücksichtigen. Es gibt – wie auch aus der Makarenkopassage zu erschließen – kein Geheimrezept der Professionalisierung, sondern es geht in erster Linie um Übung und (gemeinschaftliche) Reflexion.

▶ Verschiedenheit der Fachkräfte

Mit benachteiligten Jugendlichen befassen sich die **unterschiedlichsten Professionsgruppen** (Bojanowski 2004; Niemeyer 2004): Berufsschullehrer, Fachpraxislehrer an den Berufsschulen, Sozialpädagogen und Sozialarbeiter an Berufsschulen und bei Einrichtungen freier Träger, betriebliche bzw. praktische Ausbilder, Lehrer für den Stütz- und Förderunterricht, außerdem Mitarbeiter mit Bastelbiografien, bunten Wegen, Doppel- bzw. Mehrfachqualifikationen. Bei den professionell Tätigen sind die Fachkulturen, die Besoldungen, die Professionalisierungsbiographien, die Qualifikationen, die Verhaltensweisen im pädagogischen Vorgehen und die Selbstverständnisse der jeweiligen Pädagogengruppen sehr heterogen. Die Fachkräfte in der Benachteiligtenförderung haben unterschiedliche Ausbildungen: Meister- oder Technikerschule, Fachhochschule (Ausbildung für Sozialpädagogik/-arbeit), Universität (Ausbildung zum Berufsschullehrer); zudem gibt es weitere Bildungswege zum akademischen Abschluss. Bis heute hat sich kein einheitlicher Professionalisierungskern herausgeschält. Für die Herausbildung einer Profession bedarf es aber eines halbwegs einheitlichen Berufsbildes, sodann Formen systematischen Wissensaustausches sowie eines gemeinsam getragenen Identitätskerns (Beck, Brater & Daheim 1980).

Den Mitarbeitern mit ihren unterschiedlichen Bezahlungen bzw. Besoldungen ist häufig eines gemeinsam: Sie wurden in ihren Berufsausbildungen i.d.R. nicht auf die Arbeit mit der heterogenen Gruppe der benachteiligten und häufig verhaltensauffälligen Jugendlichen vorbereitet. Dies sorgt für unterschiedlichste Umgehens- und Verhaltensweisen mit und gegenüber den Jugendlichen. Auch dringend benötigte Kooperationen zwischen und in den einzelnen Förderbereichen und

Einrichtungen werden dadurch erschwert. Wenn schon das Fachpersonal häufig keinen (kompletten) Überblick über die Möglichkeiten der beruflichen Förderung hat, wie sollen es da die betroffenen Jugendlichen als Zielgruppe selber schaffen?

Viele der jungen Menschen in der Benachteiligtenförderung haben Probleme in ihrer Lebenswelt und diskontinuierliche Lebensläufe (→ Kapitel 7), bei deren Bewältigung sie auf die Unterstützung durch das Fachpersonal angewiesen sind. Für das Fachpersonal bedeutet diese Veränderung des Klientels, dass auch sie ihre professionellen Fähigkeiten den veränderten Anforderungen anpassen müssen. Dies bedeutet den Jugendlichen eine verbindliche (pädagogische) Struktur vorzugeben oder zu ermöglichen (→ Kapitel 12).

▶ Vielfalt der Anforderungen

Durch die Vielzahl an unterschiedlichen Maßnahmen und Trägern wissen die Jugendlichen häufig selbst nicht, wer sie beraten und unterstützen kann oder soll. Hinzu kommen die sogenannten „Maßnahmekarrieren", d.h. Jugendliche durchlaufen mehrere Maßnahmen nacheinander, da sie sonst keinen Platz in dieser (Berufs-)Welt finden. Häufig sind also die Mitarbeiter der Fördereinrichtungen gefragt, die jungen Menschen bei dieser Problematik zu unterstützen und diesen Kreislauf zu durchbrechen. Die Jugendlichen benötigen Unterstützung in ihren **Lebensweltproblemen genauso wie in ihren Arbeitsweltproblemen.**

Die Aufgabenvielfalt für die Mitarbeiter ist damit groß: Die Strukturen der einzelnen Institutionen sind nicht einheitlich; ebenso ihre Finanzierung (→ Kapitel 15). Studien haben gezeigt, dass der Lernerfolg der Schüler stark von dem Verhalten und der Unterrichtsführung der Lehrperson abhängt (Dubs 2008, 11). Lehrkräfte z.B. in den berufsbildenden Schulen haben also einen großen Anteil an dem Lernerfolg ihrer Schüler. Die (Arbeits-)Belastung für die einzelnen Mitarbeiter in der Beruflichen Förderpädagogik ist groß, sie stehen häufig im Mittelpunkt des Geschehens und sollen es lenken können. Darüber hinaus sollten die Professionellen sich mit den neuen Medien auseinander gesetzt haben und sogar verwenden können – sind aber zumeist der Medienverwendung der Jugendlichen nicht gewachsen. Neben dem Handlungswissen und den Handlungskompetenzen benötigen die Mitarbeiter eine **stabile Persönlichkeit**. Ob interne und externe Kooperationen, Schaffung (regionaler) Netzwerke, pädagogische Interaktion mit den betroffenen Jugendlichen oder (persönliche) Weiterentwicklung in Fortbildungen, jeder Mitarbeiter kann und sollte seinen Bereich und seine Arbeit professionell gestalten.

▶ Kooperation – absolut notwendig

Einen wichtigen Bereich der Professionalisierung des Fachpersonals stellt eine gelingende interne und externe Kooperation dar. Kampmeier (2004, 117ff.) begründet den zentralen Stellenwert von Kooperation für die berufliche Bildung mit der Ausbildung im Dualen System mit ihren mindestens zwei Ausbildungsorten sowie dem vielfältigen Erziehungs- und Bildungsauftrag, der ohne die Zusammenarbeit der Zuständigen nicht leistbar ist. Ein qualitativ hoher Standard kann nur durch Kooperation der beteiligten Personen und Institutionen gewährleistet werden. Für die Benachteiligtenförderung als Teil der beruflichen Bildung postuliert sie zwei weitere Komponenten für die Notwendigkeit von Kooperationen: Sind in der dualen Ausbildung schon zwei Berufsgruppen aktiv – Berufsschullehrer und Ausbilder – so kommt im Bereich der Benachteiligtenförderung noch die Gruppe der Sozialpädagogen hinzu. Außerdem erweitern sich hier die Kooperationspartner um die außerschulischen Bildungsträger. Diese unterschiedliche Mischung von Fachpersonal und Institutionen erfordert weitreichende Absprachen, verbindliche Kooperationen und Zusammenarbeit für eine erfolgreiche Förderung der benachteiligten jungen Menschen (→ Kapitel 10).

Bei so vielen beteiligten Institutionen und agierenden Professionen ist es kaum verwunderlich, dass sie sich nicht als Teilelemente eines Gesamtsystems verstehen und zu wenig miteinander kooperieren (Bojanowski 2004, 40f.). Auch die einrichtungsinternen Kooperationen müssen verstärkt werden (→ Kapitel 5).

▶ Fort- und Weiterbildung

Der Bedarf an Fort- und Weiterbildungen ist groß und stellt einen weiteren wichtigen Bereich in der Professionalisierung des Fachpersonals dar. Gerade der Umgang mit schwierigen Jugendlichen bedarf einer intensiven persönlichen Auseinandersetzung – mit den Jugendlichen, aber auch mit sich selbst. Methoden und Ideen für den Umgang mit den jungen Menschen, Erstellung individueller Lern- und Förderpläne, kollegiale Beratung und Supervision, Austausch mit anderen Fachpersonen, Entwicklungs- und Sozialisationshintergründe der Jugendlichen – all das sind nur einige Beispiele für die Fortbildungsbedarfe des Fachpersonals.

An Berufsschulen werden häufig fachwissenschaftliche Fortbildungen für die Lehrkräfte angeboten, wohingegen sozial- und förderpädagogische Fortbildungen eher selten sind. Die Leibniz Universität Hannover startete im Jahr 2002 ein Modellprojekt mit dem Titel „Lernorte im Dialog – LiDo"[2], in dem es um die Weiterbildung und somit auch um die Professionalisierung der Mitarbeiter in der Beruflichen Förderpädagogik ging. Für das Fachpersonal in der Benachteiligtenförderung sind solche Weiterbildungen von großer Bedeutung, um die Qualität der Arbeit noch weiter zu verbessern und vor allem, um den Gedanken eines einheitlichen Berufsbildes voranzutreiben. Die verschiedenen Berufsgruppen können so gemeinsame pädagogische Interaktionen erlernen, planen und sich darüber aus-

---

2 siehe auch: www.lernorte-im-dialog.de, 21.02.2013.

tauschen, was einerseits eine Herausforderung darstellt und andererseits für eine Perspektivenveränderung sorgen kann (Bojanowski 2004, 46).

In einem ersten Schritt, der **Perspektivenerweiterung**, geht es um das Erkennen und das Verstehen lernen der Betrachtungsweise des Anderen. Die Sichtweise eines Meisters auf eine bestimmte Situation oder auf das Verhalten eines Jugendlichen wird sicherlich eine andere als die eines Sozialpädagogen sein. Das Verständnis für diesen anderen Blickwinkel muss häufig erst entwickelt werden. Beim **Perspektivenwechsel** geht es dann um das genaue Kennenlernen der anderen Perspektive. Erst wenn die (Hinter-)Gründe für diese Sichtweise bekannt sind und verstanden wurden, kann diese andere Handlungsweise nachvollzogen und akzeptiert werden. Wenn z.B. die Sichtweise eines Meisters in einer bestimmten Situation erfolgreich ist, warum nicht seine Perspektive einnehmen und genauso oder ähnlich agieren? Wenn die Zugänge und Sichtweisen der anderen Personen eingenommen und angewandt werden können, wird sich die eigene Arbeitsweise sicherlich verbessern. „**Perspektivenvielfalt** hieße letztlich: ein erweitertes Sprach- und Blickrepertoire zu gewinnen mit der Chance, dass daraus auch ein erweitertes Handlungsrepertoire entsteht" (ebd.).

▶ Empirische Ergebnisse zur Professionalität

Ein wichtiges Ergebnis der empirischen Forschung in der beruflichen Benachteiligtenförderung lautet, dass weder die sozialpädagogischen Fachkräfte (Christe et al. 2002) noch die Berufsschullehrer angemessen auf ihre Tätigkeit vorbereitet werden. Bei den Berufsschullehrern fordert die Kultusministerkonferenz seit längerem eine verstärkte sonderpädagogische Ausbildung. Eine empirische Untersuchung zum **Selbstverständnis der BVJ-Lehrer** überrascht insofern, als sie von einer relativ hohen Zufriedenheit mit der Tätigkeit im BVJ berichtet (Görlich 2001). Die Erkenntnisse aus den Weiterbildungen im LiDo-Modellversuch zeigen die hohe Wertschätzung des wechselseitigen Austauschs und die Notwendigkeit, am Praktikerwissen und -können anzuknüpfen (Buchholz & Haubner 2005). Weitere empirische Studien zur Professionalität in der beruflichen Benachteiligtenförderung betonen deutlich die unterschiedliche Aufgabenwahrnehmung bei den Professionellen (Niemeyer 2004) und verweisen im Anschluss an sozialpädagogische Professionstheorien auf die Dilemmata (sozial-)pädagogischen Handelns im Umgang mit Benachteiligten (Enggruber 2001).

Insgesamt wirkt das empirische Feld zum Thema Professionalisierung in der Benachteiligtenförderung noch sehr unentfaltet. So stellt das „Memorandum" der Sektion Berufs- und Wirtschaftspädagogik (2009) fest: Es gibt „bereits genügend Indizien dafür, dass die pädagogische Arbeit im Übergangssystem erheblich zu den Teilerfolgen beiträgt. Davon gehen auch die einschlägigen Aussagen in den

Bildungsberichten und die Handlungsvorschläge des BIBB[3]-Hauptausschusses aus. Deshalb ist auch die Forderung nach besserer Professionalisierung und Qualifizierung des pädagogischen Personals gesellschaftlich unumstritten" (Sektion Berufs- und Wirtschaftspädagogik 2009, 16). Zugleich verweist das Memorandum auf die Notwendigkeit „von systemischen Reformen" des „Übergangssystems", sowie von „verbesserten ökonomischen und politisch-rechtlichen Rahmenbedingungen für die pädagogische Arbeit". Erst nach einer „Optimierung des Verhältnisses von Bildungs- und Beschäftigungssystem" könne sich also die pädagogische Arbeit verbessern (ebd.).

▶ Wie kann die Professionalisierung vorangetrieben werden?

Angesichts dieses heterogenen Personals in der beruflichen Benachteiligtenförderung und angesichts der Zersplitterung in verschiedene Professionen müsste ein integriertes Professionalitätskonzept entwickelt werden, bei dem die verschiedenen Kompetenzen der pädagogisch Tätigen möglichst gleichrangig repräsentiert sind. Die Berufliche Förderpädagogik stößt hier auf ein in der Pädagogik seit langem behandeltes Thema: Die Professionalität hat schon Johann Friedrich Herbart (1776-1841) beschäftigt und zu seinem spöttischen Ausspruch über den Schulmeister geführt, der über viele Jahre hinweg nur seiner schlechten Erfahrung folgt, ohne selbst etwas zu lernen. Herbart zieht daraus die Konsequenz, man müsse eine besondere, eben eine „professionelle" Haltung ausbilden, den **„pädagogischen Takt"** (Benner 1993, 39ff). Notwendig wird auch eine erhöhte Selbstreflexivität der pädagogisch Tätigen. Zudem kann man aus der pädagogischen Tradition lernen (z.B. von A.S. Makarenko), dass der Umgang mit benachteiligten Jugendlichen eine spezifische Haltung, eine innere Einstellung der Pädagogen braucht. Betrachten wir kurz die für die Benachteiligtenförderung relevanten erziehungswissenschaftlichen Teildisziplinen:

• So hat z.B. die **Sozialpädagogik** in ihrem Ziel „des Sich-überflüssig-Machens" immer schon eine Handlungsfigur ausgebildet, die auf ein offenes Menschenbild verweist, indem sie implizit auf die Eigenaktivität des Klienten setzt. Andere Debatten in der Sozialpädagogik thematisieren die Widersprüche des Handelns zwischen Hilfe und Kontrolle oder arbeiten die Paradoxien sozialpädagogischen Handelns mit der Konsequenz des Postulats einer „bescheidenen Disziplin" heraus (Schütze 1992).

• Die **Berufspädagogik** betont mit dem Konzept des Handlungsorientierten Unterrichts den Weg zur vollen beruflichen Handlungsfähigkeit. Damit eröffnet sie insofern interessante professionelle Perspektiven, als sie die Professionellen z.B. ermutigt, Experimente zu machen, die aktiven Lerner ins Zentrum zu rücken oder Unterricht produktionsorientiert (→ Kapitel 6) anzulegen.

---

3 Bundesinstitut für Berufsbildung

- Besonders nachhaltig wirkt die **schulpädagogische Diskussion** zum Professionsverständnis und Lehrerhandeln (Combe & Helsper 1996; Dewe, Ferchhoff & Radtke 1992; Terhart 2001). In diesem Diskurs wird versucht, die Tätigkeitsmerkmale des Lehrerhandelns wissenschaftlich angemessen zu erfassen und in ausbildungspraktische Curricula (z.B. an Universitäten oder in Ausbildungsseminaren) zu übersetzen.

Wer aber, also welcher Personen-Typus, ist besonders für die Arbeit mit benachteiligten Jugendlichen geeignet? Reichen z.B. praxisnahe Erfahrungen in verschiedenen Tätigkeitsbereichen? Die Benachteiligtenförderung steht hier noch am Anfang. Professionsentwicklung in der Beruflichen Förderpädagogik kann vom Diskurs und den vorhandenen Konzepten lernen, muss aber eigenständige Schwerpunkte setzen. Es existiert weder ein Berufsbild oder ein Berufskonzept – wie etwa „**Fach-Profi für Benachteiligte**" – noch ein systematisierter Wissenskorpus, der für die Aufgabe des Förderns auslegbar wäre, noch ein irgendwie geartetes gemeinsames und krisenfestes Selbstverständnis.

Eine Entwicklung professionalisierender Konzepte kann sich auf das Wissen und Können der Praktiker der beruflichen Benachteiligtenförderung berufen. Diese wissen oft intuitiv, was benachteiligte Jugendliche brauchen und wie sie pädagogisch gefördert werden können. Dieses „verborgene" – weil nicht reflektierte und systematisierte – Wissen und Können aus der Praxis sollte schon deshalb in grundlegende Professionalisierungskonzepte für die Benachteiligtenförderung einwandern, damit diese in ihren Weiterbildungs- und Schulungsangeboten um anschlussfähig an die Praxis bleibt (→ Kapitel 18).

4.4 Unser Credo: Was sollte ein Benachteiligten-Profi bedenken?

! Nachdenken über mich: Was hat mich in Kindheit und Jugend besonders geprägt? Habe ich ein durchdachtes und gelebtes Verständnis der eigenen Berufsrolle (wohlwollend, sachlich, klar, humorvoll)? Wie ist mein Zugang zu dem Feld und zu den Jugendlichen? Welche Ressourcen kann ich einbringen, welche sollte ich noch entwickeln und wie kann ich mich persönlich für dieses Tätigkeitsfeld stärken und stabilisieren? Professionalität bedeutet z.B. auch, sich seines Körpers, der eigenen Köpersprache bewusst zu sein. Ebenso spielen der Ton, die Sprache, der Umgangsstil eine bedeutende Rolle.

! Man sollte ein grundlegendes Verständnis des jungen Menschen in seiner Entwicklungsfähigkeit aufbauen. Es geht darum, junge Menschen zu fördern, bei der Entwicklung und Entfaltung zu unterstützen, zu helfen, zu beraten, zu moderieren und ihre Selbstständigkeit zu begleiten.

! Man sollte sich vielfältiges pädagogisches Handwerkszeug erarbeiten. Man benötigt individualisierende Kompetenzen wie: Diagnostizieren können, Instrumente zur individuellen Förderung einsetzen können, didaktische und methodische Handlungskompetenzen sowie Kompetenzen zur Berücksichtigung der neuen Medien. Für alle Mitarbeiter sind (teambezogene) Fortbildungen ein wichtiger Baustein zur Verbesserung der Qualität ihrer Arbeit

! Man sollte seine Organisationskultur mitentwickeln. Es gilt, ein spezifisches Lern- und Ausbildungsarrangement in der Einrichtung zu prägen oder eine Kultur der Kooperation des sachgebundenen Teamworks – nach innen und außen zu pflegen.

! Man sollte seine Region kennen. Dazu bedarf es der Kenntnisse der regionalen Qualifikationsinfrastruktur. Interne und externe Kooperationen in und mit Einrichtungen der Benachteiligtenförderung und die Schaffung von regionalen und überregionalen Netzwerken sind unabdingbar.

! Man sollte Wissen über gesellschaftliche Rahmenbedingungen erwerben. Wie hat sich unsere Gesellschaft entwickelt und verändert? Welche gesellschaftlichen Hintergründe beeinflussen unsere Arbeits- und Lebensumwelt?

4.5 Praktische Empfehlungen zur persönlichen Professionalisierung

☞ **Übung 1**

Die Anforderungen an einen Pädagogen sind erheblich, denn sie setzen innere Auseinandersetzungen, fortlaufende eigene Bewältigungs- und Reflexionsprozesse und eine immer neu auszutarierende Balance zwischen Engagiertheit und Distanz voraus. Im Laufe dieses Prozesses bilden sich eigene Denk- und Handlungswerkzeuge der pädagogisch Tätigen heraus, die auf der Grundlage persönlich-professioneller Haltungen eingesetzt werden. Diese ermöglichen eine innere Festigkeit; eine Haltung, die erforderlich ist. Reflektieren Sie Ihre *professionelle Haltung*!

☞ **Übung 2**

Bezogen auf die Professionalisierung der Pädagogen entsteht die Notwendigkeit, den Adressaten die Verantwortung für ihre Suchbewegungen (→ Kapitel 9) zu geben, ja, sie ihnen zuzumuten, und auch irritierende Versuche auszuhalten, ohne sofort einzugreifen. Inhaltlich bedeuten diese (An-)Forderungen, dass für die Lehrenden Methoden des Lernens und der Weiterbildung zu erschließen sind, die wir auch aus der Arbeit mit Benachteiligten kennen: Sie bedeuten Biographiearbeit, Organisationsentwicklung, Teamwork, Netzwerken, Supervision. Überlegen Sie, ob Sie sich im Bereich fachlicher förderpädagogischer Grundqualifikationen sicher fühlen oder ob Sie zu den genannten Themen *eine Fortbildung* machen sollten!

☞ Übung 3

„Bei den Zöglingen bildete sich zu Schere (Eduard Nikolajewitsch Schere, der Agronom in der Gorki-Kolonie, die Verf.) ein Verhältnis zurückhaltender Begeisterung heraus. Für sie war es selbstverständlich, daß „unser Schere" nur deshalb ein so famoser Kerl war, weil er zu uns gehörte, daß er sich in jeder anderen Stellung nicht so auszeichnen würde. Diese Begeisterung äußerte sich in einer stillschweigenden Anerkennung seiner Autorität und in endlosen Gesprächen über das, was er gesagt hatte, über seine Manier, seine Unnahbarkeit und Kenntnisse. Ich wunderte mich über diese Zuneigung nicht. Ich hatte erkannt, daß die Überzeugung unserer Intelligenz, Kinder liebten und schätzten nur den, der ihnen liebevoll, ja zärtlich entgegenkommt, für unsere Jungen nicht zutraf. Ich war schon lange davon überzeugt, daß Kinder, wie wir sie in unserer Kolonie hatten, die größte Achtung und die größte Liebe einem anderen Menschentyp entgegenbringen. Das, was wir mit dem Wort „hochqualifiziert" bezeichnen: sicheres und präzises Wissen, Können, Kunstfertigkeit, „goldene Hände", wortkarges Wesen, das Vermeiden leerer Phrasen, stete Bereitschaft zur Arbeit – das ist es, was die Jugend im höchsten Grade mitreißt. Sie können äußerst kurz angebunden sein, Anforderungen stellen bis an die Grenze der Nörgelei, Sie können die Jungen übersehen, wenn sie neben Ihnen stehen, Sie können ihre Zuneigung ignorieren; wenn Sie sich durch Arbeit, Kenntnisse und Erfolge auszeichnen, können Sie ruhig sein: sie sind alle auf Ihrer Seite, und sie werden Sie nicht im Stich lassen. Da ist es gleich, auf welchem Gebiet diese Fähigkeiten in Erscheinung treten, da ist es gleich, was Sie sind, ob Tischler, Landwirt, Schmied oder Lokomotivführer." (Makarenko 1954, 212f.)

Diese Passage aus Makarenkos Pädagogischen Poem charakterisiert den Agronom und Pädagogen der Gorki-Kolonie. Offenbar sind Jugendliche besonders ansprechbar, wenn einer wirklich etwas Praktisches kann. – Was meinen Sie?

📖 Literatur zum Weiterlesen

- Bojanowski, A. (2008): Professionalisierung des Fachpersonals in der beruflichen Benachteiligtenförderung. Ein curricularer Vorschlag für die Fachszene, in: Faßhauer, U., Münk, D. & Paul-Kohlhoff, A. (Hrsg.): Berufspädagogische Forschung in sozialer Verantwortung. Festschrift für Josef Rützel zum 65. Geburtstag, Stuttgart: Steiner, S. 209-220.
- Sektion Berufs- und Wirtschaftspädagogik (der Deutschen Gesellschaft für Erziehungswissenschaft) (2009): Memorandum zur Professionalisierung des pädagogischen Personals in der Integrationsförderung aus berufsbildungswissenschaftlicher Sicht, Bonn: Pahl-Rugenstein. Köln. http://www.good-practice.de/memorandum_ integrationsfoerderung0409.pdf, 10.03.2013

5 Pädagogische Organisation: Qualitätsentwicklung und interne Kooperation

Arnulf Bojanowski & Rayko Brunotte

> *„Zweck und Ziel der Organisation ist es, die Stärken der Menschen produktiv zu machen und ihre Schwächen unwesentlich."*
>
> Peter Drucker

5.1 Worum geht es in diesem Kapitel?

Benachteiligte Jugendliche lernen und arbeiten in pädagogischen Organisationen. Diese sollen den jungen Menschen einen **orientierenden Rahmen** geben. Dem inneren Gefüge und der gesamten Kultur dieser Organisationen kommt dabei eine besondere Bedeutung zu. Es muss gelingen, den Jugendlichen auch durch die Form der Organisation sowie den ihr innewohnenden Denk- und Umgehensweisen eine (pädagogische) Orientierung zu geben. Eine Berufliche Förderpädagogik muss daher intensiv und strukturiert über die Mitarbeiter, das Konzept, die Abläufe, den Aufbau sowie die Ziele und Werte einer Organisation nachdenken. Zudem muss sich Berufliche Förderpädagogik immer wieder damit befassen, dass sich die außerbetrieblichen Einrichtungen in einem andauernden Existenzkampf befinden, bedingt durch wechselnde und unsichere Finanzierungen (→ Kapitel 15).

▶ Begriffsannäherung I

In der **Soziologie** wird eine Organisation als „die Bezeichnung für ein soziales System oder ein soziales Gebilde als Gesamtheit aller geplanten, ungeplanten und unvorhergesehenen sozialen Prozesse, die innerhalb des jeweiligen Systems oder in Beziehung zu anderen, umgebenden Systemen ablaufen" (Hillmann 2007, 471, 651) verstanden. Aus **wirtschaftswissenschaftlicher Sicht** z.B. sind Organisationen „soziale Gebilde, die dauerhaft ein Ziel verfolgen und eine formale Struktur aufweisen, mit deren Hilfe die Aktivitäten der Mitglieder auf das verfolgte Ziel ausgerichtet werden sollen" (Kieser & Walgenbach 2003, 6). Diese beispielhaften Definitionen zeigen das teilweise unterschiedliche Verständnis einer Organisation aus der jeweiligen fachwissenschaftlichen Sichtweise. Beide Ansichten zum Verständnis von Organisationen und deren Einfluss auf die Arbeit sind in der Beruflichen Förderpädagogik durchaus von Interesse. Aber in einer pädagogischen Organisation geht es nicht nur um ein formales Aufrechterhalten der Organisation um ihrer selbst willen oder um ein abstraktes Ziele-Verfolgen. Eine pädagogische Organisation muss nach bestimmten pädagogisch verantworteten Gesichtspunkten analysiert und gestaltet werden.

▶ Begriffsannäherung II

Wenn wir über das innere Gefüge einer Organisation nachdenken, kommt ein spezifischer Begriff ins Spiel: die **Organisationskultur** – häufig auch „Unternehmenskultur" genannt. Es kommen die „Grundüberzeugungen, Werte, Symbole, Normen, Verhaltensmuster" einer Organisation ins Spiel (Hillmann 2007, 653), also eher die nicht-materiellen Hintergründe, die aber eine Organisation vielfältig prägen. Eine Organisationskultur beeinflusst die Motivationen und Emotionen der Mitglieder einer Einrichtung. Damit trägt sie entscheidend zur „Integration und zum Zusammenhalt der Organisation" bei (Endruweit 2004, 141). Auch wenn wir nicht genau wissen, wie eine Organisation „tickt" – sie wird ihr spezifisches Eigen- und Innenleben haben, das durch die Organisationsmitglieder oft **informell** getragen und weitervermittelt wird. Daher wird auch den informellen Beziehungen in einer Organisation große Bedeutung beigemessen.

▶ Relevanz dieses Kapitels

Organisationen sind in der heutigen Zeit allgegenwärtig. Ob man (große) Unternehmen und Firmen betrachtet, die in Zeiten der Globalisierung nicht mehr nur als Arbeitsstelle dienen, oder Schulen, Ausbildungsbetriebe und (Sport-)Vereine, in denen Jugendliche ihre Freizeit verbringen oder sich bilden: Jeder hat Kontakte zu und verbringt Zeit in Organisationen. Auch die in der Benachteiligtenförderung finden wir Organisationen; die schulischen und außerschulischen Organisationen sind unterschiedlich strukturiert und weisen verschiedene Organisationskulturen auf. Neben den Unterschieden in der finanziellen Absicherung herrschen überall unterschiedliche Ablauf- und Aufbauorganisationen vor. Es gibt zudem eine Vielzahl unterschiedlicher Träger und Einrichtungen der Benachteiligtenförderung. Jede dieser Organisationen hat unterschiedliche Ausrichtungen und Ziele, unterschiedliche Mitarbeiter sowie unterschiedliche „Philosophien" und Werte in und bei ihrer Arbeit. Wer also in der Beruflichen Förderpädagogik tätig ist, muss möglichst viel über das Funktionieren seiner eigenen Organisation wissen; er muss gewissermaßen seine Organisation „lesen" können. Denn erst wenn man verstanden hat, „wie es in seinem Laden läuft", kann man eine praxisnahe Organisationsentwicklung mit gestalten helfen. Erst wenn man gleichsam die „Stellschrauben" seiner Organisation kennt, kann man sich mit seiner Einrichtung identifizieren und selbstständig Impulse für Innovationen geben (Baudisch & Bojanowski 2002; Haubner, Batram & Brinkmann 2005).

5.2 Ein Beispiel aus der Praxis: „Organisationen dürfen nicht demütigen"

Auszüge aus einem Vortrag

Wenn eine soziale Organisation ihre Qualität wirklich verkörpern will, dann gilt ein zentrales Kriterium: Die Organisation darf nicht demütigen! Das ist das, was der Philosoph Margalit das Charakteristikum einer „anständigen Gesellschaft" nennt. Diese unterscheide sich von einer lediglich „zivilisierten" Gesellschaft dadurch, dass nicht nur – wie in der zivilisierten Gesellschaft – die Menschen nicht Menschen demütigen, sondern dadurch, dass die Institutionen nicht die Menschen demütigen. Ich möchte also mit Ihnen darüber nachdenken, wie wir Institutionen gestalten können, in denen den unter ihrer Autorität stehenden Menschen Achtung entgegengebracht wird. Von „Demütigung" als Gegenbegriff zur Achtung ist nach Margalit immer dann zu sprechen, wenn Menschen sich in ihrer Selbstentfaltung verletzt sehen (Margalit 1999, 23).

Während früher bei Institutionen wahrscheinlich der Aspekt der körperlichen Gewalt entscheidender war, erscheinen uns heute vor allem symbolische Handlungen als verletzend. Margalit: „Anständige Gesellschaften müssen nicht nur auf körperliche Gewalt verzichten, sie müssen auch seelische Grausamkeiten vermeiden" (S. 109). Seelische Grausamkeit ist entsetzlich. Bei körperlichem Schmerz (Folterung etc.) möchte man um jeden Preis sofort davon befreit werden; bei seelischer Grausamkeit werden zusätzlich „Wunden" hinterlassen, die viel langsamer heilen als körperliche Wunden. [...] Eine andere Demütigungsform von Institutionen könnte „Dämonisierung" sein. Institutionen dürfen sich nicht zum Unmenschlich-Behandeln benutzen lassen. Dass wir als in Institutionen Arbeitende solchem ausgesetzt sind, weiß jeder; nicht nur die Nazipropaganda konnte Institutionen vergiften, das kann auch die örtliche Zeitung sein, die vor den Kleinkriminellen im Internat warnt oder der common sense, der unsere Aufmerksamkeit bei alleinerziehenden Müttern oder bei schlitzäugigen Männern erhöht. Und schließlich darf eine Institution z.B. bei religiösen Gruppen, oder bei ethnischen Minderheiten keiner Person abwerten, die sich mit bestimmten „Merkmalen identifiziert" (S. 165), z.B. mit dem Schleier-Tragen. Die Institution zwingt sonst gleichsam Menschen, sich für eine Gruppenzugehörigkeit zu schämen – dies kann als die Ablehnung der Menschlichkeit dieser Menschengruppe verstanden werden.

[...] Soziale Institutionen wissen oft gar nicht, wie sie mit ihren Klienten oder den ihnen anvertrauten Menschen umgehen. Sie meinen es „gut", aber vergessen, was die Klienten denken, fühlen, wünschen. [...] Was heißt es – mit Margalit – die menschlichen Züge eines Menschen nicht erkennen zu können? „Wir sehen Menschen als Menschen, wenn wir ihre Mimik und Gestik menschlich interpretieren" (S. 120); es gilt also die „Zeichen der menschlichen Psyche (zu) deuten" (S. 121). Leider gibt es viele „menschenblinde" Menschen, gerade in den Institutionen, die nur die körperliche Erscheinung wahrnehmen, aber eben nicht die psychische. Der

Menschenblinde wird dann unmenschlich, wenn er ohne Einschalten des Verstandes routinemäßig sieht. Neben den Menschenblinden finden wir solche, die den Menschen ignorieren (S. 129). Weiterhin finden wir noch Stigmatisierung (Kleidung, Körpergeruch, Schmatzen, etc.) – ebenfalls ein Weg, den Menschen als subhuman zu betrachten. Stigmata können durch Propaganda angestoßen oder ausgelöst werden, wahrscheinlich auch durch Ekelgefühle, die wir nicht rational kontrollieren können. Schließlich gibt es bei den institutionell Arbeitenden die Möglichkeit, den anderen als Nicht-Erwachsenen zu behandeln.

[...] Es bedarf eines eigenen „Geistes", eines „Klimas", einer nicht-demütigenden „Gesamtatmosphäre" der Zugewandtheit und Offenheit, um das alles zu leben, was man sich organisationsintern an Qualitätsentwicklungen vorgenommen hat. Das kann man aus der modernen Betriebswirtschaft und Organisationstheorie bestimmt lernen: Erst wenn eine Organisation über halbwegs einheitliche Rituale, Werte oder Verhaltensweisen verfügt, dann erhöhen sich die Chancen, dass sie sich zu einem einheitlichen Gefüge entwickelt. Für solche Entwicklungen bedarf es einer strukturellen Stabilität in der Organisation, etwa gemeinsame Bräuche, Gruppennormen, Spielregeln, Denkgewohnheiten oder Symbole. Und dies gilt auch für soziale oder rehabilitative Einrichtungen, die ein inneres Gesamtkonzept haben müssen, in dem der behinderte Jugendliche oder der benachteiligte Mensch sich wirklich angenommen fühlt.

[...] Solche Selbstentwicklungsprozesse der Mitarbeiterschaft müssen von der Leitung getragen werden. [...] Aus der Organisationstheorie wissen wir um die zentrale Bedeutung der Leitung. Sie muss selber lernfähig bleiben, um sich im sich wandelnden Umfeld zu behaupten, sich aber auch und besonders um die Mitarbeiter kümmern. Dazu gehören offene Kommunikation und Informationen, dazu gehören Ermutigung der Mitarbeiter und kluge Einschätzung ihrer Potentiale. Insgesamt also, so die Organisationstheorie, prägt die Leitung den „Geist des Hauses".

[...] Eine „Kultur der Anerkennung" (Wilhelm Heitmeyer) bezieht sich darauf, in der Institution den Jugendlichen oder den Klienten wirklich Freiräume zu verschaffen. Denn es geht um Eindringlichkeit, um tatsächliche Erfolge bei Jugendlichen, um Erfolge, die sich im weiteren Leben der Klienten niederschlagen. Dazu braucht es Institutionen, die für die Heranwachsenden einen verlässlichen Rahmen bilden, und in denen man immer auch aushandeln kann, was nötig und angemessen ist. Die Jugendlichen merken doch hinsichtlich der Professionalität ihrer pädagogischen Begleiter: Ihre Lehrer, ihre Sozialpädagogen und ihre Ausbilder wissen beileibe nicht alles; vieles muss besprochen und geklärt werden – und zugleich brauchen benachteiligte Jugendliche gerade das: Institutionen, in denen sie Nicht-Gelebtes leben können, Menschen, die Ihnen als Gefährte, Partner oder „Lernberater" Erfahrungen ermöglichen, die sie vordem aufgrund ihrer marginalisierten Lage gar nicht machen konnten. Dafür entscheidend Sorge zu tragen und das entsprechende Klima mitzuprägen – daraus darf sich eine verantwortungsbewusste

Leitung nicht verabschieden. Mithin gilt auch für die Qualitätsdebatte und hausinterne Qualitätsentwicklungen: Die Mitarbeiter dürfen von der Leitung nicht allein gelassen werden!

Entnommen aus: Bojanowski 2001. Zitate aus: Margalit 1999.

5.3 Was man über Organisationen in der Benachteiligtenförderung wissen sollte

In dem Praxisbeispiel werden Forderungen und Theoreme artikuliert, die für die verschiedenen Organisationsformate in der Benachteiligtenförderung Geltung haben. Was vielleicht eher zwischen den Zeilen durchscheint, ist die bedeutsame Rolle der Organisationskultur, die vielfältige Einflüsse auf die Mitglieder einer Organisation, einer Einrichtung oder einer Schule ausübt. Man sollte sich immer klarmachen, dass pädagogische Professionalität (→ Kapitel 4) sich stets in einem strukturellen Rahmen artikuliert. Innerorganisationelles Teamwork ist notwendig, braucht aber die Rückbindung an von der Einrichtung getragene kulturelle Bedingungen, begleitet von einem Qualitätsdiskurs. Erst dann kann man darüber nachdenken, ob Organisationen sich im Inneren weiterentwickeln können. Auch spielen die überorganisationellen Rahmenbedingungen eine wichtige Rolle. Pädagogische Organisationen in der Benachteiligtenförderung stehen oft zwischen Betriebswirtschaft und Pädagogik: Wie lässt sich das balancieren?

▶ Verschiedene Organisationsformate in der Benachteiligtenförderung

In der Benachteiligtenförderung lässt sich vereinfacht zwischen zwei unterschiedlichen Organisationsformen unterscheiden: Benachteiligtenförderung findet in schulischen Kontexten statt, z.B. im Berufsvorbereitungsjahr und im gesamten außerschulischen Bereich, z.B. in Jugendwerkstätten oder in Einrichtungen der Jugendberufshilfe.

- Es gibt also Organisationen, die sich in freier Trägerschaft befinden: **außerschulische Einrichtungen**. Sie werden von einer Leitung oder einem Vorstand quasi als Unternehmen geführt und besitzen in allen Bereichen (Finanzen, Personal, Verwaltung, Durchführung, etc.) ein hohes Maß an Autonomie. Die Einrichtungen der freien Träger müssen häufig um ihre Existenz kämpfen, da gerade ihre finanzielle und rechtliche Absicherung meistens nicht eindeutig festgelegt ist. In den Diskursen über die außerschulische Benachteiligtenförderung gibt es seit Jahren viele Organisations- und Qualitätsansätze.

- **Schulen** sind staatliche Organisationen, die den schulrechtlichen Vorgaben der jeweiligen Länder unterliegen und deren Autonomie wesentlich geringer ist als die der Einrichtungen in freier Trägerschaft. Für Schulen existieren dafür eindeutige rechtliche und finanzielle Absicherungen. Allerdings vermutet man eine gewisse Starrheit der schulischen Organisation. Neuere Bestrebungen, berufsbildende Schulen zu „regionalen Kompetenzzentren" weiterzuentwickeln, sind hier anregend, weil sie die derzeitigen schulischen Organisationsformen weiterentwickeln.

- Schulische und außerschulische Organisationen sind **völlig unterschiedlich** strukturiert, z.B. im Blick auf die finanzielle Absicherung: Während die außerschulischen Einrichtungen extrem abhängig von (zumeist) kurzfristigen Etats der Arbeitsverwaltung sind, können die Berufsschulen – und hier das BVJ – auf klare finanzielle, rechtliche und organisatorische Bedingungen zurückgreifen (→ Kapitel 15). Allerdings lässt sich für Einrichtungen der Benachteiligtenförderung festhalten, dass sie vielen ungelösten praktischen Problemen bei der Betreuung, Beschulung, Förderung und Ausbildung der Zielgruppen gegenüberstehen. Immer noch wird zu wenig auf die Zielgruppen eingegangen, immer noch ist angesichts der Abhängigkeit der Zahl benachteiligter Jugendlicher vom allgemeinen Ausbildungsmarkt eine Kurzfristigkeit der Planungen gang und gäbe (→ Kapitel 7).

▶ Rolle der Organisationskultur – Einflüsse auf die Mitglieder

Edgar Schein (2003, 31ff.) unterteilt die Organisationskultur (er bezeichnet sie als Unternehmenskultur) in drei Ebenen:

- **Artefakte** – sichtbare Organisationsstrukturen und -prozesse: Dies ist die augenfälligste Ebene, die man sehen, hören und spüren kann. Es geht hierbei u.a. um die Architektur der Gebäude, die Ausstattung, die Atmosphäre und das Verhalten der Mitarbeiter untereinander und nach außen. Diese Merkmale werden schnell registriert und wirken sich unmittelbar emotional aus. Trotz dieser Auffälligkeit sind solche Merkmale schwer zu entschlüsseln. Denn warum sich die Mitarbeiter so verhalten oder welchen Zweck die Ausstattung haben soll, kann nur vermutet werden.

- **Öffentlich propagierte Werte** – Strategien, Ziele, Philosophien: In dieser mittleren Ebene dreht es sich um die öffentlich vertretenen bzw. veröffentlichten Werte, Ziele, Leitlinien, Arbeitsweisen o.ä. einer Organisation. Diese können z.B. gedruckt, im Internet veröffentlicht oder durch autorisierte Organisationsmitglieder erzählt werden. Durch diese öffentlichen Merkmale scheint die Organisation versteh- und erkennbar zu sein, jedoch wird das offene Verhalten von einer tieferen Denk- und Wahrnehmungsebene gesteuert (→ Kapitel 8).

- **Grundlegende unausgesprochene Annahmen** – unbewusste, für selbstverständlich gehaltene Überzeugungen, Wahrnehmungen, Gedanken und Gefühle: Diese unterste und tiefste Ebene kann auf die Gründer der Organisation und/oder ihre Geschichte zurückgehen. Mit welchen Werten und Überzeugungen wurde die Organisation gegründet? Welche unausgesprochenen gemeinsamen Annahmen herrschen in ihr vor oder werden von den Mitarbeitern übernommen bzw. verändert? Hat die Einrichtung z.B. eine breite Diskussionskultur oder werden die Ziele und Aufgaben durch die Führungsebenen vorgegeben? Wie ist z.B. das Menschenbild (→ Kapitel 1)in dieser Organisation?

Die Kultur einer Organisation hat damit einen starken Einfluss auf die Einrichtung. Die Gesamtheit der Ziele, Werte, Verhaltensmuster, etc. einer Organisation geben u.a. vor, wie die Arbeit und Aufgaben ausgeführt werden sollen, wie die Einrichtung und die Räumlichkeiten gestaltet werden oder wie Leitlinien, Unternehmensgrundsätze und das Führungsprinzip festgelegt werden. Welches Mitarbeiterverhalten ist erwünscht bzw. unerwünscht, wie ist der Sprachgebrauch, der Umgangsstil oder die Kleiderordnung, oder gibt es ein Zusammengehörigkeitsbzw. Wir-Gefühl? (Hillmann 2007, 653f.). Viele dieser „Vorgaben" sind unausgesprochen bzw. informell und somit nicht immer eindeutig und für alle Beteiligten verständlich.

Dies alles hat große Auswirkungen auf die Arbeit mit den benachteiligten Jugendlichen und die Jugendlichen selbst. Sie sollen in ihren Lebens- und Arbeitsweltproblemen unterstützt, beraten und gefördert werden. Dies kann nur in einer (Arbeits-)Atmosphäre geschehen, die von allen Beteiligten akzeptiert wird.

▶ Innerorganisationelles Teamwork

Als typisches organisationelles Problem gilt die mangelnde Kooperationskompetenz der Mitarbeiter in den Einrichtungen: Interne Kooperation und Vernetzung der professionell Tätigen sind meistens noch nicht Merkmale der Organisationskultur. Deshalb sollte man bei der Organisationsentwicklung von Einrichtungen in der Benachteiligtenförderung auf die Schaffung und Verbesserung von internen Kooperationen achten. Aufgrund der unterschiedlichen Professionen der Mitarbeiter ist Teamarbeit dringend notwendig (→ Kapitel 4).

Egal ob im universitären Betrieb, in Weiterbildungseinrichtungen, in Einrichtungen freier Träger oder in der Schule: „Arbeiten im Team kennzeichnet einen neuen Stil der beruflichen Arbeit: Weg von der Einzelarbeit an einem genau umschriebenen Arbeitsplatz, statt hierarchischer Abhängigkeit und Weisungsgebundenheit neue Formen der Abstimmung, Zuarbeit, wechselseitige Beratung und Unterstützung" (Heymann 2007, 1). Arbeiten im Team muss aber auch erlernt werden. In der Organisation Schule bedarf es zunächst „einer veränderten professionellen Einstellung der Lehrerschaft, deren bisherige Arbeitsweise als eher individualistisch und weniger als teamorientiert zu charakterisieren ist" (Manshusen & Rütters 2008, 297).

Zwischen den Begrifflichkeiten **„Gruppe"** und **„Team"** gibt es Unterschiede, anhand derer die Kennzeichen eines Teams deutlich werden. Im Sinne der Sozialpsychologie ist zwar jedes Team eine Gruppe, der Umkehrschluss ist jedoch nicht per se zulässig. Kennzeichnend für ein Team sind seine gemeinsamen Hauptziele.

Alle Teammitglieder verfügen über eine gemeinsame Aufgaben- und Zielorientierung (Heymann 2007, 2). In einem Team sind in der Regel **sehr heterogene Kompetenzen** vorhanden, die zu einer Erleichterung der Aufgabenbearbeitung führen können. Eine offene Kommunikation erleichtert sowohl die Verständigung innerhalb der Gruppe als auch den Austausch mit Personen, die außerhalb des Teams stehen. In einem Team wird die Verantwortung für die Aufgaben geteilt und im Idealfall wird der Arbeit jedes Einzelnen ein entsprechendes Maß an Anerkennung und Wertschätzung entgegen gebracht. Diese Merkmale lassen die Schlussfolgerung zu, dass mit dem Begriff Team eine Gruppe bezeichnet wird, die sich in ihren Strukturen schon sehr weit entwickelt und deren Zusammenarbeit eine „gewisse Qualität" erreicht hat. Heymann verweist jedoch darauf, dass der Begriff Team eine stärkere normative Orientierung besitzt und für einen Qualitätsanspruch steht (ebd.).

Da in einem Team eine Vielzahl von Kompetenzen vorhanden ist, sollte die Zusammenarbeit „rein rechnerisch zu einer Verringerung des Aufwands" (Tenberg 2003, 154), also zu einer Zeitersparnis führen. Gleichzeitig erhöht sich auch die Arbeitsqualität. Durch das erhöhte Maß an Kommunikation und Reflexion können den Teammitgliedern neue Wege und Perspektiven aufgezeigt und somit Entwicklungsmöglichkeiten angeregt werden. Dies setzt jedoch ein gewisses Maß an Kritikfähigkeit eines jeden einzelnen Teammitgliedes sowie die fortwährende Bereitschaft, das eigene Verhalten unter Umständen zu hinterfragen und zu verändern voraus.

▶ Organisationaler Qualitätsdiskurs

Unterstützt durch das Aufkommen von Schulinspektionen, die Arbeit von Schulvorständen und die Etablierung der Eigenständigen Schule, scheinen in den vergangenen Jahren Begriffe wie „Schulqualität", „Qualitätsmanagement" oder „Qualitätssicherung" auch im Kontext Schule immer stärker in den Vordergrund zu treten. „Heute wird der Begriff der Schulqualität ganzheitlich-systemisch betrachtet, d.h. alle Schulbereiche werden in die Diskussion um die Qualität schulischer Arbeit einbezogen" (Landesprojektgruppe & Wissenschaftliche Begleitforschung 2008, 153).

Holtappels (2003, 34ff.) verweist auf die besondere Schwierigkeit der Definition des Qualitätsbegriffes insbesondere im Kontext Schule, da sich die Leistung von Schulen „eben nicht nach erledigten Akten, gebuchten Geschäften, vollzogenen Behandlungen oder Beratungen messen" lässt (ebd., 34). Er plädiert für eine **ganzheitliche Betrachtung des Schulqualitätsbegriffes** unter Berücksichtigung folgender Aspekte, wobei er deutlich darauf verweist, dass in der Regel normativ festgelegte Vorstellungen über die Qualität der jeweiligen Institution entscheiden: Wichtig sei das Fachwissen und die Fachleistungen der Schüler. Sodann spielen ein wichtige Rolle: Output-/Wirkungsfaktoren wie z.B. überfachliche

Schlüsselqualifikationen und metakognitive Fähigkeiten (z.B. Planungskompetenzen und kommunikative Fähigkeiten), Lern- und Arbeitshaltungen, Methodenkompetenzen, soziale Kompetenzen/Ich-Kompetenzen im Sinne einer Unterstützung der Persönlichkeitsbildung sowie das psycho-soziale Wohlbefinden aller Beteiligten. Und schließlich kommt es auf Folgendes an: Strukturelle und prozessuale Bedingungen wie formale Leistungsanforderungen und Prüfungen, Lernangebote, Schul- und Klassengröße, Gestaltung der Lern-/Lehrarrangements.

Es gibt in der Benachteiligtenförderung nur wenige empirische Erfahrungen oder Forschungsprojekte, die über die inzwischen bekannten Qualitätsfragen hinaus zu den wirklichen Problemen der unterschiedlichen Organisationen vorstoßen. Anregende Anknüpfungspunkte bietet aber z.B. die Studie von Enggruber (1989) zur Organisationsentwicklung. Von herausragender Wichtigkeit ist darum für den Qualitätsdiskurs: Qualitätsmanagements laufen Gefahr, von den Einrichtungen als rein externe Notwendigkeit ohne eigenständige Motivation zur Verbesserung des förderpädagogischen Angebots aufgefasst zu werden. Um Phrasenhaftigkeiten und leblose Normvorgaben zu umgehen, sollten Qualitätsziele darum aus dem Inneren der Einrichtungen entstehen und hinsichtlich ihres Erreichens für alle Beteiligten eindeutig nachvollziehbar sein.

▶ Können Organisationen lernen?

Die Organisationskultur einer Einrichtung ist schwer festzustellen bzw. zu beschreiben. Sie wird von allen Beteiligten geprägt und ist das Resultat eines gemeinsamen organisationalen Lernprozesses. Dieses Lernen ist jedoch kein intentionales explizites Lernen, sondern ein informelles Lernen (Geißler 2005, 38ff.). Anzustrebende Veränderungen können nicht nur von der Führung vorgegeben werden, sie müssen vor allem von den Mitarbeitern getragen und umgesetzt werden.

Lernen und dadurch eine Anpassung an sich wandelnde Umwelten sind notwendige Voraussetzungen für das Funktionieren von Organisationen. Das Lernen in Organisationen kann auf drei Ebenen stattfinden (Franken 2009, 10): auf der **Organisationsebene** z.B. durch Veränderungen der Organisationsstruktur oder der Organisationskultur, auf der **Gruppenebene** z.B. durch Wissensaustausch oder Veränderungen der Kommunikationsstrukturen sowie auf **individueller Ebene** z.B. durch persönliche Entwicklung oder Veränderung der Sichtweise.

Der Prozess des organisationalen Lernens tritt häufig ein, wenn tatsächliche Handlungsergebnisse in der Organisation von den erwarteten abweichen. Die Ursachen können dabei intern oder extern begründet sein. Argyris und Schön haben den Begriff der **Lernenden Organisation** geprägt. Lernprozesse in Organisationen sollten danach als Double-loop-Lernen (Doppelschleifen-Lernen oder generatives Lernen) ablaufen (Kirchler 2005, 178ff.). „Unter *Doppelschleifen-Lernen* verstehen wir ein Lernen, das zu einem Wertewechsel sowohl der handlungsleitenden Theorien als auch der Strategien und Annahmen führt" (Argyris & Schön 1999, 36f., Hervorhebungen im Original).

Durch das Double-loop-Lernen verändern sich die Handlungen und die Rahmenbedingungen in einer Organisation. Wenn eine Einrichtung der Benachteiligtenförderung strenge hierarchische Ebenen aufweist, in der die unteren Ebenen z.B. keine Entscheidungen treffen dürfen, wird ein eigenständiges Arbeiten von Teams schwierig werden. Die Mitarbeiter werden es z.B. nicht gewohnt sein, Entscheidungen zu hinterfragen. Wenn die Ergebnisse dann nicht den Erwartungen entsprechen, wird es nicht ausreichen, nur die Handlungen des Teams zu verändern, ohne die Strukturen der Organisation zu modifizieren. Die Organisationskultur lässt in diesem Fall nur bedingt ein selbstständiges und eigenmächtiges Arbeiten zu. Beim Double-loop-Lernen wird eine Organisation zum selbstorganisierten System. Es erfolgt keine reine Reaktion auf Veränderungen mehr, sondern diese können aktiv und im Vorfeld eingeleitet werden. Die Mitarbeiter können aktiv an der Veränderung von Zielen und Werten beteiligt sein, nicht mehr nur die Leitung. In einer lernenden Organisation erfolgt die Anpassung von Zielen und Werten an die dynamische Umwelt in der gesamten Organisation (Kirchler 2005, 179).

▶ Pädagogische Organisation in der Benachteiligtenförderung

„Lernende Organisationen" sind auch in der Benachteiligtenförderung anzustreben. Die Organisationen müssen sich verändern, um sich der dynamischen Umwelt immer wieder anzupassen. Sie sollen sich aber auch immer an den Bedürfnissen und Erwartungen ihrer Jugendlichen orientieren, wenn sie zugleich die Erwartungen der Gesellschaft erfüllen und zusätzlich betriebswirtschaftlich funktionieren sollen. Wie muss eine solche Organisation aufgebaut sein und arbeiten? Welche Organisationskultur ist dabei die richtige? Wie soll die Organisationsstruktur aussehen und wie soll die Einrichtung geleitet werden? Ist es wichtiger, den Bedürfnissen der jungen Menschen zu entsprechen oder eine ausgeglichene Bilanz vorweisen zu können? Für viele pädagogische Mitarbeiter ist z.B. eine betriebswirtschaftliche Sichtweise nicht so relevant oder ihnen fehlt eine dementsprechende Ausbildung.

Ein interessantes Vorbild bietet Dänemark. So wird häufig das positive Klima in dänischen Produktionsschulen gelobt; hier gebe es nicht nur selbstverständliche Formen der Mitwirkung aller Pädagogen, sondern insgesamt sei ein lernerfreundliches Klima entstanden, innerhalb dessen Kategorien der klaren Rahmen-Regelungen und Transparenz organisationsstruktureller Vorgänge für die Mitarbeiter als vorherrschend auszumachen sind. Interne Strukturen und die Funktionsweise der Träger und Institutionen orientieren sich im Idealfall an dem Leitsatz personeller Kontinuität, sie sind für die Jugendlichen nachvollziehbar und bieten ihren Mitarbeitern ebenfalls Entfaltungsmöglichkeiten (→ Kapitel 12). Hier wird deutlich, was in der Fachszene der Beruflichen Förderpädagogik auch unter „Betriebsähnlichkeit" diskutiert wird. Wie verträgt sich das Leitbild einer (förder-) pädagogischen Organisationskultur mit dem Leitbild des Lernorts Betrieb – und in welcher Beziehung stehen beide zueinander? Sicherlich kann die Organisationskultur eines Betriebes als Vorbild dienen: Alle Aspekte einer sinnvollen betrieblichen Sozialisation wären namhaft zu machen: klare Regelungen, Sozialisation durch die betriebliche Lebenswelt. Tritt noch das hinzu, was wir mit Makarenko die „gemeinsame wirtschaftliche Sorge" nennen (→ Kapitel 8), so könnten sich allmählich die Konturen einer gut funktionierenden Benachteiligtenorganisation herausschälen.

5.4 Unser Credo: Merkpunkte für das Entwickeln von Organisationen!

! Institutionenprofil und Lernbedarfe der Adressaten sollten miteinander korrespondieren, so dass jedem Jugendlichen gezielt adäquate Förderansätze zugeordnet werden können.

! Eine Organisation sollte jedem Jugendlichen die Chance geben, neu zu beginnen! Das wird nur möglich sein, wenn der Rahmen der Einrichtung bzw. wenn die Kultur der Organisation zweierlei ermöglicht: Zum einen soll sie Klarheit, Sicherheit oder gar Geborgenheit vermitteln und zum andern sollte sie offen sein für die Anstrengungen der Heranwachsenden, sich neue Teilhabemöglichkeiten zu erschließen.

! In dem Gedanken der Selbstentwicklung der Lernenden steckt organisationskulturell die Herausforderung, „Räume" für Entwicklung zu schaffen – das sind Räume, in denen etwas ausprobiert oder riskiert werden kann. Das bedeutet auch, es sind Räume, in denen Fehler so gemacht werden können, dass sie Chancen eröffnen – zum Lernen nämlich – statt Chancen zu verbauen.

! Die Organisationen der Benachteiligtenförderung benötigen eigenständige und selbstständige Arbeits- und Denkweisen ihrer Mitarbeiter. Es muss eine Kultur des Miteinanders durch z.B. Teamstrukturen und -orientierung geben. Zu starke hierarchische (Führungs-)Strukturen können dabei hinderlich wirken.

! Eine Organisation benötigt lebenswerte Arbeitsbedingungen und einen wertschätzenden Arbeitskontext. Es sollte eine konstruktive Arbeitsatmosphäre in den Organisationen herrschen bzw. geschaffen werden, um die Zufriedenheit der Mitarbeiter und der Jugendlichen zu erhöhen. Gestresste Mitarbeiter, z.B. durch ungünstige Arbeitsbedingungen, werden keine qualitativ hochwertigen Ergebnisse hervorbringen können. Fort- und Weiterbildungen müssen in der Organisationskultur fest verankert sein.

! Die externe Umwelt verändert sich stetig, die Probleme der betroffenen Jugendlichen ebenso. Die Organisationen sollten sich diesen Bedingungen flexibel anpassen können. Ein organisationales Lernen (Stichwort „Lernende Organisation") ist daher von hoher Bedeutung.

! Die Organisationen in der Beruflichen Förderpädagogik müssen ausreichende finanzielle und rechtliche Absicherungen erhalten. So wie die Schulen über den entsprechenden Rahmen verfügen, sollten die freien Träger ausreichende und vor allem langfristige Finanzierungssysteme sowie anwendbare und vergleichbare rechtliche Verbindlichkeiten erhalten.

! Eine Benachteiligtenorganisation kann nur in Kooperation mit anderen Einrichtungen (über-)leben: Die Träger müssen sich mit ihren unterschiedlichen Profilen gegenseitig akzeptieren und schätzen. Eine Kultur der Kooperation ist für alle Organisationen der Benachteiligtenförderung wichtig. Nur durch die Zusammenarbeit und die Bildung von Netzwerken kann die erfolgreiche Arbeit fortgeführt und noch weiter ausgebaut werden.

5.5 Praktische Empfehlungen, Aufträge, Übungen, Tipps

☞ **Praxistipp 1**

Wir haben aus dem Buch „Bilder der Organisation" von Gareth Morgan vier charakteristische Beschreibungen von Organisationen ausgesucht (Morgan 1997). Morgan ist nicht davon überzeugt, dass es das einzig richtige und erklärungsmächtige Modell (Bild) der Organisation gibt. Aber die „Bilder der Organisation" helfen, die eigene Einrichtung besser zu verstehen, ihre Möglichkeiten auszuloten und Perspektiven zu entwickeln. Nehmen Sie die vier Bilder und die Stichworte zum Anlass, über Ihre eigene Organisation nachzudenken!

- *„Organisation als gut funktionierende Maschine"*: Hier geht es um Arbeitsteilung, Zuständigkeitsdenken, Unterordnung, Befehl und Gehorsam. Hier könnte man auch von der „klassischen Anstalt" sprechen, die oft noch als unbewusstes Modell wirkt.

- *„Organisation als Organismus"*: Diese Organisation definiert sich über Selbsterhaltungsbedürfnisse in Relation zur Umwelt. Es geht um die Stimmigkeit von Organisationsstruktur, Organisationskultur und Führungsverständnis mit Blick auf die beobachtete Umwelt. Diese Organisation hat das Interesse, sich in einer wandelnden Umwelt zu erhalten und will flexibel auf sie eingehen. Wahrscheinlich ist dieses Modell aber nicht hinreichend, da es nur auf Anpassungsnotwendigkeiten reagiert.

- *„Organisation als psychisches Gefängnis"*: Wenn z.B. Probleme auftauchen, die das Funktionieren der Gruppe oder der Organisation in Frage stellen, wird die Hauptenergie zur Abwehr der Ängste eingesetzt. Nehmen wir das Beispiel Pflegepersonal: Um die nicht immer angenehmen Tätigkeiten der Pflege zu bewältigen, entwickeln die Fachkräfte Abwehrmechanismen gegen das Unangenehme dieses Tuns. Folge: Entpersönlichung und Bürokratisierung. Oder: Der Organisation fällt es schwer, liebgewordene Gewohnheiten aufzugeben. Die Mitglieder der Einrichtung lassen sich dann ihrer bewussten und unbewussten Kultur leiten. Folge: Tendenz zu einer inneren Selbstbegrenzung. Der Hinweis auf das psychische Gefängnis kann uns lehren, z.B. die Veränderungssorgen von Mitarbeitern oder Kollegen ernst zu nehmen oder das „Gedächtnis" einer Einrichtung nicht aus den Augen zu verlieren.

- *„Organisation als Gehirn"*: Gemeint ist: Jeder Teil der Organisation sieht quasi das Ganze in sich repräsentiert. Die Organisation reagiert nicht nur auf Umweltbedingungen, sondern hat Mechanismen ausgebildet, auch sich selber und die Art ihrer Reaktionen zu beobachten. Man antizipiert Beschränkungen von Aktionsinteressen, um Handlungsspielräume zu erweitern, was Möglichkeiten der ergebnisoffenen Selbstorganisation eröffnet. Dies heißt z.B. Aufgabentausch zwischen den Organisationsmitgliedern, wechselseitige Vertretbarkeit, Anforderungsvielfalt, Führung als fördernde und abstimmende Rolle, oder eine von den Organisationsmitgliedern selbst ausgehende Verabredung über geltende Werte und Orientierungen.

☞ Praxistipp 2

Bojanowski (2002, 45ff.) hat im Berufsbildungswerk Stendal nachfolgende *Entwicklungsimpulse für eine „lernende Organisation"* in der Benachteiligtenförderung gegeben:

- Aufbau- und Ablauforganisation: Überprüfung der betrieblichen Abläufe und Schnittstellen; Erweiterung der Organisationsstrukturen (z.B. neue Werkstätten); Einrichtung von Qualitätszirkeln; Untersuchung der betriebswirtschaftlichen Elemente.

- Mitarbeiter, Mitarbeitereinsatz: In- und externe Fortbildungen; Supervisionen; Analyse und Aktivierung des „schlummernden Wissens" der Mitarbeiter.

- Klima, Ausstattung, Kultur: Einbeziehung der Jugendlichen in Verbesserungsprozesse; neue technische Informationssysteme; Überprüfung der Innenarchitektur; Mitarbeiterbefragung zum Betriebsklima.

- Identität, Leitbild, Philosophie: Entwicklung einer „Philosophie" für die Einrichtung; Ausbau des pädagogischen Konzepts; Ausweitung der Zielgruppen und Aufgaben.

- Leitung: Teamstrukturen von unten her entwickeln; Delegation von Aufgaben; Führungskräftecoaching; Verbindung von Lernen mit Arbeitsaufgaben.

- Außenbeziehungen, Markt, Kunden: Kontakte zu Medien; Regionalanalyse (Bedarf im Umkreis der Einrichtung feststellen); Bildung von Netzwerken.

Diese Entwicklungsimpulse können beispielhaft für eine Organisationsentwicklung in der Benachteiligtenförderung verstanden werden. Jede Einrichtung wird aufgrund ihrer Strukturen und ihrer Organisationskultur andere Entwicklungsimpulse benötigen. Es gibt nicht *die Organisationsentwicklung*, die für alle Einrichtungen gleich ist. Jede Einrichtung benötigt die für sie richtige Veränderung bzw. Entwicklung. Eines ist jedoch bei allen Organisationen gleich: Die Mitarbeiter müssen bei Veränderungen mit einbezogen werden und eine erfolgreiche Organisationsentwicklung findet geplant und mit entsprechenden Zeitvorgaben statt.

📖 Literatur zum Weiterlesen

- Bojanowski, A. (2002): Selbstverantwortete Projektarbeit – ein Entwicklungsimpuls für „lernende Organisationen" in der Benachteiligtenförderung. In: Baudisch, W. & Bojanowski, A. (Hrsg.): Berufliche Rehabilitation mit behinderten und benachteiligten Jugendlichen im Berufsbildungswerk. Münster: LIT, S. 41-62.
- Koch, M. (2008b): BVJ-Produktionsschule. Bericht der wissenschaftlichen Begleitung. Leibniz Universität Hannover. Institut für Berufspädagogik und Erwachsenenbildung. http://www.ifbe.uni-hannoverde/index.php?eID=tx_nawsecuredl&u=0&file=uploads /tx_tkpublikationen/BVJ-Produktionsschule._Bericht_der_wissenschaftlichen_Begl eitung__Universitaet_Hannover__Manuskriptdruck__2008.-2.pdf&t=1364296766& hash=a767c39f219cad0e9bc2b5657e64240740a46cb7, 26.02.2013.
- Schein, E.H. (2003): Organisationskultur. Bergisch Gladbach: EHP.

6 Produktionsorientierung und Beruflichkeit

Arnulf Bojanowski & Peter Straßer

6.1 Worum geht es in diesem Kapitel?

Berufliche Förderpädagogik zielt auf gelingende Identitätsentwicklung benachteiligter junger Menschen sowie auf reguläre Teilhabe am gesellschaftlichen Leben. **Identitätsentwicklung** organisiert sich bei benachteiligten Jugendlichen, die zumeist auf Misserfolge in der Lerngeschichte oder auf katastrophische Lebenserfahrungen zurückblicken, am besten über **produktives Arbeiten. Gesellschaftliche Teilhabe** findet in der modernen Gesellschaft nahezu ausschließlich über die **Integration in den Arbeitsmarkt** statt. Produktives Arbeiten in möglichst schulfernen Lerngelegenheiten fördert die Selbstwirksamkeitserwartungen junger Menschen; sie spüren erste Erfolge, erleben sich im Tätigsein als kompetent und können damit in ihr Selbst etwas integrieren, was sie vordem noch nicht kannten und hatten: Produktionsstolz, Handwerklichkeit, Prozessbeherrschung, Ergebnisfreude u.a.m. Arbeitsmarktintegration ist deshalb das zentrale Vehikel gesellschaftlicher Teilhabe, weil sie bei den Subjekten Rollenklarheit schafft, einem Subjekt Funktionen zuweist und eine Bewusstheit der Zugehörigkeit vermittelt.

▶ Begriffsannäherung I

Produktionsorientierung meint: Der obwaltenden schulpädagogischen Inobhutnahme und Befriedung der Jugend muss programmatisch etwas entgegengesetzt werden, was den Identitätskern eines jeden Menschen ausmacht: etwas können können! Richard Sennet hat es unvergleichlich auf den Punkt gebracht: Es gehe darum, „etwas ganz Konkretes um seiner selbst willen gut zu machen" (Sennet 2008, 196). Etwas Konkretes machen und dieses Konkrete „gut" zu machen, das entspricht kaum den negativen Schulerfahrungen benachteiligter Jugendlicher. Nicht umsonst kennt die berufliche Benachteiligtenförderung Einrichtungen mit praxisorientierten Werkstätten, in denen Jugendliche mit negativen Lernerfahrungen neue praktische Umgangstätigkeiten erlernen können. Offenbar ist das Bearbeiten von Aufträgen oder das gemeinsame Schaffen in solchen Werkstätten etwas anderes als das, was die Jugendlichen bisher in der Schule erlebt haben: Sie erfahren Verbindlichkeit oder Ernsthaftigkeit oder den Aufforderungscharakter von Gegenständen.

▶ Begriffsannäherung II

Beruflichkeit meint den Rekurs auf das in unserer Gesellschaft herrschende Prinzip organisierter Erwerbsarbeit. Der Beruf ist eine institutionalisierte Tätigkeit, die ein Individuum braucht, um seinen Lebensunterhalt zu verdingen. Das Konzept der Beruflichkeit ist bis heute für das Gesamtgefüge des deutschen Arbeitsmarktes Leitbild: „Danach sind Arbeitsbereiche und Anforderungsstrukturen in bestimmte voneinander abgrenzbare Berufe institutionalisiert und formalisiert, die über berufliche Erstausbildung zugänglich sind [...]. Aus arbeitsökonomischer Sicht leistet diese Ausdifferenzierung der Berufe einen entscheidenden Beitrag zur Sicherstellung der Reproduktion des Beschäftigungssystems in Zeiten fortlaufenden wirtschaftlich-technologischen Anpassungsdrucks" (Büchter & Meyer 2010, 323).

Beruflichkeit signalisiert im Konzept der beruflichen Förderpädagogik: Es muss daran festgehalten werden, benachteiligten jungen Menschen arbeitsweltliche Integration zu ermöglichen. Die Stärke des Beruflichkeitskonzepts liegt darin, dass es trotz Wandels der Arbeitswelt seine Bedeutung erhalten hat: Auch wenn sich die Strukturen von Arbeitsplätzen und Tätigkeitsbereichen wandeln, so haben sich doch die Beschreibungen der zugehörigen Berufe dynamisch angepasst und sich auf die veränderten Strukturen von Arbeitsplätzen eingestellt. Das meint „moderne Beruflichkeit".

▶ Relevanz dieses Kapitels

Mit den beiden Kategorien „Produktionsorientierung und Beruflichkeit" entwickelt Berufliche Förderpädagogik eine Programmatik, die für die Ausgestaltung von Unterricht, Bildungsgängen oder Maßnahmen von zentraler Bedeutung sind. Hier zeigen sich Verbindungen zur politischen Leitidee einer „Ausbildung für alle" (→ Kapitel 8), aber auch zu einem Menschenbild, in dem das Individuum als konstruktives und tätiges Wesen beschrieben wird (→ Kapitel 1). Hier wird programmatisch deutlich, wohin ein **jugendpädagogisch orientierter Übergangssektor** sich entwickeln müsste. Was bedeutet es für das pädagogische Handeln – etwa in der Berufsschule oder in einer Maßnahme – wenn die Schüler wenig Aussicht auf eine zukünftige Beschäftigung haben oder mit großer Wahrscheinlichkeit selbst keine Vorstellung von Beruflichkeit oder einer beruflichen Perspektive entwickeln können? Hier gilt es pädagogisch durch das Konzept der Produktionsorientierung individuelle Anknüpfungspunkte zu schaffen, die potentiell in ein verändertes Konzept von Beruflichkeit für benachteiligte Jugendliche münden könnten.

6.2 Ein Beispiel aus der Praxis: Die „Geschichte mit der Holzbank"

Die folgenden Textpassagen von René Thiel stammen aus dem Produktionsschulzusammenhang und thematisieren den besonderen Stellenwert des tätigkeitsorientierten Lernens.

Für einen Kunden sollte eine rustikale Holzbank aus Lärche hergestellt werden. Der Auftrag wurde durch den Jugendlichen auf dem örtlichen Stadtfest, wo wir eine Art Mitmachwerkstatt aufgebaut hatten, nach ausführlicher Beratung mit dem Kunden entgegengenommen. Der Jugendliche hat diese Art von Holzbank schon mehrmals gebaut und wusste über Material, Beschaffenheit, Haltbarkeit, Bauweise und die zukünftige Pflege recht gut Bescheid. Natürlich stand ich als Werkstattpädagoge in greifbarer Nähe und hörte dem Beratungsgespräch diskret zu, um bei fehlerhaften Aussagen eingreifen zu können. Es lief bis auf kleine – durch Nervosität hervorgerufene – sprachliche Ungenauigkeiten recht passabel ab. Fachlich bestanden keinerlei Fehler bei der Beratung des Kunden. Zurück in der Werkstatt wurde ca. vier Wochen nach Auftragsannahme mit der Produktion dieser Holzbank begonnen. Wie es idealerweise sein sollte, bearbeitete der gleiche Jugendliche den Auftrag, der diesen auf dem Stadtfest entgegengenommen hat. Die Einzelteile einer rustikalen Holzbank sind so schwer und unhandlich, dass eine Person allein diese Arbeiten nicht bewältigen kann. Zur Unterstützung bekam dieser Jugendliche einen weiteren Produktionsschüler an die Seite gestellt, der fachlich, praktisch und schulisch noch nicht auf dem gleichen Stand war wie er selbst. […] Somit habe ich als Werkstattpädagoge gleich vier Fliegen mit einer Klappe geschlagen:

- Erstens: Der ohnehin schon hochmotivierte Produktionsschüler, der diesen Auftrag angenommen hat, darf jetzt diesen Auftrag abarbeiten.

- Zweitens: Dieser Produktionsschüler ist noch motivierter, da er jemanden an die Seite gestellt bekommen hat, dem er zeigen kann, was er schon alles so drauf hat. Er fungiert als eine Art Vorarbeiter (Chefrolle).

- Drittens: Der Werkstattpädagoge hat sich dadurch den Rücken etwas frei machen können, da die obligatorische Verantwortung beim Produktionsschüler liegt und er mit dem zweiten Jugendlichen das Material für dieses Projekt ausrechnet und das nötige Material bestellt und bereitstellt (Mathematik, Deutsch und Kommunikation werden gefördert).

- Viertens: Der Produktionsschüler hat einen persönlichen Bezug zu dem Kunden. Die meisten Jugendlichen haben in diesen Situationen kaum Fehlzeiten, da sie viel zu sehr auf das Gelingen des Projekts fixiert sind. Sie wissen einfach, dass sie diejenigen sind, die die Verantwortung für die Qualität und die termingerechte Lieferung tragen. Am besten funktioniert es, wenn der Kunde zwischendurch in die Werkstatt kommt, um sich nach dem Stand der Produktion zu erkundigen. Da bekommt der Jugendliche gleich noch mal einen riesigen Motivationsschub. Oder im Falle einer Bummelei oder bei Fehlzeiten des Produktionsschülers wacht dieser in den meisten Fällen auf und will vor den anderen Jugendlichen seines Werkstattteams nicht wie dumm dastehen. Diese zufälligen Besuche kann man als Werkstattpädagoge natürlich auch zweckmäßig steuern. [...]

Die beiden Produktionsschüler suchten sich für ihr Projekt das passende Holz heraus, berechneten die Zuschnittlisten und fertigten eine kleine Skizze des Produktes an [...]. Nach der Bearbeitung der Sitzholzfläche stellten beide fest, dass die Lärche ein etwas besonderes Holz ist. Lärche hat einen recht weichen und sehr hellen Splintholzanteil, der gern vom Holzwurm besucht wird. Das Kernholz ist allerdings so hart und spröde, dass sich äußerst selten ein Wurm darin verirrt und es zudem noch sehr witterungsfest ist. An einer Stelle der Sitzfläche waren tatsächlich auch einige Wurmlöcher im Splintholz zu sehen. Die beiden Produktionsschüler holten mich als Berater allerdings nicht dazu und bauten einfach weiter. Ich habe es dann am nächsten Tag bemerkt, doch da war die Bank zu 99 Prozent schon montiert. [...] Die Lieferung des Produkts sollte ein wahres Drama werden und zugleich ein Lernprozess, den beide Jugendliche wohl vorerst nicht vergessen werden. An dieser Stelle möchte ich nochmals klarstellen und unterstreichen: Diese Holzbank war – bis auf die kleinen Wurmlöcher am Splintholzrand – ein tadelloses Produkt. Beim Kunden angekommen, luden wir die Bank ab und stellten diese im Terrassenbereich ab. Der Kunde untersuchte die Bank von vorne, von hinten, von oben, von unten und von den Seiten. Er entdeckte natürlich die kleinen Wurmlöcher und machte daraus ein wirkliches Drama. Anfangs versuchten noch beide Produktionsschüler, ihr Produkt zu verkaufen, aber nach wenigen Minuten gaben beide ziemlich eingeschüchtert auf und ließen ihre Köpfe hängen. Ich schaltete mich natürlich mit ein und versuchte den Kunden über die Eigenschaften des Holzes aufzuklären. Nicht nur ich merkte, dass der Kunde in Wahrheit nur eines wollte: Der Preis sollte nach unten verhandelt werden. Ich schloss mich mit meinen beiden Produktionsschülern kurz und wollte von ihnen wissen, wie hoch der Materialeinsatz der Holzbank gewesen war. Sie sollten beide entscheiden, ob die Bank wegen des Holzfehlers weniger wert ist und ihre Arbeit demzufolge geringer belohnt werden sollte. Nach kurzer Nachberechnung stellten beide Jugendlichen fest, dass wir bei diesem Produkt wenig Handlungsspielraum hatten. Sie erklärten dem Kunden, dass es nicht möglich sei, den Preis nach unten zu korrigieren. Wir brachen nach langer Diskussion das Gespräch mit dem Kunden ab und nahmen die Holzbank wieder mit in die Werkstatt. Dieses war dem Kunden allerdings auch nicht recht und er meckerte uns bis zur Abfahrt hinterher.

Am nächsten Tag werteten wir diese Lieferung mit allen Produktionsschülern der Holzwerkstatt aus und machten daraus gleich eine kleine Diskussionsrunde. Wir diskutierten darüber, wo der Fehler seinen Anfang nahm und wie hätte man diesen vermeiden können. Zwei Tage später rief ein Kunde aus Holland an, der schon einige Produkte bei uns erworben hatte, und wollte dringend eine rustikale Holzbank kaufen. Der Kunde kam einige Tage später aus Holland in unsere Werkstatt und nahm die Holzbank ohne Beanstandungen mit. Neben dem normalen

Preis legte dieser Kunde noch 20 Euro Trinkgeld für einen Grillnachmittag in unsere Gemeinschaftskasse. Beide Produktionsschüler waren froh und glücklich, ihr Produkt verkauft zu haben.

Entnommen aus: Thiel 2008, 55-58.

6.3 Was man über „Produktionsorientierung und Beruflichkeit" wissen sollte

Die „Geschichte von der Holzbank" enthält viel Stoff zum Nach- und Weiterdenken. So wird klar: Erst durch spezifische praxisnahe Arrangements können die Jugendlichen Selbstwirksamkeit und vorhandenen Kompetenzen erfahren. Zudem sind Arbeit und Tätigkeit in verschiedenste sachliche und soziale Bezüge eingebettet, die es pädagogisch fruchtbar zu machen gilt, vor allem, um auch in der Benachteiligtenförderung eine Berufsorientierung zu erreichen. Angesichts der schwierigen Übergangsmöglichkeiten für benachteiligte Jugendliche bleibt an der bildungspolitischen Forderung festzuhalten, dass erst eine Ausbildung und eine Sozialisation im Beruf Erwerbsarbeitswege eröffnen. Beruflichkeit und Produktionsorientierung sind daher im Übergangssektor als didaktische Leitfigurationen zu verankern, um Perspektiven der Jugendlichen im Erwerbsarbeitsmarkt zu entwickeln.

▶ Selbstwirksamkeit und Kompetenzerleben

Im Anschluss an Kapitel 1 und 2 geht es bei der pädagogischen Arbeit mit Benachteiligten um das Prinzip: **„Kompetenzbetonung statt Defizitausgleich"**. Das heißt: Benachteiligte Jugendliche sollten nicht allererst mit ihren – zweifellos vorhandenen – Defiziten wahrgenommen werden. Es gilt vielmehr an ihren Stärken und Ressourcen anzusetzen, um (Lebens-)Energien der Jugendlichen zu erhalten bzw. neu entdecken zu können. Lernende werden in ihrer Fähigkeit anerkannt, ihre eigenen Potentiale zu aktivieren und die schlummernden Möglichkeiten der eigenen Person zu stimulieren. Auch benachteiligte Jugendliche sind lernende Menschen und „aktive" Subjekte; die Selbstorganisationsfähigkeit des „personalen Systems" muss besonders angeregt werden. Das bedeutet, dass die eigene Aktivität, das Tätigsein und das auf Herausforderungen produktive (re)agierende Tun wichtiger werden als das rezeptive Reagieren auf Stimuli oder Instruktionen. Kompetenzerwerb und Kompetenzentwicklung werden gerade benachteiligten Jugendlichen durch das Bewältigen (praktischer) Aufgaben oft erheblich erleichtert. Für den internen pädagogischen Diskurs gilt als generelles Ziel: **Anregungen zum Gewinn von Handlungsfähigkeit**. Dazu bedarf es der Eröffnung von handlungspraktischen Gelegenheiten zur Kompetenzentwicklung.

Beim Kompetenzerwerb ist eine veränderte Lernsituation notwendig, die sich von unserem Verständnis herkömmlicher Schulbildung unterscheidet. Bei der Gestaltung von Unterrichtssituationen sollte man sich an den Lernaktivitäten des Lerners orientieren, und viel Raum für eigenes Problemlösen, Experimentieren und Fehlersuchen lassen. Lehr-/Lernarrangements müssen so angelegt sein, dass an bereits vorhandene Kompetenzen angeknüpft werden kann. Beim schulischen Lernen sollte sich der Aufbau von Wissensstrukturen von Anfang an auf die Wiederverwendung des Gelernten konzentrieren. Gefragt ist ein Wissen, das eingesetzt, gefordert, aktiviert und verwendet wird (→ Kapitel 3). Solche Perspektiven für den Kompetenzerwerb zielen auf selbstorganisiertes Lernen. Die Bildungsinstitutionen sollten durch reale Arbeit und die Vergabe anerkannter Qualifikationsbescheinigungen positive Lern- und Arbeitserfahrungen ermöglichen. Zudem muss Kompetenzentwicklung bei benachteiligten Jugendlichen immer auf dem Grundsatz individueller Förderung aufbauen. Es bedarf dazu zu der Erfassung der Potentiale eines Jugendlichen auf Basis einer individuellen pädagogischen Diagnose (→ Kapitel 2). Die Jugendlichen brauchen das Gefühl der Selbstwirksamkeit und ein Selbstwertgefühl, das sich aus dem Bewusstsein speist, von anderen gebraucht zu werden und selbst etwas leisten zu können.

▶ Arbeit und Tätigkeit

Tätigkeit ist eingebettet in sachliche und soziale Bezüge. So verdeutlicht Ali Meshoul (2008): Es gibt einen Zusammenhang zwischen menschlicher Tätigkeit und der Entwicklung des menschlichen Bewusstseins. Äußere gegenständliche Tätigkeit gehe in die innere psychische Struktur über. Besonders in der Arbeitstätigkeit des Menschen bilde sich – so Meshoul weiter – eine **Polymotiviertheit** heraus: In der Tätigkeit entwickeln die Menschen eine zweifache Beziehung, zum Arbeitsergebnis (sachliche Beziehung) und zu anderen Menschen (soziale Beziehung). Die Tätigkeit trägt über Sinn- und damit Willensbildungsprozesse zur psychischen Entwicklung des Menschen bei. Eine tätigkeitsbezogene Beziehung kann sowohl direkt beim Ausführen der Handlungen entstehen, als auch antizipiert werden (z.B. beim Bauen eines Schrankes in Erwartung der Bewertung durch den Pädagogen oder der Übergabe an den Auftraggeber).

Ein besonders gutes Beispiel für dafür bietet die **Produktionsschule**, in der Jugendliche anhand von Realaufträgen mit der Ernsthaftigkeit regionalen Wirtschaftens konfrontiert werden (→ Kapitel 12). Hier verkoppeln sich Produktionsorientierung und Beruflichkeit insofern, als die jungen Menschen die Aufträge so bewältigen müssen, dass daraus marktgängige Dienstleistungen und Produkte entstehen. Produktionsschule leistet ja, dass Jugendliche trotz anfänglich fehlender subjektiver sinngebender Leitmotive in Tätigkeitsprozesse gebracht und gehalten werden (Gentner 2008a). Produktionsorientierung heißt hier: Stolz auf das entwickelte Produkt – es heißt aber auch, Einbindung in örtliche Warenwirtschaftskreisläufe in dem Sinne, dass man nicht nur Konsumbürger, sondern auch Produzent ist.

Dänische Produktionsschulen praktizieren tätigkeitsorientierte Lernstrukturen besonders durch das **Voneinanderlernen**. Bedingt durch das ständige „Ein- und Ausschleusen" von Jugendlichen in die Einrichtungen entsteht die Möglichkeit, dass die erfahrenen Werkstattmitglieder ihr jeweiliges Wissen und Können an die Neulinge weitergeben. Das hat Konsequenzen für die Didaktik und die Werkstattpädagogen, die sich vom klassischen „Vormachen" lösen müssen. Werkstattpädagogen geben natürlich – je nach Stand des Jugendlichen – Kenntnisse weiter und halten Unterweisungen an Maschinen oder Anlagen. Aber genauso soll ein Jugendlicher seine Kenntnisse an einen anderen Produktionsschüler weitergeben. Der Werkstattpädagoge ist dabei präsent, hält sich aber zurück. Der Jugendliche lernt also beim Lehren. Er wird motiviert und er profitiert vielfach. Auch der Pädagoge profitiert von diesem Setting, da er sich sicher sein kann, dass dieser Jugendliche in Zukunft noch aufmerksamer sein wird und somit die Arbeit des Werkstattpädagogen erleichtert.

Vielleicht kann man noch weiter gehen: Nach einer gewissen Zeit der überwiegend praktischen Tätigkeit wächst wiederum das Interesse an theoretischer Durchdringung (Straßer 2008b). Straßer schlägt dazu zwei verschieden Phasen im Verhältnis von Arbeiten und Lernen vor: In der ersten Phase geht es um „Arbeiten, das zum Lernen anregt". In dieser Phase sind die Pädagogen gefragt, die bestehenden negativen Schul- und Lernerfahrungen positiv zu beeinflussen und auf die unmittelbare Verbindung von Arbeiten und Lernen hinzuweisen. Es solle nicht um eine Theoretisierung von Arbeit, sondern lediglich um das bewusste Anlegen und Herstellen von ausgewählten berufs- und ausbildungsrelevanten Theorieaspekten gehen. In der zweiten Phase hingegen wird es notwendig, die Begrenzung der situativen Praxis zu überwinden und den Aufbau eines abstrahierenden systematischen Wissenssystems zu ermöglichen. Es geht also auch in der praktischen Arbeit in einer Produktionsschule um das „Aufsteigen vom Abstrakten zum Konkreten" (wie Straßer mit Lompscher schreibt), damit aus Einzelerkenntnissen übergreifende, invariante Übersichtsstrukturen erarbeitet werden können. Damit erwächst jedenfalls aus der Kategorie Produktionsorientierung das Ziel, praktische Könnerschaft im Konzept der beruflichen Förderpädagogik zu verankern.

▶ Berufsorientierung – sozialisatorische Bedeutung des Berufs

Zwischen dem 13./14. und dem 18. Lebensjahr gibt es bei jungen Leuten immer ein „Auf und Ab" in den Entscheidungen für einen möglichen Beruf. Wensierski, Schützler & Schütt (2005) halten fest: Erst mit 18 Jahren seien Entscheidungen relativ stabil; ca. 80% der von ihnen untersuchten jungen Leute (n=257) hätten sich dann in ihrer Entscheidung gefestigt. Berufswahl und Berufsorientierung sind zudem immer als Prozess zu verstehen. Gemäß Günter Ratschinski (2009) sind für das Jugendalter besonders die **Prozesse der „Eingrenzung"** und des **„Kompromisses"** entscheidend. Der iterative Prozess der Berufsorientierung ist damit nicht allein abhängig von den Bedingungen und den individuellen Voraussetzungen, vielmehr ist von einem wechselseitigen Abgleich auszugehen. Überraschenderweise verläuft zudem der Berufswahlprozess in hohem Maße gemäß den Kriterien **„Geschlecht" und „Prestige"** (ebd.). Jungen entscheiden sich anders als Mädchen; die Einschätzung dessen, was ein Beruf ausmacht, spielt eine besondere Rolle. Innerhalb des Berufswahlprozesses sind die Frühinformationen sehr entscheidend; hinzu kommt die Notwendigkeit, über Praktika oder andere Erkundungsformen praktische Erfahrungen im möglichen Berufsfeld zu sammeln.

Um Berufsorientierung zu vertiefen, gibt es inzwischen eine Fülle verschiedenster Angebote (Ahrens 2012). Es geht darum, neue Formen des Hineinkommens, der Integration in Tätigkeit, Arbeit und Beruf zu entwickeln und dabei das gesamte Spektrum zwischen Arbeit im informellen Sektor und organisierter Facharbeit im Betrieb im Blick zu halten. Dennoch bleibt der Betrieb sozialisatorisch höchst bedeutsam. Eine zwar ältere, gleichwohl für die Berufspädagogik wichtige Studie von Hoff, Lempert und Lappe (1991) rekonstruiert die Entwicklung von 21 jungen Facharbeitern (von 1980 bis 1987), um die Wechselwirkungen zwischen biographischen Prozessen, psychischen Veränderungen und beruflichen Werdegängen zu untersuchen. Neben der beruflichen Sozialisation (z.B. Berufswahl oder Ausbildung) werden auch vor- und außerberufliche Sozialisationsaspekte (Elternhaus, Privatleben) berücksichtigt. Zu Beginn der Längsschnittstudie waren die Probanden etwa 23 Jahre alt und hatten drei Jahre Berufserfahrung.

Die Ergebnisse der Studie zeigen, dass Persönlichkeitsentwicklung nicht allein im Kindes- oder Jugendalter passiert, sondern dass sich **starke Veränderungen auch im Berufsleben** ergeben, was natürlich hoch bedeutsam für die Sozialisationstheorie ist. Darüber hinaus gibt es eine wichtige Verbindung zwischen Arbeit und Freizeit: Erfahrungen aus der Arbeitswelt werden auf die Freizeit übertragen; umgekehrt spielt natürlich auch das Freizeitverhalten in das Arbeitsleben hinein. Bemerkenswert ist besonders, dass mit zunehmender Berufserfahrung ein reflektierendes Umgehen mit der Bewältigung von Problemen und Konflikten am Arbeitsplatz bedeutsam wird. Veränderungen beziehen sich nicht nur auf die eigene Dynamik der psychologischen Entwicklung, sondern auch auf reale Bedingungen im Beruf. Offenbar lassen sich berufliche und private Einflüsse nach einer gewissen Zeit nicht mehr trennen. Innerhalb der acht Untersuchungsjahre entwickelten die Probanden ein kluges Umgehen mit den Bedingungen und ein flexibles Kontrollbewusstsein. Auch spielten die Konflikterfahrungen für die Entwicklung z.B. der moralischen Urteilsfähigkeit eine geringere Rolle, demgegenüber scheinen Verantwortungsübernahme, sei es als Ausbilder oder als Familienvater, bedeutsam zu sein (Hoff, Lempert & Lappe 1991). Die Ergebnisse dieser Studie signalisieren also, dass die Sozialisation im oder durch den Beruf persönlichkeitsbedeutsam sein kann. Dies hat erhebliche Konsequenzen für das Konzept der Beruflichen

Förderpädagogik. Denn bisher ist nicht geklärt, was eine Sozialisation ohne Beruf eigentlich für persönlichkeitsbedeutsame Konsequenzen hat.

▶ Beruflichkeit und Produktionsorientierung im Übergangssektor

Wenn der Zugang in den Arbeitsmarkt über „Beruflichkeit" organisiert wird, dann stellt sich für benachteiligte Jugendliche die zentrale Frage, wie der Beruf – als „Pforte der Menschenbildung" – auch für jene wirkmächtig werden kann, die nicht im strengen Sinne im Medium einer beruflichen Ausbildung in die Erwerbsarbeit hineinkommen können. Seit Kerschensteiner gibt es kein schlüssiges Konzept dafür, wie das Berufskonstrukt auf die „Nicht-Beruflichen" angewandt werden kann. Denn herkömmlicherweise bezieht sich Berufspädagogik zentral auf die klassische Facharbeit auf Basis des Konstrukts „Ausbildungsberuf", entwickelt aber keine Perspektiven für diejenigen, die darüber nicht verfügen. Mittel- bis langfristig wäre an eine **offene Form der Berufsentwicklung für Benachteiligte** zu denken, die neue und individuelle Perspektiven verschiedenster Wege in Arbeit, Beruf oder Tätigkeit ermöglicht, um auch den schwächeren Mitgliedern der Gesellschaft jegliche Form von „Arbeit" als Vehikel der Sozialintegration zu ermöglichen.

Berufliche Förderpädagogik diskutiert also „Beruflichkeit", um berufsbezogene Alternativen für benachteiligte Jugendliche zu entwickeln und damit das Bild der klassischen Erwerbsbiographie zu erweitern: „Als quasi neue Normalität schließt moderne Beruflichkeit diskontinuierliche Erwerbsverläufe jenseits von traditionell-kontinuierlichen beruflichen Normalbiographien mit ein. Permanent neue Identifizierungen mit sich verändernden Berufen, die Normalisierung diskontinuierlicher Berufsbiographien und des Brüchigwerdens der Grenze zwischen Arbeits- und Lebenswelt gehören zu den individuellen Herausforderungen" (Büchter & Meyer 2010, 326).

Die Kategorien dieses Kapitels rücken im Gegensatz zu herkömmlichen sozialpädagogischen Ansätzen Aspekte der Selbstwirksamkeit durch tätiges Leben und Arbeitsmarktintegration in den Vordergrund. Im Gegensatz zur Berufspädagogik versuchen unsere Bestimmungen darauf aufmerksam zu machen, dass nicht allein der Beruf, sondern auch die **Annäherung an den Erwerbsarbeitsmarkt** sinnvoll ist – egal, in welcher Form, sei es ehrenamtlich, sei es tätig, sei es berufsförmig organisiert, sei es in einer noch neu zu entwickelnden Form. Der jedoch weiter grundlegende berufspädagogische Zugang erklärt sich besonders aus der Tatsache, dass die überwiegende Zahl (benachteiligter) Jugendlicher weiterhin das Ziel verfolgt, eine Berufsausbildung zu absolvieren oder zumindest einen Arbeitsplatz zu finden. Ausbildung und Arbeitsplatz stellen nach wie vor zentrale gesellschaftliche Identitäts- und Selbstdefinitionsangebote dar (Keupp et al. 1999). Jugendstudien machen seit längerem darauf aufmerksam, dass eine **drohende Arbeitslosigkeit** das entscheidende Thema der Heranwachsenden geworden ist

(Fritzsche & Fuchs-Heinritz 2000). Damit stellen sich Fragen nach der individuellen und der gesellschaftlichen Perspektive. Die individuelle Perspektive für benachteiligte Jugendliche lautet: Sie müssen – in irgendeiner Form – so gefördert werden, dass sie ihre Kompetenzen finden und entfalten können. Die gesellschaftliche Perspektive lautet: Benachteiligte Jugendliche müssen Anschluss an und Integration in den Erwerbsarbeitsmarkt erhalten.

Gesamtgesellschaftlich bestand lange die Vorstellung, alle – auch benachteiligte – Jugendliche könnten sich bei verstärktem Wirtschaftswachstum problemlos in den Arbeitsmarkt integrieren. Dieses Bild wurde auch benachteiligten jungen Menschen in den 1990er Jahren und später vermittelt, die sich jedoch de facto in einer prekären und schwierigen Situation auf dem Arbeitsmarkt befanden. Diese Debatten (Krafeld 1989, Galuske 1993) thematisierten dann das „Dilemma der Jugendberufshilfe", das auf die doppelten Zielintentionen aufmerksam macht, nämlich Erwerbsarbeitsintegration zu betreiben, aber keine entsprechenden Instrumente dafür zu haben.

Wir müssen mithin damit leben, dass sich auf absehbare Zeit nicht alle benachteiligten Jugendlichen in Ausbildung und stabile Berufe integrieren lassen werden, sondern eher in **prekären Beschäftigungsverhältnissen** unterkommen. Es gibt keinen „Königsweg" der Aktivierung und der Integration in Beschäftigung. Wir werden weiterhin mit der quälenden Frage leben müssen, ob es überhaupt möglich sein wird, den aktuell vorherrschenden Modus der Berufsintegration aufrechtzuerhalten, ohne dass eine kluge Alternative in Sicht ist. Angesichts einer Gesellschaft, die ohne Arbeiten nicht möglich ist, bleibt es eine normative Verpflichtung, sich der Frage nach sinnvoller Tätigkeit gerade in der sensiblen Phase des Jugendalters zu stellen. Vielleicht brauchen wir eine doppelte Perspektive, die des Herstellens von Dingen und die des eigenverantwortlichen Handelns. Das erst wäre „tätiges Leben" („Vita activa") im Sinne Hannah Arendts (1992). Benachteiligte Jugendliche laufen Gefahr, als Entwurzelte ohne berufliche Rollen jenseits des Arbeitsmarktes existieren zu müssen. Konzepte, die erfolgreich auf andere Aspekte als auf „Produktionsorientierung und Beruflichkeit" setzen, sind derzeit nicht in Sicht.

6.4 Unser Credo: Entscheidend für gesellschaftliche Integration: „Produktionsorientierung und Beruflichkeit"!

! Zentral bleibt – ohne jegliche Abstriche – die Notwendigkeit, gesellschaftliche Integration über die Integration in Erwerbsarbeit zu denken! Ohne ein solches Konzept bleiben alle Förderanstrengungen ohne Blickrichtung.

! Praktische produktive Arbeit ist und bleibt für benachteiligte Jugendliche der entscheidende Ansatzpunkt. Es geht nicht um Formen von Ausbeutung wie „Kinderarbeit" oder um krude Beschäftigung. Vielmehr müssen Konzepte selbstwirksamer und identitätsstiftender Produktionsprozesse entwickelt und im Unterricht- bzw. Maßnahmealltag umgesetzt werden.

! Lernen und Unterricht sollten immer so arrangiert werden, dass junge Menschen Kompetenzerleben und Selbstwirksamkeit erfahren. Dies kann z.B. durch produktive Arrangements, durch einen theoretischen Unterricht, der Sicherheit vermittelt, oder auch durch künstlerisch-kreative Arrangements geschaffen werden.

! Beruflichkeit heißt, alle Möglichkeiten zu nutzen, um benachteiligten Jugendlichen Wege in Erwerbsarbeit zu öffnen. Lernen und Arbeiten im Betrieb oder in betriebsähnlichen Einrichtungen wären dafür eine gute Form.

! Jugendliche befinden sich in einer schwierigen Entwicklungsphase; bei Benachteiligten kommt hinzu, dass sie in dieser Entwicklungsphase erste Grundentscheidungen treffen müssen, für die sie keinerlei Voraussetzungen haben. Daher ist es aus Sicht der Beruflichen Förderpädagogik unabdingbar, ihnen Arrangements zu bieten, in denen sie sich entscheidungsentlastet ausprobieren können.

6.5 Praktische Empfehlungen, Aufträge, Übungen, Tipps

☞ Übung 1

Entwickeln Sie aus dem Praxisbeispiel „Die Geschichte mit der Holzbank" eine tätigkeitsorientierte curriculare Grundstruktur.

• Überlegen Sie zuerst, welche Phasen bzw. Lernschritte sich aus dem von René Thiel beschriebenen Kundenauftrag ergeben.

• Vergleichen Sie diese Struktur mit dem Schema der vollständigen Handlung (z.B. Bonz 2009, 149ff.) und arbeiten Sie Gemeinsamkeiten und Unterschiede heraus.

• Mit welchen allgemein bildenden Inhalten lassen sich die Phasen des Kundenauftrags sinnvoll ergänzen? Legen Sie eine Tabelle an und formulieren Sie für jede Phase zwei bis drei allgemeinbildende Lernziele. (Tipp: Ein Lernziel beschreibt immer einen Inhalt und ein beobachtbares Verhalten, z.B. „Die Jugendlichen berechnen den Holzbedarf für die Bank mithilfe der Formelsammlung im Tabellenbuch.")

• Für eine förderpädagogische Gesamtkonzeption ist es ferner notwendig, die durch den Arbeitsauftrag vorgegebene curriculare Struktur eng mit einer individuellen Prozessdiagnostik und Förderung zu verknüpfen. Überlegen Sie, welche Phasen bzw. Zeitpunkte sich im Handlungsablauf dafür besonders gut eignen.

☞ Übung 2

Mit Blick auf berufspädagogische Arbeitsfelder ist die Auseinandersetzung mit verschiedenen Beruflichkeitsperspektiven unerlässlich: Was bedeutet es für das pädagogische Handeln – etwa in der Berufsschule – dass die Schüler

• wenig Aussicht auf eine zukünftige Beschäftigung haben,

• mit großer Wahrscheinlichkeit bislang keine Vorstellung von „Beruflichkeit" oder einer beruflichen Perspektive entwickeln konnten,

• von ihrem Umfeld wenig hilfreiche Rückmeldung und Anregung zu ihren beruflichen Kompetenzen und Aussichten, wenig Einbindung in berufliche Kontexte und kaum Anerkennung für ihre Interessen und Fertigkeiten erfahren dürften?

📖 Literatur zum Weiterlesen

□ Büchter, K. & Meyer, R. (2010): Beruf und Beruflichkeit als organisierendes Prinzip beruflicher Bildung. In: Nickolaus, R., Pätzold, G., Reinisch, H. & Tramm, T. (Hrsg.): Handbuch Berufs- und Wirtschaftspädagogik. Bad Heilbrunn: Klinkhardt. S. 323-326.

□ Sennet, R. (2008): Handwerk. Berlin: Berlin.

□ Winkel, K. (2003): Wiederentdeckt: Dewey und der Projektunterricht. Bildungsbenachteiligte Jugendliche werden „weiterbildungsfähig". Beobachtungen aus einer Gesamtschule im saarländischen LLL-Programm. http://www.diezeitschrift.de/32003/winkel03_01.htm, 03.02.2013.

Teil II: Zentrale Debatten und Erkenntnisse

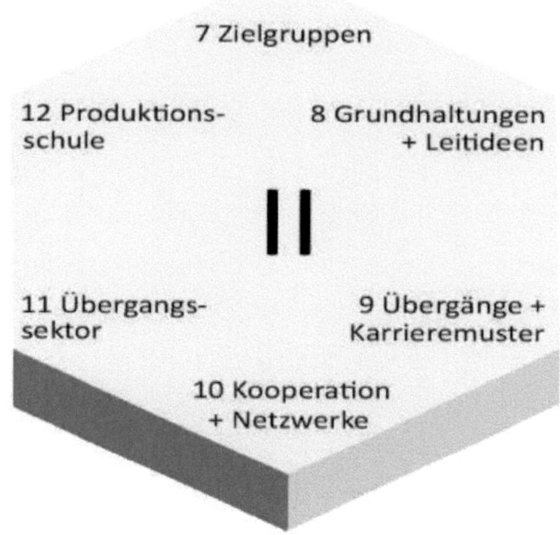

Die zweite Wabe bietet mit ihrer Sichtung und Strukturierung fachlicher Diskurse vielfach klärendes Anschauungsmaterial. Das Kapitel 7 „Zielgruppen: Förderpädagogische Klassifikationen und individuelle Problemlagen" versucht zu klären, wer sich hinter dem Begriff „Benachteiligte Jugendliche und junge Erwachsene" eigentlich verbirgt. Es kann zeigen, dass bisher kein entdiskriminierender oder entstigmatisierender Begriff für die Beschreibung dieser Personengruppe gefunden werden konnte. Unter „Grundhaltungen und Leitideen" (Kapitel 8) werden bildungspolitische Forderungen wie „Ausbildung für alle" oder pädagogische Konzepte wie „volle berufliche Handlungsfähigkeit" eingeführt. Kapitel 9 „Übergangsverläufe und biographische Karrieremuster" arbeitet heraus, wie sich die Übergänge von der Schule in Arbeit, Tätigkeit und Beruf jenseits der jugendlichen Normalbiographie verändert haben. Wenn stabile Integrationen nicht mehr möglich sind, worauf soll dann vorbereitet werden? Im Kapitel 10 „Kooperation und Netzwerkbildung" geht es um regionale Bezüge der Benachteiligten-förderung, um ihre Zersplitterung und um die Forderung, regional die Kooperationen zu verstärken. Beim Kapitel 11 „Der Übergangssektor: ein Puffer zwischen Schule und Beruf" wird aus historischer und systematischer Sicht die Steuerungsproblematik des Übergangsgeschehens erörtert. Mit dem Kapitel 12 „Die Produktionsschule: Didaktisches Vorbild" schließlich wird ein anregendes didaktisches Modell für die Berufliche Förderpädagogik vorgestellt. Mit dieser „Wabe" entsteht somit ein breites Bild gegenwärtiger pädagogischer Diskussionen und Entwicklungen in der Benachteiligtenförderung.

7 Zielgruppen: Förderpädagogische Klassifikationen und individuelle Problemlagen

Ariane Steuber, Martin Koch, Günter Ratschinski, Cortina Gentner &
Arnulf Bojanowski

„Ich ist ein Anderer"
Arthur Rimbaud

7.1 Worum geht es in diesem Kapitel?

Eine berufliche Förderpädagogik speist zweifellos ihre Berechtigung aus der nicht in Frage zu stellenden Existenz von Jugendlichen, deren Lebens- und Berufsprobleme derartig übermächtig sind, dass sie aus den vorhandenen Rastern herausfallen. Der Begriff „Benachteiligung" beschreibt also reale Probleme junger Menschen. Neben individuellen Faktoren sind es gesellschaftlich-strukturelle Faktoren, die Benachteiligungen Jugendlicher im Bildungs- und Ausbildungssystem verursachen (Biermann & Rützel 1991). Die Gruppe der Benachteiligten kann **nicht zeitunabhängig** definiert werden. Ihre Zusammensetzung ändert sich, und ihre Problemlagen müssen vor dem jeweiligen gesellschaftlichen Hintergrund betrachtet werden. „Benachteiligung" als Charakteristikum der Zielgruppen „mit besonderem Förderbedarf" wird darum von Rützel (1995) als „deskriptiver", „relationaler" und nicht objektiv bestimmbarer Begriff charakterisiert: Der Begriff beschreibt reale Probleme, die in Relation zum sonstigen Schüler- und Auszubildendenmarkt stehen. Allgemein gelten Jugendliche und junge Erwachsene dann als benachteiligt, wenn in ihren Bildungsbiographien zu irgendeinem Zeitpunkt Probleme beim Übergang von der Schule zur Berufsausbildung bzw. von der Berufsausbildung in die Erwerbstätigkeit auftreten. Unsere Beschreibungen und Klassifikationen in diesem Kapitel sind bewusst praxisorientiert gehalten und folgen nur lose bestehenden Wissenschaftssystematiken.

▶ Begriffsannäherung I

Was sind die Zielgruppen der Beruflichen Förderpädagogik? In dem Versuch, Beschreibungen zu finden, die nicht diskriminieren, hat sich im pädagogischen Raum der Terminus **„Jugendliche mit besonderem Förderbedarf"** etabliert, der einen besonderen „Bedarf" an Förderung signalisieren will. Im politischen Sprachgebrauch findet sich auch der Begriff **„Jugendliche mit schlechteren Startchancen"**. In dieser Sprechweise wird aber irrtümlich davon ausgegangen, dass die Mitglieder dieser Zielgruppen sich nach längerer oder kürzerer Zeit schon auf den Weg machen werden. Die Zielgruppe im Feld der Benachteiligtenförderung ist sehr heterogen und nicht eindeutig zu bestimmen. Es handelt sich z.B. um ausbildungslose Jugendliche, bildungsbenachteiligte, verhaltensauffällige bzw.

psychisch beeinträchtigte Jugendliche, Jugendliche mit Lernproblemen oder Lernbehinderungen oder jugendliche Migranten. Diese jungen Menschen stehen nach Beendigung der Regelschulzeit ohne berufliche Perspektiven da und verfügen über keinen Ausbildungs- bzw. Arbeitsplatz.

▶ Begriffsannäherung II

Benachteiligungen auf dem Weg ins Arbeitsleben ergeben sich zumeist aus dem Zusammentreffen von Merkmalen der Individuen mit den Strukturen und Anforderungen des Bildungs- und Ausbildungssystems und des Arbeitsmarktes. Dabei können die folgenden Charakteristika benachteiligend wirken: soziale Faktoren wie gesellschaftliche Schicht, Nationalität, regionale Herkunft, Religion oder Geschlecht (gesellschaftliche Strukturkategorien); Marktbenachteiligungen, die durch die konjunkturelle Lage, strukturelle Einflussfaktoren und regionale Inhomogenitäten des Bildungssystems verursacht werden (Bohlinger 2004); individuelle Faktoren wie psychische und physische Beeinträchtigungen, Verhaltensauffälligkeiten oder Lern- und Leistungsschwierigkeiten sowie Brüche und/oder Instabilitäten in der Schulbiographie. Diese Faktoren können je nach individuellem Fall benachteiligend wirken, wobei sie häufig kumulieren und additiv wirken (Biermann & Rützel 1991; Laur-Ernst 2002). Fügt man diese Faktoren zusammen, so ergibt sich ein Vexierbild verschiedenster Problemlagen. Bojanowski gibt im Blick auf diese Vielgestaltigkeit der Zielgruppen folgende weitgefasste Empfehlung: Der „Übergangssektor ist zuständig für alle jungen Menschen im Alter von ca. 14/15 bis zu 27 Lebensjahren [...]. Inklusives Kriterium [...] soll also die ‚**Unversorgtheit im Bildungswesen und/oder auf dem Arbeitsmarkt**' sein. Es darf mithin keine unversorgten Restgruppen nach der Sekundarstufe I geben" (Bojanowski 2012a, 68f.; Hervh. i.O.).

▶ Relevanz dieses Kapitels

Das Phänomen der Benachteiligung bewegt sich in einem Spannungsfeld ökonomisch, sozial und ideologisch determinierter Faktoren, die das Risiko einer gescheiterten Berufsintegration temporär quantifizieren. Es handelt sich dabei um gesellschaftliche Einflussfaktoren, die die Bedingungen und Definitionen von Benachteiligung in einem bestimmten Umfang vorgeben und die nicht allein mit der Beschreibung individueller Defizite erklärt werden können. Diese Einflussfaktoren werden an verschiedenen biographischen Übergangsschwellen (→ Kapitel 9) in besonderer Weise wirksam. Dort findet auch eine faktische Auslese statt, die ihrerseits wieder am Vorhandensein spezifischer Kompetenzen, Fähigkeiten und Eigenschaften des Einzelnen orientiert ist. Auf diese Weise lässt sich **individuelle Benachteiligung** nicht als eine faktisch vorhandene Form individueller Merkmale und/oder Defizite definieren, deren jeweilige Ausprägung von übergeordneten gesellschaftlichen Faktoren bestimmt wird, sondern **individuelle und soziale Faktoren stehen miteinander in ständiger Wechselwirkung.**

Mit Zielgruppendefinitionen wird nicht nur bestimmt, welche Jugendlichen als benachteiligt erachtet, sondern auch welche überhaupt und mit welcher Zielrichtung gefördert werden (können). Darüber hinaus beinhalten unterschiedliche Definitionen auch ideologische Vorgaben hinsichtlich des konkreten Förderangebots, seiner Ausgestaltung und zeitlichen Dauer, seiner Differenzierung und der konkreten Angebote.

7.2 Ein Beispiel aus der Praxis: Auszüge aus einem „Projektbericht zu Jugendlichen mit Migrationshintergrund"

Der folgende Text über ein Forschungsprojekt in einer südniedersächsischen Kleinstadt zu Jugendlichen mit Migrationshintergrund geht von folgender These aus: Jugendliche dieser Zielgruppe weisen durch ihren spezifischen kulturellen Hintergrund *Talente und Ressourcen* auf, die in unserer Gesellschaft zu wenig geschätzt und genutzt werden. Migrantische Jugendliche sind z.B. oft in Jugendkulturen kreativ tätig, treiben Sport und verfügen über die kommunikativen Mittel, sich alltäglich in differenten Welten zu behaupten. Diese Kompetenzen werden jedoch selten als berufsrelevante Interessen und Vorstellungen wahrgenommen. In der Forschung schälten sich fünf Typen heraus: „Einsame Karrieristen", „Selbstbewusste und duldende Karrieristinnen", „Hedonistische Karrieristinnen", „Erlebniskompensatoren" und „Krisenumsetzer".

Die [...] Südstadt erscheint wie eine Modelllandschaft, in der sich sämtliche Prozesse, Konflikte und Differenzierungen eines solchen entkoppelten Ballungsgebiets mit multipler Migrantenpopulation auf überschaubarem Raum abspielen und gerade in dieser Überschaubarkeit transparent und in ihrer Dynamik nachvollziehbar werden. [...]

Unter den vielen zahlreichen Unterscheidungsmerkmalen der Probandengruppe fallen insbesondere die *Bildungsunterschiede und die Vielzahl der Verarbeitungsstrategien* zur Einwanderungssituation auf. Dabei ist augenfällig, dass die kulturellen und Milieuhintergründe der Herkunftskulturen nur in einer einzigen der gebildeten Gruppen (*„einsame Karrieristen"*) als originär auslösend für den Bildungserfolg eingeschätzt werden kann. [...] Vielmehr erscheint die Differenzierung der verschiedenen Statusgruppen Resultat einer sozialen Verteilung zu sein, die sich analog den dort vorgefunden mentalen und institutionellen Bedingungen im Aufnahmeland figuriert, wobei das Schicksal der *Ansässigkeit in einem entkoppelten Ballungsgebiet* ganz offensichtlich von entscheidend ausschließender Bedeutung ist.

Vor diesem Hintergrund einer Neusortierung von Statusunterschieden und Entwicklungsmöglichkeiten erhalten die *Herkunftshintergründe eine überraschende sekundäre Wirkungsrelevanz* [...]. Dabei wird deutlich, dass es gerade vermeintlich bildungsanachronistische geschlossene Wertorientierungen sind, die insbesondere junge Frauen zu schulischen Höchstleistungen befähigen („*selbstbewuss-te, duldende*" und „*hedonistische Karrieristinnen*").

Somit reagierten die Jugendlichen sehr direkt auf die *Anforderungen ihrer Familien*, die zunächst in keinerlei Widerspruch zu den Anforderungen des Bildungs-systems standen, zumal die familiären Anforderungen fast durchgehend auf eine soziale Statusverbesserung und somit auf den beruflichen Erfolg der Jugendlichen ausgerichtet waren. Es zeigte sich sogar, dass diejenigen Jugendlichen, deren familiäre Strukturen und Wertorientierungen am konsistentesten ausgeprägt waren, die wesentlich besseren Voraussetzungen hatten, an die schulischen Bildungsan-forderungen anzuknüpfen. Demgegenüber gelang es den Probanden mit durch *das Migrationserlebnis in ihren Strukturen erschütterten Familien* am insgesamt schlechtesten, sich im sozialen und bildungsinstitutionellen Raum zu behaupten. Sie setzten die Krisen ihrer Familien, die sich durch die Ansässigkeit in einem ent-koppelten Wohngebiet chronifiziert hatten, in delinquenten Praktiken fort, blie-ben in ihrer Lebensausrichtung aber den Imperativen eines auf Leistung ausgerich-teten Arbeits- und Ausbildungsmarkts verhaftet („*Krisenumsetzer*").

Der relative Vorteil der Jugendlichen aus strukturkonsistenten Familien erwies sich jedoch spätestens in der Phase als hemmend, indem die berufliche Rollen-entwicklung zunehmend autonome „*Selbstplatzierungen*" (Gogolin, Neumann & Roth 2003, 56) abforderte. An dieser Stelle erwiesen sich familiäre und bildungsin-stitutionelle Räume als zunehmend inkompatibel und schienen für die weitere Entwicklung einen Konflikt zu präparieren. Dabei zeigte sich, dass wiederum die-jenigen Jugendlichen, die ein *aktives und auf die Konstruktion eigenständiger Rol-lenidentitäten ausgelegtes Freizeitverhalten* praktizierten, diesen Bruch deutlich bewusster wahrnahmen und in der Reflektion dieses Konflikts zunehmend Rollen-autonomie gewannen. Es bewahrheitete sich also durchaus, dass die in einem „dritten Raum" von Peergroups und Freizeitaktivitäten entworfenen Rollenent-würfe wichtige und für die weitere berufliche Entwicklung unabdingbare Kompe-tenzen bargen. Die Verhandlung und Durchsetzung dieser veränderten Rollen ge-genüber den familiären Anforderungen schien jedoch wesentlich vom *schulischen Erfolg und den daran geknüpften Berufsperspektiven* der einzelnen Jugendlichen abzuhängen. Denn indem sich diese Rollen mit dem familiären Integrationsziel der Statusverbesserung verbanden, erwiesen sie sich als insgesamt deutlich besser verhandelbar („*einsame Karrieristen*"). [...]

Damit lässt sich aus den bisherigen Erkenntnissen ein Bedingungsmodell für die erfolgreiche berufliche Kompetenzentwicklung und Integration jugendlicher Migranten ableiten: Der Bildungserfolg scheint zunächst von der wertorientieren-den Konsistenz der *familiären Struktur* abhängig zu sein. Inwieweit es möglich ist, mit dieser Rollenfiguration an bildungsinstitutionelle Anforderungen anzuschlie-ßen, ist deutlich von der Qualität einer institutionellen und *schulischen Förderung* abhängig, deren besondere Form, so die nur implizit belegbare These, immer auch von den unter anderen durch den Wohnort bedingten Images der Jugendlichen und ihrer Familien abhängig ist. Überdies bedarf es aber auch der Möglichkeit *lebensweltlicher Identitätskonstruktionen*, eines *„dritten Raumes"*, in dem die Jugendlichen autonome Rollenentwürfe entwickeln und ausprobieren können, mit denen sie berufliche und familiäre Imperative zu konsistenten Formaten autonomer Identitätskonstruktionen verknüpfen können. Schließlich bedarf es auch in diesem Fall realisierbarer beruflicher Integrationsperspektiven, in die sich die vorhandenen Kompetenzen einbringen lassen und aus denen heraus eine *berufliche Rollengestaltung* praktizierbar wird.

Entnommen aus: Koch 2009.

7.3 Was man über „Zielgruppen" wissen sollte

Wir haben als Praxisbeispiel einen Forschungsbericht über Migrantenjugendliche ausgewählt, weil ein gewichtiger Teil der Zielgruppen der Benachteiligtenförderung einen Migrationshintergrund ausweist. Im wissenschaftlichen Diskurs der Benachteiligtenförderung wird, im gewissen Sinne ebenso unhistorisch wie in der Politik, „immer wieder [...] der Versuch unternommen, sogenannte ‚Risikogruppen' zu unterscheiden, für die dann passgenaue, individualisierte Förderwege gewährleistet werden sollen" (Enggruber 2011, 2). Auch wenn wir nicht davon ausgehen, dass zielgruppenorientierte Settings sinnvoll sind, so wollen wir doch einige typische Risikokategorien umreißen: a) Jugendliche mit „Migrationshintergrund", b) Jugendliche mit „Lernbeeinträchtigungen", c) Jugendliche mit „Verhaltensproblemen", d) „Schulverweigerer bzw. -abbrecher" und e) Jugendliche mit „Behinderung". Diese schlaglichtartigen Charakterisierungen junger Menschen müssen sich dann aber der Frage stellen, ob sie überhaupt eine adressatenorientierte Förderung ermöglichen.

▶ Migrationshintergrund

Diese Jugendlichen gelten als besonders benachteiligte Gruppe des deutschen Bildungssystems und sind demzufolge im Übergangssektor überproportional häufig vertreten (im Jahr 2008 waren dies 55,7% aller Neuzugänge in berufliche Ausbildung) (Autorengruppe Bildungsberichterstattung 2010a, 99). Aufgrund ihrer zumeist geringeren schulischen Qualifikationen haben sie wesentlich schlechtere Aussichten auf einen Ausbildungsplatz als Jugendliche ohne Migrationshintergrund. Der Begriff „Migrationshintergrund" ist allerdings lediglich als sozialwissenschaftliches Konstrukt zu verstehen, das in empirischen Studien unterschiedlich operationalisiert wird. Die Gruppe der mit diesem Begriff bezeichneten jungen Menschen ist „hinsichtlich ihrer Migrationsgeschichte als auch bezüglich ihrer schulischen Voraussetzungen und ihrer Lebenslagen" sehr heterogen (Bethscheider & Settelmeyer 2011, 188). Jugendliche der ersten Einwanderungsgeneration z.B. zeichnet eine besonders hohe Leistungsmotivation in der Schule aus. In nahezu allen Teilnehmerstaaten an den PISA-Untersuchungen lassen sich Effekte dieses **Immigrant Optimism** nachweisen – vergleichsweise hohe bildungs- und berufsbezogene Aspirationen (Stanat, Segeritz & Christensen 2010), ausgeprägtere Lernmotivationen (Kuhnke & Müller 2009) und ein höheres Interesse an beruflichen Tätigkeiten gegenüber deutschen Mitschülern.

Dem tritt nun andererseits eine formale Klassifizierung entgegen. So weisen die Bildungsstatistik und die PISA-Untersuchungen deutliche Leistungsrückstände ausländischer Jugendlicher aus. Sowohl im OECD-Durchschnitt als auch (in größerem Maße) in Deutschland liegen die Leistungen von Kindern zugewanderter Eltern im Lesen, in Mathematik und in den Naturwissenschaften deutlich unter denen einheimischer Schüler. Migranten-Kinder erlangen seltener den Hauptschulabschluss, müssen häufiger Klassen wiederholen und besuchen häufiger Förderschulen (Stürzer 2012). Dies erscheint nun vordergründig wie eine schicksalhafte Notwendigkeit. Denn wenn ausländische Kinder derart schlechtere Schulleistungen erbringen, so erscheint es unumgänglich und adäquat, dass sie weit überdurchschnittlich häufiger an Haupt- und Förder-, denn an Realschulen und Gymnasien unterrichtet werden (StBA 2011a, 216) und sich ohne Ausbildung in Bildungsgängen des Übergangssektors konzentrieren (BIBB 2012, 151). Und doch enthält diese Klassifizierung die doppelte Totalität, dass damit alles kulturelle Kapital, das von den Betroffenen oder ihren Familien im Herkunftsland angehäuft wurde, negiert und sie zu grundsätzlich Lernschwachen degradiert werden. Die dabei entstehende Diskrepanz zwischen Leistung und Motivation wird den Schülern schnell bewusst. So haben Migrantenjugendliche der zweiten Generation, die im Einwanderungsland geboren sind,– gemessen an den OECD-Vergleichsdaten – ihren Immigrant Optimism verloren (Stanat, Segeritz & Christensen 2010; Koch et al. 2013).

▶ Lernbeeinträchtigungen

Die (sonder-)pädagogische Literatur zum Feld der „Lernbeeinträchtigungen" kennt neben verschiedenen Klassifikationen auch drei in der Alltagspraxis unterscheidbare Formen dieser Problematik. Baudisch (1997) unterscheidet im Blick auf Prophylaxe und pädagogische Intervention drei Ebenen:

- Zum einen führt die einschlägige Literatur den Begriff der **„Lernprobleme"** auf: Hier geht es in erster Linie um gelegentliche Störungen des eigenen Lernens, die bei Heranwachsenden oft durch äußerliche Einflüsse verursacht wurden: So können z.B. eine zeitweise Nichtbeschulung, familiäre Probleme oder eine vorübergehende Schwächung des jungen Menschen durch eine Krankheit die Ursache der Lernschwierigkeit sein. Solche Auslöser können meist behoben werden, etwa durch differenzierten Unterricht oder andere kurzzeitige Förderformen, durch private Nachhilfe oder durch ein stützendes elterliches Klima.

- Mit dem zweiten Begriff der **„Teilleistungsstörungen"** soll hervorgehoben werden, dass die individuellen Schwierigkeiten im Vergleich zu den als „Lernprobleme" bezeichneten Phänomenen deutlich angestiegen sind. Jugendliche, die diesem Klassifikationsansatz entsprechen, zeigen deutlich ausgeprägte Beeinträchtigungen mit der Tendenz zur Habitualisierung. Oft handelt es sich bei den Teilleistungsstörungen um Lese-Rechtschreibschwächen (Legasthenie) oder Rechenschwächen (Dyskalkulie), also um Probleme im Umgang mit grundlegenden Kulturtechniken, die für eine gesellschaftliche Teilhabe unabdingbar sind. Hier sind Hilfen – z.B. durch schulbegleitende Therapie- und Übungsangebote – mit längerfristigem Charakter geboten.

- Mit der dritten Kategorie schließlich, der **„Lernbehinderung"**, ist eine die ganze Persönlichkeit umfassende Störung des Lernens gemeint, die habituell als „intellektuelle Retardierung" erscheint. Typische Beispiele bei benachteiligten Jugendlichen sind verlangsamte Lernverläufe oder grundlegende Verständnisschwierigkeiten. In diesem Fall muss von lang anhaltenden und tief verankerten inneren Lernproblemen ausgegangen werden. Die Interessen der Jugendlichen an möglichen Lerngegenständen sind stark von ihren Emotionen abhängig. Hinzu kommt oft eine geringe Lernbereitschaft, vor allem in den bekannten „Versagensfächern" Deutsch und Mathematik. Pädagogisch sind individualisierende und länger dauernde Fördermaßnahmen notwendig. Die Pädagogik schlägt hierzu Maßnahmen vor, die sich auf das ganze Lernsetting beziehen und die nicht nur punktuell fördern. Lernbehinderte Jugendliche müssen mit einer zentralen Zuschreibung (Stigmatisierung) leben: So gelten vor allem Absolventen der Sonder- oder Förderschule als „Behinderte" – mit den entsprechenden negativen Konsequenzen für den persönlichen Aufbau von Selbstwirksamkeitserwartungen und dem eigenen Selbstbild.

▶ Verhaltensauffälligkeiten

In der Wahrnehmung der Gesellschaft tauchen Jugendliche mit Verhaltensproblemen schnell als „Störer" oder „Gewalttäter" auf, deren Zahl stetig steigt. Allerdings sind Belege für eine Zunahme der Gewalt unter den Jugendlichen oder für eine Verstärkung von jugendlicher Aggressivität eher selten (Pfeiffer & Wetzels 2006). Verhaltensauffälligkeiten können vielmehr in erster Annäherung als ein Hilferuf des jungen Menschen aufgefasst werden, z.B. wenn ein Jugendlicher mit seinen aktuell bedrängenden Problemen nicht fertig wird. Generell aber wird der Begriff „Verhaltensauffälligkeiten" gewählt, wenn es sich um wiederkehrende abweichende Verhaltensweisen handelt, die nicht mit aktuellen Normen in Einklang zu bringen sind. Die Schwierigkeit dieser Begriffe liegt darin, dass Verhaltensauffälligkeiten im Jugendalter gewissermaßen normal sind (Myschker 2005). In diesem Alter werden die gesellschaftlich vorgegebenen Werte und Normen nicht einfach übernommen, sondern bewusst in Frage gestellt. Auch das bekannte „Risiko-

verhalten" Jugendlicher findet sich beim Übergang von quasi „behüteten Verhältnissen" in der Kindheit zur Jugendphase (Risikoverhalten ist nicht ausschließlich
auf das Jugendalter beschränkt, zeigt sich hier aber im Zusammenhang mit Auto-
nomie- und Bindungsbestrebungen und -konflikten).[1]

Allgemein lässt sich im Blick auf eine konsensfähige Definition sagen: Erst
dann, wenn das regelwidrige Verhalten sehr schwerwiegend ist und die Verhaltensmuster stark verfestigt sind (so dass ohne Hilfe eine soziale Integration nicht
möglich scheint), wird von Verhaltensauffälligkeiten gesprochen. Dies sind dann
tief greifende Kontaktstörungen der jungen Menschen zu sich selbst und zu ihrer
Umwelt (Neukäter & Wittrock 2002). Als Ursache für Verhaltensauffälligkeiten
werden eine Reihe sehr verschiedener Faktoren genannt. Neben organischen Faktoren (z.B. Hyperaktivität oder Stoffwechselprobleme) werden besonders familiale
und milieubedingte Faktoren (ungünstige Entwicklungsbedingungen, belastende
Eltern- oder Eltern-Kind-Beziehungen) oder schulische Faktoren aufgeführt (au-
tokratische Lehrer, Geringschätzung, Beschämung, emotionale Kälte, schulische
Belastungen wie Über- oder Unterforderung). Verhaltensprobleme gehen zudem
nicht selten mit Lernbehinderungen einher (Schwierigkeiten im Planen, Regulieren oder Kontrollieren), auch wenn die Jugendlichen kognitiv nicht beeinträchtigt
sind. Verhaltensstörungen, depressive Störungen oder posttraumatische Verhaltensauffälligkeiten können gleiche Merkmale aufweisen. Auch wenn es wissenschaftlich derzeit kaum möglich ist, die verschiedenen Symptomatiken und Erscheinungsformen von Verhaltensauffälligkeiten zu ordnen, wollen wir hier einen
Orientierungsvorschlag vorlegen (Böhnisch 2001; Neukäter & Wittrock 2002;
Myschker 2005).

- **Ausagierendes Verhalten/Aggressivität.** Vor allem Jungen werden deutlich
  häufiger als verhaltensgestört etikettiert. Das hat seinen Grund in dem als höher
  empfundenen Bedrohungsgehalt der Verhaltensmuster wie Hyperaktivität, Aggressivität oder Delinquenz. Hierzu gehört auch das Bild einer überzogenen
  Selbstüberschätzung, etwa wenn ein junger Mensch keine rationalen Grenzen
  seiner selbst hat. Allerdings wird die Häufigkeit von ausagierenden Verhaltensstörungen generell überschätzt.

- **Gehemmtes Verhalten, Apathie oder Depression.** Wichtige Merkmale können Gehemmtheit, Kontaktschwäche, Interesselosigkeit oder Hoffnungs- und
  Sinnlosigkeit sein. Auch kann es zu Suizidgedanken oder einer reizbaren Ver-
  stimmtheit kommen, einher gehend mit Selbstzweifeln und Schuldgefühlen oder
  Halluzinationen und Wahnvorstellungen. Oft gehen diese Prozesse einher mit

---

1 Risikoverhalten kann nach geschlechtsspezifischen Erscheinungsformen unterschieden werden:
Männliches Risikoverhalten wird eher dann wahrgenommen, wenn es nach außen gerichtet ist,
z.B. durch Selbst- und Fremdgefährdung im Zusammenhang mit Alkohol- und Verkehrsdelikten,
Körperverletzung und „Randale". Weibliches Risikoverhalten ist immer noch tradierten Geschlechterrollen entsprechend eher nach innen gewandt (Bsp.: Magersucht, Medikamenten-
missbrauch).

einer Veränderung des Schlaf- und Wachrhythmus oder einer Vernachlässigung der Körperpflege und der Kleidung.

- **Soziale Unreife und sozialisierte Delinquenz.** Wenn Jugendliche sich zu Banden zusammenschließen, etwa um gemeinsame Diebstähle zu begehen oder um die Schule zu schwänzen, dann wird dies als der Beginn eine Abweichungsprozesses beschrieben. Bei sozialisierter Delinquenz spielen der Freundeskreis der Jugendlichen und Delinquenz eine wichtige Rolle. Hinzu kommen oft der Missbrauch von Alkohol und Drogen. Jugendliche aus schwierigen Milieus treffen auch auf Vorurteile im sozialen Umfeld (Stigmatisierung), was die Delinquenztendenz verstärken kann. Eine mangelnde Lebensorientierung, z.B. fehlende Normen u. Werte tragen zu Verfestigung des Symptombildes bei.

- **Posttraumatische Verhaltensauffälligkeiten.** Besonders bei migrantischen Jugendlichen mit einer Flüchtlingsbiographie können diese Problemlagen auftreten. Hierunter werden Erlebnisse mit schweren körperlichen und/oder seelischen Verletzungen sowie Erfahrungen außergewöhnlicher Bedrohung verstanden. Wenn solche Ereignisse bei einem Menschen tiefe Verzweiflung hervorruft, dann wird der Alltag nicht mehr bewältigbar. Als typisches Verhalten wird z.B. kopfloses Handeln oder apathisches Verhalten, innerer Rückzug, Desorientiertheit oder Verwirrtheit erwähnt. Da es aber auch zu Schreien, Weinen, Übererregtheit oder Schlafschwierigkeiten kommen kann, ist Pädagogik oft überfordert.

▶ Schulverweigerer bzw. -abbrecher

Unter Schulverweigerung fassen wir zum einen aktives, zum anderen passives Entziehen aus der Schule (Schreiber-Kittl & Schröpfer 2002). Als **aktive Schulverweigerung** gelten Störverhalten im Unterricht, aggressives und destruktives Verhalten gegenüber Mitschülern und/oder Lehrkräften, gelegentliches Schulschwänzen bis dauerhafte Abwesenheit. Als **passive Schulverweigerung** wird die Nichtbeteiligung im Unterricht verstanden, ebenso wie das so genannte „verdeckte" Schulschwänzen mit Hilfe von Ausreden oder auch Entschuldigungen der Eltern. Bei diesen noch schulpflichtigen Jugendlichen greifen traditionelle (schul-) pädagogische Maßnahmen nicht mehr; die Institution Schule vermag diese Jugendlichen offensichtlich mit keinem ihrer Angebote adäquat zu fördern und zu motivieren. Einem erhöhten Risiko für Schulverweigerung und Schulabbrüche sind ausgesetzt: a) Jugendliche aus sozial schwachen Familien, b) Jugendliche aus Zuwandererfamilien, c) vom Schulbesuch zurückgestellte Kinder, d) Klassenwiederholer, e) Schüler, die von einer höheren Schulform in eine niedrigere abgestiegen sind, f) Schüler bestimmter Schulformen (z.B. Berufsvorbereitungsjahr).

Die Benachteiligtenförderung muss sich konsequenterweise mit dieser Zielgruppe befassen. Langandauernde Schulverweigerung hat nicht selten Schulabbruch zur Folge. Die Folgen beharrlicher Abwesenheit von der Schule und insbesondere fehlender schulischer Qualifizierung sind gravierend. Brüche und Instabilitäten im schulbiographischen Ablauf wirken sich negativ auf die künftige gesellschaftliche Stellung eines Individuums aus. Angesichts steigender Zahlen von Schülern, die sich von der Schule abwenden, sich ihr verweigern und häufig ohne Schulabschluss ihre Schulpflicht beenden, wird der Ruf nach Erklärungen und Abhilfen immer lauter. Neben Angeboten für Schulverweigerer am Lernort Schule gibt es eine Vielzahl von Projekten und Initiativen, die Konzepte zur Beschulung außerhalb der Schule entwickelt haben.

▶ Behinderung

Für „behinderte Jugendliche" gibt es gemäß Sozialgesetzbuch (SGB) IX Versorgungseinrichtungen wie „Berufsbildungswerke" oder „Werkstätten für behinderte Menschen", parallel auch anerkannte Berufsausbildungen gemäß § 66 Berufsbildungsgesetz (BBiG) (und Handwerksordnung [HwO] § 42). Aus Sicht des Lebenslaufs sind hier die Optionen zwar eingeschränkt, aber zumindest sozialstaatlich soweit abgefedert, dass diese jungen Menschen zumeist nicht ins Bodenlose fallen. In der Praxis der beruflichen Benachteiligtenförderung sind die Grenzen zwischen Benachteiligung und Behinderung allerdings fließender, als es die verschiedenen Förderlogiken und Gesetzessystematiken unterstellen.

▶ Grenzen des Zielgruppenbegriffs – adressatenorientierte Förderung

Der Benachteiligtenbegriff löste 1980 mit dem Benachteiligtenprogramm (→ Kapitel 8) bisherige Termini wie „Ungelernte", „Jungarbeiter" (Un- bzw. lediglich Angelernte) oder „Randgruppen" ab (Biermann & Rützel 1999, 13). Gemeint sind in der Regel Jugendliche ohne reguläre Berufsausbildung. Später wurde der Begriff der Randgruppe durch den Zielgruppenbegriff abgelöst, um Stigmatisierungen und Diskriminierungen zu vermeiden und den Aspekt der Förderung und Qualifizierung in den Vordergrund zu stellen (Rützel 1995, 114). Im Jahr 2002 wechselte man zum Begriff des „besonderen Förderbedarfs" (BMBF 2005). Die daraus folgende Unterscheidung verschiedener Risikokategorien verdeutlicht zwar die Heterogenität der Jugendlichen mit „besonderem Förderbedarf". Auf dieser Basis ist es aber lediglich möglich, aus den definierten Unzulänglichkeiten entsprechende Förderbedarfe – mit dem Ziel des Defizitausgleichs – abzuleiten. Die Zielgruppenforschung kann damit zwar „soziale Selektionsprozesse nachvollziehen. Sie ist jedoch nicht dazu angelegt, entgegengesetzte Zugänge zu schaffen, die quer zu dieser gegebenen Wahrnehmungsweise geeignet sein könnten, Verhaltens- und Eigenschaftskomplexe nach darin enthaltenen Motiven zu differenzieren. [...] Derart klassifizierende Verfahren sind somit wohl geeignet, das Ausmaß sozialer Problemkonstellationen und entsprechender Förderbedarfe zu umreißen. Zu einer fähigkeitsorientierten Diagnostik latent möglicher Verhaltenskomplexe bieten sie jedoch kaum weiterführende Anknüpfungspunkte" (Koch 2013, 32).

Auch Enggruber (2011) weist darauf hin, dass der „Risikogruppen-Begriff" vor dem Hintergrund des **Diversity-Diskurses** in den Erziehungswissenschaften und der sozialen Selektivität des Dualen Systems und auch des Übergangssektors kritisch zu betrachten ist. Sie plädiert stattdessen für eine Übergangsforschung, „die die Prozesse und Strukturen sozialer Ungleichheit im Fokus hat und davon ausgehend Risikogruppen rekonstruiert und bezeichnet" (Enggruber 2011, 2). Hier wäre der Intersektionalitätsansatz anzuführen, der von Disparitäten wie Geschlecht, Klasse, Ethnizität/„race", Alter, Religion oder Bildung ausgeht und die Annahme zu Grunde legt, dass sich alle Menschen am Schnittpunkt („intersection") (einer) dieser Kategorien befinden. Menschen seien indes nicht allein von einer Kategorie geprägt; vielmehr werden sie „aufgrund verschiedener – sich überschneidender und miteinander interagierender – Differenzlinien positioniert" – bzw. „positionieren sich selber" (Jagusch 2012, 132). Diese spannende Perspektive thematisiert zwar die gesellschaftliche Machtverteilung („auf welcher Position befinde ich mich wirklich?"), fraglich bleibt aber, ob es analytisch und praktisch wirklich gelingt, „Position" auf Klasse oder Schicht zurückzuführen, zumal, wenn man in klassifizierende Institutionen gedrängt worden ist.

Damit stellt sich die Frage, ob der Zielgruppenbegriff hinreichend geeignet ist, um Förderkonzepte zu begründen. Unsere These: Zielgruppenorientierte Förderansätze sind nicht dazu geeignet, der Heterogenität der jungen Menschen im Übergang Schule – Beruf Rechnung zu tragen, da sie von homogenen Lerngruppen bzw. gleichartigen Förderbedarfen ausgehen. Da die Zielgruppen im Übergang Schule – Beruf in der einschlägigen Literatur defizitorientiert beschrieben werden, bergen sie zudem die **Gefahr der Stigmatisierung** und Verfestigung von Benachteiligungen. Es sollten daher pädagogische Settings entwickelt werden, die ein breites Spektrum an praktischen und theoretischen Lernmöglichkeiten enthalten und die es ermöglichen, individuelle Lernvoraussetzungen und -bedürfnisse in den Mittelpunkt zu stellen. Die Perspektive würde lauten: Um an den Stärken der Jugendlichen anzusetzen, sollte die Heterogenität der Lernenden im jeweiligen Lern- oder Unterrichtszusammenhang didaktisch aufgenommen werden; Settings wären also adressatenorientiert auszulegen (Steuber 2012a, 261f.).

7.4 Unser Credo: Wie stehen wir zu der „Zielgruppenproblematik"?

! Wenn man sich mit den Zielgruppen der Beruflichen Förderpädagogik beschäftigt, sollte man sowohl konkrete Erscheinungsmerkmale als auch gesellschaftliche Wirkungsfaktoren berücksichtigen. Dabei sollte man nicht den offiziellen Zielgruppenbeschreibungen vorschnell folgen. Vielmehr sollte man sich stets vergewissern, aufgrund welcher möglichen Interessen oder aufgrund welcher Problemlage ein Jugendlicher in eine Maßnahme aufgenommen wird.

! Pädagogen im Übergangssektor haben ein zentrale bildungspolitische Aufgabe: Sie müssen mit dazu beitragen, dass es keine unversorgten Restgruppen nach der Sekundarstufe I gibt. Das heißt auch, sich der gesellschaftlichen Konstruktion von Benachteiligung zu vergewissern und sich als „Anwalt" oder „Sprachrohr" dieser jungen Menschen verstehen.

! Pädagogen im Übergangssektor sollten neben konkreten Verhaltensweisen und Eigenschaftskonfigurationen immer auch deren (gesellschaftliche) Auslöser im Blick haben und die daraus resultierenden Verhaltensstrategien und Bewegungsspielräume betrachten.

! Auch wenn in der Beruflichen Förderpädagogik oft vereinfachend von „Lernbehinderung" oder „Schulverweigerung" die Rede ist, sollten diese Begriffe nur zu einer ersten vorläufigen Erklärung genutzt werden. Sie dürfen nicht zur Klassifizierung oder gar Stigmatisierung der jungen Menschen führen.

! Zielgruppendefinitionen und konkrete berufsbezogene Förderung werden förderrechtlich oft zusammengedacht. Allerdings kann nur eine sowohl ursachen- als auch symptomorientierte Sichtweise von der Zielgruppe auf Umsetzbarkeit und Effizienz eines konkreten Förderangebots rückschließen. Daher sollten Pädagogen im Übergangssektor sich bei ihrer praktischen Tätigkeit immer möglichst vieler Zusammenhänge ihrer Zielgruppe vergewissern.

7.5 Praktische Empfehlungen, Aufträge, Übungen, Tipps

☞ **Übung 1**

In dem Praxisbeispiel fanden sich mehrmals Hinweise auf die *„Potentiale"* der befragten Migranten. Lesen Sie sich den Text daraufhin noch einmal durch und stellen Sie sich folgende Fragen: Welche Potentiale besitzen Migrantenjugendliche? Warum können sie diese nur unter Schwierigkeiten entfalten?

☞ **Praxistipp 1**

Ziehen Sie aus dem Internet das Fachkonzept „BvB-Pro" der Bundesagentur für Arbeit (BA 2012a). Untersuchen Sie es daraufhin, ob die dortige *Zielgruppeneinengung* mit dem Produktionsschulgedanken (→ Kapitel 12) verträglich ist.

☞ **Übung 2**

Machen Sie einmal eine *praktische Untersuchung*: Sprechen Sie mit einer Lehrkraft, die aktuell mit einer Gruppe benachteiligter Jugendlicher arbeitet. Bitten Sie die Lehrperson, die Lerngruppe vorsichtig diagnostisch einzuschätzen. Diskutieren Sie das Ergebnis unter dem Stichwort „homogene Zielgruppe".

☞ **Übung 3**

Zielgruppen werden zu einem großen Teil durch *gesetzliche Vorgaben und administrative Regelungen* definiert. Resultierend aus der Vielfalt an Instrumenten sowie rechtlichen und finanziellen Trägerschaften existiert eine beträchtliche Anzahl parallel gültiger gesetzlicher Regelungen und Richtlinien, durch die die Zielgruppen verschiedener Förderprogramme bestimmt werden. Innerhalb der Sozialgesetzbücher sind vornehmlich das Arbeitsförderungsrecht (SGB III) sowie das Kinder- und Jugendhilferecht (SGB VIII) relevant; seit 2005 für einen Teil von Jugendlichen aus dem Kreis „erwerbsfähiger Hilfebedürftiger" (Eltern sind Hartz IV-Empfänger) auch das SGB II. Ziehen Sie für weitergehende Überlegungen angesichts der Zielgruppendiffusität → Kapitel 14 zu Rate!

☞ **Übung 4**

Zur Gruppe der nicht so leicht in Arbeit und Ausbildung vermittelbaren Jugendlichen müssen besonders Hauptschüler gezählt werden, da viele Betriebe bei der Auswahl von Auszubildenden oft die Messlatte für einen Ausbildungsplatz – trotz gegenteiliger Bestimmungen des Berufsbildungsgesetztes – in die Höhe des Realschulabschlusses legen. *Absolventen von Hauptschulen* werden also im Wettbewerb um Ausbildungsplätze von Jugendlichen mit höherwertigen Bildungsabschlüssen verdrängt. Kennen Sie Konzepte für die berufliche Entfaltung dieser „Zielgruppe"?

☞ **Praxistipp 2**

Eine Fallgeschichte zur Schulverweigerung: Sandra war Schülerin einer 9. Klasse einer Ganztagsschule. Im ersten Schulhalbjahr fehlte sie über die Hälfte der Unterrichtszeit: Sie versäumte 51 Tage, davon 30 entschuldigt und 21 unentschuldigt. Begonnen hatte ihre „Schulverweigerer-Karriere" schon früh: In einem biographischen Interview sagte sie, dass sie nie gerne zur Schule ging, weil sie dort immer gehänselt wurde, vor allem als sie an Gewicht zunahm. Ab der 8. Klasse habe sie dann mit dem Schwänzen angefangen. Das eigentliche Problem lag tiefer: ungelöste Konflikte mit Mitschülern, Hänseleien wegen massiver Gewichtszunahme, beginnende soziale Isolation und Außenseiter-Position, niedriger Rangstatus in der Klasse, geringes Selbstkonzept, fehlende individuelle Bewältigungsstrategien und konfliktreiche Lehrer-Schüler-Beziehungen hatten ihren schleichenden Beginn bereits in der 5. Klasse. Sandras Verhaltensstrategien verfestigten und perfektionierten sich im Laufe der Jahre: Zu Hause erzählte sie ihrer Mutter immer, ihr ginge es nicht gut und sie wäre beim Arzt gewesen; dieser hätte sie nach Hause geschickt. Pädagogische Maßnahmen seitens der Schule (Gespräche mit Sandra und ihrer Mutter, schriftliche Mitteilungen an die Eltern) erwiesen sich als untauglich und führten zu keinerlei Verhaltensänderungen bei Sandra (aus: Gentner 2005).

Entwickeln Sie *pädagogische Strategien*, um Sandra wieder auf die Füße zu bringen!

📖 Literatur zum Weiterlesen

- Enggruber, R. & Euler, D. (2003): Zielgruppen benachteiligter Jugendlicher. In: Enggruber, R., Euler, D., Gidion, G. & Wilke, J.: Pfade für Jugendliche in Ausbildung und Betrieb. Gutachten zur Darstellung der Hintergründe der unzureichenden Ausbildungs- und Beschäftigungschancen von benachteiligten Jugendlichen in Baden-Württemberg sowie deren Verbesserungsmöglichkeiten, S. 16-70. http://www.mfw.baden-wuerttemberg.de/fm7/1106/Jugendliche_Ausbildung.pdf, 19.07.2012.
- Koch, M., Ratschinski, G., Steuber, A. & Bojanowski, A. (2013): Klasse, Kontext, Defizit? Diffuse Diversität beruflicher Benachteiligtenförderung in Deutschland. In: Hauenschild, K., Robak, S. & Sievers, I. (Hrsg.): Diversity Education. Zugänge – Perspektiven – Beispiele. Frankfurt/Main: Brandes & Apsel (im Erscheinen).
- Lex, T. (2002): Individuelle Beeinträchtigungen und soziale Benachteiligung. Eine empirisch fundierte Begriffsbestimmung. In: Fülbier, P. & Münchmeier, M. (Hrsg.): Handbuch Jugendsozialarbeit. Geschichte, Grundlagen, Konzepte, Handlungsfelder, Organisation. Band 1. 2. Auflage. Münster: Votum, S. 469-485

8 Pädagogische Grundhaltungen und Leitideen[1]

Arnulf Bojanowski

> *„Der geistige Verkehr besteht darin, dass der eine darin so viel Rechte*
> *hat wie der andere, dass jeder fragen und jeder antworten darf, was*
> *ihm fragens- und antwortenswert erscheint, natürlich unter*
> *Beachtung der notwendigen geselligen Formen.“*
> Berthold Otto

8.1 Worum geht es in diesem Kapitel?

Im Umkreis einer beruflichen Förderpädagogik findet man viele interessante und lesenswerte pädagogische Ansätze, aber man findet kein eindeutiges Orientierungskonzept. Benachteiligtenförderung wird in der Erziehungs- oder Bildungswissenschaft in unterschiedlichen Disziplinen, an verschiedenen Orten und mit differenzierten Methoden betrieben. Dabei versteht sich keine einzelne Disziplin oder Methode als „zuständig“. Umgekehrt aber ist es für die Berufliche Förderpädagogik notwendig, ihre eigenen Orientierungen zu finden, zu präzisieren und zu fundieren, denn nur so kann sie die Praktiker unterstützen und mit Nachbardisziplinen ins Gespräch kommen. Zugleich ist es wichtig, verschiedene Ansätze kennen zu lernen, um sie fruchtbar zu machen und um sie zu kombinieren.

▶ Begriffsannäherung I

Für die Pädagogik und genauso für die berufliche Benachteiligtenförderung sind pädagogische Orientierungskonzepte und Leitideen notwendig, weil sie **übergeordnete Ziele, grundlegende Werte und umrisshafte Handlungsprinzipien** für die pädagogische Arbeit formulieren. Die vier „Hauptpädagogiken“ Sozialpädagogik, Sonderpädagogik, Berufspädagogik und Schulpädagogik nehmen mit unterschiedlicher Intensität Einfluss auf Theorie und Praxis der Benachteiligtenförderung (Bojanowski, Eckardt & Ratschinski 2005, 13f). Berufliche Förderpädagogik kann z.B. durchaus an berufspädagogische Konzepte anknüpfen, die immer dann bedeutsam sind, wenn es um das Hineinkommen junger Menschen ins Erwerbsleben geht. Angesichts ihrer differenten Zielgruppen aber (→ Kapitel 7) und angesichts der „bunten“ Vielfalt an Maßnahmen und Angeboten (→ Kapitel 11) braucht es weiterer fundierender Diskussionen und Anregungen aus anderen pädagogischen Disziplinen.

---

[1] Herzlichen Dank an Nicole Poppendieck für die Vorarbeiten in ihrer Masterarbeit.

▶ Begriffsannäherung II

Was ist mit pädagogischen Grundhaltungen und Leitideen noch gemeint? Konzepte sollten den handelnden Personen (a) **erste Anregungen** für die pädagogische Praxis geben. Ein Leitkonzept muss praktische Überlegungen bergen; es sollte dem Praktiker beim Handeln und Reflektieren über das eigene pädagogische Tun helfen, so dass er seine Position finden oder sich beim Tun orientieren kann. Ferner sollte es (b) **theoretische Bezüge** aufweisen, die in sich (halbwegs) konsistent sind. Ein Leitkonzept sollte sowohl theoretisch anspruchsvoll sein als auch ethischen Ansprüchen genügen. Wenn man in einem möglichen Orientierungskonzept entdeckt, dass es z.B. von einem paternalistischen (=bevormundenden) Menschenbild ausgeht, dann sollte man es mit Misstrauen lesen, mag es auch vernünftige Ansätze enthalten. Sodann muss ein Leitkonzept (c) für andere (konkurrierende oder komplementäre) Konzepte **anschlussfähig** sein. Es sollte so offen sein, dass man es mit ähnlichen Konzepten in Bezug setzen kann oder dass man verschiedene Konzepte sogar miteinander verschmelzen kann.

▶ Relevanz dieses Kapitels

Die Benachteiligtenförderung gehört zur Realität der deutschen Berufsbildung, sie hat sich – wie in dieser „Einführung" vielfach dargelegt – in das Feld der regulären beruflichen Bildung hineingeschoben. Derzeit aber fehlt es ihr an fachlicher Verlässlichkeit, Transparenz, Langfristigkeit, Systematik und Stabilität; ein eigenständiger Ansatz zur Weiterentwicklung der Beruflichen Förderpädagogik muss noch ausgearbeitet werden (→ Kapitel 6; → Kapitel 12). Daher ist es unbedingt notwendig, sich über (ältere) Konzepte oder über vorläufige Ideen zu verständigen, die sich der Beruflichen Förderpädagogik zuordnen lassen. Wenn man darin „fit" ist, kann man z.B. leichter im Team Ideen für die eigene Einrichtung entwickeln oder man kann sich bei Kontroversen untereinander besser darüber verständigen, was der andere meint oder woran er mit seinen Argumenten anknüpft.

8.2 Ein Beispiel aus der Praxis: „8-Punkte-Plan" der Bundesagentur für Arbeit: Wie man es besser nicht machen sollte

Der folgende Leitfaden („8-Punkte-Plan zur Integration von Alg-II-Empfängern unter 25 Jahren") wurde 2004 anlässlich der Einführung der Harz-IV-Gesetze von der Bundesagentur ins Internet gestellt. Er markiert in manchen Formulierungen durchaus Nähe zum Klienten, wird aber, wenn man ihn genauer studiert, in machen Formulierungen nahezu unerträglich. Die Bundesagentur hat den Text inzwischen außer Kraft gesetzt und aus dem Netz entfernt. Gleichwohl ist er ein *Zeitdokument*, das für eine bestimmte Orientierung für den Umgang mit jungen Menschen steht (Tippfehler haben wir stillschweigend korrigiert). Zudem bietet er noch heute eine Lektüre zur Sensibilisierung der eigenen Wahrnehmung.

[...] Der Gesetzgeber hat in § 3 Abs. 2 SGB II für die Gruppe der erwerbsfähigen Hilfebedürftigen unter 25 Jahren (U 25) eine besondere Betreuung implementiert. Dort ist die sofortige Vermittlung in Arbeit, Ausbildung oder eine Arbeitsgelegenheit normiert. Dem Prinzip des „Förderns" wird somit explizit Rechnung getragen. § 31 SGB II sieht im Gegenzug dazu deutliche Sanktionen für Jugendliche U 25 vor, die ihren Verpflichtungen nicht nachkommen (Prinzip des „Forderns"). Angesichts der Heterogenität der U 25 im Alg-II-Bezug ist eine flexible, differenzierende Kundensteuerung unabdingbare Voraussetzung für einen wirksamen und wirtschaftlichen Einsatz unterschiedlicher Produkte. [...]

1. Fallmanagement: Intensive Betreuung und Vermittlung. Motto: „Wir packen an!" [...] Das heißt aber auch, dass durch klare Absprachen und Einhaltung von Regeln der jugendliche Personenkreis mit realistischen Forderungen der Arbeitswelt konfrontiert wird. Das sichere Gefühl der Fachleute vor Ort für das, was dem jugendlichen Personenkreis zumutbar ist, in welchen Schritten das Anforderungspotenzial gesteigert werden kann, ohne die Jugendlichen zu überfordern, ist ein wichtiger Erfolgsfaktor. Die Ergebnisse aus den Modellämtern [...]haben gezeigt, dass gerade bei Jugendlichen und jungen Erwachsenen rasches Handeln erforderlich ist. Die Jugendlichen und jungen Erwachsenen brauchen das Gefühl gebraucht zu werden, etwas Sinnvolles zu tun. Sie benötigen Angebote, die auf ihre spezifische Situation zugeschnitten sind, die sie motivieren auch weitere Lernanstrengungen zu unternehmen. Sie müssen aber auch die Chance haben zu erkennen, dass eine gesellschaftliche Unterstützung auch eine Gegenleistung erfordert, zumindest im Rahmen einer Anstrengung an der erfolgreichen Umsetzung der vereinbarten Ziele mitzuarbeiten. Der Gesetzgeber hat die leistungsrechtlich sanktionierte „Pause" zum Nachdenken eingebaut (§ 31 Abs. 4, 5 SGB II), ohne den Weg zur Rückkehr in die Betreuung zu verbauen. [...]

3. Berufsvorbereitende Bildungsmaßnahmen: [...] Unbestritten ist bei Jugendlichen und jungen Erwachsenen oftmals eine sofortige Ausbildungsaufnahme oder eine erfolgreiche Berufsausübung nicht möglich. Auffälligkeiten im Verhalten, Wachstumsverzögerungen, mangelnder Bildungsstand, fehlende Arbeitstugenden, beraterisch nicht aufzufangende Berufswahlunsicherheiten oder einfach nur ein fehlendes Ausbildungsangebot machen den erfolgreichen Einstieg in die Arbeitswelt unmöglich. Versagen unterstützende Institutionen an dieser Nahtstelle zwischen Schule und Arbeitswelt, ist oftmals ein langsamer „Ausstieg" des Jugendlichen die Folge. Es ist ein Irrtum zu glauben, eine innere Kündigung gäbe es nur innerhalb des Beschäftigungssystems! [...]

4. Qualifizierungsmaßnahmen: Vielfältige Ansätze für ein zukunftsfähiges Lernen. Motto: „Qualifizierung schafft Zukunft!" Berufliche Qualifizierung ist ein Oberbegriff für zahlreiche Aktivitäten, die Jugendlichen und jungen Erwachsenen den Erst- oder Wiedereinstieg in das Arbeitsleben ermöglichen. [...] Die zielgerichtete Entwicklung und Förderung von Fertigkeiten und Kenntnissen verbessert die

Chancen auf eine dauerhafte Integration in den Arbeitsmarkt. Vom individuellen Kenntnisstand und Leistungsvermögen des Einzelnen ausgehend, sind möglichst passgenaue, arbeitsmarktbezogene (Teil-)Qualifizierungsschritte bis hin zur zertifizierten beruflichen Vollausbildung zu planen.

5. Aufnahme einer Arbeitstätigkeit: Zur Führung eines selbstbestimmten Lebens unerlässlich. Motto: „Arbeit macht selbstbewusst!" Erwerbsfähige Jugendliche und junge Erwachsene, die gegenwärtig nicht bildungsfähig oder -willig sind, müssen die Chance zur eigenständigen Sicherung ihres Lebensunterhaltes erhalten. [...] Ein wesentliches Ziel ist daher die Aufnahme einer Arbeitstätigkeit. Allerdings kann es nicht immer der Arbeitsplatz nach Wunsch sein. Die Rahmenbedingungen, unter denen Arbeitgeber Arbeitsplätze gerade für wenig Qualifizierte anbieten, entsprechen oftmals nicht den Vorstellungen der Jugendlichen, sind aber im Rahmen der gesetzlichen Regelungen zumutbar. Neben Motivations- und Überzeugungsarbeit ist es hier auch erforderlich, die zumutbare Leistung zur Führung eines von öffentlichen Unterstützungssystemen unabhängigen Lebens einzufordern. [...]

6. Arbeitsgelegenheiten: Arbeitsmarktanforderungen heranbringen und trainieren. Motto: „Arbeitsgelegenheiten bringen voran". [...] Dabei geht es sowohl um die Prüfung der Bereitschaft des Hilfebedürftigen zur Mitwirkung im Rahmen der vereinbarten Schritte zur (Wieder-)Eingliederung in Arbeit (Prinzip des Forderns) als auch um die Förderung der Erwerbsintegration durch ergänzende Bestandteile, die Lernprozesse sichern und Qualifizierungsmodule enthalten (Prinzip des Förderns) Die Formen und Angebote der Arbeitsgelegenheiten müssen jedoch der Bedarfs- und Entwicklungslage der jugendlichen Teilnehmer angepasst sein. Dies heißt vor allem:

- Alle Maßnahmen für Jugendliche und junge Erwachsene in diesem Feld enthalten abgestufte Lernanforderungen. Das beginnt mit grundlegenden Trainings zu den essenziellen Kulturtechniken und kann, je nach Einsatzfeld und Voraussetzungen, bis zu komplexen fachlichen oder ausbildungsvorbereitenden Theorieblöcken gestaffelt sein. [...]

- Die Maßnahmen haben einen konkreten Bezug zur Lebenswelt der jugendlichen Teilnehmer. Je enger das Aufgabenfeld mit dem Wohnumfeld verzahnt ist, desto größer ist die erzieherische Wirkung und häufig auch die Motivation der Teilnehmer.

- Widerstand oder Verharrung darf nicht zum Ausschluss dieses Angebots führen. Die bisherigen Konzeptionen litten an dem Mangel, dass es „Fluchtmöglichkeiten" für den Teilnehmerkreis gab. Die Chance auf eine Arbeitsgelegenheit muss „garantiert" sein, egal wie lange sich ein „Kandidat" auch dagegen wehrt.

8.3 Was man über „pädagogische Grundhaltungen und Leitideen" wissen sollte

Wir halten den „8-Punkte-Plan" nicht für eine gute Leitidee, sondern für einen Text, aus dem man lernen kann, wie man es besser nicht machen sollte. Um neue Perspektiven zu gewinnen, haben wir für dieses Kapitel zwei bedeutende (Reform-)Pädagogen als Vorbilder herausgesucht, bei denen der Leitsatz „Hilfe zur Selbsthilfe" im Vordergrund steht: Maria Montessori und Anton S. Makarenko. Um weitere Orientierungen zu gewinnen, stellen wir zwei erziehungswissenschaftliche Konzepte vor: aus der Sonderpädagogik das Konzept „Teilkarrieren und Alltagsbegleitung" und aus der Sozialpädagogik „Lebenswelt- und Alltagsorientierung". Dann knüpfen wir an ein bildungspolitisches Konzept an, das den Diskurs der 1980er Jahre maßgeblich beeinflusst und eine Leitnorm formuliert hat: „Ausbildung für alle". Und schließlich werden zwei Ansätze vorgestellt, die den Weg zur Beruflichen Förderpädagogik markieren: die „sozialpädagogisch orientierte Berufsausbildung" und den berufspädagogisch inspirierten Ansatz des „Tätigkeitsbezugs". So kann ein Bild entstehen, in dem das grundlegende Prinzip einer Selbsttätigkeit der Heranwachsenden aufgegriffen und präzisiert wird – und in dem die problematischen Tendenzen des o.a. „8-Punkte-Plan" gespiegelt werden können.

▶ Erstes Vorbild: Montessori-Pädagogik

„Hilf mir, es selbst zu tun. Zeig mir, wie es geht." Maria Montessori (1870-1952) war eine italienische Ärztin und Pädagogin. Sie arbeitete in der Universitätsklinik in Rom in der Abteilung für Kinderpsychiatrie. Während der Forschungsarbeiten zu ihrer Dissertation stieß sie auf die Werke von Itard (franz. Arzt und Taubstummenlehrer) und Séguin (Psychiater und Pädagoge), die beide der Überzeugung waren, dass behinderte Kinder durch besondere Förderung angeregt werden müssten. Ihre eigenen Erkenntnisse aus der Klinik, dass geistig behinderte Kinder einen Tätigkeitsdrang und Eigenständigkeit zeigen und kein medizinisches, sondern ein pädagogisches Problem aufweisen, kombinierte sie mit diesen Entdeckungen.

Sie entwickelte eine pädagogische Methode zunächst für geistig behinderte Kinder, die sie später auf alle Kinder ausweitete. In ihrem 1907 gegründeten Kinderhaus „casa dei bambini" sollten sich die Kinder völlig frei entfalten. Die Umgebung wurde durch kindgerechte Möbel angepasst und das Material speziell auf die Bedürfnisse der Kinder abgestimmt. Nach Montessoris Auffassung tragen Kinder ihre Persönlichkeit in sich, sie besitzen einen inneren Bauplan, und jedes Kind gilt als Baumeister seiner selbst (Oswald & Schulz-Benesch 2008, 17). Es ist nicht die Aufgabe des Erwachsenen, dem Kind schnelles und zielbewusstes Arbeiten beizubringen (ebd., 23). Lehrer müssen die Kraft haben, sich zurückzunehmen und zu beobachten. Sie müssen sich jeder Störung enthalten, aber dürfen dabei keinesfalls inaktiv sein. Sie sind aktiv infolge der Vorbereitung der Umgebung und Anleitung der Aufgaben (ebd., 104). Die **vorbereitete Umgebung** ist Freiraum und Führung zugleich.

Der Name Montessori steht damit für eine Pädagogik, die sich unmittelbar an den Bedürfnissen der Kinder orientiert und deren Eigenaktivität fördert. Der Erwachsene soll dem Kind wegweisend zur Seite stehen, ihm Angebote anbieten, aber auch den nötigen Freiraum zur Entfaltung der Persönlichkeit gewähren. Die Ansätze Montessoris werden inzwischen in vielen Kindergärten und Grundschulen angewandt.

Der **Erdkinderplan**: 1917 wollte Maria Montessori ihre Methode für das Jugendalter fruchtbar machen. Sie entwickelte die Idee der „Erfahrungsschule des sozialen Lebens" für Jugendliche zwischen 12 und 18 Jahren. In dieser Phase des Lebens gehe es um Sensibilisierung für Gerechtigkeit und Menschenwürde, für soziale und gesellschaftliche Prozesse, für wissenschaftliche Erkenntnisse und politische Verantwortung. Nach Montessoris Auffassung streben Jugendliche nach Schutz, Geborgenheit, Selbstständigkeit und einer Rolle in der Gesellschaft. Das Jugendalter ist eine Schwelle für das Kind; vom Leben innerhalb der Familie muss es sich der Mentalität der Erwachsenen zuwenden. Jugendliche befinden sich in einer von Labilität gekennzeichneten Zeit des Umbaus, es treten neben körperlichen Veränderungen auch zahlreiche Zweifel und Unschlüssigkeiten auf. Mit dem Modell der **„Erfahrungsschule des sozialen Lebens"** solle der Jugendliche Freiraum bekommen, um wirtschaftliche Unabhängigkeit und Selbstständigkeit (Loslösung von der eigenen Familie) zu erlangen. Der „Erdkinderplan" war kein ausformuliertes detailliertes Konzept, sondern nur eine Ideenskizze. In der „Erfahrungsschule des sozialen Lebens" sollten die Jugendlichen auf dem Bauernhof, im Gasthaus oder in einem Geschäft arbeiten. Ziel war es, soziale Erfahrungen zu sammeln, die Persönlichkeit weiterzuentwickeln, das Allgemeinwissen zu vergrößern und die Realität des Lebens zu erfahren (Winter 2008).

▶ Zweites Vorbild: Makarenko

Anton S. Makarenko (1888-1939) war ein sowjetischer Pädagoge, Lehrer und Schriftsteller. Nach der Oktoberrevolution 1917 herrschten in Russland zerrissene Strukturen. Unzählige Kinder und Jugendliche hatten im Krieg ihre Eltern und Heimat verloren. Sie schlossen sich zu teilweise militarisierten und kriminellen Banden zusammen. Um dem entgegen zu wirken bekam Makarenko 1920 den Auftrag, eine „Kolonie" (also eine Art Jugendheim), die Gorki-Kolonie, wie er sie nannte, für jugendliche Rechtsverletzer zu übernehmen. Er entwickelte seine Methoden während der Arbeit mit den Jugendlichen aus der jeweiligen Situation heraus (→ Kapitel 4). Die oberste und leitende Idee Makarenkos war die humanistische Erziehung: **Achtung vor der Persönlichkeit des Kindes** und das Verantwortungsgefühl für die jungen Menschen. Ein wichtiger Grundgedanke dabei war das „Recht des Kindes auf den heutigen Tag".

Makarenko vertrat das Prinzip der „verbrannten Biographie", also die Ignorierung der Vergangenheit der Jugendlichen. Er wollte die jungen Menschen zur Selbsterziehung, Selbstbestimmung und Verantwortung für sich und andere erziehen. Seine Erziehungsmethoden hatten politische Hintergründe und beriefen sich durchaus auf Maximen der Russischen Revolution. Makarenko verkörperte eine hohe Achtung vor dem Jugendlichen: „Ich fordere von Dir, weil ich Dich achte". Es handelt sich bei seiner Pädagogik keinesfalls um eine Drillpädagogik, da seine gestellten Forderungen stets einen Sinn ergaben.

Ein weiterer Leitgedanke in Makarenkos Gorki-Kolonie war die Erziehung in der und durch die Gemeinschaft. Nur die Gemeinschaft, also das Kollektiv, schaffe die Bedingungen zur Entwicklung der Individualität. Die Methode der Kollektiverziehung sah vor, dass jeder Einzelne seine Ansprüche unter die des Kollektivs stellen muss, wobei die Individualität jedes Einzelnen innerhalb des Kollektivs nicht untergehen sollte. Die Jüngeren sollten von den Älteren lernen und die Älteren sollten die Jüngeren miterziehen. Die Regeln des Zusammenlebens ergaben sich aus den Erfordernissen gemeinsam ausgehandelter Ziele. In moderner Sprechweise kommt das der Idee der „peergroup education" sehr nahe.

Im Mittelpunkt der Kolonie stand die Selbstversorgung. Die Gemeinschaft hatte eine **gemeinsame wirtschaftliche Sorge**; untrennbar damit verknüpft werden die **Arbeitserziehung**. Produktive Arbeit und theoretischer Unterricht sollten miteinander verbunden werden, um eine frühe Integration von Kindern und Jugendlichen in die Gesellschaft zu gewährleisten. Hier gibt es viele Verbindungslinien zur Didaktik der Produktionsschule (→ Kapitel 12).

Sicher eher zeitgebunden war Makarenkos Ansicht, dass ein einheitliches Gesamtkollektiv der Jugendlichen und Pädagogen nur erreicht werden konnte, wenn gemeinsame Traditionen aufgebaut werden, wenn es eine Pflicht zur Einheitskleidung und zum Marschieren gab. Interessant war die Einführung eines Kommunardengerichts; hier konnten die Jugendlichen über sich selbst Gericht halten und mitbestimmen, was mit „Rechtsbrechern" innerhalb der Kolonie geschehen sollte. Es bestand kein Zwang, in der Kolonie zu bleiben. Die jugendlichen Rechtsverletzer waren freiwillig dort und konnten diese jederzeit wieder verlassen (Heinrich o.J.).

▶ Sonderpädagogik: „Teilkarrieren" und „Alltagsbegleitung"

Aus sonderpädagogischer Perspektive entwickelte G.G. Hiller (1997) ein anregendes Leitkonzept. Zum Kompetenzaufbau gehe es bei benachteiligten Jugendlichen um die Notwendigkeit des Erwerbs von ökonomischem, kulturellem und sozialem **„Kapital"** (im Anschluss an Bourdieu). Dabei gelte es, deren Lebensläufe in **„Teilkarrieren"** auszudifferenzieren, in denen jeweils unterschiedliche „Kapitalsorten" erworben werden können (im Anschluss an Luhmann). Hiller nennt in seinem Konzept sieben Teilkarrieren, in denen benachteiligte Jugendliche Probleme haben und Unterstützung brauchen: Finanzen, eigene Wohnung, soziales Netzwerk, Freizeit, Konflikte mit dem Gesetz, Umgang mit Ämtern, Gesundheitsrisiken. Hillers Frage geht dahin, wie das in einer bestimmten Teilkarriere erworbene „Kapital" für eine andere Teilkarriere fruchtbar gemacht („konvertiert") werden kann. Mit dieser theoretischen Konzeption lassen sich praxisnahe Hypothesen zur Analyse von Lebensläufen benachteiligter Jugendlicher, aber auch Hinweise zu pädagogischen Folgerungen formulieren.

Hiller kommt zu der Konsequenz einer Verbindung von schulischer Förderung mit einer breit ansetzenden **„Alltagsbegleitung"** für benachteiligte Jugendliche durch engagierte und verantwortungsvolle Ältere (Friedemann & Schroeder 2000). In diesem Modell geht es darum, gesellschaftliche Selbsthilfe- und Unterstützungspotentiale durch eine bewusste Förderung des freiwilligen Engagements zu aktivieren. Wichtig dabei ist, die Alltagsbegleitung personen- und kontextzentriert anzulegen. Gleichermaßen gilt es, die üblichen Standards der Professionellen in der beruflichen Benachteiligtenförderung zugunsten einer elementaren Unterstützung der jungen Menschen durch engagierte Laien über Bord zu werfen. Ziel des Konzeptes ist es, die Jugendlichen mit lebensweltnahen Problemen zu konfrontieren und sie auf die Lebenswirklichkeit vorzubereiten. Es sollen definierte Zugänge zum gesellschaftlichen Leben geschaffen werden, um eine soziale Isolation zu verhindern. Offen bleibt dabei freilich die Frage, wer einem Ehrenamtler professionelle Unterstützung gibt, etwa im Krisenfall.

▶ Sozialpädagogik: „Lebenswelt- und Alltagsorientierung"

Ein wichtiges sozialpädagogisches Leitkonzept besteht in der Idee einer „Lebensweltorientierten Sozialen Arbeit" (Thiersch 2009): Die Lebensumstände und das Lebensumfeld der Jugendlichen sollen mit in die pädagogische Konzeptbildung hineingenommen werden! Diese erstmalig im 8. Jugendbericht der Bundesregierung (BMJFFG 1990) vorgestellte Leitidee gilt inzwischen als ein zentrales Paradigma der Jugendhilfe. Die Lebenswelt- oder Alltagsorientierung – im Folgenden synonym verwendet – sieht Soziale Arbeit durch zunehmende Vergesellschaftung menschlichen Lebens und durch wachsende Professionalisierung geprägt. Lebensweltorientierung verweist auf die Notwendigkeit konsequenter Hinwendung zu und Orientierung an den Lebensverhältnissen der Jugendlichen und nutzt ihre rechtlichen, institutionellen und professionellen Ressourcen dazu, Menschen in ihrem Alltag zu **Selbsttätigkeit und zu Chancen sozialer Gerechtigkeit** zu verhelfen (Thiersch 2002a, 129). Lebensweltorientierung entwickelt zudem Kriterien zur Kritik an Strukturen und Institutionen heutiger Sozialer Arbeit und zum Entwurf von institutionellen Arbeitsstrukturen, die heutigen Lebensverhältnissen angemessen sind (Grunwald & Thiersch 2004, 13). Sie fragt nach sozialen Bezügen und erfahrenen Lebensräumen, vor allem auch mit den in ihnen liegenden Möglichkeiten und Ressourcen (Thiersch 2002a, 129). Lebensweltorientierte Soziale Arbeit bezieht sich damit auf die **Ungleichheiten in der heutigen Lebenswelt**. Im Zuge gesellschaftlicher Veränderungen verbindet eine zeitgemäße Soziale Arbeit die traditionellen Aufgaben einer kompensierenden Unterstützung in Armut mit den neuen Aufgaben der Unterstützung in den Krisen heutiger, risikoreicher Normalität (Grunwald & Thiersch 2004, 15).

Die lebensweltorientierte Soziale Arbeit konkretisiert sich in Struktur- und Handlungsmaximen und in einem spezifischen Profil sozialpädagogischen Handelns (ebd., 25). Sie orientiert sich an den Strukturmaximen Prävention, Regionalisierung/Dezentralisierung, Alltagsorientierung, Integration und Partizipation (Thiersch 2009, 246). Allerdings: Prävention ohne Alltagsnähe und Partizipation ist ebenso verkürzt wie Integration ohne Regionalisierung und Partizipation (Grunwald & Thiersch 2004, 28). Lebensweltorientierte Soziale Arbeit muss also traditionelle Zuständigkeiten überschreiten. Sie agiert bewusst und ausdrücklich mit und neben denen, die sich im weiten Feld sozialer Beratung engagieren. Sie sucht ein neues Verhältnis zwischen informellen, alltäglich-laienhaften sozialen Hilfen und ihren eigenen formellen, professionellen Möglichkeiten (Thiersch 2009, 247).

▶ Bildungspolitik: Unhintergehbare Leitnorm: „Ausbildung für alle"

Als politische Leitnorm ist an die bildungspolitische Forderung der 1980er und frühen 1990er Jahre zu erinnern: „Ausbildung für alle" – dieser einprägsame Leitsatz wurde oft seitens der Politik mit der Bemerkung relativiert, es gehe hierbei nur um solche Jugendliche, die auch ausbildungsfähig und -willig seien. Gleichwohl bleibt diese Leitnorm eine wichtige Orientierung für die Berufliche Förderpädagogik, da hiermit der **Anspruch auf Eingliederung in die Berufs- und Arbeitswelt** verdeutlicht wird. Diese Leitnorm reflektiert die Veränderungen der Arbeitswelt und der knapp gewordenen Ausbildungsplätze; seit Mitte der 1970er Jahre wuchs die Zahl junger Erwachsener, die den Übergang der ersten Schwelle nicht problemlos schafften. Durch bildungs- und arbeitsmarktpolitische Interventionen wurden Maßnahmen etabliert, die mit pädagogischen Mitteln strukturelle Defizite des Ausbildungsmarktes ausgleichen sollten. So wurde in Deutschland in den letzten dreißig Jahren die Benachteiligtenförderung als eigenständiges Bildungssegment eingeführt. Ende der 1990er Jahre wurde im Berufsbildungsbericht die Benachteiligtenförderung als eine Daueraufgabe benannt und 2006 im Nationalen Bildungsbericht als „Übergangssystem" festgeschrieben (→ Kapitel 11).

„Ausbildung für alle" ist aufgrund eines knappen Ausbildungsmarktes und einer sehr heterogenen Zielgruppe schwer zu realisieren. Die Formel zielt dabei auf die Qualifizierung junger Menschen und konzentriert sich auf die Optimierung des Eingliederungsprozesses durch verstärkte Kooperation und Vernetzung (→

Kapitel 10). Das berufliche Handeln der Akteure in der Benachteiligtenförderung vollzieht sich im Rahmen dessen, was pädagogisch sinnvoll, fördersystematisch vorgegeben und institutionell machbar ist (Kampmeier et al. 2008, 53).

Erst aus dem universellen Leitsatz einer „Ausbildung für alle" **rechtfertigt sich die Berufliche Förderpädagogik!** Denn auch Jugendlichen mit schlechteren Startchancen, die bereits Probleme im Übergang von Schule – Beruf hatten, muss der Einstieg in eine berufliche Karriere und damit die gesellschaftliche Teilhabe ermöglicht werden (Müller 2008, 2). Offenkundig vermittelt pädagogisches Handeln in den verschiedenen Bildungsinstitutionen diesen Jugendlichen keine Perspektive. Schulische Angebote erreichen benachteiligte Jugendliche oft nur noch eingeschränkt (Kampmeier et al. 2008, 5). Das Ziel „Ausbildung für alle" bildet in den Interventionen und Maßnahmen der letzten 20 bis 30 Jahre gewissermaßen einen pädagogisch aufgeladenen Resonanzraum, an dem aktuelle Bildungspolitik immer wieder gemessen werden konnte.

▶ Auf dem Weg zur Beruflichen Förderpädagogik I: „Sozialpädagogisch orientierte Berufsausbildung"

In den frühen 1980er Jahren wurde im Rahmen des **Benachteiligtenprogramms der Bundesregierung** ein wegweisendes Konzept für die Benachteiligtenförderung, die „sozialpädagogisch orientierte Berufsausbildung" entwickelt. Mit dem Benachteiligtenprogramm konnte sich die Förderung benachteiligter Jugendlicher zu einem eigenständigen Bereich des deutschen Berufsbildungssystems entwickeln. Man könnte auch von einer **speziellen beruflichen Bildung** sprechen, die sich auf sozial oder persönlich benachteilige Zielgruppen bezieht und deren Merkmale spezifische Curricula, individualisierende Fördermaßnahmen oder besondere Rahmenbedingungen darstellen. Es kam ein interdisziplinärer Ansatz zum Tragen, bei drei verschiedene Professionsgruppen (Ausbilder, Stützlehrer, Sozialpädagogen) im Team zusammenarbeiten – und dies im Kontext einer „Berufsausbildung in außerbetrieblichen Einrichtungen" (BaE), verkoppelt mit „ausbildungsbegleitenden Hilfen" (abH).

„Sozialpädagogisch orientierte Berufsausbildung" umreißt ein Berufsausbildungskonzept, in dem sich die **Sozialpädagogik mit der Berufspädagogik verbindet.** Organisatorisches Merkmal des Förderkonzeptes ist die **„Außerbetrieblichkeit".** Ausbildung findet in einer besonderen Variante des Dualen Systems der Berufsausbildung (Kooperation der Lernorte Betrieb und Berufsschule) statt, nämlich bei einem „freien Träger", der die Rolle des Betriebs übernimmt und dazu Ausbildungswerkstätten vorhält, in denen ein Team von Ausbildern, Sozialpädagogen und Stützlehrern einen breit ansetzenden Ausbildungs- und Förderprozess initiiert. Dieser Ansatz gewann in den 1980er Jahren Vorbildcharakter. Im Laufe der Entwicklung des Konzepts wurden die pädagogischen Vorstellungen immer weiter ausgebaut und präzisiert, so dass bald ein umfänglicher

Korpus bildungspolitischer Zielvorstellungen, pädagogischer Ansätze und ausbildungspraktischer Ratgeberliteratur vorlag (Zielke & Lemke 1989).

▶ **Auf dem Weg zur Beruflichen Förderpädagogik II: „Tätigkeitsbezug"**

Volle berufliche Handlungsfähigkeit meint immer, dass berufliche Bildung alle Kompetenzdimensionen anregen sollte, nicht nur fachliche, sondern auch personale und soziale Kompetenzen. Dazu sind **Tätigkeiten und Aktivitäten** Schlüsselbegriffe menschlichen Lernens und menschlicher Selbstentwicklung. Sie verkörpern weitaus mehr als die Summe einzelner Handlungen (→ Kapitel 6). Tätigkeiten werden – so die Rekonstruktion im Anschluss an Marx (1818-1883) und an die „kulturhistorische Schule": Leontjew (1903-1979), Wygotski (1896-1934) – durch Bedürfnisse und damit verbundene innere Motive konstituiert. Menschliche Tätigkeiten benötigen gewissermaßen nur ein inneres Motiv, während bei Handlungen schon Ziele vor Augen stehen. Der Begriff der Tätigkeit ermöglicht, eine pädagogische Programmatik zu entwickeln, die dem Aktivitäts- und Selbständigkeitsstreben eines (jungen) Menschen entgegen kommt, ohne sich zugleich einer wie gearteten Zweck- oder Zielbestimmung zu unterwerfen. „Durch Tätigkeit wirkt der Mensch sowohl auf die ihn umgebende als auch auf die ihm eigene, individuelle Struktur ein. Letztlich entsteht aus der tätigen Auseinandersetzung eine Veränderung auf drei Seiten: der Umweltstruktur (Dinge, Objekte, Beziehungen etc.), der inneren Aneignungs- und Verarbeitungsstruktur und der Tätigkeitsstruktur aufgrund ständiger Anpassungen an Veränderungen der Subjekt- bzw. Objektstruktur" (Straßer & Koch 2008, 136). Tätigkeiten sind für die Selbstentwicklung – lebensgeschichtlich früh – bedeutsam. Tätigkeiten haben prägende Wirkung für das eigene Tun bishin zum Gewinn einer beruflichen Identität.

Für die Ausübung von Aktivitäten und Tätigkeiten bedarf der Mensch allererst „innerer Vermögenselemente", besser: **Ressourcen.** Damit sei gemeint: Der Mensch besitzt Dispositionen, die er aber erkennen, nutzen und entwickeln muss (Kobelt 2008). Wenn man die Eigenaktivität oder die Selbstbestimmung der Heranwachsenden in den Vordergrund stellt, dann geht es nicht um festgelegte Anlagen, sondern um Kontexte, in denen die Ausgestaltung des eigenen Vermögens sichtbar wird. Ressourcen können z.B. erst aus der individuellen Lebenssituation und der eigenen Lebensgeschichte heraus verstanden werden. Im Rückgriff auf diese Ressourcen wird ein förderpädagogischer Zugang denkbar: Auf der Basis individueller – natürlich immer auch gesellschaftlich vermittelter – Ressourcen, angeregt durch (evtl. pädagogisch arrangierte) Tätigkeiten, entwickeln sich **individuelle Kompetenzen**, die wiederum in der Ausübung verfeinert und weiterentwickelt werden. Kompetenzen sind damit weder allein (genetisch) angeboren noch reines Produkt von Reifungsprozessen, sondern sie werden vom Individuum selbstorganisiert hervorgebracht.

Kompetenz umgreift immer **kognitive, motivationsbezogene und willensbezogene** Aspekte. Kompetenzerwerb wird weiterhin als Lern- und Entwicklungsprozess aufgefasst, der in Stufen oder Phasen beschrieben werden kann. Kompetenzen werden also als offene Dispositionen verstanden. Diese Verschränkung wirkt paradox, jedoch zeigt sich: Wenn Kompetenzen sichtbar werden (in anderer Sprechweise: in ihrer „Performanz" beobachtet werden), geht das nur, wenn diese auf vorheriger Tätigkeit aufruhen. Kompetenz heißt also: **kluges Verfügen und tätiges Anwenden angeeigneter Regelsysteme.** Es geht dabei um das sinnvolle Verbinden von Inhalten und das sinnhafte Reagieren auf die Umwelt.

8.4 Unser Credo: Wozu brauchen wir pädagogische Grundhaltungen und Leitideen?

! Auch wenn die Konzepte aus den Teildisziplinen Berufs-, Sozial-, Sonder- und Schulpädagogik noch kein konsistentes Theoriegerüst für die Berufliche Förderpädagogik ergeben, so sollten sie doch mit herangezogen werden, da jeder einzelne professionell Tätige meistens an einer diese Pädagogiken anknüpfen kann.

! Orientierungskonzepte sind notwendig, damit die professionell in der Benachteiligtenförderung Tätigen eine gemeinsame Sprache und eine halbwegs konsistente Verständigungsbasis für die praktische Arbeit entwickeln können.

! Pädagogen sollten dazu beitragen, die Berufliche Förderpädagogik als pädagogisch wichtiges Aufgabengebiet und als einen selbstverständlichen Bestandteil des Tätigkeitsfeldes eines aktiv handelnden Akteurs anzuerkennen und weiterzuentwickeln.

! Die Beschäftigung mit klassischer Reformpädagogik wie Montessori- oder Makarenko-Pädagogik kann dazu beitragen, den eigenen Blick und die eigenen Empfindungen im Umgang mit benachteiligten Jugendlichen zu sensibilisieren.

! Aus Leitideen kann man z.B. auch lernen: Die Lebenswelt benachteiligter junger Menschen muss stärker in den Blick genommen werden; ihre Lebensumstände müssen in die pädagogische Konzeptbildung mit einfließen.

! Zentral für uns und für die Weiterentwicklung der Beruflichen Förderpädagogik sind Orientierungskonzepte, die Selbsttätigkeit und Selbständigkeit des Heranwachsenden in den Mittelpunkt stellen.

! Für benachteiligte Jugendliche, die sich in Maßnahmen der Benachteiligtenförderung befinden, sind von allen beteiligten Akteuren besondere Anstrengungen notwendig, um den jungen Menschen trotz ihrer schlechten Startchancen gesellschaftliche Teilhabe zu ermöglichen. „Kein Jugendlicher darf zurückgelassen werden!" muss der Leitsatz von Bildungs- und Jugendpolitik bleiben.

8.5 Praktische Empfehlungen, Aufträge, Übungen, Tipps

☞ Übung 1

Suchen Sie sich eines der in diesem Kapitel *verhandelten Konzepte* heraus und untersuchen Sie genauer, ob es den eingangs formulierten Ansprüchen genügt. Entwickeln Sie Kritikpunkte und Ergänzungen! Und: Fragen Sie sich einmal, warum gerades dieses Konzept Sie spontan interessiert hat!

☞ Praxistipp 1

Betrachten Sie Ihre *eigene pädagogische Praxis*. Handeln Sie nach bestimmten Leitideen oder nach klaren Grundsätzen, die Sie inhaltlich vertreten können und die natürlich im Blick auf unsere Jugendlichen auch vertretbar sind?

☞ Übung 2

Sie bekommen plötzlich von Ihrer Einrichtungs- oder Schulleitung den Auftrag, erste Konturen für ein *einrichtungsbezogenes Konzept* zu entwerfen. Dazu wird ein Team festgelegt, das Ihnen helfen soll, das Konzept auszuarbeiten. Für die erste Teamsitzung beschließen Sie, eine Powerpointpräsentation zu entwerfen, in der Sie wichtigste Diskussionspunkte markieren wollen. Probieren Sie, diese Präsentation zu entwerfen!

☞ Übung 3

Bitte nehmen Sie sich die Zeit und lesen Sie *erneut* das *Praxisbeispiel*. Untersuchen Sie Ihre Empfindungen und Gedanken. Was macht diesen Text aus? Warum haben Sie evtl. bei einigen Vorschlägen zugestimmt? Warum sind aber einige Passagen völlig überzogen? Welche?

📖 Literatur zum Weiterlesen

- Hiller, G.G. (1994): Ausbruch aus dem Bildungskeller. Pädagogische Provokationen. Langenau-Ulm: Armin Vaas Verlag.
- Makarenko, A.S. (1971): Ein pädagogisches Poem. „Der Weg ins Leben". Mit einer Einführung von Oskar Anweiler. Frankfurt/M., Berlin, Wien: Ullstein.
- Oswald, P. & Schulz-Benesch, G. (Hrsg.) (2008): Grundgedanken der Montessori Pädagogik. Quellentexte und Praxisberichte. Freiburg: Herder.

9 Übergangsverläufe und biographische Karrieremuster
Almut Koesling & Ariane Steuber

„Der Bildungsgang ist umso glücklicher, je mehr seine einzelnen
Phasen den Charakter von Erlebnissen annehmen."
Hugo von Hofmannsthal

9.1 Worum geht es in diesem Kapitel?

In diesem Kapitel geht es um die Biographien Benachteiligter, aber auch um die pädagogischen „Zuständigkeiten". Von einer strukturierten Gestaltung der Lebenswege benachteiligter Jugendlicher kann allerdings nicht gesprochen werden, denn in keinem anderen Bildungsbereich wird so willkürlich und verschwenderisch mit den Ressourcen und Kompetenzen junger Menschen umgegangen wie im Benachteiligtenbereich: Es existiert kein einheitlicher und transparenter Förderweg, es gibt keine dezidierte Verantwortlichkeit eines Bildungssektors, und es gibt kaum eine gesellschaftliche Instanz, die sich dieser Gruppe Jugendlicher systematisch und fokussiert zuwendet. Für Benachteiligte gibt es selten „normale" Karrieren. Meist finden wir wenig stabile Übergänge und nur eingeschränkte Perspektiven für eine Erwerbsbiographie.

▶ Begriffsannäherung I

In Bezug auf die beruflichen Karrieren im Übergang Schule – Beruf (→ Kapitel 11) wird im Allgemeinen von **„zwei Schwellen"** gesprochen. Die beiden Schwellen weisen jeweils auf den Eintritt in eine neue Phase der beruflichen Qualifizierung hin: Die **erste Schwelle** markiert den **Übergang vom allgemein bildenden Schulsystem in das Berufsbildungssystem** (damit ist in der Regel die Berufsausbildung gemeint); die **zweite Schwelle** den **Übergang vom Berufsbildungssystem in den Arbeitsmarkt.** Der ersten Schwelle kommt für den Verlauf und das Gelingen einer Integration in den regulären Arbeitsmarkt eine besondere Bedeutung zu, da sie die Weichen für den Einstieg in das Arbeitsleben und den Verlauf der Erwerbsbiographie stellt. Der Übergang von der Schule in das Arbeitsleben (zweite Schwelle) stellt genau genommen eine Schnittstelle zwischen unterschiedlichen Systemen (Schul-/Berufsbildungssystem), Verwaltungsressorts und institutionellen Zuständigkeiten (Schule, Arbeitsagentur, Jugendamt, Betriebe, Kammern und Innungen) dar. Damit die beiden Schwellen für benachteiligte Jugendliche nicht zu unüberwindbaren Barrieren werden, sind zusätzliche Unterstützungssysteme vorhanden. Allerdings verfügen die Institutionen meist nur über Informationen aus ihrem Aktionsrahmen und betrachten sich für die anderen Bereiche als nicht zuständig (Ginnold 2008, 61ff.).

▶ Begriffsannäherung II

Der Begriff der **Karrieremuster** wird benutzt, um die (berufliche) Laufbahn zu bezeichnen. Interessanterweise impliziert er einen beruflichen oder gesellschaftlichen Aufstieg, mitgedacht wird das Erreichen einer bestimmten Position: so spricht man von einer „steilen" Karriere („vom Tellerwäscher zum Millionär") – aber auch von einer „kriminellen" Karriere. Von einer „Maßnahmenkarriere" ist die Rede, wenn die Jugendlichen wiederholt an institutionalisierten Bildungs- und Qualifizierungsmaßnahmen teilnehmen, die ihre Wettbewerbsfähigkeit auf dem regulären Arbeitsmarkt erhöhen sollen. Häufig ist jedoch das Gegenteil der Fall und diese Maßnahmen werden zum stigmatisierenden Merkmal für die betroffenen jungen Menschen. Ein lang andauernder Ausschluss vom Arbeitsmarkt führt bei ihnen nicht selten zum Einstieg in eine „Sozialhilfe-" oder „Hartz-IV-Karriere".

Bei Benachteiligten von „Karriere" zu sprechen kann daher zunächst irritieren, erscheint uns aber umso wichtiger: Gerade bei diesen Jugendlichen darf nicht vergessen werden, dass es nicht darum geht, sie in Maßnahmen zwischenzuparken, sondern dass hier mehrfach marginalisierte junge Menschen (→ Kapitel 13) in ihrer Laufbahngestaltung unter prekären Bedingungen unterstützt werden müssen.

▶ Relevanz dieses Kapitels

Das Phänomen, dass **diskontinuierliche (Berufs-)Biographien** (Bereswill, Koesling & Neuber 2008b, 298) immer mehr zur Selbstverständlichkeit werden, ist gleichsam „unter der Hand" gelaufen: Waren es anfangs eher kleinere Gruppen benachteiligter junger Menschen, so sind inzwischen die Übergange für viele prekär geworden. Diese „Labilisierung" der Übergänge hat für Benachteiligte dramatische Auswirkungen: Sie werden nicht nur selten in ein normales Erwerbsarbeitsverhältnis einsteigen, sondern müssen dazu auch ihr zukünftiges Leben darauf ausrichten, am Rande der Erwerbsgesellschaft in wechselnden Jobs unterzukommen. Aus unsicheren, temporären und allerlei unterschiedlichen Beschäftigungen zusammengesetzte Lebensläufe werden zur Normalität, und das nicht nur für schlecht Ausgebildete. Diese Phänomene deuten auf eine schier unlösbare Problematik hin: die rationalere Organisation der Übergänge und Karrieren benachteiligter Jugendlicher. Und damit wird deutlich: Wer in diesem Feld arbeitet, muss sich substantiell darüber verständigen, was Übergang heute heißt, muss sich auch von klassischen Bildern lösen, z.B. von der Idee eines nahtlosen Übergangs ins Erwerbsleben oder von der Vorstellung eines „Lebensberufs".

9.2 Ein Beispiel aus der Praxis: Eine brüchige Ausbildungs- und Erwerbsbiographie

Die folgende biographische Skizze verdeutlicht die multiplen Problemlagen, mit denen benachteiligte Jugendliche konfrontiert sind. Die Skizze stammt aus einem Forschungsprojekt (Koesling 2010), das im Rahmen der Studie „Gefängnis und die Folgen" am Kriminologischen Forschungsinstitut Niedersachsen (Greve, Hosser & Pfeiffer 1997) durchgeführt wurde. Die Fallbeschreibung ist anonymisiert und wird hier gekürzt wiedergegeben.

Erik Friedrichs wird 1980 als jüngstes Kind der Familie in einer westdeutschen Großstadt geboren. Er hat drei ältere Halbgeschwister; offenbar lebt nur ein Halbbruder gemeinsam mit Erik bei den Eltern. Der Vater arbeitet nach einer Krankheit als Pförtner und in einer Gaststätte; die Mutter ist in einer Wäscherei beschäftigt.

Als Erik etwa neun Jahre alt ist, kommt es zu Auseinandersetzungen zwischen den Eltern. In diese Zeit fallen der Tod des Großvaters väterlicherseits wie auch Eriks vorübergehende Unterbringung in einem psychiatrischen Krankenhaus. Kurze Zeit später lassen die Eltern sich scheiden. Erik und sein Bruder leben zunächst bei der Mutter, später zieht Erik zum Vater. Ab dem neunten Lebensjahr besucht er die Sonderschule. Nach mehreren Schulwechseln beginnt Erik im Alter von 13 oder 14 Jahren der Schule fernzubleiben und Drogen zu konsumieren sowie Diebstähle und Einbrüche zu begehen. Nach Abbruch der Sonderschule besucht Erik einen Förderlehrgang im Bereich Maler und Lackierer in einem Internat, den er aufgrund seines Drogenkonsums vorzeitig abbricht.

Mit 17 Jahren wird Erik aufgrund von Diebstählen erstmals für etwa 15 Monate inhaftiert. Dort schließt er die Sonderschule ab, nimmt an einer BBE-Maßnahme[1] teil und arbeitet in der Hofkolonne. Er wird entlassen, ohne die im Anschluss vorgesehene Therapie anzutreten. Erik zieht zu seinem Vater, nimmt erneut Drogen und wird wegen Diebstahls abermals verurteilt und inhaftiert. Im Anschluss an die zweite Entlassung – Erik ist 20 Jahre alt – konsumiert er weiter Drogen. Nach einer stationären Entgiftung lebt er in seiner Heimatstadt etwa ein Jahr lang in einer Notunterkunft für Wohnungslose, in der auch sein ältester Bruder lebt.

Danach beginnt er eine Therapie in einer therapeutisch begleiteten Wohngruppe in einem anderen Bundesland. Im Anschluss an diese Behandlung findet er eine Wohnung und sucht Arbeit oder eine Lehrstelle; er beginnt ein Praktikum in einem Krankenhaus, das er jedoch nach kurzer Zeit abbricht. Im Jahr 2006 wird er Vater, hat jedoch zunächst zu Kind und Mutter kaum Kontakt. Zu dieser Zeit verrichtet er Hilfsarbeitertätigkeiten über eine Zeitarbeitsfirma. Bald darauf zieht Erik wieder in die Nähe seines Heimatortes, um mit der Mutter seines Kindes und dem Kind zusammen zu leben. Ein Jahr später ist er wieder ohne Arbeit und lebt getrennt von seiner Partnerin.

---

1 Damaliger Lehrgang zur Verbesserung beruflicher Bildungs- und Eingliederungschancen der Bundesanstalt für Arbeit.

Dieser biographische Abriss weist auf die Prekarisierung und Brüchigkeit der Lebenssituationen und -verläufe marginalisierter Jugendlicher hin. Der junge Mann, der von uns hier Erik Friedrichs genannt wurde, nimmt an unterschiedlichen beruflichen Bildungsmaßnahmen teil; diese werden aber sichtbar von familialen Konflikten und sozialen Unwägbarkeiten konterkariert. In seiner Bildungsbiographie lässt sich auf den ersten Blick nicht ausmachen, über welche Stärken, Kompetenzen und Ressourcen er verfügt; dagegen wird deutlich, dass er Übergänge auf unterschiedlichsten Ebenen – nämlich zwischen Institutionen, Wohnorten, Beziehungssystemen – bewältigen muss. Diese bei der Berufsförderung nicht zu berücksichtigen kann sich eine an den Lebenswelten und -bedürfnissen Jugendlicher orientierte berufliche Förderpädagogik nicht leisten.

9.3 Was man über Übergängen, Karrieren und Verbleibe wissen sollte

Eriks Geschichte zeigt die **Problematik brüchiger Übergänge**. Versuchen wir, seinen Lebenslauf systemisch zu fassen, kommen wie schon anfangs erwähnt „Schwellen" ins Spiel. Bei der „ersten Schwelle" geht es um den Übergang in die Berufsausbildung oder – bei benachteiligten Jugendlichen – in die Berufsvorbereitung. Die „zweite Schwelle" meint den Übergang ins Erwerbsleben. Diese Übergangsproblematiken stellen sich für viele Jugendliche gerade in der Phase der Adoleszenz, also in einer Lebensphase, in der das „Auf und Ab" gleichsam dazu gehört. Viele Jugendliche sind hier allein gelassen. Wer könnte helfen, den Übergang zu gestalten? Festzuhalten ist der Übergang als ein biographisches Risiko; wenn die Abweichungen von der „Normalbiographie" zu groß sind, droht biographisches Scheitern.

▶ Die Rolle der „ersten Schwelle"

Die Bedeutung der ersten Schwelle für das Gelingen der Integration in den regulären Arbeitsmarkt zeigt eine ältere Studie, in der die Ausbildungs- und Beschäftigungsverläufe ehemaliger Förderschüler in Mecklenburg-Vorpommern dargestellt sind. Im Rahmen einer Untersuchung zur nachschulischen Lebensbewältigung wurden 30 Schüler deutscher Staatsangehörigkeit aus einem kleinstädtischländlichen Schulstandort in der Nähe von Rostock befragt, die die Förderschule im Sommer 1993 nach der neunten Klasse verlassen haben. Zu diesem Zeitpunkt besaß keiner von ihnen einen Hauptschulabschluss (Burgert 2001).

Die Studie zeigt, dass im Anschluss an die Förderschule zwar keiner der Jugendlichen ohne Beschäftigung bleibt. Allerdings gelingt nur in einem Fall die Aufnahme einer betrieblichen Regelausbildung. Ein junger Mann besucht das BVJ, die anderen Jugendlichen münden in berufsvorbereitende Maßnahmen der

Arbeitsverwaltung (nach § 48 BBiG[2] bzw. 42b HwO) ein. Dabei handelt es sich jedoch um Ersatzausbildungen „jenseits des ersten Arbeitsmarktes" (ebd., 130), die außerbetrieblich und mehrheitlich nach Sonderregelungen organisiert sind. In den ersten vier Jahren nach der Schulentlassung können immerhin 20 Jugendliche einen beruflichen Abschluss vorweisen. **Keinem gelingt es jedoch**, mit einem Abschluss, der in einem staatlichen Ersatzprogramm erworben wurde, **in den regulären Arbeitsmarkt einzutreten.** Ein junger Mann, der als Einziger eine berufliche Regelausbildung aufgenommen hatte, bricht diese im ersten Ausbildungsjahr ab und scheitert in einem zweiten Anlauf nochmals im dritten Ausbildungsjahr. Nur zwei Personen gelingt es, die zweite Schwelle ohne Probleme zu bewältigen. Offensichtlich sind die meisten jungen Menschen allein schon durch die Art ihrer aufgenommenen Ausbildungen zu einem frühen Zeitpunkt ihres Erwerbslebens auf das Segment der **„Jedermanntätigkeiten"** mit ihren instabilen Beschäftigungsverhältnissen sowie geringen Einkommens- und Aufstiegsmöglichkeiten beschränkt. 19 der 30 befragten Jugendlichen sind seit dem Ende ihrer Ausbildung von Arbeitslosigkeit betroffen (Burgert 2001, 127ff.).

▶ Zur Bedeutung der „zweiten Schwelle"

Wie schwierig sich die Übergänge ins Erwerbsleben darstellen, lässt sich allein an der *hohen* **Jugendarbeitslosigkeit** in Europa zeigen, die sich zumindest in den offiziellen Darstellungen seit Jahren auf hohem Niveau bewegt, so z.B. in Spanien auf weit über 40%, oder in Polen, Frankreich oder Irland mit weit über 20%. Im Jahre 2009 betrug die durchschnittliche Jugendarbeitslosigkeit im Europa der 27 Staaten ca. 20%. Jugend-Protestbewegungen in Spanien oder Griechenland sind gewiss auch Ausdruck dieses unhaltbaren Zustands. Allerdings sind allein in Europa die regionalen bzw. nationalen Unterschiede groß, so dass man nicht von einem universellen Muster sprechen kann. Zwar sehen sich alle modernen Industrienationen mit diesen und ähnlichen Übergangs- und Integrationsproblemen Benachteiligter konfrontiert. Die sozial- und jugendpolitischen Konsequenzen aus diesen Dynamiken sind jedoch regions- und länderspezifisch kaum zu vergleichen, da gesamtstaatlich höchst unterschiedlich an die Problematik herangegangen wird. Großbritannien etwa legte in den 1990er Jahren ein gewichtiges Programm zur Bekämpfung von Jugendarbeitslosigkeit auf, das betriebsnah angelegt war; damit verlagerte sich die Übergangsbegleitung in die Betriebe. Frankreich schuf zeitweilig im öffentlichen Sektor 100.000 zusätzliche Arbeitsstellen, um jungen Menschen den Weg ins Erwerbsleben zu ermöglichen.

Für Deutschland kann man von einer **Tendenz zur biographischen Instabilität** sprechen. Dieser Wandel der Sozialisationsbedingungen, so zeigen Studien, macht sich z.B. daran fest, dass junge Menschen vermehrt geringere Chancen zur

---

2 Heute der § 66 BBiG 2005.

Übernahme im Ausbildungsbetrieb haben oder dass sie einen Statuswechsel in den Jahren nach der Ausbildung vornehmen müssen. In ihren Biographien nimmt der Wechsel von Arbeitslosigkeit, Arbeit und Weiterbildung zu, ebenso Betriebs-, Berufs- und Ortswechsel sowie atypische Beschäftigungsverhältnisse (Kock 2008; Beicht & Granato 2009). Zudem signalisieren die Probleme des Ausbildungs- und Arbeitsmarktes, dass es stets um steigende Anforderungen an die Fachkräfte geht – mit Auswirkungen auf die Berufsausbildung und die Erwartungen der Betriebe an ihre Auszubildenden. Die arbeits- und industriesoziologischen Befunde zeigen: Ein Rückgang der **Einfacharbeitsplätze** und eine Abnahme der Zahl der Ausbildungsplätze, deren Anforderungen auch von benachteiligten Jugendlichen zu erfüllen sind, stehen im Zusammenhang. Wenn sich der Sockel an Einfacharbeitsplätzen bei 15% aller Arbeitsplätze eingependelt hat, dann haben An- und Ungelernte immer weniger Chancen auf einen Arbeitsplatz. Die Betriebe rekrutieren lieber ausgebildete oder auch fachfremde Mitarbeiter; Einfacharbeitsplätze werden heute schon zu 45% von Personen mit Ausbildungsabschluss besetzt. Da nimmt es nicht wunder, wenn die Zahl der „Altbewerber" (= Jugendliche aus früheren Schulentlassjahren, die einen Ausbildungsplatz suchen) seit Jahren hoch ist und erst allmählich sinkt – eher aber demographisch bedingt. Die Zahlen des Mikrozensus besagen: Ohne beruflichen Abschluss waren 2009 zwischen 14% und 16% aller jungen Menschen im Alter zwischen 20 und 29 Jahren.

Somit können wir folgern: An der zweiten Schwelle sind Übergangsgestaltung und Integrationsbewegungen benachteiligter Jugendlicher, die sich in beruflichen Fördermaßnahmen aufhalten, eher noch schwieriger als an der ersten Schwelle, zumal sich erst hier so richtig entscheidet, „wohin die Reise geht". Wenn dann jemand nicht mehr mithalten kann, dann stellen sich viel neue (wissenschaftliche und praktische) Fragen: Wo befinden sich diese Jugendlichen eigentlich? Welchen Aufenthaltsort oder welche Position nehmen sie wahr? Wo „(ver-)bleiben" denn diese Jugendlichen? Die Gruppe der Schulverweigerer (→ Kapitel 7) stellt hier ein besonderes Problem dar. Diesen jungen Menschen wird durch ihren Schulausstieg der Weg in eine gesicherte Erwerbsbiographie versperrt, so dass sie langfristig begleitet werden müssen.

▶ Übergangsproblematik und Adoleszenz

Zum Begriff des Übergangs ist zu ergänzen, dass junge Menschen in dieser Lebensphase in mehrfacher Hinsicht der Anforderung gegenüberstehen, Übergänge zu bewältigen. Es handelt sich hier nicht nur um den schulisch-beruflichen Übergang, sondern auch um die **Wandlung vom Kind/Jugendlichen zum Erwachsenen** und damit um vielfältige Übersetzungsleistungen, was den Wechsel zwischen unterschiedlichsten Maßnahmen und Institutionen betrifft. Zu den Konflikten der Adoleszenzentwicklung (King 2004) kommen oftmals multiple familiale Problem- und Ablösungsdynamiken hinzu, die institutionell kaum aufgefangen werden (können). Diese beeinflussen aber die Fähigkeiten der Jugendlichen maßgeblich, sich beruflich und biographisch zu orientieren.

Denn im Jugendalter müssen die jungen Menschen für das spätere Leben entscheidende **Entwicklungsaufgaben bewältigen**. Ein Jugendlicher wird mit persönlichen, gruppenbezogenen und gesellschaftlichen Herausforderungen konfrontiert, denen er sich nicht entziehen kann. Junge Menschen benötigen eine Umwelt, in der sie ihre eigenen Fähigkeiten entwickeln können. Nur dann können sie Kompetenzen zur erfolgreichen Lebensbewältigung entfalten. Nach Oerter und Montada geht es um Entwicklungsaufgaben wie den Erwerb reiferer Beziehungen, den Gewinn eines Freundeskreises, den Gewinn emotionaler Unabhängigkeit von den Eltern, um das Akzeptieren der eigenen körperlichen Erscheinung, um den Erwerb der männlichen bzw. weiblichen Rolle oder den Erwerb reiferer Beziehungen in der peer group (Oerter 1987). Die Gleichaltrigen (peers) sind ebenso wichtige „Vorbilder" oder Vergleichspartner wie die Erziehungsberechtigten. Zweifellos ist auch der Gewinn eines sozial verantwortungsvollen Verhaltens oder der Aufbau eines Wertesystems zentral; oder auch das Wissen, wer man ist und was man will, welches „Bild" man nach außen abgibt. Und schließlich gehören dazu: die Aufnahme intimer Beziehungen zu einem Partner und die Entwicklung einer Zukunftsperspektive.

Entscheidend aber ist die Entwicklungsaufgabe der **Vorbereitung auf Arbeit und Beruf**. Hier zeigt sich, dass man als junger Mensch in seiner Entwicklung verschiedene und höchst komplizierte Aufgaben anpacken muss, um in die Gesellschaft hinein zu finden. Die überwiegende Zahl Jugendlicher verfolgt das Ziel, eine Berufsausbildung zu absolvieren oder zumindest einen Arbeitsplatz zu finden. Eine soziale Existenz ist immer mit der Teilhabe am Berufsleben verknüpft; Ausbildung und Arbeitsplatz sind nach wie vor zentrale gesellschaftliche Identitätsund Selbstdefinitionsangebote (Keupp et al. 1999). **Beruflichkeit** ($\rightarrow$ Kapitel 6) erfüllt damit eine Funktion auch jenseits gesicherter Beschäftigungsperspektiven: Tätigkeit, Qualifikation oder praktisches Lernen sind auch außerhalb von Erwerbsarbeit oder Beschäftigung für die Entfaltung der eigenen Identität bedeutsam, weil hierüber Status und soziale Integration organisiert werden (Büchter & Meyer 2010). Jugendliche müssen aber diese schwierige Entwicklungsaufgabe der Berufswahl auch bewältigen können ($\rightarrow$ Kapitel 17). Die Erkenntnisse der Berufswahlforschung besagen: Offenbar gibt es zwischen 13/14 und 18 Jahren ein „Auf und Ab" in den Entscheidungen für einen möglichen Beruf. Erst mit 18 Jahren seien Entscheidungen relativ stabil (Wensierski, Schützler & Schütt 2005). Berufswahl ist somit als Prozess zu verstehen. Angesichts einer bleibend schwierigen Ausbildungs- und Arbeitsmarktsituation gibt es nun aber für benachteiligte Jugendliche kaum andere Möglichkeiten, als sich nach den vorhandenen Angeboten zu richten (Ahrens 2012).

▶ Übergangsstudien – Übergangsbegleiter

Der Übergangssektor ist vielfach Gegenstand der sog. Übergangsforschung. Ein Forschungsprojekt des Bundesinstituts für Berufsbildung (BIBB) beschäftigt sich z.B. mit den „Anforderungen an die Professionalität des Bildungspersonals im Übergang von der Schule in die Arbeitswelt" (Bylinski 2011). Zu dem Ergebnis, dass sich die Ausbildungschancen der Jugendlichen seit 2005 allmählich verbessern, kommt die Studie „Übergangsverläufe von Jugendlichen aus Risikogruppen" (Ulrich 2011). In großen quantitativen Untersuchungen erkundet das Institut für Arbeitsmarkt- und Berufsforschung (IAB) Übergänge und Arbeitsmarktperspektiven (Dietrich & Kleinert 2006). Zu den breit rezipierten Studien gehört auch eine Langzeitstudie des Deutschen Jugendinstituts (DJI): „Längsschnittuntersuchung zu Bildungs- und Ausbildungswegen von Jugendlichen mit Hauptschulbildung", in der die überlangen Einstiege von Hauptschülern in Ausbildung und Arbeit sichtbar werden (Gaupp, Reißig & Lex 2008). Aus diesen wissenschaftlichen Erkenntnissen lässt sich unschwer ableiten, wie notwendig eine **bewusste Begleitung Benachteiligter** wäre, die diese bei der aktiven Gestaltung ihrer (Berufs-) Biographien unterstützt.

Benachteiligte Jugendliche benötigen also individuell verlässliche, langfristige und kompetente Ansprechpartner (vgl. hierzu auch die Fallstudien von Koesling 2008). Es ist allerdings kein klarer „Gestalter des Übergangs" in Sicht. Als wichtige Organisatoren von Übergängen zwischen Schule und Beruf werden oftmals die Hauptschullehrer genannt. Übergangsgestaltung gilt auch als Aufgabe der Bundesagentur für Arbeit. Die dortigen persönlichen Betreuer gelten aber oft eher als „Kontrolleure" denn als wirkliche Unterstützer. Denkbar wäre auch der Ansatz von G.G. Hiller, der „Alltagsbegleitung" vorschlägt (→ Kapitel 8). Diese Entwicklungen und Tendenzen innerhalb der beruflichen Benachteiligtenförderung und angrenzender Bereiche verdeutlichen einmal mehr, dass bei einer wachsenden Gruppe junger Menschen nicht mehr von klassischen Lern- und Arbeitsbiographien ausgegangen werden kann. Vielmehr hat sich die Labilisierung und Entstandardisierung der Übergänge verstärkt (Münchmeier 2002).

▶ Übergang als biographisches Risiko – Abweichungen von der „Normalbiografie"

Zusammenfassend wird deutlich: Die Übergänge von der Schule in Arbeit, Tätigkeit und Beruf haben sich **jenseits einer jugendlichen Normalbiographie** entwickelt. Unter soziologischem Aspekt zeigen Studien der beruflichen Benachteiligtenförderung repräsentativ, dass von Verschiebungen im Leben benachteiligter Jugendlicher und von gravierenden Brüchen bei den Übergängen auszugehen ist. Einem großen Teil junger Menschen gelingt kein Übergang in Ausbildung oder in einen (berufsfach-)schulischen abschlussbezogenen Bildungsgang, und der Einstieg in ein halbwegs stabiles Arbeitsverhältnis ist eher die Ausnahme. Vielmehr zeigen sich maßnahmenkarrierebezogene und lang andauernde Übergänge sowie äußerst prekäre Erwerbsarbeitsverläufe (Bereswill, Koesling & Neuber 2008a; Lex 2002, 477). Hier ist der Einfluss des „Förderdschungels" (→ Kapitel 11) in den Biographien ablesbar. In biographischer Perspektive erscheinen diese Phasen der Berufsvorbereitung und Beschäftigungsförderung als schwer zu erfassen, da die überkommenen Muster der Lebensführung (Schule – Ausbildung – Erwerbsarbeit) keinerlei Gültigkeit mehr haben. Jugendliche und junge Erwachsene bewegen sich also im Übergangssektor zwischen Integrationshoffnungen und Exklusionsbefürchtungen. Ihre bisherigen Bildungsgeschichten und ihre Zukunftsvorstellungen müssen mit den Handlungsmöglichkeiten in den konkreten Lebenslagen und mit gesellschaftlichen Erwartungen und Zuschreibungen in eine Balance gebracht werden.

In institutioneller Perspektive werden beim Übergangssektor unbearbeitete Folgen der institutionellen Differenzierung in Schule, Jugendhilfe, Berufsbildung und Behindertenhilfe sichtbar (Mack 2008). Aufgrund einer fehlenden Passung zwischen institutionell definierten Zuständigkeiten, Bildungsprogrammen und Förderlogiken geraten Jugendliche und junge Erwachsene durch den Übergangsbereich in biographisch-institutionelle Unbestimmtheitszonen. Solcherlei unbestimmte Karrieren auszuloten, ist für alle im Übergangssektor Tätigen zentral. Man sollte sich über bildungs- und bewältigungstheoretische Perspektiven auf diese **„biographischen Grenzgänge"** klar werden. Antworten sind notwendig, z.B. auf die bisher ungelöste Frage nach angemessenen Professionalisierungsstrategien, um Übergänge in Ausbildung und Erwerbsarbeit institutionell und professionell besser als bisher vorzubereiten und zu unterstützen.

9.4 Unser Credo: Was wir solchen problematischen biographischen Übergängen und Karrieremustern entgegensetzen sollten!

! Wir müssen uns radikal darüber verständigen, dass überkommene Karrieremuster und Biographien, die man vielleicht noch bei den eigenen Eltern erlebt hat, bei benachteiligten Jugendlichen nicht mehr gelten. Das biographische Risiko des Übergangssektors ist nicht hoch genug einzuschätzen.

! Beide Übergangsschwellen sind jeweils problematisch: die erste, weil hier schon Weichen ins Abseits gestellt werden können, die zweite, weil ab hier eine Biographie im Blick auf eine stabile Integration in Erwerbsarbeit kaum noch Chancen hat.

! Es ist durchaus tragisch, dass zentrale biographische Entscheidungen in der Phase der Adoleszenz getroffen werden müssen. Wir sollten daher besonders sensibel und aufmerksam mit solchen Jugendlichen umgehen, bei denen sich abzeichnet, dass sie die notwendigen Entscheidungen selbst kaum werden treffen können.

! Die vorhandenen Ansätze zur beruflichen Orientierung benachteiligter junger Menschen müssen theoretisch fundiert und in Vernetzung der Institutionen weiterentwickelt werden. Hier sind nachhaltige Kooperationen notwendig, die eine längerfristige Begleitung der Jugendlichen ermöglichen.

! Um Heranwachsende beim Übergang von der Schule in den Beruf langfristig zu unterstützen und zu begleiten, sollten berufsorientierende Bildungsangebote bereits im Kindesalter ansetzen und auf der Basis handlungs- und erfahrungsbezogener pädagogischer Ansätze als Kooperationen zwischen Schule, außerschulischer Jugendbildung und Betrieben an die Themen Berufsorientierung und Berufswahl heranführen.

! Jugendliche mit schwierigen Startchancen müssen im Übergangsprozess an den verschiedenen institutionellen Schnittstellen von erfahrenen Bezugspersonen begleitet werden, z.B. durch Ausbildungspatenschaften und professionelle Mentoring-Programme. Jugendliche, die ein vorhandenes Angebot nicht von sich aus wahrnehmen, sollten von diesen aufgesucht und persönlich angesprochen werden.

! Pädagogische Begleitung heißt dann, die persönliche Entwicklung zu fördern. Jugendliche brauchen Interesse, Anteilnahme und Anerkennung. Die Begleit- bzw. Bezugspersonen müssen Verständnis für die Lebenslagen der jungen Menschen gewinnen und Zugänge zu ihnen finden sowie in der Lage sein, Konflikte auszuhalten.

9.5 Praktische Empfehlungen, Aufträge, Übungen, Tipps

☞ Übung 1

Neben Vernetzungsarbeit, etwa der Vermittlung von Praktika, ist es förderlich, ganz konkret mit den Jugendlichen an ihren berufsbiographischen Entwürfen zu arbeiten. Dies könnte z.B. in einer *Zukunftswerkstatt* geschehen, indem die durchaus auch unrealistischen Träume der Heranwachsenden in ihrem Potenzial und ihrer Ideenvielfalt wahr- und ernst genommen werden. Im Anschluss können dann mit kreativen Methoden nächste Schritte, Alternativen oder Annäherungen erarbeitet werden, so dass im besten Fall ein Plan oder Konzept entsteht (Koch 2009; zum Konzept der Zukunftswerkstatt Kuhnt & Müllert 2004).

☞ Übung 2

Untersuchen Sie in Gesprächen mit der Arbeitsagentur, wie dort persönliche Beratung und Betreuung im Blick auf den *Übergangsverlauf* organisiert werden. Gibt es einen persönlichen Ansprechpartner?

☞ Übung 3

Machen Sie bitte einmal einen *Selbstversuch*: Denken Sie über sich selber nach, über ihre eigene Biographie im Übergangsprozess, möglichst mit einem Partner. Nutzen Sie dazu das folgende Manual:

„Wie habe ich meine eigene Jugend und darin meinen Übergang erlebt?"

Setzen Sie sich zu zweit zusammen. Zunächst kommt eine Einzelarbeit: Gehen Sie in Gedanken zurück in die eigene Jugend. Lassen Sie einige „innere Bilder" entstehen und notieren Sie eventuell einige Erinnerungen (ca. 5 Minuten). Besprechen Sie dann diese Erinnerungen mit dem Partner unter folgenden Gesichtspunkten (40 Minuten):

- Wie sahen die Orte meiner Kindheit und Jugend aus? Was hat mich da besonders geprägt? Habe ich eher schöne oder eher bedrückende Bilder und Erinnerungen?

- Wie waren die Beziehungen zu den Gleichaltrigen? Gab es eine größere Gruppe, eine Clique, mit der Sie dauernd zusammen waren? Gab es Konkurrenz und Rivalitäten? Gab es Konflikte, und wenn ja, welche?

- Gab es gruppenbezogene „Vorgaben", an die man sich gleichsam halten musste (Musik, Kleidung, Statussymbole, etc.)? Welche Rolle spielte die Musik? Von wem grenzte man sich ab – den Spießern, den Älteren, der Schule, etc.? Wie liefen die „Sprachspiele" untereinander ab? Gab es bestimmte Begriffe, die man verwendete, Worte, bei denen alle loslachten etc.? Wurde untereinander „erzählt" oder war das verpönt?

- Denken Sie an Ihre Berufsfindung oder -orientierung. Wie hatten Sie sich entschieden? In welchem Alter fiel welche Entscheidung? Wer hat sie beeinflusst bzw. von wem bekamen Sie Tipps, Informationen oder gar konkrete Hilfen? Gab es Ratgeber oder Begleiter bei solchen Entscheidungen?

- Überlegen Sie, ob Sie noch heute von diesen Bedingungen, Gesprächen, Interaktionen usw. geprägt sind. Ist Ihnen das egal? Oder haben Sie sich davon distanziert? Wenn ja, warum?

☞ Arbeitsauftrag 1

Der folgende *Studientext* fasst etliche Ergebnisse empirischer Untersuchungen zu biographischen Karrieremustern zusammen. Erörtern Sie was heute „Destandardisierung des Übergangs" heißt!

„Untersuchungen, die sich mit dem Erwerbsstatus von Jugendlichen unter 25 Jahren im Anschluss an ihre Ausbildung befassen, kommen übereinstimmend zu dem Ergebnis, dass eine gewisse Destandardisierung des Übergangs in den Beruf zu verzeichnen ist. Es ist keine Selbstverständlichkeit mehr, dass eine berufliche Ausbildung im direkten Anschluss eine Vollzeit-Beschäftigung als Fachkraft nach sich zieht. Nur noch für etwa die Hälfte der Jugendlichen ist die Ausbildung der Einstieg in eine solche Normalbiographie. Allerdings zeigen sich hier erhebliche Unterschiede zwischen den verschiedenen Fachrichtungen – auch dies ein Zeichen für Destandardisierung.

Für die andere Hälfte der Jugendlichen sind die Wege in den Beruf nicht mehr so klar vorgezeichnet. Kennzeichnend für sie sind Wechsel der Statuspositionen im Anschluss an die Ausbildung (Vollzeittätigkeit als Fachkraft wechselt mit fachfremden Tätigkeiten, Teilzeit- oder geringfügiger Beschäftigung, Arbeitslosigkeit oder einer weiteren Ausbildung). Diese Destandardisierung kann einerseits Prekarität in allen drei Dimensionen materieller und sozialer Sicherung sowie Einbindung in einen betrieblichen Zusammenhang mit sich bringen, sie kann aber auch Chancen bieten in dem Sinne, dass neue Wahlmöglichkeiten entstehen, die eigene Biografie auch abweichend vom einmal erlernten Beruf zu gestalten. Die Untersuchungen geben keine Auskunft darüber, in welche Richtung sich die Biografien der Jugendlichen entwickeln, ob und unter welchen Umständen sie die Chancen nutzen und Prekarität vermeiden können. Nach wie vor gilt, dass eine berufliche Ausbildung vor Arbeitslosigkeit schützt. Dennoch ist auch die Arbeitslosenquote von Jugendlichen und jungen Erwachsenen mit Berufsausbildung in den letzten Jahren angestiegen. Etwa ein Drittel der Absolventen des Jahres 2005 war direkt im Anschluss an die Ausbildung arbeitslos. Jugendliche in Ostdeutschland sind hiervon stärker betroffen, ebenso Jugendliche mit türkischer Staatsangehörigkeit. Hier muss von prekären Übergängen gesprochen werden. Das Bild relativiert sich jedoch, wenn berücksichtigt wird, dass die Arbeitslosigkeit beruflich ausgebildeter Jugendlicher überwiegend von kurzer Dauer ist. Bereits ein Jahr nach der Ausbildung sinkt die Quote erheblich ab" (Kock 2008, 29).

📖 Literatur zum Weiterlesen

- Kock, K. (2008): Auf Umwegen in den Beruf. Destandardisierte und prekäre Beschäftigung von Jugendlichen an der zweiten Schwelle. Eine Auswertung empirischer Befunde. Dortmund: Sfs.
- Koesling, A. (2008): Tätigkeit in Beziehung. In: Koch, M. & Straßer, P. (Hrsg.): In der Tat kompetent. Zum Verständnis von Kompetenz und Tätigkeit in der beruflichen Benachteiligtenförderung. Bielefeld: Bertelsmann, S. 149-166.
- Wensierski, H.-J.v., Schützler, Ch. & Schütt, S. (2005): Berufsorientierende Jugendbildung. Grundlagen, empirische Befunde, Konzepte. Weinheim: Juventa.

10 Kooperation und Netzwerkbildung
Arnulf Bojanowski & Nicole Poppendieck

10.1 Worum geht es in diesem Kapitel?

Berufliche Förderpädagogik ist als komplexes Praxisfeld auf Kooperationen angewiesen. Vor allem durch den „Förderdschungel" mit seiner Fülle von Einrichtungen und Instanzen sind Kooperationen und Netzwerke in der Benachteiligtenförderung ein wichtiges Handlungsfeld und für die pädagogische Arbeit unabdingbar. Allerdings tendieren Einrichtungen der Benachteiligtenförderung dazu, zu wenig eigenständig motivierte Kooperation zu pflegen. Sie haben oft keine andere Wahl – z.B. als freier Träger – sich in einem „Markt" behaupten zu müssen.

▶ Begriffsannäherung I

Der Begriff **Kooperation** hat sowohl in alltäglichen wie auch wissenschaftlichen Zusammenhängen an Bedeutung zugenommen. Kooperation wird definiert als ein Handeln von zweien oder mehreren Individuen, das bewusst und planvoll aufeinander abgestimmt ist und die Zielerreichung jedes Beteiligten gewährleistet. Es geht um die Handlungen von Personen, Organisationen oder Systemen, so dass die Wirkungen der Handlungen dem Nutzen aller (sowohl des einzelnen Partners, als auch des Gesamtsystems) dienen. Diese **geplanten Interaktionen zwischen Akteuren verlangen** ein hohes Maß an Bereitschaft zur Kommunikation (Schnurpel, Reschke & Börchers 2002, 55f.). Die Verbindungen der Kooperationspartner werden eher von schriftlichen Vereinbarungen, weniger von persönlichen Beziehungen bestimmt. Bei „Kooperation" sollte allerdings immer mit bedacht werden: Kooperation heißt oft auch: Konkurrenz! Zum Beispiel stehen in vielen Regionen die Träger unter Konkurrenzdruck, weil sie sich auf bestimmte „Lose" der örtlichen Arbeitsverwaltung bewerben. Hier werden leider förderpädagogische Grundprinzipien außer Kraft gesetzt.

▶ Begriffsannäherung II

Netzwerke sind zunächst als Interaktionsgeflechte (z.B. private Bekanntschafts-Netzwerke) zu verstehen, in denen Anliegen und Gemeinsamkeiten einzelner Akteure und Gruppen verknüpft werden. Solche Netzwerke bestehen zwischen Individuen oder auch über sie hinaus. Grundlagen von Netzwerken sind oftmals persönliche Beziehungen, die sich durch **Sympathie und Vertrauen** auszeichnen. Durch diese Beziehungen und face-to-face-Interaktionen zwischen den Beteiligten haben Netzwerke im Gegensatz zu zahlreichen anderen Verbindungsformen oder rein organisatorisch-bürokratischen Zusammenschlüssen oftmals eine höhere Wirksamkeit in Bezug auf Information und Effektivität. Soziale Netzwerke verknüpfen Anliegen und Gemeinsamkeiten einzelner Akteure und Gruppen. Netzwerke sind räumlich begrenzt, z.B. auf eine Region oder eine Kommune. Der Kontakt zwischen Akteuren besteht nur bei **Bedarf,** es handelt sich um lose und dennoch abhängige und verbindliche Beziehungen. Netzwerke leben, wenn sie von den Beteiligten mitgetragen werden; und sie funktionieren am besten, wenn die einzelne Schule oder Einrichtung von der Netzwerkbildung profitiert.

Netzwerke lassen sich unterscheiden in strategische und operative Netzwerke. **Strategische Netzwerke** wie Arbeitsgemeinschaften, (z.B. von Jugendamt und Sozialamt) treffen langfristige Entscheidungen und geben Vorgaben. Sie basieren auf informellen Zusammenschlüssen, die spezifische Ziele verfolgen. **Operative Netzwerke** wie Zusammenschlüsse von Kammern, Schulen, Bildungsträgern oder Sozialpartnern treten an, solche Entscheidungen umzusetzen.

▶ Relevanz dieses Kapitels

Benachteiligte Jugendliche brauchen zusammenhängende Förderangebote, die auf ihre Bedürfnisse zugeschnitten sind. Regionale Kooperation der am Bildungsprozess beteiligten Akteure gilt dabei als Mittel und Weg, dieses Ziel zu erreichen, da davon ausgegangen wird, dass eine einzelne Organisation mit der Förderung benachteiligter Jugendlicher **überfordert** ist (Graser 2009, 61). Durch die Kooperation bzw. die Bildung von Netzwerken von beteiligten Institutionen soll die Effektivität der angebotenen Maßnahmen gesteigert werden, zudem soll die Förderung der Jugendlichen noch besser auf ihre individuellen Bedürfnisse abgestimmt werden (ebd., 63). Dazu bedarf es professionellen Fachpersonals bei der Umsetzung und die Zusammenarbeit möglichst aller Beteiligten auf allen Ebenen.

10.2 Ein Beispiel aus der Praxis: Das Regionale Übergangsmanagement der Stadt Nürnberg

Eine regionale Bildungslandschaft gilt mittlerweile als Wirtschafts- und Standortfaktor einer Region, weshalb an Kooperationen und Netzwerke in der beruflichen Bildung hohe Erwartungen geknüpft werden. Die Akteure der beruflichen Bildung sind dabei gefordert, sich als Netzwerkpartner zu positionieren und sich neu zu definieren (Pätzold & Wingels 2006, 21). Dies kann plastisch der Bericht „Bildung in Nürnberg" verdeutlichen, aus dem wir einen Ausschnitt wiedergeben.

Um zu steuerungsrelevanten Informationen zu gelangen, hat die Stadt Nürnberg seit 2007 an der ersten Schwelle des Einstiegs in die Berufstätigkeit ein Bildungsmonitoring aufgebaut, das die Einmündungsergebnisse registriert und für die jährliche Berichterstattung aufbereitet. Auf der Grundlage dieser Erkenntnisse wird die Bedarfsplanung für die Angebote der Berufsvorbereitung und der Berufsfachschulen durchgeführt.

Gleichzeitig setzt die Stadt mit dem Projekt „Regionales Übergangsmanagement" (RÜM) ein Element des BMBF-Programms „Perspektive Berufsabschluss" um. RÜM-Nürnberg hat mit einer im Internet frei zugänglichen Angebotsdatenbank [...] einen bedarfsorientierten Zugang zu den Maßnahmen am Übergang Schule-Beruf ermöglicht und Transparenz geschaffen. RÜM-Nürnberg übernimmt vor allem aber Dokumentations-, Abstimmungs- sowie Evaluationsaufgaben und die Qualitätssicherung und steuert die Gesamtheit der städtischen Angebote der Berufsorientierung – mit den [...] Elementen Potenzialanalyse, Berufsorientierungsprogramm (BOP), Angebote der erweiterten vertieften Berufsorientierung (evBO) und des Übergangsmanagements – sowie [...] den Elementen SCHLAU, Quapo und Kompetenzagentur. Die operativen Maßnahmen des städtischen Übergangsmanagements wurden 2010 evaluiert. Die Ergebnisse wurden im Mai 2011 dem Bildungsbeirat und dem Stadtrat vorgelegt.

Die Abbildung zeigt das vom Stadtrat verabschiedete Modell Nürnberger Übergangsmanagement. Es nimmt die Perspektive der Jugendlichen ein, die einen schulischen Bildungsgang von der 7. bis 9./10. Jahrgangsstufe durchlaufen. Das Modell legt besonderes Gewicht auf die Anschlussfähigkeit der Angebote und bezieht neben den jungen Menschen die anderen am Prozess Beteiligten (Eltern, Lehrkräfte, Jugendsozialarbeit an Schulen, Bildungsbegleitung usw.) ein.

Grundsätzlich soll das Modell sicherstellen, dass nahezu alle jungen Haupt- und Förderschülerinnen und -schüler ab der 7. Jahrgangsstufe eine systematisch angelegte Berufsorientierung erfahren. Gegen Ende der 7. Jahrgangsstufe wird diesen im Rahmen des BMBF-Programms „Bildungskette Potenzialanalyse" die Möglichkeit geboten, ihre Neigungen und Fähigkeiten zu entdecken. Über die Potenzialanalyse lassen sich diejenigen Schülerinnen und Schüler identifizieren, bei denen die Gefahr besteht, dass sie den erfolgreichen Hauptschulabschluss nicht erreichen. Ihnen wird eine Berufseinstiegsbegleitung (ca. 300 Plätze in Nürnberg) angeboten. Über das BMBF-Programm Bildungskette sollen im Anschluss an die Potenzialanalyse möglichst viele Schülerinnen und Schüler eine praktische Berufsorientierung in Werkstätten erfahren: Nahezu alle Jugendlichen an Haupt- und Förderschulen können in der 8. Jahrgangsstufe ihre beruflichen Neigungen und Interessen in einem mindestens 65 Stunden dauernden Modul in mindestens drei Berufsfeldern in überbetrieblichen Werkstätten erkunden und vertiefen.

Industrie- und Handelskammer sowie die Handwerkskammer bieten darüber hinaus seit längerem allen Hauptschülerinnen und Hauptschülern der 8. bzw. 9. Klassen einen kostenlosen, umfangreichen Kompetenzcheck an, der die Berufswahlorientierung erleichtert. Die an Berufsorientierungsmodulen ausgerichteten Schulprogramme (acht Module im Rahmen der erweiterten vertieften Berufsorientierung der Arbeitsagentur und des Kultusministeriums) sollen Schulen die Möglichkeit geben, individuelle Wege einzuschlagen und ihr Profil zu schärfen. Teil der vertieften Berufsorientierung nach § 33 SGB III ist das von Arbeitsagentur, Stadt Nürnberg und Kultusministerium gemeinsam finanzierte Angebot SCHLAU, das rund 500 Schülerinnen und Schüler der 8. und 9. Jahrgangsstufe an Hauptschulen bei einer Bewerbung um einen dualen Ausbildungsplatz oder ein anderes weiterqualifizierendes Ausbildungsangebot unterstützt. In Ergänzung zur Berufsorientierung bietet das städtische Angebot Quapo schulische Unterstützung für 220 leistungsschwächere Schülerinnen und Schüler an. Die Kompetenzagentur hat die Aufgabe, Jugendliche mit erheblichen Startschwierigkeiten nach dem Verlassen der allgemeinbildenden Schule an die berufliche Ausbildung heranzuführen.

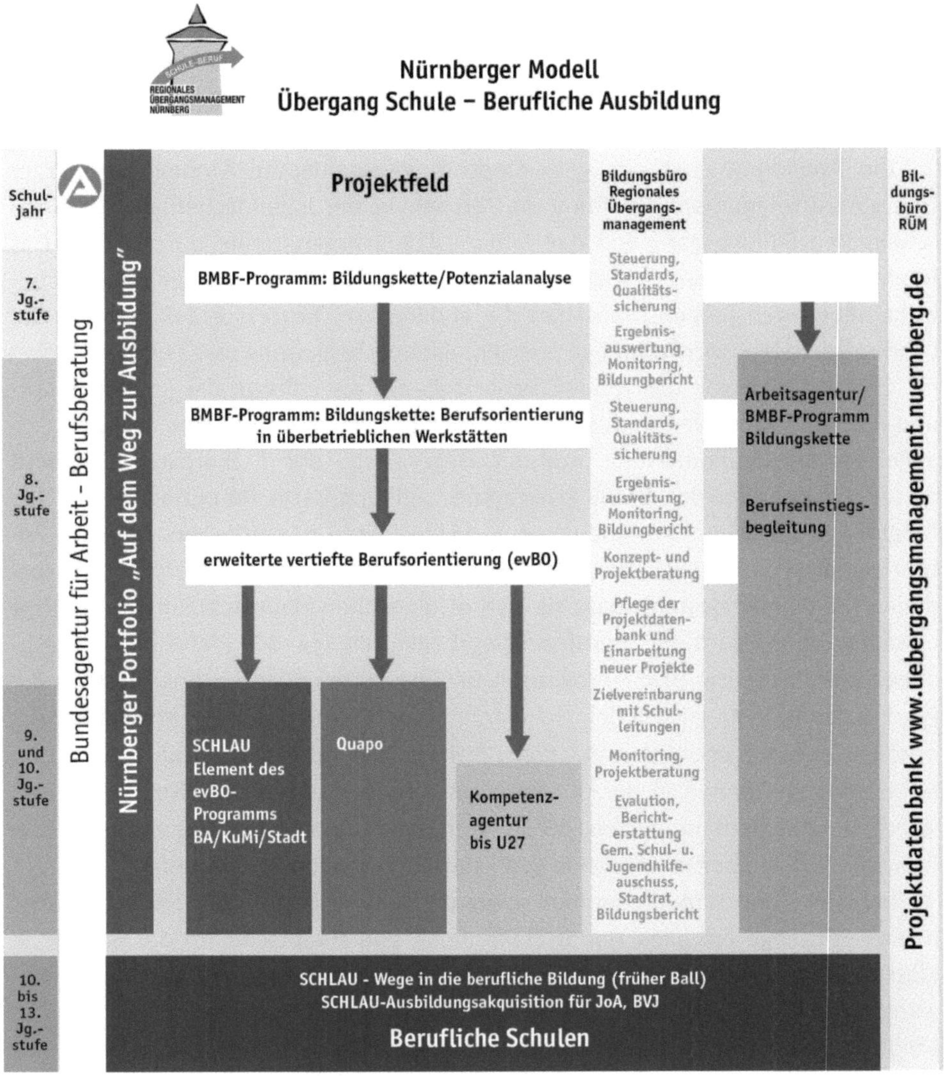

Entnommen aus: Nürnberg. Bürgermeisteramt, Bildungsbüro 2011.

10.3 Was man über Kooperation und Netzwerke wissen sollte

Unser Praxisbeispiel zeigt einen aktuellen Entwicklungsstand regionaler Kooperationen. Nun sind die Erfahrungen älter; immer schon gab es im dualen System Lernortkooperationen. Jedoch ist die Frage von Kooperationen und Netzwerkbildung im „Förderdschungel" anders. Hier müssen viele Einrichtungen und Behörden zusammenarbeiten, die wenig gewohnt sind, bereichsübergreifend zu arbeiten. Regionale Kooperationen und Netzwerkbildung sind also schwierig, aber notwendig, um die ungelöste Steuerungsproblematik in der Benachteiligtenförderung wenigsten auf der lokalen Ebene etwas zu entschärfen. Was aber bremst die professionell Tätigen bei Kooperation und Netzwerkbildung? Sie sind es nicht gewohnt und es gehört nicht zu ihrem professionellen Habitus, über den Tellerrand der jeweils eigenen Einrichtung hinaus zu blicken. Die Ansätze von Kooperationen im sog. „Benachteiligtenprogramm" waren richtungsweisend, aber nicht nachhaltig. Daher bleibt die Hoffnung bei der aktuellen Strategie des regionalen Übergangsmanagements als regionale Koordinationsform.

▶ Der Ausgang: Lernortkooperation im dualen System

Innerhalb der beruflichen Bildung wird der Begriff Kooperation vorwiegend unter dem Aspekt der **Lernortkooperation** thematisiert. Lernortkooperation umfasst die Zusammenarbeit des Lehr- und Ausbildungspersonals unter der gemeinsamen Perspektive, den Lernenden die Verknüpfung der Ausbildungsinhalte und Erfahrungen aus verschiedenen Lernorten zu ermöglichen. Mit Hilfe formaler Regelungen sollen die differenten Verlaufsformen beruflicher Ausbildung zwischen den Lernorten besser aufeinander bezogen werden (Schnurpel, Reschke & Börchers 2002, 65ff). Lernortkooperation bietet die Chance, Probleme und Aufgaben in der Berufsbildungspraxis kreativ zu bearbeiten und Aufgaben zu lösen, die die Fähigkeiten eines einzelnen Lernortes überschreiten (Pätzold & Wingels 2006, 20). Die Wirksamkeit von Lernortkooperation hängt wesentlich von der Akzeptanz und der Art der Nutzung durch die Einzelakteure ab (ebd., 25).

▶ Kooperation und Netzwerkbildung im Förderdschungel?

Kooperationen und Netzwerkbildungen in der Benachteiligtenförderung müssen berücksichtigen, dass die einzelnen Träger und Organisationen zumeist ihre Konzepte isoliert betreiben. Durch diese Zerklüftung und die Tatsache, dass die Beteiligten wenig vom Tun der anderen wissen und erfahren, ist ein **Wildwuchs von Maßnahmen** entstanden, der auch für Eingeweihte nur noch mühsam zu durchschauen ist. Benachteiligte junge Menschen treffen bei ihrem Versuch, einen erfolgreichen, geradlinigen oder zumindest zielstrebigen beruflichen Bildungsweg zu beschreiten, auf eine unübersichtliche Fülle von Maßnahmen und Institutionen. Die Angebote sind wenig transparent, kaum koordiniert und bauen nicht aufeinander auf. Das Fördersystem ist kaum zu durchschauen, weder für die Jugendlichen noch für ihre Eltern oder professionellen Begleiter. Benachteiligtenförderung hat sich nicht als geplantes System herausgebildet, sondern sie ist – je nach gesellschaftlichen Problemlagen – eher zufällig entstanden (→ Kapitel 11).

Zudem ist die berufliche Benachteiligtenförderung längst kein temporärer Son-derbereich mehr im deutschen Berufsbildungssystem, sondern sie wird auch zukünftig zur Realität der deutschen Berufsbildung gehören. Auf regionaler Ebene nimmt man sich nicht als Teileelemente eines Gesamtsystems wahr. Es gibt auch kein übergreifendes pädagogisch verantwortetes und systematisches Förderkonzept für die Jugendlichen (→ Kapitel 8). „Zersplitterte Landschaft" und „unsystematische Förderung" heißt damit: Die ohnehin schwierige Persönlichkeitsentwicklung und Kompetenzentfaltung benachteiligter Heranwachsender finden unter nochmals erschwerten institutionellen Bedingungen statt.

▶ Warum regionale Kooperation und Netzwerkbildung schwierig ist

Bei der Entwicklung von Netzwerken und Kooperationen tauchen zumeist Probleme auf. Im Maßnahmendschungel gibt es unterschiedliche gesetzliche und/ oder institutionelle Aufträge. „Benachteiligtenförderung" bietet mithin **keine unmittelbare fachliche Identifikation**; hier springt kaum ein Akteur über seinen Schatten, um sich unvoreingenommen in die Strukturen anderer Bereiche hineinzudenken. Erschwert werden Kooperationen auch durch institutionelle Eigeninteressen und Besitzstandsdenken, die die in der Institution Arbeitenden an den Tag legen (und vielleicht sogar legen müssen). Das hängt mit den **unterschiedlichen Finanzierungen** zusammen, die ein differierendes Selbstverständnis der Akteure nach sich ziehen. Angesichts finanzieller Engpässe in der Förderlandschaft bedeutet Kooperation zu Anfang immer auch eine Mehrarbeit für die Mitarbeiter. Ohne personelle und finanzielle Ressourcen sind Kooperationen daher rasch zum Scheitern verurteilt (Sänger & Bennewitz 2001). Eine weitere Problematik gerade bei der Bildung von Kooperationsbeziehungen: Oftmals gibt es **keinen von allen akzeptierten und/oder sichtbaren Initiator**. Initiativen für Kooperationen sollten nämlich vom Bedarf einer Einrichtung ausgehen; wenn der Bedarf nicht sichtbar ist, entsteht ein Glaubwürdigkeitsproblem (ebd.). Oftmals schieben Einzelpersonen, weil sich ein bestimmter Bedarf zeigt, Kooperationen ohne Rückhalt von oben an, die sie dann nicht allein durchhalten können. Vielmals zeigen sich dann aber die mangelnden Ziele von Kooperationen; die Beteiligten treffen sich zwar, haben keine verbindlichen und gemeinsam getragenen Zielsetzungen. Besonders bei den inzwischen üblichen kurzzeitigen Laufzeiten von Projekten oder angesichts der Kurzfristigkeit überhaupt von Maßnahmen erscheinen dann Kooperationen sinnlos. Hier kommt auch das Problem der **Nachhaltigkeit** von Kooperationen ins Spiel: Netzwerke sind oft brüchig, weil die Akteure nach einer gewissen Zeit nicht mehr zusammenkommen, so dass ein dünn geknüpftes Netz zerreißt. Viele Akteure stöhnen auch über die Gründung neuer Netzwerke: sie seien doch schon an so vielen beteiligt. Das Problem liegt also auch in der **Ineffizienz der bestehenden Netze**: Netzwerke funktionieren nur dann, wenn sie den vernetzten Akteuren nutzen (was nicht immer umgekehrt bedeutet, dass dies zum Nutzen der Zielgruppe ist) – und wenn sie nicht die ohnehin knapp bemessene Zeit noch mehr minimieren.

Insgesamt bedarf es langfristiger Strategien, um dieses Feld systematisch zu stabilisieren. Ständige Trägerwechsel und Neuausschreibungen führen dazu, dass Netzwerke zwischen Trägern und innerhalb der Regionen kaum von längerer Dauer sein können, da die beteiligten Protagonisten oft nur für begrenzte Zeiträume tätig sind. Entscheidende Merkmale von Vernetzung sind **Vertrauen** der verschiedenen Kooperationspartner untereinander, klare Absprachen über gemeinsame Förderelemente und Vereinbarungen über die Berührungspunkte. Angesichts der Notwendigkeit, die Förderwege der Jugendlichen zu erleichtern, müssen die Absprachen höchst konkret und verbindlich sein

▶ Was bremst die professionell Tätigen bei Kooperation und Netzwerkbildung?

Die Schwierigkeit der Umsetzung hängt auch in der beruflichen Benachteiligtenförderung mit dem heterogenen Fachpersonal zusammen (→ Kapitel 4). Die Benachteiligtenförderung muss mit den tiefen Diskrepanzen in den ausbildenden bzw. betreuenden Personen, ihren Qualifikationen und ihren Lebenswegen auskommen. Die verschiedenen Berufsgruppen (Berufsschullehrer, Sozialpädagogen und Ausbilder) haben voneinander abweichende fachliche Ausrichtungen, was dazu führt, dass diese über sehr unterschiedliche Hintergründe in Bezug auf Ausbildung, Werdegang und berufliches Selbstverständnis verfügen. Dies führt wiederum dazu, dass die Schnittstellen an Gemeinsamkeiten mit den anderen Berufsgruppen relativ klein sind und somit das Wissen über die anderen Fachrichtungen entsprechend gering ist. In der Folge gehen nicht nur die Auffassungen darüber auseinander, wie eine optimale Förderung der Jugendlichen zu bewerkstelligen ist, sondern auch die Jugendlichen selbst können keine klare Linie im Handeln erkennen und erleben unterschiedliche Herangehensweisen seitens der Akteure (Kampmeier et al. 2006, 33f). Dadurch ergeben sich krasse Unterschiede in den Fachkulturen, im Professionsverständnis, etc. (→ Kapitel 4).

▶ Ansätze von Kooperationen: das Benachteiligtenprogramm

Das Benachteiligtenprogramm begann im Jahr 1980 (→ Kapitel 7; → Kapitel 8) mit etwa 600 Ausbildungsplätzen in außerbetrieblichen Einrichtungen. Mit der Zeit kamen neue Ansätze dazu, wie z.B. die ausbildungsbegleitenden Hilfen (abH).

Die Benachteiligtenförderung sollte neben Berufsausbildungsvorbereitung, Berufsausbildung und Nachqualifizierung durch die Kooperation mit anderen Institutionen für eine erfolgreiche berufliche Integration benachteiligter Jugendlicher sorgen. Im Anschluss an die Berufsausbildungsvorbereitung sollte den Jugendlichen eine berufliche Ausbildung ermöglicht werden, entweder im Betrieb mit der Unterstützung von abH oder in außerbetrieblichen Einrichtungen. Gerade die abH stehen in enger Beziehung mit unterschiedlichen Kooperationspartnern und Institutionen. Sozialpädagogische Betreuungen sollen Jugendliche bei privaten und beruflichen Problemen unterstützen, der Stützunterricht soll den Berufsschulunterricht ergänzen. Eine **intensive Zusammenarbeit aller Akteure** ist für die Effektivität ausschlaggebend. Es gelingt aber nicht allen benachteiligten Jugendlichen, trotz Unterstützung eine Ausbildung in einem Betrieb zu beginnen. Diese haben dann die Möglichkeit, eine Berufsausbildung in einer außerbetrieblichen Einrichtung zu absolvieren. Dort bekommen sie noch intensivere und umfassendere Hilfestellungen, um ihre Ausbildung erfolgreich zu absolvieren. Mit dem Benachteiligtenprogramm entstand ein erster Ansatz, die verschiedenen Institutionen zusammenzubringen und Kooperationen zu verwirklichen.

▶ Formen der Kooperation

Im Jahr 2001 wurde in den Empfehlungen der Bund-Länder-Kommission der Aspekt der Kooperation zwischen den dafür relevanten Akteuren auf regionaler Ebene besonders betont. Es wurde ein hohes Maß an Kooperationsvermögen aller Beteiligten gefordert. Ziel war es, Kooperation sowohl auf horizontaler als auch auf vertikaler Ebene stattfinden zu lassen (Graser 2009, 70). Mit der **horizontalen Kooperation** wird die Zusammenarbeit der Lernorte beschrieben, die gleichzeitig am Lern- und Ausbildungsprozess eines Jugendlichen beteiligt sind. Sie beinhaltet die Zusammenarbeit des Personals innerhalb einzelner Institutionen sowie zwischen verschiedenen Lernorten. Dazu zählen Praktikumsbetriebe, berufsbildende Schulen oder andere Bildungsträger. Im Gegensatz dazu beschreibt die **vertikale Kooperation** die Zusammenarbeit aller Akteure, die in den vorhergehenden und auch nachfolgenden Bildungsabschnitten an der Qualifizierung eines jungen Menschen beteiligt sind. Diese Kooperationsform ist besonders wichtig, um eine Maßnahmenkarriere zu verhindern. Zu der vertikalen Kooperation zählen allgemein bildende Schulen, Berufsorientierungen oder außerbetriebliche Ausbildungen (ebd., 105ff.).

▶ Die aktuelle Strategie: Regionales Übergangsmanagement

Der Bedarf nach Regionalem Übergangsmanagement entstand aus der unzureichenden Steuerung und Regulation regionaler Übergangssysteme. Weder die verschiedenen politischen Steuerungsebenen noch die dreigeteilte Trägerschaft können eine einheitliche Koordination schaffen (→ Kapitel 11). Vor diesem Hintergrund erscheint die Lösung einer **„kommunalen Koordinierung"** plausibel, vor allem wenn „achtzig Prozent aller Wohlfahrtsleistungen in Europa [...] kommunale Leistungen (sind)" (Vogel 2009). Angesichts des Stillstands der offiziellen Politik und der zunehmenden Bedeutung der Kommunen könne nur durch eine Konzentration auf das örtliche Geschehen die Bildungspolitik im Benachteiligtenbereich neue Handlungsformen gewinnen. Hier kommt der Ansatz der sog. **„Weinheimer Initiative"** ins Spiel, die 2007 regionale Koordinierung in den Mittelpunkt rückte (Weinheimer Initiative 2007). Man war überzeugt, dass man auf der lokalen Ebene die Übergänge besser koordinieren könne. Inzwischen findet sich in deutschen Kommunen und Landkreisen eine Fülle von Realisierungsvarianten Regionaler Koordinierung. Allerdings handelt es sich hierbei nicht um eine kommunale Selbstverständlichkeit, sondern immer um eine zusätzliche Aktivität (Dobischat & Kühnlein 2009). Das Regionale Übergangsmanagement ist im politischen Handeln einer Kommune keine Pflichtaufgabe der Daseinsvorsorge, da die Kommunen nur begrenzte Zuständigkeiten im Bildungsbereich haben (Schulträgerschaft). Daher gelingt es in den Kommunen nur partiell innerhalb bestehender Strukturen regionale Übergangsgestaltung zu entwickeln: es fehlt an administrativer Koordinationsfähigkeit (→ Kapitel 15, hier 15.3).

Dennoch: In der Unmittelbarkeit der Begegnung mit der örtlichen Jugend ist regionale Politik verpflichtet, diesen Jugendlichen „ein Gesicht zu geben". Regionale Bildungspolitik kann nicht schlicht wegsehen, wenn die eigenen Kinder „aus dem Ruder laufen" oder wenn die Jugendlichen in einem unterprivilegierten Stadtteil keine Lehrstelle bekommen. Daraus erwächst die Notwendigkeit der Konstruktion eines zivilgesellschaftlichen Rahmens, in dem junge Menschen vor Ort Zuversicht und Weltvertrauen gewinnen können. Solange staatliche Transferleistungen im Kern den Kommunen obliegen, haben die Kommunen gar keine andere Wahl, als eine kluge Präventionspolitik zu entwickeln.

Kommunen und Landkreise haben sich inzwischen vielfach der Problematik benachteiligter Jugendlicher angenommen: Arbeitskreise und Steuerungsgruppen sind installiert, kommunale Programme zur Berufsorientierung oder Elternarbeit sind aufgelegt, Initiativen in Berufsbildenden Schulen oder Hauptschulen sind zu neuen Verbünden gewachsen, etc. Das Problem der kommunalen Steuerung liegt darin, dass das schwächste Glied in den bundesdeutschen Steuerungsinstanzen seine Aufgabe nicht erfüllen kann, wenn nicht die anderen politischen Steuerungsebenen angemessene Vorarbeit leisten.

10.4 Unser Credo: Zur Notwendigkeit von Kooperation und Netzwerkbildung!

! Es müssen neue Zugänge gefunden werden, durch die benachteiligte Jugendliche und junge Erwachsene ihren jeweiligen Weg in die erwachsene Gesellschaft finden. Dazu sind die Akteure aufgefordert, miteinander anstatt gegeneinander zu arbeiten und Zielsetzungen, Inhalte und Methoden der Förderung Jugendlicher zu vereinbaren.

! Bei der Förderung beruflicher Integration geht es bei Kooperation und Vernetzung aller Akteure auf regionaler Ebene auch darum, Fördersynergien herzustellen und mehr Effizienz zu erreichen.

! Die verschiedenen Berufsgruppen müssen sich auf einem gemeinsamen und konstruktiven Prozess für die bestmögliche Förderung der jungen Menschen verständigen. Sie müssen Netzwerke aufbauen, in denen unterschiedliche Akteure basisnahe, flexible, partnerschaftliche, rekursive und kreative Kooperationsbeziehungen eingehen. Ziel ist es, die unkoordinierte Arbeit untereinander besser abzustimmen und kooperative Arbeitsformen voranzutreiben, die eine kontinuierliche und regelmäßige Zusammenarbeit ermöglichen.

! Die zentralen Zieldimensionen Beruf und Arbeit, denen in erster Linie die Lehrkräfte an berufsbildenden Schulen und die Ausbilder in den schulischen und außerschulischen Werkstätten folgen, müssen mit sozialpädagogischen Zieldimensionen verbunden werden: biographische Kompetenz, Lern- und Entwicklungsfähigkeit sowie Selbst- und Eigeninitiative.

! Es bedarf der Entwicklung lokaler niedrigschwellige Berufsberatungsangebote, die ratsuchenden Jugendlichen regionale Berufsbildungsangebote erläutern und die sie dann weitervermitteln können. Durch die ganzheitliche Betrachtung und das fallorientierte Arbeiten mit dem Klienten kann der individuelle Versorgungsbedarf mittels Kommunikation und verfügbarer Ressourcen abgedeckt werden.

! Kooperationen und Netzwerke sind stets auch gefährdet. Denn nur zu oft kommt es regional zu Konkurrenzsituationen zwischen verschiedenen Trägern oder auch zwischen außerschulischer und schulischer Benachteiligtenförderung. Förderpädagogische Leitideen fordern jedoch sinnvolle Bildungsverläufe anstatt unnötiger und unproduktiver Maßnahmeverdoppelungen.

10.5 Praktische Empfehlungen, Aufträge, Übungen, Tipps

☞ **Übung 1**

Führen Sie in Kleingruppen eine *Erkundung* bei einem Träger durch. Informieren Sie sich dabei über das Angebot, die Kooperationsbeziehungen, die Mitarbeiter und Jugendlichen. Präsentieren Sie Ihre Ergebnisse der gesamten Gruppe und stellen Sie evtl. Infomaterial (Flyer) zur Verfügung.

☞ **Übung 2**

Sie sind Praktiker in einer Einrichtung. Stellen Sie ihr *persönliches Netzwerk* zusammen. Untersuchen Sie, mit welchen regionalen Trägern Sie wie zusammenarbeiten. Stellen Sie also die Beratungsstellen, Träger, Ämter etc. zusammen, die Sie (regelmäßig) kontaktieren. Sind es persönliche Kontakte? Oder formale Kontakte? Wie eng sind die Kontakte? Für ihren Arbeitsplatz könnten Sie Ihr eigenes regionales Kontaktnetz durch ein kleines Plakat visualisieren. Auf dem Plakat könnte z.B. ein Netz abgebildet sein, dessen Elemente Sie jeweils kurz beschreiben.

☞ **Übung 3**

„Regionen des Lernens", „regionales Übergangsmanagement" – das alles sind Hinweise darauf, dass Bildungsprozesse verstärkt im lokalen Kontext diskutiert werden. Bitte suchen Sie sich im Internet einmal eine solche *regionale Bildungslandschaft* heraus und versuchen Sie, aus den vorfindlichen Daten und Informationen mit Hilfe dieses Kapitels zentrale Kooperationsfelder und Problematiken herauszuarbeiten.

📖 Literatur zum Weiterlesen

☐ Mack, W. (2008): Bildungslandschaften. In: Coelen, T. & Otto, H.-U. (Hrsg.): Grundbegriffe Ganztagsbildung. Das Handbuch. Wiesbaden: VS-Verlag, S. 741-749.

☐ Kampmeier, A.S., Niemeyer, B., Petersen, R. & Stannius, M. (2008): Das Miteinander fördern. Ansätze für eine professionelle Benachteiligtenförderung. Bielefeld: Bertelsmann.

☐ Kruse, W. (2011): „Kommunale Koordinierung" beim Übergang Schule – Arbeitswelt. Jugendhilfe, 49 (6), S. 321-328.

11 Der Übergangssektor: Ein Puffer zwischen Schule und Beruf[1]

Arnulf Bojanowski & Martin Koch

„Die möglicherweise folgenreichste und auch problematischste Strukturverschiebung signalisiert die starke Expansion dessen, was in diesem Bericht als Übergangssystem bezeichnet wird.“
Konsortium Bildungsberichterstattung

11.1 Worum geht es in diesem Kapitel?

Ein zentrales Problem der Beruflichen Förderpädagogik liegt darin, dass es keinen bestimmbaren **„Ort"** gibt, der unmittelbar Auskunft darüber gibt, was und wie benachteiligte Jugendliche lernen. Jemand sagt: „Ich gehe aufs Gymnasium!" – und schon ist klar, in welche Schule man geht. Würde man sagen: „Ich gehe ins Übergangssystem"? Nein. Hinzu kommt dann, dass die professionell Tätigen in der Regel nur ihren (Teil-)Bereich der Benachteiligtenförderung kennen. Wie aber haben sich die verschiedensten Maßnahmen oder Angebote herausgeschält? Was sind ihre besondern Merkmale? Die Nationalen Bildungsberichte haben vor einigen Jahren den Begriff „Übergangssystem" geprägt. Er soll als Ausgangspunkt für vertiefende Analysen dienen, in denen genauer darüber berichtet wird, wo und unter welchen **systemischen Bedingungen** benachteiligte Jugendliche unterrichtet, betreut oder gefördert werden.

▶ Begriffsannäherung I

Mit dem Begriff **„Übergangssystem"** hatten die Nationalen Bildungsberichte seit 2006 einen Sektor der beruflichen Bildung charakterisiert, der sich zwischen das **„duale System"** und das **„Schulberufssystem"** geschoben habe (Konsortium Bildungsberichterstattung 2006a). Der Begriff selbst ist verwirrend und widersprüchlich. Weder organisiert das Übergangssystem die „Übergänge" benachteiligter junger Menschen von der Schule in Ausbildung oder ins Erwerbsleben, noch lässt sich das Übergangssystem als ein „System" beschreiben. Dieser Bereich besteht vielmehr aus einer Vielfalt verschiedenster Maßnahmen, Zuständigkeiten usw. Früher sprach man vom **„Förderdschungel"** (wobei der Begriff des Förderns bei dieser Wortwahl allerdings auch nicht besonders glücklich ist). Wie auch immer: Mit dem Begriff „Übergangssystem" ist annäherungsweise der „Ort" für die Benachteiligtenförderung benannt. Er verdeutlicht etwas präziser, wo Benachteiligte lernen sollen: nämlich in einem Sektor des beruflichen Bildungssystems.

---

1 Die Idee des Puffers stammt von unserem Studenten Sebastian Schork. Danke!

▶ Begriffsannäherung II

Diese Zuordnung zum beruflichen Bildungssystem ist sinnvoll, aber auch problematisch. Sinnvoll ist sie deswegen, weil damit genauer die Aufgaben dieses Bildungsbereichs umrissen werden – und dies ist zweifelsohne in der Phase des Jugendalters die **Orientierung an der Beruflichkeit**. Junge Menschen müssen in diesem Lebensalter eine Art Vorentscheidung darüber treffen, was sie einmal werden wollen. Diese Vorentscheidung mag immer auch Anteile des Kompromisses oder sogar der Resignation enthalten, gleichwohl muss sie in gewisser Weise gefällt werden – oder sie wird einem jungen Menschen durch die institutionellen Entscheidungen abgenommen. Problematisch ist die Zuordnung zum beruflichen Bildungswesen, weil der Übergangsbereich breiter angesetzt werden muss. Er nimmt (a) auch **Anteile des allgemein bildenden Bildungswesens** (Sekundarstufe I) auf, nämlich alle Aktivitäten, die sich um Berufshinführung oder -orientierung drehen. Benachteiligte junge Menschen müssen sich zum einen mit Bildungsgegenständen befassen, die sie sich in der Phase der Allgemeinbildung zumeist nur unzureichend angeeignet haben, und sie müssen sich mit der Berufswahl auseinandersetzen. Damit greift der Übergangssektor die Allgemeinbildung auf und setzt sie fort. (b) Zudem sind auch **Jugendliche aus Bedarfsgemeinschaften** (Hartz-IV-Familien) angesprochen. Mit der Einführung des Sozialgesetzbuches II kam es zu einer erheblichen Anzahl junger Menschen aus „Bedarfsgemeinschaften", die durch – pädagogisch unhaltbar – sog. „Arbeitsgelegenheiten" versorgt wurden, verbunden mit erheblichen Eingriffen (Sanktionen) in die Familien- und Privatsphäre.

▶ Relevanz dieses Kapitels

Der Übergangssektor als „Ort" der Benachteiligtenförderung ist ein zentraler Bezugspunkt beruflicher Förderpädagogik. Er ist inzwischen ein bedeutsamer Sektor im deutschen (Berufs-)Bildungswesen, der auf Veränderungen in einer (oft regionalen) Berufsbildungslandschaft reagieren muss. Allerdings gibt es für den Übergangssektor keine einheitlichen und konsistenten politischen, rechtlichen und fiskalischen Steuerungsinstrumente, obwohl ein Gutachten (Euler 2010) mit Prognosen bis zum Jahr 2025 zeigt, dass ein starker Sockel benachteiligter Jugendlicher das Berufsbildungssystem auch weiterhin begleiten wird. In Hochrechnung der Zahl der abnehmenden Einfacharbeitsplätze wird zudem deutlich, dass sich die Arbeitsmarktintegrationsprobleme der Zielgruppen kaum mindern werden. Somit zeigt sich heute die Benachteiligtenförderung oder (besser) der **Übergangssektor** als ein zwar allmählich etwas abnehmender (2011: ca. 300.000 Eintritte), aber als insgesamt höchst diffuser, ungeordneter und nur historisch erklärbarer Sektor des Bildungswesens, der noch lange nicht das leisten kann, was er leisten sollte: jungen Menschen den Übergang ins Erwerbsleben zu erleichtern. Es wird daher weiterhin vom persönlichen Engagement der im Übergangssektor Tätigen abhängen, ob die Berufshinführung eines Fünftels der nachwachsenden Generation halbwegs gelingt.

11.2 Ein Beispiel aus der Praxis: „Besuch einer internationalen Delegation im Jahre 2015" – ein fiktives Szenario

Die Delegation war nicht amüsiert. Hatte sie doch nun schon fast anderthalb Stunden am Flughafen in Berlin auf den offiziellen Vertreter Deutschlands gewartet, der sie empfangen und vier Tage lang durch das deutsche Bildungswesen begleiten sollte. Der deutsche Vertreter ließ auf sich warten. Die Delegation war hochrangig besetzt: Minister aus Kanada und Schwarzafrika, Administratoren aus Frankreich, Finnland, Mexiko, Brasilien, Südkorea und China, Parlamentarier aus den USA, Spanien, Russland, ehemalige Politiker aus Dänemark, Polen etc. Fast 25 wichtige Persönlichkeiten hatten OECD und UNESCO aufgeboten. Warum? Im Jahr 2010 hatte Deutschland nach 10 langen Jahren bildungsbezogener Randposition eine Mittelstellung eingenommen: Es stand nun fast überall im OECD-Durchschnitt. Der deutsche Jubel hatte jedoch skeptische Beobachter in den internationalen Gremien eher misstrauisch gemacht – und die Frage provoziert: Wieso leistet sich die drittgrößte Industrienation, die zudem beredt über einen hauseigenen Fachkräftemangel klagt und weltweit Hochqualifizierte ins Land locken will, einen Sockel von ca. 20% „Risikoschülern"?

Blaulicht, Tatütata – endlich erscheint die Berliner Bildungssenatorin und begrüßt die Delegation. Leider sei die Kultusministerkonferenz (das informelle höchste Gremium für Bildungsfragen in Deutschland) sich nicht einig gewesen, wer für die Delegation zuständig sei. Als Gastgeberin freue sie sich für das Land Berlin, dass man inzwischen die Zahl der Risikoschüler durch verstärkte Anstrengungen im Vorschulbereich deutlich habe senken können.

Die Delegation hatte 10 Themenkomplexe vorbereitet, auf die sie im Rahmen ihres Deutschlandbesuches näher eingehen wollte. Die Einführung zum ersten Themenkomplex *(„Faktizität eines Übergangssystems")* mit Politikern, Verwaltungsfachleuten und Wissenschaftlern verläuft widersprüchlich. Es heißt, dass man in der Bundesrepublik die Möglichkeit geprüft habe, „die Vielzahl der verschiedenen Programme und Förderinstrumente für junge Menschen zur Eingliederung in Ausbildung oder Arbeit besser aufeinander abzustimmen und zu bündeln" (Bundesregierung 2010, 5). Angesichts der Vielfalt der Diskurse, der wissenschaftlichen Untersuchungen und der Verlautbarungen aus der Politik herrsche doch wohl ein allgemeines Unbehagen über den Zustand des Übergangssystems. Der finnische Vertreter meint, dass es nicht so leicht gelinge, das Übergangssystem als Ganzes abzuschaffen; es werde doch sicher noch viele Jahre seine kompensatorische Funktion wahrnehmen.

Auch in dem zweiten Themenkomplex *„Geltungsbereich" (Zielgruppen)* – so die Anhörung – sind die Ergebnisse dünn. Lediglich herrsche ein latentes gesellschaftliches Unbehagen über die hohe Zahl der Personen ohne Berufsabschluss (etwa 2 Millionen der 19- bis 29-Jährigen), auch gebe es Studien, die den volkswirtschaftlichen Schaden durch Schulabbruch thematisieren. Die Frage der Delegation, wieso auch noch innerhalb des Übergangssystems bestimmte Zielgruppen selektiert und klassifiziert werden, wird mit Verweis auf die oft „mangelnde Ausbildungsreife" vieler junger Menschen beantwortet. Widerspruch meldet sich aus der Wissenschaft: Politisch, so die Wissenschaftler, würden hier junge Menschen zu „Arbeitsscheuen" degradiert. Sie seien aber Opfer des Förderdschungels und des Ausbildungsplatzmangels; zudem existiere seitens der Betriebe – trotz Wirtschaftswachstum – kein „Commitment" mehr, z.B. Lehrstellen für Hauptschulabgänger zur Verfügung zu stellen. Das dänische Delegationsmitglied schüttelt den Kopf: „Man braucht ein Gesetz, das festschreibt, dass alle Jugendlichen nach Ende der allgemeinen Schule einen Platz zum Lernen finden!"

Der zweite Tag beginnt mit einer Diskussion in einem Bundesministerium. *„Wie ist das Übergangssystem in Deutschland verortet?"* Die Antwort ist eine subtile Einführung in den bundesdeutschen Föderalismus: „Für die schulische Berufsvorbereitung", so der Vertreter des Ministeriums, „sind die 16 Bundesländer zuständig. Da hat der Bund leider keine Möglichkeit einzugreifen." Und er fährt fort: „Für die berufsvorbereitenden Maßnahmen der Bundesagentur für Arbeit zeichnet das Bundesarbeitsministerium als Ressort zuständig." „Gibt es denn *interessante Organisationsformate,* auf die Sie zurückgreifen können?". „Das Berufsvorbereitungsjahr in den Bundesländern ist durchaus vorbildhaft; besonders hervorzuheben sind die berufsvorbereitenden Maßnahmen der Bundesagentur für Arbeit, in denen fast 100 Tausend Jugendliche pro Jahr gefördert werden." „Wir kennen in Dänemark die Produktionsschulen als erfolgsversprechendes Format, gibt es so etwas auch in Deutschland?", fragt der dänische Vertreter.

„Offenbar sind insgesamt noch nicht einmal auf Ebene der Bundesregierung die *Zuständigkeiten* geklärt, muss man daraus wohl folgern?", so die Delegierte aus Frankreich. Es entspinnt sich eine lebhafte Debatte zwischen verschiedenen Vertretern verschiedener Bundesministerien und Vertretern der Bundesländer: Wie weit kann die Bundeszuständigkeit gehen – und wie weit bedürfen die regionalen Bildungslandschaften in den Bundesländern sogar tendenzielle Autonomie? Die internationale Delegation bleibt ratlos.

Nach Besuch mehrerer Einrichtungen der Benachteiligtenförderung kommt es am dritten Tag zu einem Treffen mit Vertretern der sogenannten freien Träger (Trägerschaft). Deren Sprecher führt aus, dass das Prinzip der „Subsidiarität" (also der indirekten Finanzierung durch den Staat an Träger, die dann Bildungsmaßnahmen machen) aus Beschlüssen der Weimarer Republik stammen. „Bisher gewinnen wir den Eindruck, einer erheblichen Zersplitterung der gesamten Landschaft!" so ein Ruf aus der Delegation. Einer der Trägervertreter führt aus: „Ja, ich stimme Ihnen da zu. Und ich muss noch erwähnen: Die Finanzierung, auf die Sie ja sicherlich noch kommen werden, ist auch uneinheitlich geregelt."

Die Delegation beschließt nach diesen Ausführungen, einen Bundesvertreter zu den beiden Themenkomplexen: *„Finanzierung"* und *„Rechtsrahmen"* zu hören. Die Ergebnisse dieses Gespräches, das hinter verschlossenen Türen stattfindet, fällt, so ein Kommentar der Delegationsleiterin, verheerend aus. „Wir haben Stillschweigen vereinbart." Kurz vor ihrem Abflug hat die Delegation die Möglichkeit, mit Bildungswissenschaftlern über ihre letzten beiden Themenkomplexe *„Personal"* und *„Pädagogische Fragen"* zu diskutieren. „Wieso kommt es zu dieser Zersplitterung in den pädagogischen Professionen?", fragt der schwedische Vertreter. Die Antworten: Auch das sei ein Ergebnis von Weimar. Zudem seien Perspektiven einer integrativen Jugendpädagogik leider rar.

„Ich frage mich wirklich", so die Delegationsleiterin im internen Abschlussgespräch auf dem Flughafen, „wie es Deutschland schaffen konnte, mit diesem Sockel von Ungelernten, Arbeitslosen und förderbedürftigen Jugendlichen solch einen ökonomischen Erfolg zu haben." „Es könnte ein Erfolg auf tönernen Füßen sein", so der Vertreter Südkoreas, „ich sage nur: Bildung, Bildung, Bildung. Ohne Bildungsanstrengungen würde mein Land nicht zu den fortgeschrittenen Industrienationen der Welt zählen. Deutschland muss sicherlich nicht den Drill nachmachen, dem unsere Schüler ausgesetzt sind, aber was wir hier erlebt haben ...'"

11.3 Was sollte man über den Übergangssektor wissen?

Die fiktive Geschichte des „Besuchs der internationalen Delegation" zeigt uns spielerisch die hohe Komplexität des Übergangssektors (und des deutschen Bildungswesens). Wir unterstellen – wie im Praxisbeispiel erkennbar – für Deutschland mit dem Begriff „Übergangssektor" einen real vorhandenen Gesamtkomplex (vor-)beruflicher Förderung benachteiligter Jugendlicher. In den Unterkapiteln skizzieren wir zunächst fünf historische Entwicklungslinien zur Entstehungsgeschichte dieses Sektors. Der Übergangssektor hat erst in den letzten 30 Jahren Konturen gewonnen. Er ist zwar roh und unausgeformt, in ihm haben aber alle Institutionen gewissermaßen einen identischen Kern oder eine ihnen zuschreibbare Aufgabe, nämlich die Förderung benachteiligter Jugendlicher. Sodann vertiefen wir mehrere weiterführende Ansätze, indem wir den Übergangssektor in seinen politischen Kommentierungen und seiner politischen Verfasstheit mit den multiplen Zuständigkeiten erläutern. Es geht dabei nicht um eine Kritik der politischen und pädagogischen Akteure; vielmehr vermuten wir ein unbewusstes Strukturmuster in der Benachteiligtenförderung, das immer auf Krisenbewältigung und nicht auf langfristige Strukturbildung zielte.

▶ Der Weg zum Übergangssektor

1. Wurzel: Berufsbildung und Berufspädagogik: Die Berufsausbildung in Deutschland wird seit bald 100 Jahren durch die Zusammenarbeit der Betriebe mit der (Teilzeit-)Berufsschule gekennzeichnet. In diesem System gab es immer schon Schwierigkeiten mit den „Ungelernten"; denn wenn ein Jugendlicher keinen Ausbildungsplatz in einem Betrieb hat, sondern nur zur Berufsschule geht, ist ein Bereich des dualen Systems nicht abgedeckt. Die Ungelernten oder „Jungarbeiter", wie man sie umschrieb, bildeten deswegen im Grunde vom Anfang der Teilzeitberufsschule an das zentrale ungelöste Problem dieser Form der Berufsbildung (Nolte, Röhrs & Stratmann 1973; Seubert 1984). Theoretiker und Praktiker der Teilzeitberufsschule haben aber versucht, berufspädagogische Konzepte für die „Jungarbeiter" zu entwickeln. Erinnert sei an die von Franz Hilker (1881-1969) und Paul Oestreich (1878-1959) angestoßene Idee einer **„Produktionsschule"** (Bojanowski 1996) oder an den Gedanken von Johannes Riedel (1989-1971) zu einem **„Jugendwerkhof"**[2] (Kipp 1986). Die Veränderungen in der Arbeitswelt nötigten zu berufspädagogischem Nachdenken und zu ersten Festlegungen über berufliche Anforderungen und Aufgaben der Nachwachsenden. Wichtige Anstöße kamen später von dem Berufspädagogen Heinrich Abel (1908-1965), der über die Frage der Ungelernten in der Berufsschule nachdachte, denn auch in den 1950er und 60er Jahren gab es eine gewichtige Anzahl Jugendlicher ohne Ausbildungsvertrag, für die formal die Berufsschule zuständig war, die ihnen aber mit einem Tag formaler Beschulung zur Abdeckung der Berufsschulpflicht nur ein unglückliches Angebot machen konnte („Jungarbeiterklassen").

Die Geschichte der Berufspädagogik zur Jungarbeiterfrage nennt drei Konzepte, die das für die Lehrlingsschule „systemfremde" Element der Ungelernten aufgriffen (Schmiel & Sommer 1992, 124): Georg Kerschensteiner (1854-1932) betont mit einem (1) **Kompensationsmodell** die gesellschaftlich-politische Grundbildung durch die Berufsschule als Pendant zur unbefriedigenden Tätigkeit als Ungelernter. Debattiert wurde auch (2) das Modell des **„Ersatzberufs"**: Jungarbeiterbeschulung sollte auch auf die Hausvatertätigkeit bzw. die Tätigkeit als Hausfrau und Mutter vorbereiten. Und schließlich ging es im Konzept einer allgemeinen Berufserziehung um die Förderung der Arbeitstugenden und der Persönlichkeit. Unter den verschiedenen Impulsen war (3) der Ansatz einer **Jungarbeiterschule** von Günther Wiemann mit dem „Modell Salzgitter" beispielgebend. Das konsequent berufspädagogisch ausgerichtete Modell setzt auf produktionsähnliches Lernen in Verbindung mit Persönlichkeitsbildung und Fachbildung (Wiemann 1962).

---

2 Riedels „Jugendwerkhof" war nicht so gemeint, wie er dann in der damaligen DDR seine Ausformung fand. Der Jugendwerkhof der DDR war ein Unterdrückungsinstrument für sog. schwer erziehbare Jugendliche, die durch harte Arbeit, Arrest und andere rigide Strafen zur Staatskonformität gezwungen werden sollten.

Allerdings: Auch Wiemanns Ansatz ist nicht systematisch aufgegriffen worden; als angesichts steigender Zahlen arbeitsloser Jugendlicher in der Berufsschule die neue Schulform Berufsvorbereitungsjahr (BVJ) eingerichtet wurde, galt es vor allem, die Ausbildungskrise in den 1970er und 80er Jahren zu mindern; pädagogische Konzepte waren weniger gefragt. Es konnte „keine befriedigende Lösung im Sinne der Forderung nach Berufsbildung für alle durchgesetzt werden" (Seubert 1984, 216). Das BVJ wuchs zunächst langsam und verblieb bis heute in dem Bewusstsein, dass es sich dabei um eine Übergangslösung handeln sollte.

2. Wurzel: Sozialpädagogik: Im Reichsjugendwohlfahrtsgesetz (RJWG) von 1922 wurde die von der Reichsschulkonferenz festgeschriebene Trennung von Jugendhilfe und Schule gesetzlich verankert. Neben den beiden „Erziehungsmächten" Familie und Schule wurde eine dritte Instanz gesetzlich fixiert, die Sozialpädagogik des Jugendalters oder konkret: die **Jugendwohlfahrtspflege.** Die damalige pädagogische Theorie versuchte, mit dieser für die Bildungsentwicklung des 20. Jahrhunderts in Deutschland bedeutsamen Aufspaltung zwei gegenläufige Bewegungen jener Zeit auszubalancieren.

Einerseits hatte pädagogische Theoriebildung neben der Reformpädagogik die Jugendbewegungen aus der Anfangsphase des Jahrhunderts (Wandervogel, Arbeiterjugendbewegung, Arbeitersportjugend) eindrücklich vor Augen, in denen sich ein „Eigenleben der Jugend" als produktive Perspektive selbstorganisierten Lernens ein Stück weit frei von den Zwängen der kaiserlich-ständischen Gesellschaft zeigte. Andererseits hatte die pädagogische Theorie nicht den Mut, solchen Tendenzen in bürgerlichen und proletarischen Bewegungen tatsächlich Freiraum zu geben. Vielmehr galt es im theoretischen Selbstverständnis, die Jugend in die Gesamtgesellschaft einzubinden und damit eine neue Form gesellschaftlicher Integration zu organisieren. Dieses Bestreben mochte besonders dem demokratischen Charakter der damals jungen Weimarer Republik nach berechtigt erscheinen. Entscheidend war der Gedanke der **„Subsidiarität".** Damit ist gemeint: Vereine und Verbände, die der Jugend einen Handlungsrahmen gaben, sollten ohne staatliche Anbindung (lediglich mit staatsfinanzieller Förderung) in eigenen Institutionen als freie Träger ihre Wirksamkeit entfalten (Krafeld 1984).

Diese tendenzielle „Staatsferne" der Jugendarbeit jedenfalls sicherte einen Gestaltungsfreiraum für die Jugendlichen und ermöglichte seitens der Jugendverbände unterschiedliche Zugänge und Betreuungsformen. Als wichtiger Anstoß gilt die **Jugendsozialarbeit** der 1950er Jahre, die die Berufs- und Wohnungsnot junger Menschen in der Nachkriegszeit auf unkonventionelle Art und Weise aufgriff und mit Jugendwohnen, Jugendwerkstätten und verschiedenen ambulanten Hilfen Unterstützung leistete. Diese Programme wurden dann in der bundesdeutschen Vollbeschäftigungsphase weniger genutzt, bleiben aber institutionell grundsätzlich erhalten (Breuer 2002). Die Gestaltungsfreiheit eröffnete die Freigabe verschiedener weltanschaulicher Deutungsmuster und unterschiedlichster Praxismodelle, die sich im Laufe der Jahre – zumindest in Westdeutschland – weiter ausprägten und dann im Kinder- und Jugendhilfe-Gesetz (KJHG, jetzt SGB XIII) von 1990/1991 einen gesetzgeberischen Niederschlag fand. Demgegenüber gelang es Ostdeutschland nicht, an die zwanziger Jahre anzuknüpfen; die Jugendbewegungen gingen auf in der allumfassenden Organisation der Freien Deutschen Jugend (FDJ).

Aufgrund dieser frühen grundlegenden Entscheidungen des damaligen Gesetzgebers (hin zu einer staatsfernen und nicht-verschulten Jugendpädagogik) entwickelte sich auch die **Jugendberufshilfe** neben den schulischen Ausbildungsangeboten als eher eigenständige Form der Jugendbetreuung. Die Vertreter dieses Bereichs konnten sich aber angesichts der komplexen Zwänge eines hoch differenzierten Ausbildungs- und Arbeitsmarktes und vor dem Hintergrund einer finanziellen Minderausstattung nur partikular artikulieren. Die Jugendberufshilfe bei freien Trägern war und ist schlecht ausgestattet und hat zu wenig Durchgriffsmöglichkeiten. So birgt der §13 des KJHG zwar eine rechtliche Fixierung der beruflichen Förderung der Benachteiligten. Allerdings beruhen Aktivitäten gemäß § 13 KJHG auf „Kann"-Bestimmungen, d.h. bedürftige oder benachteiligte Jugendliche haben keinen Rechtsanspruch auf Arbeit, Ausbildung oder Förderung.

3. Wurzel: Arbeitsförderung durch die Arbeitsverwaltung: Mit dem Arbeitsförderungsgesetz von 1969 (AFG; jetzt SGB III) entstand in Westdeutschland ein arbeitsmarktpolitisches Instrument, das auch auf die Ausbildung und Betreuung von arbeits- und ausbildungslosen Jugendlichen zielte. Es etablierte sich eine Verpflichtung der damaligen Bundesanstalt für Arbeit und örtlichen Arbeitsämter auf eine aktive Arbeitsmarktpolitik. Das war die Geburtsstunde der so genannten berufsvorbereitenden Maßnahmen mit einer immer bunter werdenden Palette von „Grundausbildungs-", „Motivations-" und „Förderlehrgängen". Ursprünglich für Überbrückungen aktueller Arbeitsmarkintegrationsprobleme konzipiert, entwickelten sich diese Lehrgänge allmählich zu einem eigenständigen Instrument der „Versorgung" Jugendlicher. Gefördert durch Programme der Arbeitsverwaltung (Berufsberatung und Arbeitsvermittlung) bekamen Jugendliche und junge Erwachsene im Rahmen berufsvorbereitender Maßnahmen bei verschiedenen Trägern (Betriebe, Kammern, Wirtschaftsverbände, Wohlsfahrtseinrichtungen etc.) die Möglichkeit, sich weiter zu qualifizieren und/oder sich in die Arbeitswelt zu integrieren. Vor allem zur Bekämpfung der Mitte der 1970er Jahre in Westdeutschland akuter werdenden Jugendarbeitslosigkeit wurden die Maßnahmen immer weiter ausdifferenziert, so dass zwar eine Fülle von verschiedenen Lehrgangsformen entstand, die jedoch in sich weder pädagogisch noch organisatorisch noch von der Qualifikation des Ausbildungspersonals her konsistent waren. Viele Maßnahmen wurden kurzfristig aufgelegt, dann wieder eingestellt oder modifiziert.

Da der Ansatz eher auf Versorgung und Betreuung arbeitsloser Jugendlicher („von der Straße holen") zielte, gerieten die Arbeitsamtsmaßnahmen schon bald nach ihrer Einrichtung in die Kritik: Z.B. seien sie durch ihre Marktorientierung und ihre Abhängigkeit von der regionalen Trägerlandschaft gerade bei den Fördermaßnahmen stets auf materiell-finanzielle Argumente verwiesen und nicht auf solche der Qualität eines Trägers; die Konkurrenz der freien Träger führe nicht zu Strukturverbesserungen (Braun, Schäfer & Schneider 1985; Petzold & Schlegel 1983). Später stand dann die Arbeitsverwaltung vor der Notwendigkeit, die Durchführungsträger durch „Qualitätserlasse" auf Angebotsverbesserungen zu verpflichten. Besonders dazu beigetragen hat sicherlich die Tatsache, dass das Benachteiligtenprogramm 1988 in Form von § 40c AFG in die Zuständigkeit der Arbeitsverwaltung überging (→ Kapitel 8). Diese verabschiedete innerhalb weniger Jahre pädagogische Prinzipien, die die Träger bei der Angebotserstellung auf pädagogische Argumente verpflichteten.

Eine Umsteuerung der arbeitsmarktlichen Instrumente erfolgte in den 2000er Jahren. Mit dem **„Neuen Fachkonzept"** wurde das pädagogische „Individualisierungsprinzip" eingeführt. Empirische Untersuchungen zeigen aber, dass es noch nicht gelungen ist, ein konsistentes Konzept für die dann so genannten „Berufsvorbereitenden Bildungsmaßnahmen" (BvB) zu entwickeln. Neue Probleme entstanden mit der durch die Hartz-IV-Gesetze aufgeworfenen Problematik der Jugendlichen aus sog. Bedarfsgemeinschaften, die oft vorschnell in sog. **Arbeitsgelegenheiten** gesteckt wurden.

4. Wurzel: Beispiele für Programme (Bund, Europa, Länder, Kommunen): Neben dem **Benachteiligtenprogramm** kamen aus den Bundesministerien noch weitere Programme, wie z.B. die **arbeitsweltorientierte Jugendsozialarbeit** (Ende der 1980er Jahre). Die **Europäische Gemeinschaft** entwickelte eigene Förderprogramme, um in bestimmten Regionen Möglichkeiten zur finanziellen Unterstützung bei der Bekämpfung der Jugendarbeitslosigkeit zu geben. Hieraus hat sich ein eigener europäischer Arbeitszusammenhang entwickelt. Kaum aufzuzählen sind die zahllosen, meist aber kurzlaufenden Sonder- und Hilfsprogramme, mit denen die jeweiligen **Landesregierungen** auf spezifische Ausbildungsprobleme im eigenen Bundesland reagierten. Ebenfalls nicht im Einzelnen aufzuführen sind die verschiedensten Kooperationsansätze oder Vernetzungsmodelle, die die **Kommunen und Landkreise** in den letzten 20 bis 30 Jahren entwickelt haben (→ Kapitel 10).

5. Wurzel: Engagement des Staates für Behinderte: Die **Berufsbildungswerke** (BBW) für Lernbehinderte spielen eine bedeutsame Rolle, da sie auf einen wichtigen Teil der Zielgruppen bezogen sind. Da die Grenzen zwischen den Definitionen von Benachteiligung und (Lern-)Behinderung unscharf sind, gibt es einen großen Überschneidungsbereich. Institutionell ist das höchst bedeutsam: Wenn für einen Lernbehinderten kein geeigneter Ausbildungsplatz zur Verfügung steht, und das Arbeitsamt dem Probanden eine „hinreichende" Behinderung attestiert (in diesem Falle eine Lernbehinderung, was bei gut 50% der Klientel der BBWs der Fall ist), dann kann dieser Jugendliche eine Ausbildungsmaßnahme in einem Berufsbildungswerk beanspruchen.

▶ Der Übergangssektor und seine politischen Kommentierungen

Der Übergangssektor ist durch mehrere Faktoren gekennzeichnet: Entscheidend ist zunächst (1) seine **Größenordnung**. So befanden sich im Jahre 2008 nahezu 400.000 Jugendliche in diesem Sektor, für das Jahr 2011 geht man von ca. 300.000 Neueintritten aus. Es gibt inzwischen eine Fülle von Studien, die das Ausmaß beschreiben (Ulrich & Beicht 2010; Autorengruppe Bildungsberichterstattung 2010a). Sodann (2) ist seine **Vielfalt** bemerkenswert: Die Nationalen Bildungsberichte nennen bei der Verteilung der Neuzugänge auf die Bereiche des Übergangssystems ca. 10 verschiedene Elemente, die diesen Sektor prägen, angefangen von betrieblichen Angeboten (Einstiegsqualifizierung) bis hin zu berufsvorbereitenden Bildungsmaßnahmen (BvB) der Arbeitsagentur oder den schulischen Berufsvorbereitungsjahren der Bundesländer. Schließlich ist (3) die **lange Verweildauer** vieler junger Menschen im Übergangssektor problematisch, weil dies zu Verfestigung von sog. „Maßnahmekarrieren" geführt hat.

Die **Kommentare der Nationalen Bildungsberichte** zu diesen Sachverhalten fallen unterschiedlich aus. Im Jahr 2006 galt das Übergangssystem als „die möglicherweise folgenreichste und auch problematischste Strukturverschiebung" im deutschen Bildungswesen (Konsortium Bildungsberichterstattung 2006a, 80) – die Expansion des Übergangssystem sei eine „ernsthafte bildungspolitische Herausforderung" (ebd., 82). Nach diesem für einen nüchternen Bildungsreport fast dramatisch klingenden Kommentar erscheint schon zwei Jahre später, im Jahr 2008, das Problem der mangelnden Kompetenzentfaltung benachteiligter Jugendlicher „aber nicht allein auf Seiten der Ausbildungsanbieter lösbar, sondern erfordert ein Anheben des Bildungsniveaus im unteren Schulbereich" (Autorengruppe Bildungsberichterstattung 2008, 115). Hier wird schon fast defensiv gefordert, vor allem im Vorschul- und allgemeinbildenden Bereich Anstrengungen zu unternehmen. Das Übergangssystem mit seinen inhärenten Problemen verliert an Aufmerksamkeit. Sodann die Kommentare im Jahr 2010: Die „Struktur des Übergangssystems [...] (habe sich) in den letzten Jahren nur geringfügig verändert" (Autorengruppe Bildungsberichterstattung 2010a, 97), bei den Neuzugängen ins Übergangssystem gab es nur einen geringen Rückgang (ebd., 96) und es bleibe „ein Manko, dass über die Gründe für die Bewegungen im Übergangssystem genauso wenig Transparenz besteht, wie über seine genauen Wirkungen" (ebd., 98). Ohne große Zuspitzung kann man sagen: Der Nationale Bildungsbericht 2010 geht verdächtig schnell zur Tagesordnung über; die kurzzeitige Alarmiertheit weicht der Erkenntnis, dass dieser Sektor bildungspolitisch nicht gesteuert werden kann.

Daran ändert auch der **vierte Nationale Bildungsbericht** nichts; er skizziert zunächst die weiterhin hohe Zahl der Neueintritte: „Der Anteil der Jugendlichen mit maximal Hauptschulabschluss im Übergangssystem verharrt bei etwa drei Viertel, von den ausländischen Neuzugängen münden 2010 über die Hälfte in das

Übergangssystem ein (Deutsche zu etwa einem Drittel)" (Autorengruppe Bildungsberichterstattung 2012a, 122). Und dann folgt nur noch eine politische Pflichtübung: „Um diese Relationen zu ändern, bedarf es offensichtlich gezielter politischer Interventionen und (sozial-)pädagogischer Gestaltungsmaßnahmen in der Übergangs- und Berufseingangsphase, möglicherweise auch neuer Unterstützungsstrukturen für Betriebe zum Ausgleich kognitiver Defizite von Auszubildenden" (ebd.). Übrig bleibt mithin die Forderung es müsse etwas geschehen, verbunden mit einem Quasi-Appell an die Betriebe, doch etwas zu tun. Damit wird deutlich: Die Gesamtproblematik des Übergangsgeschehens wird im politischen Diskurs kaschiert; man hat offenkundig kein Interesse an einer öffentlichen Sichtbarmachung oder bildungspolitischen Thematisierung auch nur der Faktenlage.

▶ Zur Verfasstheit der Benachteiligtenförderung: multiple Zuständigkeiten

Konkret setzt sich die Benachteiligtenförderung in ihrer vorliegenden Form aus einer Vielzahl von Entscheidungs- und Kostenträgern zusammen, deren diverse Angebote oftmals erst in der konkreten Praxis vor Ort aufeinander bezogen werden. Gemeinhin wird für die Benachteiligtenförderung von einer **dreigeteilten Trägerschaft** der schulischen (BGJ, BVJ, Berufsfachschulen) und außerschulischen Berufsvorbereitung und Ausbildung (BvB, AQJ, abH, EQJ, BaE, Aktivierungshilfen und der Maßnahmen zur beruflichen Rehabilitation) und verschiedenen Angeboten der Jugendberufshilfe durch die Kommunen und Länder ausgegangen (Schierholz 2002). Dazu kommen jedoch noch Projekte in Kostenträgerschaft der Europäischen Union (z.B. ESF und EQUAL), die teilweise in Form sog. Mikroprojekte (LOS), überwiegend jedoch in Form von Kofinanzierungen gefördert werden (Wisser 2002) und die Qualifizierungs- und Beschäftigungsangebote, die im Rahmen des SGB II durch die vormaligen Träger von Sozial- und Arbeitslosenhilfe angeboten werden (z.B. Arbeitsgelegenheiten gegen Mehraufwand).

Diese verschiedenen Programme bestehen nicht nur nebeneinander, sondern müssen in der Praxis trotz oftmals verschiedener Zielrichtungen in Form von Kofinanzierungsmodellen aufeinander bezogen werden. Sie sind zudem nicht nur bezüglich der verschiedenen Kostenträger, sondern teilweise auch innerhalb einer jeweiligen Trägerschaft schlecht vernetzt und korrespondieren hinsichtlich der Zielgruppen und einer möglichen Abfolge kaum miteinander. Überdies beruhen die Programme auf **unterschiedlichen gesetzlichen Regelungen**, die teilweise ineinander greifen und die unterschiedliche Aspekte und Bestandteile regeln (z.B. SGB II, III, VIII, IX, BBiG, Schulgesetze der Länder) (→ Kapitel 14). Insgesamt lassen sich vier politische Steuerungsebenen, eine supranationale (EU), eine nationale, eine föderale und eine kommunale Instanz unterscheiden, die in sich wiederum durch verschiedenste Ressorts unterteilt sind; allein auf Bundesebene können mit dem Bildungs-, dem Jugend- und dem Wirtschafts-/Arbeitsministerium mindestens drei Ressorts ihre Zuständigkeit beanspruchen (Schulte 2004, 50).

▶ Ein unbewusstes Strukturmuster

Benachteiligtenförderung als ungelöstes pädagogisches und gesellschaftliches Problem basiert auf einem quasi unbewussten Strukturmuster: Gesellschaftliche Akteure aus verschiedenen Instanzen greifen angesichts aktueller Probleme der Jugend zu Hilfsinstrumenten und Förderprogrammen; dies aber jeweils in dem eigenen Sektor, ohne Abstimmung oder gar in Konsultation mit anderen Akteuren. Jede Innovation oder Neuerung in diesem Feld kann daher von vornherein nicht anders als *reaktiv* ausfallen. In den letzten 30 Jahren hat sich eine Praxis der Benachteiligtenförderung eingespielt, die den Zukunftsanforderungen nicht mehr gerecht wird – weder im Blick auf die Nachwachsenden noch im Blick auf die Entfaltung der Gesellschaft. Die Problembeschreibungen aus der Förderpraxis werden von einer Vielzahl von Fachleuten immer wieder bestätigt und sind auch wissenschaftlich weitgehend durchdrungen.

Das von keinem gesellschaftlichen Akteur jemals konzeptionierte Gesamtkonglomerat unterschiedlicher Akteure, Instrumente und Steuerungsebenen schafft durch unterschiedlichste Motive, Interventionen und Förderideologien eine **systemische Eigendynamik**, die auf fast schicksalhafte Weise ebenso Integrationserfolge wie -misserfolge erzeugt. Immer geht es um aktuelle Krisenbewältigung oder um die Aktivierung von Partialpolitiken (Braun 2002a). Die verantwortlichen Akteure handeln in bester Absicht, aktivieren finanzielle, kulturelle und soziale Ressourcen, um dem Aktualitätsdruck etwas entgegenzusetzen. Keiner der Akteure konnte ahnen, dass berufliche Benachteiligtenförderung zu einer staatlichen Daueraufgabe werden würde. Die Konsequenz ist ein ständiges Nachbessern auf multiplen Entscheidungsebenen, das mit wachsender Geschwindigkeit auf die Fehlentwicklungen eines unkoordinierten Prozesses reagiert und damit erneut auf ihn einwirkt. Eine neuartige Systematisierung dieser Förderlandschaft in Deutschland ist aber deshalb so schwer zu denken, weil die zersplitterten Förderstrukturen gedanklich eigentlich nur neue Hybridbildungen, Mischformen oder „Anbauten" an ein brüchiges System erlauben (siehe aber auch: Bojanowski 2012a). Die gewachsenen und nur historisch zu erklärenden Strukturen in der Benachteiligtenförderung sind konstitutiver Bestandteil der Förderpraxis. Aus makro- bzw. bildungssoziologischer Sicht sprach man schon in den 1990er Jahren von einem „stabilen Provisorium": Frank Braun postulierte, dass sich die Öffentlichkeit allmählich an einen provisorischen beruflichen Bildungssektor für die „Verlierer" im Bildungswesen gewöhnt hat (Braun 2002b).

► Quo vadis Übergangssektor?

Die deutsche Erwerbsarbeitsgesellschaft der 1950er und 1960er Jahre konnte die relativ große Gruppe der Un- und Angelernten noch integrieren; mithin fanden benachteiligte Jugendliche hinreichend Beschäftigung. Dies hat sich in den letzten drei Jahrzehnten verändert. Inzwischen beobachten wir Tendenzen, die sich auf der Angebotsseite mit verschärfter „Selektion" der Beschäftigten und auf der Nachfrageseite mit „Selbstausbürgerung" der Jugendlichen beschreiben lassen. In diesem Sektor des beruflichen Bildungswesens finden **„cooling-out-Prozesse"** statt, in dem die gesellschaftlichen „gate keeper" gemäß ihren jeweiligen Interessen handeln und Jugendlichen mögliche Zugänge zu schulischer Bildung oder zu Ausbildungsplätzen oder auch zur Erwerbsarbeit verwehren (Stauber & Walther 2000; Bojanowski 2012a). Jedenfalls ist die Benachteiligtenförderung seit spätestens 1990 „unter der Hand" zu einer entscheidenden Sozialisations- und Bildungsinstanz für einen gewichtigen Teil der Jugend geworden (Gessner 2003), ohne dass sich hier klare Konturen oder verbindliche pädagogische Konzepte wie in anderen Teilbereichen des Bildungssystems herausgebildet haben. In der Tat kumulieren seit Jahren die Probleme: Wie geht unsere Republik mit der demographischen Entwicklung (zurückgehende Geburtenraten) um und wie entwickelt sie ihre Beschäftigungsreserven? Wie halten und entwickeln wir die kulturellen Fähigkeiten aller Gesellschaftsmitglieder angesichts der hohen Zahlen von drop-out-Jugendlichen? Wie integrieren wir den Bedarf der Wirtschaft nach höher qualifizierten Fachkräften angesichts der Unmöglichkeit eines Bildungswesens, kurzfristige Lösungen zu ermöglichen? Wie verarbeiten wir die krisenhaften Entwicklungen im Jugendleben, die auch in vielen Staaten Europas Druck erzeugen? (→ Kapitel 13).

11.4 Unser Credo: Gegen die Chronifizierung eines Behelfskonstrukts!

❗ Allein die Tatsache, dass die Nationalen Bildungsberichte den Begriff „Übergangssystem" geprägt haben, ist ein gewisser Fortschritt, da nunmehr umrisshaft ein „Ort" beschrieben wird, in dem benachteiligte Jugendliche gefördert werden (können).

❗ Man sollte sich immer im Klaren sein, dass der Übergangssektor in den Nationalen Bildungsberichten noch längst nicht hinreichend skizziert worden ist. Er ist größer, als offizielle Politik ihn dargestellt wissen will. Zudem fehlen immer noch empirisches und historisches Wissen über den gesamten Bereich.

❗ Man muss so tief und differenziert wie möglich, die Teileelemente des Übergangssektors kennen und durchdringen, auch wenn die verschiedenen Bereiche ausgesprochen unterschiedlich strukturiert sind.

! Die neue Rolle des Übergangssektors zwischen dualem System und Schulberufssystem muss immer wieder erläutert werden; z.B. sollten Lehrerbildungsstudiengänge viel stärker Themen zum Übergangssystem behandeln.

! Der Übergangssektor bleibt solange ein Förderdschungel, solange nicht die Biographien benachteiligter Jugendlicher dort besser gefördert werden. Es gilt also sinnvolle Förderketten zu bilden; Bildungsteile sollten aufeinander aufbauen und nicht bestehende Angebote verdoppeln.

! Der Übergangssektor bleibt ein Abstraktum, solange er sich nicht im regionalen Kontext abbildet. Regionale Übergangssysteme müssen in ihrer Differenziertheit analysiert und gestaltet werden.

! Der Übergangssektor darf kein Dauerzustand sein. „Erforderlich sind ... Verbesserungen der ökonomischen und politisch-rechtlichen Rahmenbedingungen, die letztlich zu einer grundständigen Reform in Bezug auf das „Übergangssystem" führen müssen" (Sektion Berufs- und Wirtschaftspädagogik 2009, 12).

! Man sollte nicht den offiziellen Daten trauen! Es bedarf vielmehr einer Neudefinition von „Angebot" und „Nachfrage" in den Bildungsstatistiken, um den Übergangssektor sichtbar werden zu lassen. Die derzeitigen offiziellen Zahlen zur Ausbildungssituation vernachlässigen weitgehend diejenigen Jugendlichen, die als „nicht ausbildungsreif" gelten oder die schon von der Arbeitsverwaltung „ausgesteuert" worden sind.

11.5 Praktische Empfehlungen, Aufträge, Übungen, Tipps

☞ Übung 1
Untersuchen Sie, warum mit dem in diesem Kapitel beschriebenen Übergangssektor letztlich immer noch nicht alle Problemgruppen erfasst sind.

☞ Übung 2
Untersuchen Sie, ob es ein Organisationsformat gibt, das den pädagogischen Forderungen dieser Einführung entspricht, und das für Sie Perspektiven birgt.

☞ Übung 3
Überlegen Sie, wie die Koordination in einem regionalen Übergangssystem deutlich verbessert werden könnte. Ziehen Sie dazu das → Kapitel 10 zu Rate!

📖 Literatur zum Weiterlesen

- Bojanowski, A. (2012a): Bildungs- und ordnungspolitische Neuformatierung des Übergangssystems. Versuch eines „Masterplans". In: Bojanowski, A. & Eckardt, M. (Hrsg.): Black Box Übergangssystem. Münster: Waxmann, S. 63-80.
- Münk, D. (2008): Berufliche Bildung im Labyrinth des pädagogischen Zwischenraums: Von Eingängen, Ausgängen, Abgängen – und von Übergängen, die keine sind. In: Münk, D., Rützel, J. & Schmidt, Ch. (Hrsg.): Labyrinth Übergangssystem. Forschungserträge und Entwicklungsperspektiven der Benachteiligtenförderung zwischen Schule, Ausbildung, Arbeit und Beruf. Bonn: Pahl-Rugenstein, S. 31-52

12 Die Produktionsschule: Didaktisches Vorbild

Arnulf Bojanowski, Cortina Gentner & Jörg Meier

> *„Das produktive Leben ist aber das Gattungsleben.*
> *Es ist das Leben erzeugende Leben."*
> Karl Marx

12.1 Worum geht es in diesem Kapitel?

Berufliche Förderpädagogik benennt unter ihren Leitideen besonders auch die Produktionsschule. Um was handelt es sich? Produktionsschule ist in erster Linie ein **pädagogisches Konzept**, das benachteiligte junge Menschen durch die **Kombination von Arbeiten und Lernen** zur beruflichen und sozialen Integration führt. Seit den 1990er Jahren sind – angeregt durch die landesweite Verbreitung und die erfolgreiche Arbeit des dänischen Produktionsschulansatzes – im deutschsprachigen Raum Initiativen zur pädagogischen Nutzung von Arbeits- und Produktionsprozessen für die Qualifizierung benachteiligter Jugendlicher erkennbar. Produktionsschulen werden in der Fachszene der Benachteiligtenförderung schon seit langem als „pädagogischer Geheimtipp" gehandelt. Sie werden auch in der Öffentlichkeit und in der Politik als Antwort auf die Berufsintegrationsschwierigkeiten benachteiligter Jugendlicher vermehrt diskutiert und genutzt. Bemerkenswert bei der Produktionsschule ist ihr „experimentelles" Selbstverständnis. Die Produktionsschulen haben sich in den letzten 20 Jahren nur mit partieller offizieller Unterstützung gewissermaßen „von unten" entwickelt, angetrieben von einer pädagogischen Vision und in stetiger Auseinandersetzung mit finanziellen und strukturellen Engpässen.

▶ Begriffsannäherung I

Es existieren verschiedene Beschreibungen und bislang **keine allgemeingültige, verbindliche Definition** dessen, was eine „Produktionsschule" ausmacht. Zudem gibt es in der Außenwahrnehmung bzw. in der ersten Annäherung an das Thema eine „begriffliche Besonderheit": Auch wenn die Bezeichnung dies zunächst nahe legen mag, sind Produktionsschulen nicht im strengen Sinne Bestandteil des staatlichen Schulwesens der Bundesländer[1]. Vielmehr handelt es sich um betriebsähnliche Bildungseinrichtungen, oft in freier Trägerschaft. Produktionsschulen entsprechen überdies ihrer Grundkonzeption und ihrem Grundanliegen nach **ausdrücklich nicht** dem „schulförmigen" Lernen.

Derzeit lässt sich eine beginnende rechtliche und finanzielle Institutionalisierung dieser Einrichtungen in Deutschland beobachten. Bezogen auf das bundes-

---

1 Eine Ausnahme z. B. sind die Produktionsschulen im Saarland; dort sind sie als Berufsvorbereitungsjahr im Schulgesetz verankert.

deutsche Schul- und Ausbildungssystem sind Produktionsschulen oft in der Berufsvorbereitung angesiedelt. Da eine Berufsvorbereitung auch in der Berufsschule stattfindet, lässt sich Produktionsschule durchaus auch dort denken – inzwischen gibt es erste Ansätze (z.B. im Land Hessen). Selten finden sich Produktionsschulen im Bereich der allgemein bildenden Schulen und oder im Bereich der Berufsausbildung.

▶ Begriffsannäherung II

Basierend auf den jüngeren Debatten und Auseinandersetzungen, den Erfahrungen und Erkenntnissen aus Praxis, Wissenschaft und Administration schlägt Bojanowski als tragfähige Definition von Produktionsschule vier „Programmsätze" vor, die eine auf Kernpunkte der Produktionsschule pointierte tragfähige „amtlich verwendbare" Definition darstellen:

- Produktionsschulen als eigenständige betriebsähnliche Bildungseinrichtungen zwischen Bildungssystem und Arbeitsmarkt bieten jungen Menschen (von 15 bis 25 Jahren) auf Basis von Freiwilligkeit und vermittels eines Bewerbungsverfahrens je nach ihrem Lernstand jederzeit mögliche Hilfen beim Übergang Schule – Beruf.

- Eingebettet in ein örtliches Marktgeschehen, aufbauend auf einem regionalen Netzwerk und unterstützt durch einen lokalen Beirat verbinden diese Einrichtungen praktisches Arbeiten und theoretisches Lernen; durch die Erbringung marktfähiger Produkte und Dienstleistungen in den Werkstätten einer Produktionsschule, für die die Jugendlichen entlohnt werden, entsteht eine Ernstsituation, die Selbstbewusstsein und Stolz erzeugt.

- Unabdingbar für die innere Gestalt einer Produktionsschule sind Werkstattpädagogen als professionelle Anreger, eine pädagogische Entwicklungsplanung, eine pädagogisch arrangierte Lern- und Lebensgemeinschaft junger Menschen, ein durchdachtes kulturelles Arrangement als tragfähiger Rahmen, Zertifikate für eine beschäftigungsrelevante Qualifizierung/Ausbildung und Konzepte für die Gestaltung des Übergangs in Ausbildung oder Erwerbsarbeit.

- Produktionsschulen unterscheiden sich durch ihr spezifisches Profil erheblich von sonstigen Angeboten der Berufsvorbereitung; sie bedürfen als innovative Projekte zur ihrer finanziellen und rechtlichen Absicherung besonderer administrativer und politischer Unterstützung in Bund, Ländern und Kommunen (Bojanowski 2011, 23f.).

Anhand ihrer Spezifik hat Meier die Alleinstellungsmerkmale von Produktionsschulen zusammengefasst und konkretisierend eine rechtsförmige, regelhafte Definition entwickelt, um die Einrichtungen als originäre Kodifikation rechtsverbindlich zu institutionalisieren (Meier 2011, 124ff.). Danach kann das Produktionsschulprinzip ebenso als geeignetes Förder- bzw. Entwicklungskonzept für sogenannte „Modernitätsverlierer" wie auch als Antwort auf gestiegene qualifikatorische und bildungspolitische Ansprüche verstanden und wirksam werden (Kipp 2008).

▶ Relevanz dieses Kapitels

Die Produktionsschule ist mehr als eine Ergänzung im Übergangssektor. Sie ist recht eigentlich der „Prototyp" einer Einrichtung für benachteiligte Jugendliche; sie ist ein didaktisches Vorbild für die Berufliche Förderpädagogik. Die Produktionsschule ist auch in Europa zu einem **wichtigen Typus arbeitsbezogener Bildungseinrichtungen** geworden. Die Produktionsschulen haben seit den 1970er Jahren europaweit, insbesondere in Zeiten erhöhter Schulabbrecherquoten, erhöhter Jugendarbeitslosigkeit, wirtschaftlicher Rezession und dem Mangel an Ausbildungsplätzen eine gewisse Konjunktur. Diese Einrichtungen finden sich aber nicht nur in vielen europäischen Ländern (Deutschland, Dänemark, Frankreich, Österreich, Schweden, Spanien und Ungarn), sondern auch außerhalb von Europa (bspw. in Singapur, Vietnam, Indonesien). Die europäischen Produktionsschulen dienen der sozialen und beruflichen Integration benachteiligter Jugendlicher und verstehen sich als Aktivierungs- und Orientierungsangebot für diese Zielgruppe. Die Produktionsschule bildet eine **Brücke zwischen Schule und Arbeitswelt** und stellt so insbesondere ein alternatives Modell zur Berufsorientierung und -vorbereitung für benachteiligte Jugendliche dar.

12.2 Ein Beispiel aus der Praxis: Eine Erkundung bei drei dänischen Produktionsschulen

Das Praxisbeispiel berichtet über eine Studienreise zu dänischen Produktionsschulen, die Arnulf Bojanowski im Jahre 2002 mit Studierenden und Lehrern durchführte. In Dänemark haben diese Einrichtungen eine feste gesetzliche Grundlage und können auf eine breite Praxis zurückblicken. Sicherlich haben sich in den letzten 10 Jahren die Bedingungen auch in Dänemark gewandelt. Aber Grundformen und Eigenschaften des Ansatzes sind erkennbar.

[...] Besucht werden die Einrichtungen von Jugendlichen (etwa 15/16 Jahre bis Mitte 20), die nach der allgemeinen Schule keine aktuelle Perspektive für eine weiterführende Schule oder eine Ausbildung haben. Wir haben den dänischen Sozialstaat so verstanden: In Dänemark darf man als junger Mensch nicht einfach arbeitslos sein oder gar Sozialhilfe empfangen. Es gilt gewissermaßen eine klare Aufforderung, tätig zu werden (das Konzept der „Aktivierung"). [...] Wir haben drei typische Einrichtungen besucht, die sich in ländlichen kleinen Städten oder in den suburbs von Kopenhagen befanden. Diese Produktionsschulen wollen keine „Insel der Seligen" sein; sie haben sogar oft ein „Imageproblem" in der Gemeinde oder bei der Bevölkerung. [...] Eine Produktionsschule wird in der Regel 60 bis 70 Jugendliche und junge Menschen aus dem der nahen Gemeinde oder den Nachbarkommunen aufnehmen. Das Minimum sind aber 20 Teilnehmer; selten umfasst eine Produktionsschule mehr als 200 Teilnehmer. [...]

Die Gebäude einer solchen Lernstätte sind oft überschaubar und eher klein (in unserem Falle waren es ehemalige Bauernhöfe oder Werkhallen). Man will den Jugendlichen eine „Heimat" oder gar ein Zuhause geben. Entsprechend fanden wir überschaubare Häuser vor mit einer manchmal engen aber stets mitmenschlichen und entspannten Atmosphäre. Wenn wir unsere eigene Skepsis ausdrücken wollen, dann bezieht sich das vor allem auf die Werkstätten, in denen man manchmal ein leichtes „Kuddelmuddel" findet und die nicht immer „modernst" ausgestattet wirken. Umgekehrt: Gerade die Werkstätten waren aber zumeist sehr behaglich! Eine der zentralen Anforderungen lautet nämlich, man wolle eine „Sozial- und Arbeits-Gemeinschaft" schaffen, in der jeder und jede sich aufgehoben fühlen soll. Dass das auch und gerade in den Werkstätten möglich ist, davon waren wir nach einigen Besuchen nicht nur überzeugt, sondern wir waren angetan, ja sogar begeistert – und irritiert. Atmosphären kann man schwer beschreiben. Atmosphäre lebt nicht nur von der sichtbaren Umgebung, sondern auch von den geltenden „Regeln und Normen des Hauses" und davon, wie diese intern durchgesetzt werden. Da können wir uns nur auf die vielmaligen Bekundungen verlassen: Man kläre die Jugendlichen sofort bei Eintritt in die Produktionsschule über die Regeln des Hauses auf und verlasse sich darauf, dass man sich daran hält; Regeln werden nicht nur von den Anleitern oder dem Leiter durchgesetzt, sondern auch von den Mit-Jugendlichen, ganz im Sinn der „Sozial- und Arbeits- Gemeinschaft". In den Nachgesprächen rätselten wir oft über diese Irritation: Was macht die Einrichtungen so „anheimelnd"? Was ist das, was sie so „entspannt" wirken ließ?

In den Produktionsschulen fanden wir – neben den klassischen Gewerken wie Holz oder Metall – eine große Bandbreite verschiedenster Tätigkeitsbereiche (=„Linien"). Einige Beispiele aus unseren Besuchen: Multi-Media – Internet-Arbeit – Regionales Fernsehen – Küche – Grafik-Design – Restaurierung – Seefahrt – Fischzucht – Gärtnerei – Tourismus – Jugendhotel – Theater – (Rock-)Musik. [...] Die Produkte und Produktionen, so aber der Anspruch, müssen eine marktübliche Qualität haben. Das ist eine Herausforderung, denn wie will man mit benachteiligten (oder gar „arbeitsunwilligen") Jugendlichen solche Qualität schaffen? Die von uns beobachteten Beispiele verschiedener Produktionen erstaunten tatsächlich durch ihre Professionalität. Heute zweifeln wir nicht mehr daran, dass die dänischen Produktionsschulen dieses Zieldilemma gelöst haben. [...]

Bei unseren Besuchen waren wir stets damit konfrontiert, dass in den verschiedenen Werkstätten Jugendliche, oft in kleinen Teams, an verschiedensten praktischen Aufträgen arbeiten. Die Anleiter betonen, welchen Wert man auf das selbstbestimmte Lernen der Teilnehmer legt. Zwei der grundlegenden Leitregeln lauten: „Konsequenz" und „Aktivierung". Mit „Konsequenz" ist gemeint, dass sich die Jugendlichen an die Regeln des Hauses halten müssen. Zum Beispiel bedarf es nach drei Tagen Abwesenheit eines Krankenscheins. Solche Regeln des Hauses werden aber nicht einfach „kalt" durchgesetzt, sondern die Einhaltung von Regeln ist einem „dialogischen Prinzip" verpflichtet. „Man muss mit den jungen Menschen sprechen!" so wurde uns eingeschärft. Mit „Aktivierung" ist der Arbeitsansatz der Produktionsschule umrissen: Wenn jemand, zumal im Jugendalter, nicht aktiv sein will, dann bekommt er Unterstützung – und dabei solche klaren Angebote, dass man sie nicht so einfach ablehnen kann! Das war für uns zunächst nicht ganz so einfach zu akzeptieren [...]. Die Aufträge stammen eben aus der Region bzw. kommen von der regionalen Wirtschaft, so dass die potentiellen Beschäftiger schon die Produktionsschule und ihre Produkte kennen können und realistische Einschätzungen zu dem jeweiligen Leistungsvermögen eines Jugendlichen entwickeln können. [...]

Grundsätzlich gilt: Eine Aufnahme ist jederzeit möglich, an jedem Tag, zu jeder Stunde. Schon allein dadurch ist die Zusammensetzung jeder Werkstatt eigentümlich geprägt. Es findet sich in den Werkstätten immer eine Mischung „erfahrener" Jugendlicher und „Neulinge", die dann zusammenarbeiten (müssen). Daraus erwächst die Möglichkeit des Voneinanderlernens und des Miteinanderlernens. Das war für die deutschen Besucher doch wirklich sehr überraschend, was man hier den Jugendlichen alles zutraut. [...] Die Verweildauer der Jugendlichen beträgt im Schnitt fünf bis sechs Monate. Eine Verlängerung des maximal einjährigen Aufenthaltes ist schwierig und nur für etwa 10% der vorgehaltenen Plätze erlaubt. Allerdings sind weitere Ausnahmen möglich, z.B. wenn man sich mit der Kommune abspricht (die dann eine Finanzierung ermöglicht) oder wenn für einen Jugendlichen eine Ausbildung winkt und er noch länger bleiben sollte.

Ein zentrales Motiv der Didaktik wurde uns immer wieder eingeschärft: die Notwendigkeit der individuellen Förderung. Man gehe sehr einfühlsam auf jeden einzelnen Jugendlichen ein (dialogisches Prinzip). Für jeden Jugendlichen werden ein individueller Stundenplan und eine ausführliche Entwicklungsmappe angelegt. [...]

Das Zentrum der pädagogischen Arbeit sind die (Außen)-Aufträge, die etwa 80% der Tätigkeit einnehmen. Immer geht es darum, ausgehend von der konkreten Arbeit oder dem Arbeitsauftrag zu prüfen, was oder wie etwas getan werden muss. Bei Aufträgen gilt die Prüffrage: „Gibt es einen pädagogischen Wert in der Arbeit, im Auftrag, in der Produktion"? Entsprechend verbindet sich mit der Betrachtung des Auftrags („Was machen wir heute?") auch „Instruktion" oder eben Unterricht: „Wie packen wir diesen Aufgabe an?" Es scheint ein wichtiges Qualifikationsmerkmal der Anleiter zu sein, solche Fragen an die Aufträge richten zu können. Offenkundig will man über „spannende Arbeit motivieren"; die Teilnehmer sollen „fachliche Ambitionen" und „Stolz" entwickeln. Damit wird das Curriculum gleichsam durch die Arbeitsaufträge strukturiert.

Die produktive Arbeit wird neben den fachtheoretischen Anregungen am Arbeitsplatz durch weitere Angebote ergänzt. So finden sich – in unserer Sprechweise – „allgemein bildende" Anteile wie „dänische Sprache", „Rechnen", „Naturwissenschaften" etc. Eine besondere Rolle spielen persönlichkeitsfördernde Anregungen wie die kulturelle Projekte, die in sehr verschiedener Ausprägung das Angebot ergänzen: Theater, Musik, historische Projekte, Aufführungen etc. Eine Produktionsschule hat zumeist auch eine Vielfalt internationale Kontakte, allein schon dadurch, dass viele ausländische Einrichtungen den dänischen Ansatz kennen lernen wollen.

[...] Klar ist auf jeden Fall, dass es für den Umgang mit schwierigen Jugendlichen neben den formalen Qualifikationen noch anderer Kompetenzen bedarf. Einige wichtige Professionsmerkmale, die wir uns aus den Gesprächen erschlossen haben, sind: „Engagement", „Enthusiasmus" und „Zuneigung" zu den schwierigen Jugendlichen. Die von uns beobachtete „Haltung" der Anleiter könnte man so charakterisieren: „entwicklungsorientiert", „geduldig", „sich zurückhaltend", „Arbeitsaufgaben in den Mittelpunkt stellend". Man legt zudem viel Wert auf gemeinsam mit den Jugendlichen verbrachte Freizeit und Arbeitspausen. Die Produktionsschulen selbst betonen die persönliche Entwicklung jedes Anleiters.

Entnommen aus: Bojanowski 2005b.

12.3 Was man über die Produktionsschulen wissen sollte

Produktionsschulen kombinieren vielfältig Arbeiten und Lernen. Die Jugendlichen an einer Produktionsschule, erwerben (berufliche) Qualifikationen auf unterschiedlichem Niveau sowie personelle und soziale Kompetenzen (Stabilisierung und Entwicklung der Persönlichkeit, Teamfähigkeit, Schlüsselqualifikationen). Offenbar birgt das Produktionsschulkonzept entscheidende Faktoren, die die jungen Menschen so anregen, dass sie sich besser als in anderen Angeboten entwickeln. Im Folgenden werden, um das Praxisbeispiel zu unterfüttern, die inneren Prozesse einer Produktionsschule (sieben Hauptfaktoren) erörtert. Daneben finden sich weitere aktuelle Informationen zur Produktionsschule.

▶ Berücksichtigung der Herkunft, der Lebensgeschichten und der „Ankunft" der Jugendlichen

Eine zentrale Aufgabe der Produktionsschulen besteht darin, zu klären bzw. festzulegen, für welche Jugendliche sie besonders geeignet ist. Darüber muss sie sich schon **von Beginn an** verständigen. Bei vielen Produktionsschulen heißt das, dass sie für ihre angehenden Produktionsschüler ein Bewerbungsverfahren voraussetzen, ein Kennenlernpraktikum ermöglichen und den Einstieg mit systematischen Kompetenzfeststellungsverfahren verbinden. Wenn ein Kompetenzprofil mit beruflichen Anforderungsprofilen abgeglichen wird, dann können die Jugendlichen Möglichkeiten und Grenzen ihrer Berufswünsche erkennen. Dies ist für ihre Selbstentwicklung wichtig. **Kompetenzfeststellung** (→ Kapitel 2) erscheint als zentrale Schaltstelle beim Eintritt in die Produktionsschule – und als neue Erfahrung für die jungen Menschen. Auf Basis des Kompetenzansatzes wird danach gefragt, was die jungen Leute mitbringen. Auch hier gilt es, von den Stärken auszugehen, um darauf aufbauen zu können. Die Produktionsschüler lernen dabei, ihre eigenen Vorstellungen mit der Situation auf dem Ausbildungs- und Arbeitsmarkt abzugleichen. Dies ist sicherlich mitunter auch ein schmerzvoller Lernprozess.

Die Kompetenzfeststellung ist eng mit der **Entwicklungsplanung** zu verbinden. Inzwischen ist es für viele Produktionsschulen selbstverständlich geworden, einen individuellen Bildungs-, Arbeits- und Entwicklungsplan für jeden Produktionsschüler aufzustellen. Der Plan umfasst die fachlichen, sozialen und persönlichen Aspekte der Entwicklung eines jungen Menschen und dokumentiert zugleich die Entwicklungsschritte. Die Reflexion und verbindliche Abstimmung weiterer Entwicklungsplanungen sollen die Heranwachsenden von Anfang an so mit einschließen, dass sie auch Verantwortung für ihre Lernbiographie übernehmen können.

Es geht beim „Einschleusen" – wie es in der dänischen Produktionsschulpraxis formuliert wird – nicht allein um die fachlichen Voraussetzungen (oder „schulische Basiskompetenzen", wie z.B. den Hauptschulabschluss), sondern auch darum, mit welchem „lebensgeschichtlichen Gepäck" ein junger Mensch in die Produktionsschule eintritt. Produktionsschulen sollen die Lebensbedingungen ihrer Jugendlichen aufgreifen, ihnen Aufmerksamkeit vermitteln und einen Einstieg arrangieren, bei dem zu spüren ist: Hier geht es wirklich um etwas, die Produktionsschule meint es wirklich ernst.

▶ Kluges didaktisches Setting in den Werkstätten

Die Werkstätten einer Produktionsschule – als Orte des Arbeitens und des Lernens – sind durch ein eigenes Setting gekennzeichnet. Die Produkte und Dienstleistungen bieten die Basis für Lernmöglichkeiten. Die „Lerngelegenheiten" sind **nicht simuliert, sondern real**. Produktionsschule hat also ein Lehr- und Lernarrangement, das sich durchgehend an den Aufträgen orientiert damit Wirkungserfolge erzielen kann. „Die Stärke dieses so elementaren, ja konstitutiven Produktionsschulkonzepts liegt gerade in der Besonderheit der realen Lerngelegenheit, die durch den realen Kundenauftrag erfahrbar wird und auf diese Weise geradezu zwingend zum unmittelbaren Lernerfordernis wird. Ist dieses „Lernerfordernis" gelungen arrangiert, führt es unmittelbar auch zum Lernerlebnis. Auf diese Weise kommt es fast schon ‚beiläufig' zum Lernerfolg" (Meier & Gentner 2011, 29). Das didaktische Setting einer Produktionsschulwerkstatt und ihr Curriculum werden somit **durch die Aufträge vorgegeben**. „Produktionsschulen strukturieren ihre Lernprozesse vor dem Hintergrund realer Aufträge, die die Schulen von externen

Kunden erhalten bzw. selbst akquirieren" (Kipp 2008, 183). Arbeiten und Lernen müssen enger als in anderen Bildungsprozessen miteinander verkoppelt werden.

Ausgangspunkt einer solchen Herangehensweise waren die dänischen Produktionsschulen, in denen die Lernstrukturen in der Werkstatt besonders auf das **Voneinander-Lernen** zielen. Bedingt durch das konzeptionell notwendige ständige „Ein- und Ausschleusen" junger Menschen (jederzeit kann in die Produktionsschule ein- und auch wieder ausgestiegen werden) entwickelte sich die Möglichkeit, dass die jeweils anwesenden – erfahrenen – Werkstattmitglieder (die „Experten") ihr Wissen und Können an die Neulinge (die „Novizen") weitergeben sollten und konnten. Dieses auch in der dänischen Mentalität verankerte **demokratische Miteinander** (Riemer 2007) hat Konsequenzen für die Didaktik der Werkstatt. Werkstattpädagogen geben natürlich – je nach Stand des jungen Menschen – Kenntnisse weiter und führen Unterweisungen bzw. Einweisungen an Maschinen oder Anlagen durch. Wenn ein Jugendlicher seine Kenntnisse an einen anderen Produktionsschüler weiter gibt, ist der Werkstattpädagoge dabei präsent, hält sich aber konsequent zurück. Der Produktionsschüler lernt somit ebenfalls beim Lehren. Er wird motiviert und er profitiert vielfach davon (→ Kapitel 2).

▶ Die Aufträge, die Kunden, die Produkte und Dienstleistungen

Aufträge haben Verbindlichkeit, Ernsthaftigkeit und Aufforderungscharakter. Warum sind sie so sinnvoll? Sind es die Anschlüsse an Warenkreisläufe, die direkte Einbeziehung in den „Wertschöpfungsprozess", die die Heranwachsenden dazu bringen „dabei" zu bleiben? Ist es der (oft konkrete) Kunde, der als gleichwohl imaginäres Über-Ich zur Arbeit anhält? Wieso entsteht mehr Verbindlichkeit, wenn ich für einen (vielleicht mir sogar kaum bekannten) Kunden etwas anfertige? Ganz im Gegensatz etwa zum schulpädagogischen Allgemeinplatz, wonach das „Lernen für den Lehrer" schon nach wenigen Jahren die Motivation und Neugier der Schulkinder schwächt oder sogar versiegen lässt. Das Lernen an Kundenaufträgen setzt jedenfalls eine sorgfältige Erfassung der in diesen Lerngegenständen inkorporierten pädagogischen Perspektiven und Bedingungen voraus. Die Werkstattpädagogen müssen geeignete Produkte und Dienstleistungen sorgsam „entwickeln", suchen oder akquirieren. Für die Auftragsplanung gilt dabei grundsätzlich die Verabredung, dass nur die Aufträge angenommen werden, die nach Einschätzung der Werkstattpädagogen mit der vorhandenen Belegschaft auch geleistet werden können. Die Lieferung eines Produkts an den Kunden wird in der Regel von denjenigen Produktionsschülern durchgeführt, die dieses Produkt auch hergestellt haben.

Was wirkt (hier)? Aus den Erfahrungen in dänischen wie auch in deutschen Produktionsschulen verdichtet sich die Erkenntnis, dass es offenbar diese Trias von – kurz gesagt – Kunden, Aufträgen und Produktion ist, die die Produktionsschüler davon überzeugt, dass die **geforderte Verbindlichkeit** hinsichtlich der realen Aufträge nicht simuliert ist, sondern konstitutiver Bestandteil des Lernens ist. Hier gibt es ein interessantes Forschungsergebnis aus Mecklenburg-Vorpommern: Wir stellten fest, dass die Jugendlichen in den Produktionsschulen relativ rasch nach ihrem Ankommen in der Produktionsschule pünktlich zur Arbeit erschienen und teilnahmen. Sie kamen also nicht länger morgens zu spät oder „schwänzten" gar, sondern fühlten sich offenbar nach einer Phase des Eingewöhnens für Kundentermine, die Produktion oder die gemeinsame Arbeit verantwortlich (Gentner 2008a, 39ff.; Gentner 2008b, 354).

▶ Die Rolle der Werkstattpädagogen

Dieses didaktisches Setting und die zu erledigenden Kundenaufträge bedürfen höchst kompetenter Pädagogen. In einer Produktionsschule sind die Werkstattpädagogen gleichsam die Schaltstelle: Sie nehmen Einfluss, sie prägen implizit ihre Produktionsschüler. Ein Werkstattpädagoge sollte Faszination ausstrahlen, er muss zurückhaltend, respektvoll und fachlich überzeugend sein (Brandt & Iske 2008, 49f). Gerade in dieser **facettenreichen Breite des „pädagogischen Takts"** und des überzeugenden fachlichen Know-hows liegen Chancen und Gefahren. Die Unersetzbarkeit des erwachsenen Gegenübers ist sicherlich substantiell.

In den Produktionsschulen sind Mitarbeiter mit einem breiten beruflich-praktischen Erfahrungshintergrund tätig, die zudem starkes Interesse an der Arbeit mit jungen Menschen haben. Die Mitarbeiter müssen vom pädagogischen Konzept der Produktionsschule „tief überzeugt" sein, sie müssen quasi „Feuer gefangen" und sich „eingelassen" haben. Produktionsschule baut damit auf die erwachsene, lebenserfahrene Person, „die sich ihres eigenen Wertes und ihrer Bedeutung bewusst ist und deshalb klare Signale sendet, was richtig und was verkehrt ist" (ebd., 49). Ein Produktionsschulpädagoge entwickelt einen sehr klaren Rahmen, ein inneres Koordinatensystem. Er ist nicht Freund oder Kumpel der Heranwachsenden, sondern Begleiter, Unterstützer, Vorbild – und „älterer Bruder".

Produktionsschulen leben – wie alle Betriebe – entscheidend von ihren Mitarbeitern. Wenn diese ihre Aufgabe verstanden und ergriffen haben, prägen sie ihre Werkstatt und damit die gesamte Einrichtung.

▶ Die Lerngemeinschaft der Peers

Gruppensoziologie oder peer-group-culture belehren uns seit langem über die Bedeutung der gleichaltrigen Miterzieher. Produktionsschule kennt das didaktische Arrangement des Voneinander-Lernens, bei dem das gemeinschaftsstiftende Handeln konstitutiv ist. Produktionsschule mobilisiert gleichsam durch ihr Arrangement die emotionale Seite von Kooperativität und Gemeinschaftlichkeit: von der gemeinsamen Aktivität beim „tätigen Handeln" bis hin zur Verantwortungsübernahme für die Einrichtung. Lerngemeinschaften zeigen sich in einer kaum beschreibbaren wechselseitigen inneren Gefühlsenergie, die die Beteiligten anspornt, sie zu überraschenden Einsichten bringt und sie hervorragende Resultate (und Entwicklungseffekte?) erzielen lässt.

Eine Werkstatt als Ort gemeinschaftlichen Lernens und Arbeitens kann entwicklungsförderliche soziale Situationen schaffen, in denen Kooperation und Dialog zentral sind. **Gemeinsame Tätigkeit und positive Emotionen sind eng verknüpft.** Mit Makarenko wäre auch festzuhalten, dass fehlende objektive gesellschaftliche Perspektiven als sinngebendes Leitmotiv (z.B. das Erreichen eines Abschlusses, Integration in Ausbildung oder Arbeit) vorübergehend durch intensive und auf emotionale Bedürfnisse ausgerichtete soziale Beziehungen ausgeglichen werden können (Makarenko 1978, 480). Produktionsschule ist offenbar mehr als nur ein Lernort für Arbeiten und Lernen, sie ist auch ein Ort des Jugendlebens.

▶ Das kulturelle Arrangement der Produktionsschule

Die kulturelle Seite der Produktionsschule ist in den Kategorien „Räumen, Regeln, Rituale" präsent (Gentner 2007). **Räume** spielen eine tragende Rolle in einer Produktionsschule. Räume haben Auswirkungen auf Rezeption, Orientierung und Bewertung. Und sie haben Einfluss auf das Wohlbefinden und auf das Verhalten der Menschen im Raum. Räume sollten als Mittel zur Unterstützung von Lernprozessen verstanden und eingesetzt werden. Die Ausstattungen der Räumlichkeiten bedingen die Aufmerksamkeit und prägen die sozialen Beziehungen. Gerade für benachteiligte Jugendliche hat die Umgebung einen erheblichen Einfluss auf die Persönlichkeitsentwicklung und auf die Aktivierung von Fähigkeiten und Fertigkeiten.

Als weiteres Element des kulturellen Arrangements der Produktionsschule zielt ein **Regelwerk** auf Aspekte wie Entlastung, Sicherheit, Klarheit und Verbindlichkeit. Die Fixierung von Regeln erfolgt auf der Grundlage verbindlicher Kriterien. Über die Formel „verhandelbare und nicht verhandelbare Regeln" werden die Jugendlichen in die Gestaltung und Strukturierung einbezogen und beteiligt. Damit werden Produktionsschulen zu Orten, an denen Demokratie erlebt wird.

„**Rituale** stiften Gemeinschaft durch – fast immer symbolische – Formen von Kommunikation und Interaktion", so Trepke, Greiner-Jean & Gentner (2008). Verschiedene Rituale können etabliert werden: Begrüßungsrituale am Morgen, Verabschiedungsrituale am Ende des Tages, gemeinsame Aktivitäten außerhalb des Arbeits- und Lernalltages (Sportfest, Weihnachtsfeier, Exkursionen etc.), die Auszahlung des Produktionsschulgeldes, gemeinsame Mahlzeiten (deren Bedeutung nicht hoch genug geschätzt werden kann), etc. Rituale sollen eine „innere"

Form haben, indem sie einen Sinn zeigen, den alle Beteiligten einsehen und für wichtig und nachvollziehbar halten. Rituale dürfen nicht zu automatisierten Handlungsabläufen „verkommen". Denn dann sind sie sinnentleert und können nicht angenommen werden. Damit aber wird deutlich: Eine Produktionsschule hat eine besondere Atmosphäre. Produktionsschule ist mehr als Arbeiten und Lernen, mehr als die Verknüpfung von Produktions- und Lernprozessen! Es ist somit ganz offensichtlich das kulturelle Arrangement, das einen weiteren Hauptfaktor einer wirksamen Arbeit in Produktionsschulen ausmacht.

▶ Das Arrangement des Übergangs

Allgemein gilt: Jugendliche ohne eine abgeschlossene Berufsausbildung und/oder ohne anerkannte Zertifikate haben geringe Chancen, einen Arbeitsplatz – zumal „vor Ort" – im Beschäftigungssystem zu finden. Können die in den Produktionsschulen vermittelten Qualifikationen die Beschäftigungschancen ihrer Absolventen erhöhen? Regt Produktionsschule zur überregionalen Mobilität an? Wenn Übergänge als individuelle und soziale Statuspassagen fungieren, dann hat die Gestaltung der Übergänge aus der Produktionsschule in die sich anschließenden Lern- oder Arbeitsprozesse – idealerweise in Ausbildung und/oder Beruf – besondere Bedeutung. Etliche Produktionsschulen haben den Prozess des „Ausschleusens" intensiv gestaltet und bewusst individuelle „Ablösephasen" geplant.

Die Produktionsschulen haben dabei den Vorteil, dass sie durch **regionale Kooperationen** und Aufträge in der Regel regional gut verankert sind. Dies hängt auch mit einem **regionalen Beirat** der Produktionsschulen zusammen, in denen oft die Vertreter der örtlichen Wirtschaft, Administration und Politik tätig sind. So können die „Produktionsschulabsolventen" besser im örtlichen Kontaktnetz vermittelt werden. Produktionsschulen werden damit zu einem wichtigen Element im regionalen Übergangsmanagement.

▶ Organisatorische und finanzielle Aspekte

Die Zahl der Produktionsschulen (bzw. Einrichtungen mit produktionsorientiertem Ansatz) in Deutschland lässt sich derzeit nur schwer beziffern. Viele dieser Einrichtungen arbeiten in unterschiedlichen Trägerschaften, Organisations- und Kooperationsstrukturen bzw. Rechtsformen. Es gibt beispielsweise Kooperationen zwischen berufsbildenden Einrichtungen (auch Berufsschulen) und Vereinen, die als Träger fungieren. Als Betreiber sind aber auch Träger der freien Jugendhilfe oder Kommunen und Landkreise tätig.

Deutsche Produktionsschulen **finanzieren** sich in aller Regel aus unterschiedlichen, meist sogar mehreren Quellen: Die „Mischfinanzierungen" ergeben sich u.a. aus Mitteln des Europäischen Sozialfonds (ESF), sie kommen von den Sozialrechtsträgern nach dem Zweiten, Dritten und Siebten Buch Sozialgesetzbuch (SGB

II, III und VIII), resultieren aber auch aus Landesmitteln der Arbeits-, Sozial-, Jugend- und Kultusministerien – abhängig von den jeweiligen Voraussetzungen und Möglichkeiten lassen sich auch Mittel aus Modellvorhaben auf Länder- bzw. Bundesebene akquirieren. Seltener stammen die Mittel aus privaten Finanzmitteln, etwa von Stiftungen oder Sponsoren aus der Wirtschaft. Nicht zuletzt werden hingegen die Aufwendungen durch die in den Produktionsschulen selbst erwirtschafteten Einnahmen (quasi als Eigenanteil) aus dem Verkauf der (eigenen) Produkte gemindert. Bis auf die selbst erwirtschafteten Einnahmen ist den genannten Finanzierungsquellen gemeinsam, dass sie durchweg zeitlich befristet sind. Solange und soweit eine (institutionelle) Absicherung, d.h. eine **einheitliche** Rechtsgrundlage für den Betrieb von Produktionsschulen noch nicht realisiert ist, können die bestehenden Einrichtungen nicht auf eine konsolidierte Finanzierung ihrer Arbeit „bauen" und müssen diese – überwiegend – projektiert und somit auch „terminiert" (zeitlich begrenzt) planen.

▶ „Produktionsschullandschaften"

Bildungssystematisch sind derzeit in Deutschland mehrere „Produktionsschullandschaften" bemerkenswert. Erste Produktionsschulen bilden sich in den 1990ern in Deutschland in Hessen und Hamburg. Für Hessen z.B. benennt die Landesgruppe Produktionsschulen Hessen 19 Einrichtungen (Landesgruppe 2009). Der bundesweit agierende Bundesverband Produktionsschule konstituierte sich 2007[2] und verfügt 2013 über nahezu zehn Landesverbände; insgesamt kann man von ca. 100 deutschen Einrichtungen ausgehen. Zur Illustration greifen wir auf zwei Landesprogramme zurück.

Mecklenburg-Vorpommern hat Produktionsschule im Bereich der Jugendberufshilfe verortet: „Produktionsschulen sind Einrichtungen der Jugendberufshilfe, die insbesondere an der ersten Schwelle für die Altersgruppen der 15 bis 20-Jährigen Angebote zur Integration in die Berufsbildung bzw. in den ersten Arbeitsmarkt unterbreiten oder teilweise bei der Rückführung in den Regelschulbereich hilfreich sein können" (Länderbericht Mecklenburg-Vorpommern 2011, 168). Im „Landesprogramm Produktionsschulen in Mecklenburg-Vorpommern" wurden zunächst fünf Produktionsschulen (in Rostock, Barth, Waren, Rothenklempenow und Greven) aufgebaut (Finanzierung bis zum Jahr 2013 Mittel des Europäischen Sozialfonds (ESF), Landesmittel sowie kommunale Mittel). 2005 nahm – außerhalb dieses finanzierten Landesprogramms – die Produktionsschule in Wolgast ihren Betrieb auf. Dort wurde die Einrichtung (options-)kommunal aus Mitteln des zuständigen Grundsicherungsträgers nach dem Zweiten Buch Sozialgesetzbuch finanziert (Meier 2008). Die sechs Produktionsschulen in Mecklen-

---

2 http://www.bv-produktionsschulen.de/, 01.03.2013.

burg-Vorpommern wurden flächendeckend erprobt und zwei Jahre lang wissenschaftlich begleitet (Gentner 2008c).

In Hamburg (Länderbericht Freie und Hansestadt Hamburg 2011) wurden als wichtiger Baustein der Hamburger Bildungsreform im Schwerpunktbereich „Übergang Schule – Beruf" in den Jahren zwischen 2009 und 2011 acht Produktionsschulstandorte eingerichtet. Produktionsschulen stellen eine gleichwertige Alternative zur Ausbildungsvorbereitung an berufsbildenden Schulen dar und sind als ein die Erfüllung der Schulpflicht an Berufsvorbereitungsschulen ersetzendes Angebot für Jugendliche anerkannt. Die Hamburger Produktionsschullandschaft hat, bundesweit betrachtet, eine Sonderstellung: Hamburg hat als einziges Bundesland Produktionsschulen auf der Basis eines Parlamentsbeschlusses eingerichtet. Die Hamburger Produktionsschulen sind keine Schulen im Sinne des Hamburger Schulgesetzes, sondern Einrichtungen, die in freier Trägerschaft betrieben werden. Gleichwohl sind die Hamburger Produktionsschulen Bestandteil der Schulstruktur (im Übergangssystem Schule–Beruf) und werden entsprechend über den **Bildungshaushalt** der Freien und Hansestadt Hamburg gesichert und finanziert.

12.4 Unser Credo: Produktionsschuldidaktik entfalten, Produktionsschulen im Bildungswesen etablieren!

- Die Produktionsschule ist mehr als nur eine Ergänzung in der Benachteiligtenförderung. Sie ist eigentlich der „Prototyp" einer Einrichtung für benachteiligte Jugendliche; ja, sie ist ein didaktisches Vorbild für die Berufliche Förderpädagogik.

- Die Produktionsschule dient der sozialen und beruflichen Integration benachteiligter Jugendlicher und versteht sich als Aktivierungs- und Orientierungsangebot für diese Zielgruppe. Sie ist damit zu einem wirksamen pädagogischen Instrument der Benachteiligtenförderung geworden, auch wenn eine ausformulierte „Produktionsschuldidaktik" noch aussteht.

- Der didaktische Ansatz, in Werkstätten reale Aufträge und Dienstleistungen zu erbringen, bedeutet für die Jugendlichen eine hohe Herausforderung. Zugleich bietet die Produktionsschule durch diese Ernsthaftigkeit und ihr kulturelles Arrangement den Jugendlichen Sinnstiftung, sozialen Zusammenhang und neue Perspektiven.

- Produktionsschule sollte sich nicht nur als Teil des Berufsvorbereitungswesens oder als Instrument der Benachteiligtenförderung begreifen, sondern die Erfahrungen und ihre utopischen Elemente selbstbewusst in die bildungspolitische Diskussion über das deutsche Schulsystem als emanzipatives Konzept der (Berufs-)Bildungsteilhabe einbringen.

! Produktionsschulen müssen zudem ihren festen Platz in einer regionalen Bildungslandschaft der beruflichen Bildung (und dort in der Berufsvorbereitung als Ort der beruflichen Benachteiligtenförderung) erhalten.

! Während die pädagogischen Fragestellungen und Implikationen von Produktionsschulen an Gestalt gewinnen, nehmen organisatorisch-rechtliche Fragen an drängender Bedeutung zu. Produktionsschulen in Deutschland haben nur dann eine echte Chance, sich zu etablieren, wenn sie auf soliden rechtlichen und finanziellen Rahmenbedingungen basieren.

12.5 Praktische Empfehlungen, Aufträge, Übungen, Tipps

☞ **Praxistipp 1**

Woran muss man denken, wenn man *eine Produktionsschule aufbauen* möchte? Neben den schon im Text genannten pädagogischen Ansätzen sollte man, wenn es um die Schaffung von Rahmenbedingungen geht, Folgendes bedenken:

- Nötig sind der Wille und die Kompetenz, eine Produktionsschule in der Region zu betreiben und schließlich eine realistische und dauerhafte Finanzierung des Betriebs;
- Sodann: Sichtung der regionalökonomischen Rahmenbedingungen: Schülerzahlen, Schulabschlüsse, Ausbildungsplatzsituation, vorhandene Maßnahmen und Angebote für Jugendliche – besonders am Übergang Schule-Beruf, Bildungseinrichtungen und Träger der Jugendberufshilfe, etc. Auch der Blick auf regionale Ausbildungs- und Berufsbedarfe sollte nicht fehlen („Markt- und Ausbildungsplatzbeobachtung");
- Weiterhin: Finanzierungsmöglichkeiten auf EU-, Bundes-, Landes- und kommunaler Ebene prüfen;
- Welche Rechtsform soll die zu gründende Produktionsschule haben?
- Welche Werkstätten (Gewerke) und Dienstleistungsbereiche sollen in der Produktionsschule betrieben werden?
- Wichtig: Betriebskontakte sowie Aufträge als Ausgangspunkt und Zweck der Produktion in den Werkstätten;
- Weiterhin: Realisierungsmöglichkeiten für den Aufbau einer Produktionsschule prüfen und Verbindungen in der Region aufbauen;
- Konkret: Kontakte zur regionalen Einrichtungen und Institutionen herstellen; regionale Akteure und Entscheidungsträger identifizieren und für die „Produktionsschulsache gewinnen";
- Unabdingbar: regionale Wirtschaft, Betriebe, Kammern einbeziehen;
- Notwendig: einen geeigneten Betriebsort, der Arbeits- und Lernprozesse gewährleisten kann;
- Und schließlich unabdingbar: ein schlüssiges Produktionsschulkonzept entwickeln (unter Beachtung der sieben genannten Hauptfaktoren) – hierbei Kontakte

und Austausch zu erfolgreich arbeitenden Produktionsschulen und zum Bundesverband Produktionsschulen herstellen!

☞ Praxistipp 2
Der Bundesverband Produktionsschule (2001) hat sechs *Qualitätskriterien* für Produktionsschulen entwickelt. Untersuchen Sie die sechs Dimensionen dieser Standards unter dem Gesichtspunkt, inwieweit diese Kriterien für eine Ihnen bekannte Einrichtung der Benachteiligtenförderung zutreffen.

📖 Literatur zum Weiterlesen

- Bojanowski, A. (1996): Die Produktionsschule. In: Dedering, H. (Hrsg.): Handbuch zur arbeitsorientierten Bildung. München: Oldenbourg, S. 479-500.
- Bundesverband Produktionsschulen (2006): Produktionsschulprinzipien. http://bv-produktionsschulen.de/downloads/Produktionsschulprinzipien.pdf

Teil III: Gesellschaftliche Einbettungen und Rahmungen

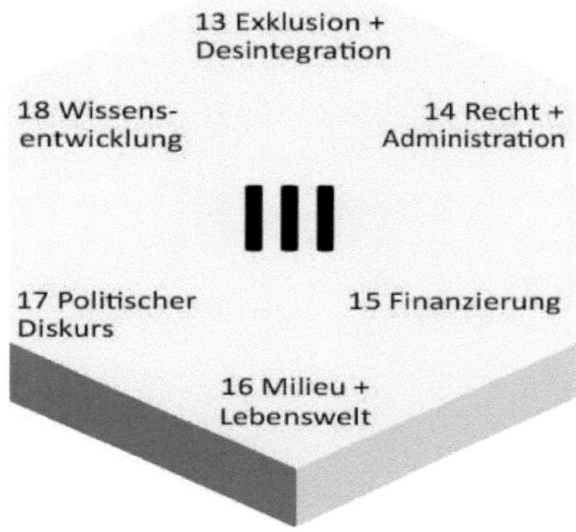

Zur Darstellung gesellschaftlicher Einflussfaktoren entfaltet die dritte „Wabe" Bezüge zu Feldern wie Ökonomie, Recht, Soziologie, Politik oder Wissenssoziologie. Kapitel 13 „Exklusion und Desintegration" thematisiert die immer „ungleicher" werdende Gesellschaft, in der benachteiligte Jugendliche besonders chancenlos sind, weil sie aus den Optionen zur Integration herausfallen. Kapitel 14 „Rechtliche Rahmenbedingungen und administrative Steuerung" zeigt, dass es keine Systematisierung der rechtlichen Basis gibt, es aber dringend nötig ist, sich der Zersplitterung diese Bereichs bewusst zu machen. Kapitel 15 „Zur Finanzierung der Benachteiligtenförderung" klärt, dass die Finanzierung der beruflichen Benachteiligtenförderung zersplittert, unübersichtlich, partiell unterfinanziert und nicht nachhaltig ist. Die Begriffe „Lebenswelten und Milieus" in Kapitel 16 verweisen darauf, dass benachteiligte Jugendliche oft aus soziologisch abgrenzbaren Welten kommen, die die Pädagogen entschlüsseln und verstehen lernen müssen. Kapitel 17 „Politischer Diskurs – Das Beispiel der Ausbildungsreife" diskutiert die seit Jahren zu beobachtende problematische Umsteuerung der Arbeitsagentur, mit der benachteiligte Jugendliche in Abseits gedrängt werden können. Im Kapitel 18 „Zur Weiterentwicklung der Beruflichen Förderpädagogik" schließlich wird sichtbar, wie für eine förderpädagogische Entwicklung und Forschung eine wissenschaftliche Infrastruktur entfaltet werden könnte. Damit ist in dieser „Wabe" die Berufliche Förderpädagogik in der Fülle und Breite ihrer Bezugsfelder und ihrer gesellschaftlichen und diskursiven Rahmenbedingungen identifizierbar.

13 Exklusion und Desintegration – Gesellschaftliche Wirkfaktoren

Ariane Steuber & Martin Koch

> *„Inklusion bedeutet, daß alle Funktionskontexte für alle Teilnehmer des gesellschaftlichen Lebens zugänglich gemacht werden."*
>
> Niklas Luhmann

13.1 Worum geht es in diesem Kapitel?

Mit Blick auf die sozialen und soziologischen Problematiken einer beruflichen Förderpädagogik werden gesellschaftliche Exklusions- und Desintegrationsdynamiken benachteiligter Jugendlicher virulent. Konnte eine ältere Jugendsoziologie noch mit der Formel „Selbstausbürgerung und Integration" die Spannung jugendlichen Protestverhaltens mit gesellschaftlicher Eingliederungsnotwendigkeit balancieren, so muss heute konstatiert werden, dass die (Re-)Integrationschancen eines gewichtigen Teils der Jugend sinken (Heitmeyer et al. 1996). In diesem Kapitel werden daher Fragen aufgeworfen, die sich auf die reale Ausschließung junger Menschen aus dem Bildungswesen und dem Arbeitsmarkt ergeben.

▶ Begriffsannäherung I

Der Begriff **Exklusion** wird seit dem Ende der 1980er Jahre, ausgehend von Frankreich, in den Ländern der Europäischen Gemeinschaft zur Beschreibung sozialer Ausgrenzung verwendet. In diesem Begriff sind vor allem zwei Aussagen enthalten, nämlich, dass „anhaltende Arbeitslosigkeit, Unterbeschäftigung und Armut eine neue gesellschaftliche Spaltung hervorbringen, und dass sich diese Spaltung im Ausschluss von wesentlichen Teilhabemöglichkeiten an der Gesellschaft niederschlägt" (Kronauer 2002, 11). Der Begriff birgt in dieser Lesart die Vorstellung von einer Innen-Außen-Spaltung der Gesellschaft („Zwei-Welten-Theorem"). In einer auf Erwerbsarbeit fixierten Gesellschaft ist für die von Exklusion Betroffenen im Wesentlichen die Erfahrung des Entzugs sozialer Anerkennung durch fehlende Teilhabe am Arbeits- und Erwerbsleben verbunden. Mittlerweile hat die politische und wissenschaftliche Debatte um Exklusion aufgrund der Polarisierung der Einkommen, einer „Entsicherung von Arbeits- und Beschäftigungsverhältnissen (auch und gerade beim Einstieg ins Erwerbsleben) und einer Neuausrichtung der sozialen Systeme" (Kronauer 2010, 15) einen neuen Schub erhalten.

▶ Begriffsannäherung II

Desintegration bezeichnet einen unerwünschten und möglichst zu vermeidenden Zustand und umfasst als Gegenbegriff zu Integration ein breites Bedeutungsspektrum. Er wird mit negativen Assoziationen wie Reibungs- und Funktionsverlusten, Bestandsbedrohungen, Verfall bzw. Zerfall (Imbusch & Heitmeyer 2008) verknüpft. Der Begriff wird außerdem mit weiteren Begriffsbildungen wie Prekarisierung, Verarmung, Desorganisation, Anomie, Sezession, sozialer Fragmentierung, Entsolidarisierung, Auflösung sozialer Bindungen und individualpsychologischen Kategorien wie Sinnverlust, Orientierungslosigkeit, Wurzellosigkeit, Identitätsstörungen, Entfremdung und Indifferenz in Verbindung gebracht. Wenn Integrationsprozesse gefährdet sind, wie dies vor dem Hintergrund des globalen Wandlungsdrucks in modernen Gesellschaften der Fall ist, und stattdessen Desintegrationsängste, -erwartungen oder -erfahrungen auftreten, hat dies vor allem für die betroffenen Menschen negative Konsequenzen und kann überdies in zerstörerischen Handlungen den sozialen, politischen und ökonomischen Zusammenhalt demokratischer Gesellschaften durch Desintegrationserscheinungen wie Politikverdrossenheit, Ausgrenzung von Minderheiten, Fremdenfeindlichkeit, Unruhen etc. bedrohen.

▶ Relevanz dieses Kapitels

Benachteiligte Jugendliche erreichen oft keine **gesellschaftlich anerkannte „Normalbiographie"**. Sie sind mit einem hohen Risiko der Ausgrenzung behaftet. Für viele von ihnen muss das Schwinden direkter Anschlussmöglichkeiten beim Übergang von der Schule in den Beruf fast zwangsläufig dauerhaftes Abseits und damit in eine berufliche und soziale Desintegration bedeuten. Als eindeutig beobachtbare Tendenz fällt in Deutschland die verstärkte Exklusion aus dem Arbeitsmarkt auf: Allein die große Zahl junger Menschen ohne Ausbildung, ohne Arbeit und ohne Perspektive verweist darauf, dass der Integrationsmodus einer „Vergesellschaftung durch Arbeit" systematisch bröckelt (→ Kapitel 6). Solche Probleme betreffen eine berufliche Förderpädagogik deswegen unmittelbar, weil es um Antworten auf die Frage geht, wie und ob Pädagogik im Jugendalter diese problematischen Zusammenhänge überhaupt noch folgenreich thematisieren kann. Exklusion und Desintegration sind **gesellschaftliche Dauerthemen** – und allein deswegen müssen sie als Themen dem Korpus einer Beruflichen Förderpädagogik zugehören.

13.2 Ein Beispiel aus der Praxis: Jugendunruhen in Frankreich

Exklusion und Desintegration im öffentlichen Raum betrifft häufig ganze Stadtteile, die wie entkoppelt von den regulären und gesellschaftlichen Austauschbeziehungen neben der respektablen Mehrheitsgesellschaft existieren. Diese sozialräumliche Segregation entlädt sich auch an den Rändern westeuropäischer Metropolen immer wieder in Jugendprotesten, die oft als Ausdruck subkultureller Bewegungen ganzer Clans oder Banden thematisiert werden, dem Kern nach aber nichts anderes als geballte Reaktionen auf massenhafte Arbeits- und Perspektivlosigkeit, Demütigungserfahrungen und Diskriminierungen sind. In Frankreich bspw. dauert die öffentliche Auseinandersetzung um Jugendunruhen in den Vorstädten schon seit über 25 Jahren an.

Bei den dortigen gewalttätigen Jugendunruhen im Oktober und November 2005 rollte von Clichy-sous-Bois, nordöstlich der französischen Hauptstadt gelegen, eine Gewaltwelle durch das Land, die schließlich alle Departements der Pariser Umgebung und die Vororte einiger größerer Provinzstädte erreichte. Die Ausschreitungen wurden durch den Unfalltod zweier Jugendlicher aus Immigrantenfamilien am 27. Oktober 2005 ausgelöst, die offenbar vor einer Polizeikontrolle in Clichy geflüchtet waren (was später offiziell dementiert wurde). Sie suchten Schutz in einer Umspannstation und wurden durch Stromschläge getötet. Schnell verbreitete sich das Gerücht, sie wären von der Polizei in den Tod gehetzt worden. Seitdem verging drei Wochen lang keine Nacht ohne Straßenschlachten mit Gewalt und Vandalismus.

Das Fernsehen zeigte Clichy als „Ramallah-sous-Bois, wo Jugendliche in Turnschuhen und Kapuzen die Revolte proben. Man sieht die Einsatzkräfte der Bereitschaftspolizei CRS mit Gummigeschossen und Tränengas patrouillieren, man sieht brennende Autos und Müllcontainer. Ein Sprecher der Polizeigewerkschaft ruft nach der Armee" (Falkensohn et al. 2005). Die gewaltsamen Ausschreitungen in den Banlieues lenken den Blick auf die Orte prekärer Integration und wirken als Ventil zur Entladung angestauter Frustrationen und Aggressionen. Die Jugendlichen, die ökonomisch, sozial und kulturell von Ausgrenzungsprozessen betroffen sind, richten ihre Aggressionen vor allem gegen Artefakte der Konsumgesellschaft (Einkaufszentren, Autos) und gegen Symbole und Einrichtungen des Staates (Polizeistationen, Schulen) (Candeias 2009, 377). „Es sind Ferien, das macht den Tag noch länger, und am Ende des Fastenmonats Ramadan liegen die Nerven ohnehin blank. Es herrscht Rebellion gegen alles, was entfernt an den Staat erinnert, und sei es der Postbote. Niemand erreicht sie mehr, weder Eltern noch Lehrer, geschweige denn die Behörden" (Falkensohn et al. 2005). Der spätere Innenminister und Präsident Frankreichs, Nicolas Sarkozy, wurde wegen seines harten Kurses gegen die Jugendlichen für die Eskalation der Gewalt mitverantwortlich gemacht. Als dieser nach einem Bandenkrieg in einem Pariser Vorort, bei dem ein 11-jähriger Junge getötet wurde, von ,Gesindel' sprach, das man ,auskärchern' werde, war es, als hätten die Jugendgangs auf solche Grenzziehungen nur gewartet" (ebd.).

Doch so sehr in der französischen und übrigen europäischen Öffentlichkeit auch über kulturelle Konflikte, Bandenkriege und organisierte Kriminalität diskutiert wurde: Die Ausschreitungen konnten allenfalls durch ihre Vehemenz überraschen und hatten sich bereits lange vorbereitet. Tatsächlich sind die Banlieues

(Vorstädte) spätestens seit dem Ende der 1970er Jahre Kumulationspunkte sozialer sozio-ökonomischer und -kultureller Exklusion. Ihre Geschichte geht bis ins 13. Jahrhundert der französischen Geschichte zurück (Ritzenhofen 2005, 7). Seit dem ausgehenden 19. Jahrhundert entwickelte sich mit der Industrialisierung aber jene implizite Zweiteilung der französischen Städte, nach der sich zwei „antithetische urbane Einheiten" herausschälten: „hier die Zivilisation, dort die Barbarei, hier die schäbigen, dort die schönen Viertel. [...] Endgültig schien die ‚soziale Gefahr' nicht mehr in den engen mittelalterlichen Gassen zu lauern, sondern in einem nach der Jahrhundertwende weiter anschwellenden ‚roten Gürtel', der Paris einzuschnüren drohte" (Hüser 2010, 25). Der Diskurs um eine Dichotomie des städtischen Raums erhielt ab den 1960er Jahre erneuten Auftrieb, als mit den heutigen peripheren Ballungsgebieten ganze Hochhausstädte an den Rändern der längst erweiterten französischen Metropolen entstanden. Diese Siedlungen signalisierten zwar kurze Zeit Aufbruch und Moderne und zogen eine durchaus heterogene Bewohnerschaft an. Die strukturelle Wirtschafts- und Arbeitsmarktkrise ab der Mitte der 1970er Jahre aber veränderte die Banlieues: Zunächst zogen sich immer mehr respektable Bewohnergruppen aus den Quartieren mit bald offensichtlichen Bauschäden zurück. Die verbleibenden Anwohnergruppen setzen sich bis heute in hohem Maße aus in der direkten Nachkriegszeit rekrutierten gering qualifizierten Arbeitsmigranten aus Nordafrika und deren direkten Nachkommen zusammen (Mancheno 2011, 25f.). Diese Gruppen wurden am direktesten und massivsten von der nun einsetzenden Deindustriealisierung betroffen. Die rein sozioökonomische Benachteiligung der Viertel und ihrer insbesondere jugendlichen Anwohner ist bemerkenswert: In den zwar sehr unterschiedlichen 751 französischen „zones urbaines sensibles" überstieg die Arbeitslosigkeit 2004 mit mehr als 20% den landesweiten Durchschnitt um mehr als das Doppelte, wobei das Einkommen von 56% unterhalb der steuerlichen Mindestgrenze lag. Die Jugendarbeitslosigkeit lag zwischen 30% und 40%, bisweilen aber auch über 50% (Loch 2010, 101) und fast 40% der nicht mehr schulpflichtigen Jugendlichen verfügte über keinen beruflichen Abschluss (Hüser 2010, 21). Die Segregation dieser vielen Quartiere ruft eine kulturelle Frontstellung hervor, die ihre Bewohner zu Feinden der öffentlichen Ordnung und damit der Mehrheitsgesellschaft abstempelt. Dies äußert sich einerseits in der medialen Konstruktion krimineller Muslime, von Bandenaktivitäten und gefahrvoller Unterschichtskultur. Weit unmittelbarer aber erleben die jugendlichen Anwohner diese kulturelle Verschließung in Form von Benachteiligung auf dem Arbeitsmarkt, oder polizeilicher Schikanierung. Hier äußert sich der neoliberale Diskurs, nach dem die Verantwortung für jedes soziale Schicksal von den sozialen Kontexten immer weiter auf das betroffene Individuum verlagert wird, unmittelbar.

13.3 Was man über Exklusion und Desintegration wissen sollte

Solche Exklusion aber ist auch ein Thema des deutschen Übergangssektors. Wenn es nicht gelingt, die Übergänge der Jugendlichen zu verbessern, droht die Abkopplung eines Fünftels bis Sechstels der nachwachsenden Generation. Damit verschärfen sich gesellschaftliche Desintegrationsmechanismen für Benachteiligte, sie können nicht mehr in die Gesellschaft hineinfinden. Hier zeigt sich besonders der Stellenwert der Erwerbsarbeit, der das zentrale gesellschaftliche Integrationsmoment bleibt.

▶ **Exklusion als Verlust von Teilhabemöglichkeiten am gesellschaftlichen Leben**

Betrachtet man die Gesellschaft als eine komplex gegliederte Einheit von Ökonomie (Herstellung, Verbrauch, Umlauf und Verteilung von Gütern und Geld), Kultur (Sprache, Bildung, Orientierungen und Werte), Politik (sozialstaatliche und politische Institutionen, Rechte) und Sozialem (soziale Beziehungen), bedeutet „Exklusion" einen weitgehenden Ausschluss aus den mit diesen Dimensionen verbundenen Beziehungen und Ressourcen und damit einen **Ausschluss von wesentlichen Aspekten des gesellschaftlichen Lebens**. Ausgrenzung zeigt sich dann unter anderem im Mangel an Geld, um den Konsumstil der etablierten Schichten praktizieren zu können, oder im Zwang, in verrufenen Wohngegenden leben zu müssen.

Mit der Kategorie Exklusion werden also grundlegende Dimensionen in hoch entwickelten kapitalistischen Gesellschaften betrachtet, in denen „Exklusion oder Ausgrenzung bereits dem Wortsinn nach mindestens so sehr (eine) Prozess- wie eine Zustandskategorie ist" (Kronauer 2006, 36). Es handelt sich demnach um eine dynamische Konstellation, in der soziale Ein- und Ausschlüsse nicht nur auf das Oben und Unten einer Gesellschaft, sondern auch auf ihr Innen und Außen, auf ihr Zentrum und ihre Peripherien verweisen. Demgegenüber bedeutet dies auch, dass Exklusionsprozesse weder unaufhaltsam noch unumkehrbar sind. Mit Exklusion sind grundlegende Fragen sozialer Teilhabe an gesellschaftlichen Prozessen angesprochen. Vor diesem Hintergrund birgt das Begriffspaar Inklusion und Exklusion unterschiedliche Dimensionen sozialer Ungleichheit: Es sind die ökonomischen, kulturellen, sozialen und politischen Dimensionen von Ausgrenzung, welche die soziale Teilhabe von Menschen begrenzen oder verhindern. Exklusion ist nicht nur als Zustand, sondern auch als (abgestufter) Prozess zu betrachten, in dem verschiedene Dimensionen ineinander greifen, sich gegenseitig verstärken und einen mehrfachen Ausschließungsprozess bedingen können. Für die berufliche Benachteiligtenförderung sind die Dimensionen der Erwerbsarbeit und des allgemein bildenden und beruflichen Bildungssystems bedeutsam. Die Selektions- und Ausschließungsmechanismen setzen sich in weiteren sozialen Handlungsfeldern wie der Wohnsituation und individuellen Handlungs- und Wahrnehmungsweisen der Jugendlichen fort und produzieren so ein mehrdimensionales System von Ausschließungen und selektiven Integrationsmechanismen.

▶ Exklusion auf dem Arbeitsmarkt

Nach Robert Castel kann Exklusion auf dem Arbeitsmarkt als eine Verschiebung entlang der beiden Achsen von Integration am Arbeitsmarkt und sozialer Einbindung in Nahbeziehungen angesehen werden: von der „Zone der Integration" mit stabiler Beschäftigung und intakten sozialen Netzen über die „Zone der Verwundbarkeit", in der die Einbindung in Erwerbsarbeit sowie die sozialen Netze brüchig werden, bis hin zum vollkommenen Ausschluss von Erwerbsarbeit und dem Verlust der sozialen Einbindung, „der Zone der Entkopplung" (Castel 2000, 360f.).' Diese arbeitsweltliche Differenzierung wurde in der Bundesrepublik lange Zeit nicht thematisiert. Berufliche Exklusion wurde trotz kontinuierlich hoher Arbeitslosenquoten als Randproblem angesehen, da tarifliche Regelungen und individuell erworbene Qualifikationen bis in die 1990er Jahre hinein den sozialen Abstieg von Facharbeitern und Angehörigen der abhängig beschäftigten Mittelklassen verhinderten (Kronauer 2010, 14). Mittlerweile hat sich aber auch der hiesige Arbeitsmarkt in unübersehbarem Maß segmentiert. Nicht allein, dass sich die Einkommensverteilung dahingehend polarisiert, dass sich sowohl der Anteil von Spitzen- wie Niedrigeinkommen zu Lasten der originären Mittelschicht ausweitet (Goebel, Gornig & Häusermann 2010). Es findet insgesamt eine **Defragmentierung des Arbeitsmarkts** statt, auf dem neben relativ stabilen Arbeitsverhältnissen immer breitere Bereiche von Leiharbeit, Scheinselbständigkeit, niedrig entlohnter, geringfügiger und/oder befristeter Beschäftigung treten (Bosch 2012; Brinkmann et al. 2006).

Diese konzentrische Differenzierung wird zusätzlich durch einschneidende Eingriffe in das System der sozialen Sicherung verstärkt. Im Anschluss an die Reformen der Weimarer Republik hatte sich mit der gesetzlichen Arbeitslosenversicherung folgendes System ausgebildet: Erwerbslosigkeit galt nicht allein als individuell verursacht, sondern bleibt gesellschaftlicher Verantwortung unterstellt. Die Tatsache, dass nach Eintritt der Arbeitslosigkeit zunächst das Arbeitslosengeld und später die Arbeitslosenhilfe in anteiliger Orientierung an das frühere Einkommen erstattet wurden, hatte schon rein ideell eine integrierende Wirkung. Denn der einmal erworbene berufliche Status bestand auch nach Eintritt der Arbeitslosigkeit fort. Mit der Umsetzung des Hartz-IV-Gesetzes durch Erlass des SGB II ist dieser Integrationsmechanismus aber seit 2005 unterbunden. Indem das originäre Arbeitslosengeld I nach § 147 SGB III nur noch für eine Dauer von i.d.R. 12 Monaten gewährt wird und dann nach § 20 SGB II in einen pauschalisierten Regelbedarf zur Sicherung des Lebensunterhalts umgewandelt wird, erscheinen die erhaltenen Transferleistungen nicht mehr als „verdiente" Versicherungsleistung, sondern müssen als **generöse Sozialleistung** aufgefasst werden. Zudem wird nach § 10 SGB II fast jede denkbare Tätigkeit zumutbar und jede Zuwiderhandlung mit einschneidenden Sanktionen geahndet. Im Zusammenhang mit ständig sinkenden Einkommensniveaus im Niedriglohnbereich bedeutet dies auch, dass 2007/2008 fast zwei Drittel einer befragten Stichprobe an ALG-II-Empfängern einer nach dem SGB II anerkannten Tätigkeit nachgingen und darum mehrheitlich ergänzende Leistungen aus dem Arbeitslosengeld II erhielten (Beste, Bethmann & Trappmann 2010) . Da sich schließlich durch das Konstrukt von Bedarfsgemeinschaften ein derart prekarisierter Erwerbsstatus von der Eltern- auf die Kindergeneration überträgt, kommt es zu familienbedingten Exklusionsmustern, die erheblichen Einfluss auf die Bildungs- und Übergangschancen der betroffenen Jugendlichen ausüben (→ Kapitel 14).

Insofern lässt sich das von Castel entwickelte Differenzierungsmuster gut auf den bundesdeutschen Arbeitsmarkt übertragen: Neben schwindenden Zonen erwerbsarbeitlicher Integration tritt mit der Ausweitung prekärer Erwerbsarbeit eine wachsende Zone der Verwundbarkeit, an die sich jenseits beruflicher Integrationsperspektiven eine Zone der Entkopplung anschließt. Dabei kommt den in der Vergangenheit massenhaft eingesetzten Ein-Euro-Jobs besondere Bedeutung zu. Dies Integrationsinstrument, das ausschließlich und sanktionsbewährt für Bedürftige nach dem neu geschaffenen Rechtskreis SGB II eingerichtet wurde, zeigte ähnlich den eingerichteten Sanktionsmechanismen gerade bei Jugendlichen und bei Personen mit geringen Integrationsperspektiven keine nachweisbaren Beschäftigungseffekte (Hohmeyer & Wolff 2010; Wolff, Popp & Zabel 2010; Hofmann et al. 2011). In vielen Fällen schälen sich also Existenz- und sogar erzwungene Arbeitsweisen heraus, die in keiner Weise auf die Integration in respektable Erwerbsarbeit verweisen.

Zu erwähnen ist, dass diese Entwicklungen keineswegs schicksalhaft, sondern als Resultat gezielter politischer Steuerung entstanden sind. Gesetzliche Maßnahmen wie die Reform des Arbeitnehmerüberlassungsgesetzes (2003), die Neuregelung der geringfügigen Beschäftigungsverhältnisse (2003), das Teilzeit- und Befristungsgesetz (2001) oder eben das Sozialgesetzbuch II (2005) haben in immenser Weise zur Zunahme prekärer Beschäftigungsverhältnisse beigetragen.

▶ Exklusion im Bildungs- und Übergangssektor

Diese strukturelle Differenzierung des Arbeitsmarkts wird wesentlich durch die hierarchische Differenzierung des schulischen und beruflichen Bildungssektors verstärkt: Denn obwohl sich das Bildungsniveau der Schulabsolventen in den letzten Jahrzehnten merklich erhöht hat (BIBB 2010a, 10), sind die Anforderungen an berufliche Bildung (Uhly & Erbe 2007) und selbst an einfache Beschäftigung langfristig drastisch gestiegen (Bellmann & Stegmaier 2007). Entsprechend muss dies ebenso zu einer Entwertung vordem zukunftsweisender Bildungsvoraussetzungen wie auch zu Ausschließungen aus den integrativen Zonen des Arbeits- und Ausbildungsmarkts führen. Denn das (inklusive dem noch bestehenden Förderschulbereich) vielgliedrige Schulsystem produziert neben perspektivreichen Gewinnern geradezu zwangsläufig auch **Verlierer**, die den steigenden Anforderungen an Tätigkeiten in der arbeitsweltlichen Zone der Integration schwerlich standhalten können. Hier bahnt sich also bereits im allgemeinbildenden Schulbereich eine Verteilung auf die verschiedenen Sektoren und Zonen des Arbeits- und Ausbildungsmarkts an. Dem Übergangssektor müsste eigentlich eine kompensierende Verteilungswirkung zukommen, indem die Integrationschancen für Verlierer nachträglich angeglichen werden. Leider deuten die Tendenzen zu einer sektoralen Untergliederung gerade des außerschulischen Übergangssektors eher darauf hin, dass hier eine neuerliche Untergliederung in integrationsförderliche und prekäre Sektoren reproduziert wird: Während etwa Einstiegsqualifizierungen für Teilnehmer mit relativ günstigen Bildungsvoraussetzungen und entsprechend hohen Integrationsquoten angeboten werden, verweisen Arbeitsgelegenheiten und rehaspezifische Förderungen eher auf prekäre und/oder entkoppelte Erwerbsbiografien (Koch 2012).

Damit deutet sich ein **langfristiger Ausschluss** erheblicher Teile gerade besonders benachteiligter Zielgruppen aus der Benachteiligtenförderung an. Der Übergangssektor erhält so eine Art systematischer Scharnier- und Verteilungsfunktion, mit der sich die hierarchische Differenzierung des allgemeinbildenden Schulsystems reproduziert und die Betroffenen auf unterschiedliche Segmente des Arbeitsmarkts verteilt werden: Jugendliche aus respektablen Bildungspositionen haben weit größere Chancen, sich im Anschluss an eine Ausbildung in den integrativen Zonen zu etablieren, während unterhalb dieses Niveaus implizit längst auf prekäre Erwerbsarbeit oder dauerhafte Entkopplung vorbereitet wird.

Berufliches Bildungssystem und Benachteiligtenförderung stehen damit in deutlichem Widerspruch zu propagierten Maximen einer Wissensgesellschaft. Danach bildet sich längst das Anforderungsprofil an einen neuen „Arbeitnehmertypus", einen mitdenkenden und aktiven Mitarbeiter (Börchers & Rütters 2005; Straßer 2005; Tärre 2005) heraus. Benachteiligte Jugendliche haben also kaum noch Chancen, in die sich dynamisierende Wissensgesellschaft einzusteigen. Die Einstellungspolitik der Betriebe hat sich als Reaktion auf die Verschiebungen im Bildungssystem verändert. Man will die fähigsten und leistungswilligsten Schüler einstellen und nicht noch eine Sozialisationsaufgabe durch die Einstellung einer im Bildungssystem gescheiterten Person auf sich nehmen (Bude 2008, 93ff.).

Soziale Benachteiligung und Desintegrationsprozesse stehen aber auch in Zusammenhang mit emotionalen, sozialen und kognitiven Entwicklungsbeeinträchtigungen, gesundheitlichen Risiken, Verhaltensstörungen sowie häufig auch Lern- und Sprachbeeinträchtigungen. Die soziale Benachteiligung aufgrund sozioökonomischer Belastungen ist maßgeblich für das schulische Scheitern vieler Kinder und Jugendlicher verantwortlich (Herz 2010, 333). Sozial benachteiligte Kinder und Jugendliche haben häufig schon bei der Einschulung schlechte Startchancen. Der Pflichtschulbesuch kann für viele zu einem „aussichtslosen Kampf um Erfolg und soziale Anerkennung werden. Statt individueller Förderung herrscht Zensurendruck, statt politisch proklamierter Bildungsgerechtigkeit die Aussonderung sozial benachteiligter Schüler/innen, wobei Kinder und Jugendliche mit Migrationshintergrund oft mit einer doppelten Benachteiligung und Stigmatisierung konfrontiert sind" (ebd., 335f.). Viele dieser Förder- und Sonderschüler, aber auch Hauptschüler verlassen die Schule ohne Abschluss. Birgit Herz spricht in diesem Zusammenhang von einer „Ghettobildung im untersten Schulsegment" (ebd., 336).

▶ Verschärfte Desintegrationsmechanismen für Benachteiligte

Neben solchen Exklusionstendenzen lassen sich vielfach Desintegrationsprozesse beobachten. In einer immer „ungleicher" werdenden Gesellschaft sind benachteiligte Jugendliche besonders chancenlos, weil sie nicht nur aus den Optionen gesellschaftlicher Integration herausfallen, sondern weil sie ohne Zukunftsperspektiven auf den Schattenseiten der sich modernisierenden Gesellschaft leben werden: Diese jungen Menschen sind nicht nur „bildungsarm" (Allmendinger & Leibfried 2002) sondern auch materiell arm. Auch wenn gemäß der These des „Fahrstuhleffekts" – allen geht es seit den 1950er Jahren materiell besser (Beck 1986) – die Menschen in Deutschland faktisch wohlhabender geworden sind, so haben sich doch auch die **Armutslagen** verschärft. Benachteiligte Jugendliche müssen unterstützt werden, diesem Desintegrationsmechanismus zu entgehen; damit verschärft sich die Problemlage: Was können junge Menschen, die „nichts Vernünftiges" gelernt haben, für die es keine angemessenen Arbeitsangebote gibt und die sich dann zwischen staatlicher Alimentation und Subsistenzwirtschaft durchschlängeln müssen, eigentlich tun? Ihre Perspektiven im derzeitigen Arbeits- und Berufssystems sind vollständig ausgedünnt; entsprechend kann die Gesellschaft nicht davon ausgehen, dass auch dieser Teil der Jugend sich schon „irgendwie" einfügen wird.

Obwohl Bildung als unverzichtbare Voraussetzung für Teilhabechancen gilt, ist längst nicht mehr gewährleistet, dass „individuelle Bildungs- und Lernerfolge tatsächlich am Arbeitsmarkt nachgefragt, im Betrieb honoriert und mit den wechselnden Anforderungen im Lebensverlauf in Einklang gebracht werden" (Kronauer 2010, 16). Bildung wird zunehmend auf den Erwerb marktgängiger Qualifikationen („Humankapital") reduziert und als „Bringschuld" des Einzelnen dem Staat gegenüber betrachtet. „Wer sich dieser Verpflichtung zur „Selbstentwicklung" [...] entzieht, im Labyrinth der Qualifizierungsangebote verloren geht oder sich aus welchen Gründen auch immer als nicht „aktivierbar" erweist, dem droht sozialer Ausschluss in schärfster Konsequenz: „negativer Individualismus" (ebd.).

▶ Die Gleichzeitigkeit des „Drinnen und Draußen"

Ein zweigeteilter Exklusionsbegriff, in dem die Vorstellung von „Innen" und „Außen" der Gesellschaft enthalten ist, deckt nur bestimmte Formen der Ausgrenzung, nämlich solche der rechtlichen und institutionellen Zugangsverweigerung, ab. Der so verstandene Exklusionsbegriff erhält seine Berechtigung und präzise Bedeutung in den Fällen, in denen Menschen durch Recht oder Regelungen aus der Gesellschaft ausgebürgert bzw. der Gesellschaft gegenüber in eine Außenseiterposition gebracht werden. Ausgrenzung stellt sich hier als Nicht-Zugehörigkeit dar – in der Eindeutigkeit des „Entweder–Oder". Diese dichotomische Gegenüberstellung der „Gesellschaft" und der „Ausgeschlossenen" legt nahe, nicht die Gesellschaft, die Ausgrenzung erzeugt, sondern die Ausgeschlossenen selbst zum Problem zu erklären, nämlich zu **„Asozialen"**, die sich im Gegensatz zum Wertekanon der Mehrheitsgesellschaft befinden und denen nur dadurch geholfen werden kann, dass man sie schleunigst wieder in die bestehenden gesellschaftlichen Verhältnisse und Institutionen eingliedert (Kronauer 2002, 123).

Viele Problemlagen jedoch, die für moderne kapitalistische Gesellschaften charakteristisch sind, werden von einem so verstandenen Exklusionsbegriff verfehlt. So nimmt bspw. eine Person, die sich verschulden muss oder von ALG II lebt, am ökonomischen System teil, während ein Jugendlicher, der in der Schule scheitert, dies als ein Teilnehmer des Bildungssystems erlebt. Wie Exklusion innerhalb der Funktionssysteme und durch sie entsteht, kann daher mit dem dichotomischen Schema weder gedacht noch erklärt werden. Ein theoretisch begründeter und empirisch gehaltvoller Exklusionsbegriff, der den hoch entwickelten kapitalistischen Gesellschaften angemessen ist, muss es erlauben, rechtliche und institutionelle Einschließung und soziale Ausgrenzung zusammenzudenken. So verstanden, geht der Exklusionsbegriff davon aus, dass auch die Ausgegrenzten in die Gesellschaft einbezogen sind, allerdings in einer besonderen Weise und in spezifischen gesellschaftlichen Verhältnissen, die sie zugleich von sozialer Wechselseitigkeit, gesellschaftlicher Anerkennung und kulturell angemessenen Teilhabemöglichkeiten ausschließen. In diesem Sinne ist es wesentlich die **Gleichzeitigkeit des Drinnen und Draußen**, die die Ausgrenzung kennzeichnet (Kronauer 2002, 135ff.).

13.4 Unser Credo: Wie können Exklusion und Desintegration gemindert werden?

! Allererst: Exklusion und Desintegration muss über die Integration in den Erwerbsarbeitsmarkt gemindert werden.

! Das Kriterium von „zumutbarer Arbeit" widerspricht jeder förderpädagogischen Intention. Der Abgleich von Persönlichkeitsstrukturen und den Bedingungen von Arbeit oder Tätigkeit bleibt zentral: Berücksichtigung der Individualität!

! Benachteiligung, vermeintliche Defizite und prekäre Bewältigungsstile resultieren aus schwierigen Lebenssituationen. Sie als Persönlichkeitsmerkmale oder als allein selbstverantwortete bzw. -verschuldete Verhaltensweisen einzelnen Jugendlichen anzulasten, verkennt die gesellschaftlichen Wirkungen von Exklusionsprozessen, verstellt jeden pädagogischen Ausweg und versperrt jede pädagogische Phantasie.

! Notwendig ist eine Integration benachteiligter Jugendlicher vermittels des Übergangssystems selber. Es bedarf darum kluger Förderketten, erwerbsarbeitsnaher Werkstätten, betriebsähnlicher Produktionsschulen, betrieblicher Praktika oder praxisnaher Module (Qualifizierungsbausteine). Alle diese Instrumente dienen der Exklusionsminderung benachteiligter Jugendlicher.

! Abzulehnen sind neue Segmentationen und Klassifikationen im Übergangssektor. Die Sanktionen des SGB II bei jugendlichen Hartz-IV-Empfängern führen zu einer „Exklusion" der Exkludierten.

! Natürlich gilt: Frühzeitige Exklusionsminderung! Dazu helfen regionale Runde Tische oder ein regionales Übergangsmanagement oder regionale Netzwerke, die allesamt unterstützt und verstärkt werden müssen.

! Notwendig ist eine Früherkennung von Exklusion. Es bedarf bei den professionell Tätigen des „systemischen Blicks" auf die Bedingungen benachteiligter Jugendlicher: Stadtteile, Räume, Milieus, Eltern, Peer-Cliquen, etc.

! Exklusion darf sich in einer Didaktik der Benachteiligtenförderung nicht reproduzieren. Auch in heterogenen Lerngruppen dürfen keine Verlierer produziert und alle Jugendlichen müssen zu jedem Zeitpunkt einbezogen werden (Prinzip der Inklusion).

13.5 Praktische Empfehlungen, Aufträge, Übungen, Tipps

☞ Übung 1

Suchen Sie aus der empfohlenen Literatur (s.u.) Theorien und Thesen heraus, in denen Exklusion thematisiert wird. Ziel soll dabei sein, Mechanismen von Exklusion und Desintegration zu analysieren.

☞ Praxistipp 1

Bildung und lebenslanges Lernen gelten heutzutage als unverzichtbare Voraussetzungen für Teilhabechancen. Sind die Organisationen unseres Bildungssystems dafür gerüstet, *allen* Menschen diesen „Universalschlüssel für die Teilhabe an Beschäftigung, Wohlstand und erfülltem Leben" (Kronauer 2010, 16) bereitzustellen? Lernende sind verschieden; die Didaktik im deutschen Schulwesen orientiert sich aber an der Vorstellung von einer homogenen Lerngruppe.

Mittlerweile ist jedoch immer häufiger vom Begriff der *„Inklusion"* die Rede: „Inklusiv" ist ein Verständnis, das von einer heterogenen Lerngruppe ausgeht und diese unter vielen Dimensionen, bspw. verschiedenen Geschlechterrollen, kulturellen Hintergründen, religiösen und weltanschaulichen Überzeugungen, Familienstrukturen, sozialen Lagen, Fähigkeiten, Einschränkungen etc., betrachtet (Boban & Hinz 2005, 140ff.). Wichtige Prinzipien für einen inklusiven Unterricht sind bspw. offene, projektorientierte und schülerzentrierte Unterrichtsformen, innere Differenzierung durch Individualisierung des Lernangebots, eine prozessorientierte Förderdiagnostik und das Erstellen von individuellen Entwicklungsplänen sowie Formen der Beurteilung, die den individuellen Lernfortschritt und die individuellen Lernbedingungen wertneutral festhalten. Darüber hinaus notwendig sind eine enge Kooperation der Lehrkräfte, Anpassung und Reaktion auf die Handlungen der anderen beteiligten Lehrkräfte, Reflexion und Anpassung der eigenen Werte, Einstellungen und Handlungsmuster und nach Möglichkeit die Einbeziehung der Eltern in den schulischen Prozess sowie interdisziplinäre Zusammenarbeit mit Sprachheil-, Betreuungslehrern und/oder Therapeuten (Feyerer 2005, 278f.).

Erkunden Sie in Ihrer Einrichtung oder in Ihrer Umgebung, inwieweit solche inklusiven Merkmale wenigstens ansatzweise umgesetzt sind.

☞ Praxistipp 2

Exklusion ist eigentlich alltäglich. Um sich das klar zu machen, sollten Sie einmal *Besuche bei Ausgegrenzten* machen: Behindertenheime, Obdachlosenunterkünfte, „Tafeln" etc. Das Ziel wäre, mehr Sensibilität zu gewinnen für die Situation und die Problemlagen von Ausgegrenzten.

☞ Praxistipp 3

Diskutieren Sie mit Ihren Kollegen über *latente* Exklusions- und Desintegrationstendenzen in der eigenen Einrichtung!

📖 Literatur zum Weiterlesen

☐ Bourdieu, P. (1997): Prekarität ist überall. In: Gegenfeuer. Wortmeldungen im Dienste des Widerstands gegen die neoliberale Invasion. Konstanz: UVK. S. 96-102.

☐ Kronauer, M. (2002): Exklusion. Die Gefährdung des Sozialen im hoch entwickelten Kapitalismus. Frankfurt am Main: Campus.

☐ Grubich, R. et al. (2005) (Hrsg.): Inklusive Pädagogik. Beiträge zu einem anderen Verständnis von Integration. Wien: edition innsalz.

14 Rechtliche Rahmenbedingungen und administrative Steuerung

Martin Koch

> *„ I accept chaos, I'm not sure whether it accepts me."*
> Bob Dylan

14.1 Worum geht es in diesem Kapitel?

Rechtliche Grundlagen steuern die gesamte Benachteiligtenförderung. Sie bestimmen, wer überhaupt Bildungsgänge anbietet, wer sie zu konzipieren befugt ist und wer daran teilnehmen kann. Gesetze und Richtlinien entscheiden aber nicht nur über die Fördermöglichkeiten von Jugendlichen. Sie haben auch erheblichen Anteil an der „Konstruktion" benachteiligter Zielgruppen (→ Kapitel 7). Denn für unterschiedliche Förderbedarfe werden unterschiedliche Angebote entwickelt, womit die bloße Zuweisung zu einem Bildungsgang letztlich auch die Zuweisung zu einer Zielgruppe darstellt. Und schließlich formatieren rechtliche Rahmenbedingungen auch Übergänge zwischen einzelnen Bildungsgängen und damit auch Förderperspektiven für die unterschiedlichen Zielgruppen.

▶ Begriffsannäherung I

Unübersichtliche Vielfalt: Von einer Steuerung im Sinne eines „einzigen planenden Zentrums" lässt sich in der beruflichen Benachteiligtenförderung nicht sprechen. Es existiert wohl kein anderer Bereich im deutschen Bildungssystem, in dem eine solche Vielfalt entscheidungsbefugter Akteure und rechtlicher Grundlagen maßgeblich ist. Neben den Schulgesetzen der 16 Bundesländer sind allein mindestens vier Sozialgesetzbücher (SGB II, III, VIII und IX), Richtlinien und Förderprogramme des Europäischen Sozial- und Strukturfonds, das Berufsbildungsgesetz (BBiG) und das Gesetz zur Ordnung des Handwerks (HwO) relevant. Diese ungeheure Regulierungsvielfalt potenziert sich in einer Fülle an Steuerungsebenen auf Europäischer, Bundes-, Länder- und Kommunalebene. So sind auf Ebene des Bundes mit Arbeits-, Bildungs- und Jugendministerium allein drei Ressorts mit dem Thema Benachteiligtenförderung betraut, die wiederum eine Vielzahl unterschiedlichster Institutionen mit Kompetenzen ausstatten. Über diese direkt regulierenden Regelwerke hinaus sind aber noch weitere Gesetzbücher relevant, die den Zugangsmöglichkeiten zu Bildungsgängen und Maßnahmen entweder vorgelagert sind oder sie zumindest maßgeblich tangieren. Dies sind z.B. Aufenthaltsgesetz, Beschäftigungsverordnung, Asylbewerberleistungsgesetz, Strafgesetzbuch und Jugendgerichtsgesetz.

▶ Begriffsannäherung II

Steuerungschaos: Diese unterschiedlichen Regelwerke korrespondieren höchst unreguliert und allenfalls partiell miteinander. Die Entwicklung des Übergangssektors gleicht damit mehr einer permanenten Kettenreaktion denn einer konsistent umgesetzten Strategie. Dabei sind die verschiedenen Regulierungsinstanzen wohl für den eigenen Bildungsbereich, nicht aber durchgängig für einzelne Personen zuständig. Die Jugendlichen driften buchstäblich zwischen den Regelwerken: Von der Berufsschule können sie in den Zuständigkeitsbereich der Arbeits- oder Sozialagenturen und von dort unter die Richtlinienkompetenz von Programmen des Europäischen Sozialfonds (ESF) gelangen. Dabei ist besonders problematisch, dass die durchführenden Institutionen oft selbst steuerungs- und zuweisungsberechtigt sind und darum institutionelle und finanzielle Eigeninteressen mit Durchführungsverordnungen und den Interessen und Förderbedarfen einzelner Jugendlicher vereinbaren müssen. Eine unabhängige übergeordnete Instanz, mit der Kompetenz, stringente langfristige Förder- und Integrationspläne zu entwickeln, ist auf keiner der unterschiedlichen Steuerungsebenen vorgesehen. Es kommt sogar dazu, dass Jugendliche gleichzeitig nach **verschiedenen widerstreitenden Richtlinien** gefördert werden. Wenn nämlich freie und institutionelle Träger Maßnahmen anbieten, die von mehreren Kostenträgern gleichzeitig kofinanziert werden (wie dies z.B. bei ESF-Projekten der Fall ist), müssen sie unterschiedlichste Anforderungen aufeinander beziehen und zu oftmals widersprüchlichen pädagogischen Konzepten verbinden. Da die verschiedenen Rechtstitel zudem von unterschiedlichen Institutionen vertreten und umgesetzt werden, können die Jugendlichen in schwer lösbare rechtliche Zwischenbereiche geraten, in denen sich Anforderungen wechselseitig blockieren oder sogar widersprechen.

▶ Begriffsannäherung III

Zielgruppenformatierung: Jugendliche werden je nach ihren Förderbedarfen und ihrer Lebenssituation unterschiedlich gefördert und behandelt; sie verfügen über unterschiedliche Rechtsansprüche und Zugangsmöglichkeiten zu Bildungsgängen und Maßnahmen. Doch Wort und Gesetz sind zwar Abbilder von Wirklichkeit, können aber auch Wirklichkeit konstruieren. Gesetze und Richtlinien reagieren auf das, was ihnen von der sozialen Welt übermittelt wird und schaffen damit selbst Tatsachen. Welche Schwierigkeiten ein Jugendlicher auch immer haben mag: Zum „Behinderten" wird er erst durch ein Attest und zum „erwerbsfähigen Hilfsbedürftigen" wird er erst durch § 7 SGB II, der einen Zusammenhang zum Beschäftigungsstatus seiner Eltern konstruiert. Ob jemand Migrant, lernbehindert oder sozial benachteiligt ist, bestimmen darum immer auch Richtlinien, deren Prinzip es ist, über das einzelne Schicksal hinweg universelle Regelungen zu schaffen. Wächst also die Arbeitslosigkeit der Erwachsenen einer Region, so steigt die Zahl der Anspruchsberechtigten nach dem SGB II. Werden veränderte Testierungsverfahren, Zielgruppendefinitionen oder Bildungsgänge etabliert, so kann auch die Zahl der behinderten Jugendlichen zunehmen. Dieses notwendige Rechtsprinzip muss sich pädagogischer Individualisierung widersetzen und wird zudem durch unterschiedliche Differenzierungen innerhalb der verschiedenen Regulierungsbereiche erschwert.

▶ Relevanz dieses Kapitels

Gesetze und Richtlinien haben erheblichen Einfluss auf die Lebensbedingungen, Identitäten, Motivationen und Zukunftsperspektiven benachteiligter junger Menschen. In ihrer oft widersprüchlichen Vielschichtigkeit sind sie für die betroffenen Jugendlichen kaum zu durchschauen und zielführend kalkulierbar. Trotzdem erfahren sie die Auswirkungen dieser Regelungen unmittelbar und existenziell. Wer darum Jugendlichen zu umsetzbaren Berufs- und Lebensperspektiven verhelfen will, kann schwerlich sämtliche relevanten Regelwerke und deren Umsetzungsformen kennen. Er sollte jedoch von ihrer bloßen Existenz wissen und sie als höchst maßgeblichen Einflussfaktor auf das Verhalten und Perspektiven der Betroffenen einschätzen können. Pädagogen in der beruflichen Benachteiligtenförderung sind schließlich oft die zentralen Bezugspersonen, die die Wünsche und Fähigkeiten am besten kennen und mit ihnen Zukunftsperspektiven entwickeln. Darum müssen sie auch um die gesetzlichen Möglichkeiten wissen und den Jugendlichen helfen, mit ihnen umzugehen.

14.2 Ein Beispiel aus der Praxis: „Kein Geld für die Briefmarke"

Der Artikel von Joachim Wagner aus der ZEIT gibt einen plastischen Eindruck davon, wie rechtliche Bedingungen den Alltag der Menschen normieren können.

Der Sohn von Claudia B. war zwei Jahre alt, als sich der Konflikt mit der Arbeitsagentur auf Rügen zuspitzte. Freilich trug auch sie Schuld daran: Erst hatte die alleinerziehende Mutter es nicht geschafft, sich bei verschiedenen Arbeitgebern vorzustellen. Sie und ihr Sohn waren krank geworden. Da sie aus diesem Grund auch noch drei Termine bei der Arbeitsagentur versäumte, strich die ihr zunächst 30 Prozent des Regelsatzes. Bei der nächsten Bewerbungsrunde verpasste sie zwei Vorstellungstermine – einen wiederum wegen Krankheit, den zweiten, weil die vorgeschlagene Firma ihrer Auffassung nach als Arbeitsplatz ausschied: Den Sohn zur Krippe zu bringen und bei der Firma in einem anderen Ort pünktlich zur Arbeit zu erscheinen war wegen der schlechten Busverbindungen auf der Insel nicht möglich.

Die Reaktion der Arbeitsagentur Rügen war harsch: Weil Claudia B. damals erst 24 Jahre war, entzog ihr der Arbeitsvermittler am 19. Oktober 2007 die gesamte Grundsicherung, den Mehrbedarf für Alleinerziehende und die Kosten der Unterkunft für sechs Wochen. Das hieß in Zahlen: Sie bekam für den ganzen Monat November noch 32,68 Euro, ihr Sohn 625 Euro. Davon gingen 482,20 Euro für die Miete ab. Die Kleinfamilie musste also im November 2007 von rund 175 Euro leben. In der ersten Dezemberhälfte hatte sie nicht genug Geld zum Essen. Denn der Widerspruch, den Claudia B. mithilfe eines Anwaltes einlegte, hat nach dem Sozialgesetzbuch II keine aufschiebende Wirkung. „Den ganzen Lebensunterhalt zu streichen ist menschenunwürdig, den Sohn mit reinzuziehen ist Sippenhaft", empört sich ihr Rechtsanwalt Michael Groß. [...]

Genugtuung erfuhren Claudia B. und ihr Anwalt erst eineinhalb Jahr später, im Juni 2009. Nach einem rechtlichen Hinweis des Berliner Sozialgerichts nahm die Arbeitsagentur Rügen die Sanktion zurück, weil sie zwei Rechtsfehler begangen hatte: Regelleistung und Kosten der Unterkunft dürfen nicht auf einmal aberkannt werden, und als alleinerziehende Mutter eines Kindes unter drei Jahren durfte Claudia B. eigentlich gar nicht sanktioniert werden, es sei denn, die Betreuung des Kindes ist gesichert. Ferdinand Pieper, Geschäftsführer der Arbeitsagentur Rügen, zeigte sich reumütig: „Wir bedauern, dass wir im Fall Claudia B. das Gesetz nicht richtig angewandt haben."

Der Fall der Claudia B. ist nicht untypisch für die Sanktionspraxis bei unter 25-Jährigen, wenn sie ihre Verpflichtungen gegenüber Jobcentern nicht erfüllen. Sie gerät zunehmend in die Kritik, weil sie pädagogisch fragwürdig, häufig rechtswidrig und vermutlich sogar verfassungswidrig ist. In Einzelfällen gefährdet sie sogar das Existenzminimum.

Während das Jugendstrafrecht das Ziel hat, Jugendliche und Heranwachsende milder und differenzierter zu bestrafen als das Erwachsenenstrafrecht, geht Hartz IV den umgekehrten Weg: Junge Erwachsene von 15 bis 25 Jahren werden härter sanktioniert als Erwachsene. Bei Letzteren können die Arbeitsagenturen bei Meldeversäumnissen den Regelsatz von zurzeit 359 Euro um 10 Prozent kürzen. Bei anderen Verstößen, etwa gegen die Eingliederungsvereinbarung, kann das Jobcenter die Sanktionen stufenweise verschärfen: Zunächst wird die Grundsicherung um 30 Prozent, dann um 60 Prozent gekürzt und schließlich komplett gestrichen.

Bei jungen Erwachsenen holt der Staat sofort den Knüppel aus dem Sack. Mit Ausnahme von Meldeversäumnissen – hier sind auch 10 Prozent Abzug möglich – muss der Arbeitsvermittler den gesamten Regelsatz für drei Monate streichen. Das ist zum Beispiel der Fall, wenn der oder die Jugendliche eine Maßnahme wie einen Bewerbungskurs, eine zumutbare Arbeit oder einen Ein-Euro-Job nicht antritt oder abbricht. Es gibt keinen Ermessensspielraum. Um das verfassungsrechtlich gebotene Existenzminimum zu sichern, kann die Arbeitsverwaltung dem Bestraften Lebensmittelgutscheine anbieten. Dafür allerdings besteht nicht einmal eine Pflicht.

Die Sanktionierung junger Erwachsener ist ein Massenphänomen. 2008 traf es 256.000. Bei fast 100.000 von ihnen – gut 38 Prozent – haben die Arbeitsagenturen den gesamten Regelsatz gestrichen, also das Geld, das eigentlich das Existenzminimum sichern soll. Bei den 25- bis 50-Jährigen traf dagegen nur knapp vier

Prozent der Leistungsempfänger die ganze Schärfe des Gesetzes. Die jungen Erwachsenen werden aber nicht nur härter, sondern auch häufiger hart angefasst. Das zeigen die jüngsten Monatszahlen. Im Oktober 2009 lag die Sanktionsquote bei arbeitslosen Hartz-IV-Empfängern unter 25 Jahren bei 9 Prozent, bei den 25- bis 50-Jährigen bei 3,8 Prozent.

Mit dem „Sonderrecht" für junge Erwachsene verfolgt der Gesetzgeber ein Ziel: Er will Langzeitarbeitslosigkeit „von vornherein entgegenwirken". Und zu den harten Bandagen fühlt sich der Staat berechtigt, weil er sich im Gegenzug verpflichtete, immer Beschäftigungsmaßnahmen anzubieten. Dazu zählt die Möglichkeit, den Hauptschulabschluss nachzuholen, aber auch einem Ein-Euro-Job nachzugehen. Auf empirische Erkenntnisse oder ein pädagogisches Konzept für dieses Sonderrecht kann der Gesetzgeber bis heute nicht verweisen. Der sozialpolitische Sprecher der Grünen-Bundestagsfraktion, Markus Kurth, der bei den Gesetzesberatungen mitgewirkt hat, erinnert sich nur an eine „anekdotische Evidenz", um die „schwarze Pädagogik" zu rechtfertigen: Berichte von Sozialdezernenten und Arbeitsvermittlern. 2006 verschärfte die Große Koalition noch einmal die Politik der harten Hand. Bei „wiederholter Pflichtverletzung" muss (!) die Arbeitsverwaltung jungen Erwachsenen zusätzlich die Kosten der Unterkunft (Miete und Heizung) streichen.

Sanktionen sind ein Kernelement von Hartz IV, um dem Prinzip „Fördern und Fordern" Nachdruck zu verleihen. In dieser Funktion halten sie Arbeitsverwaltung, Beratungsstellen, Sozialgerichte und Parteien auch für notwendig – mit Ausnahme der Linken. Arbeitsvermittler beim Berliner Jobcenter Charlottenburg-Wilmersdorf haben die Erfahrung gemacht, dass die Sanktionen „bei den meisten Jugendlichen den gewünschten Erfolg haben". Aber es gibt nach den Beobachtungen von Tina Hofmann, Referentin für Jugendsozialarbeit beim Paritätischen Wohlfahrtsverband, „einen kleinen, umso problematischeren Teil von Jugendlichen, der nach Sanktionen unter schwierigsten Verhältnissen leben muss: akute Wohnungsnot, hohe Schulden, psychische Krankheiten, soziale Isolation". Vielen dieser Jugendlichen fehle das Selbsthilfepotenzial, um sich aus eigener Kraft aus ihrer Lebenskrise zu befreien und den Anforderungen eines Fallmanagers gerecht zu werden. [...]

Die Grenze von 25 Jahren ist nach Auffassung von Johannes Langguth, Geschäftsführer vom Jobcenter Charlottenburg-Wilmersdorf, sowie fast aller Experten „willkürlich gezogen" und verstößt damit gegen das Gleichbehandlungsgebot. Sachliche Gründe für diese Altersgrenze konnte das Bundesarbeitsministerium auf Anfrage nicht nennen.

Uwe Berlit, Richter am Bundesverwaltungsgericht, greift einen anderen Punkt auf: Der vollständige Entzug des Regelsatzes bei jungen Erwachsenen verstoße gegen den verfassungsrechtlichen Grundsatz der Verhältnismäßigkeit, weil bei unter 25-Jährigen im Vergleich zu Erwachsenen von „keiner höheren Handlungskompetenz oder Einsichtsfähigkeit ausgegangen" werden könne, die eine härtere Sanktionierung rechtfertigten. Verwundert beobachtet Jobcenter-Chef Langguth immer wieder, wie Hartz-IV-Empfänger nach ihrem 25. Geburtstag aufatmen: „Sie bekommen weniger Termine beim Jobcenter, geringere Betreuung, mildere Sanktionen, und sie können in eine eigene Wohnung ziehen." [...]

Entnommen aus: Wagner 2010. ©DIE ZEIT

14.3 Was man über rechtliche Rahmenbedingungen und administrative Steuerung wissen sollte

Der Artikel aus der ZEIT lässt an Deutlichkeit nichts zu wünschen übrig. Was dort berichtet wurde, sind Konsequenzen rechtlicher Regelungen, hier des Sozialgesetzbuches II. Natürlich kann unsere Einführung keinen „Grundkurs Sozialrecht" leisten. Der praktische Benachteiligtenförderer sollte sich die Grundstrukturen der gesetzlichen Regelungen im Übergangssektor vergegenwärtigen können. Allein durch die verschiedenen Gesetzessystematiken sind die Zugangsvoraussetzungen für die Jugendlichen unterschiedlich definiert. Es gibt zudem viele Unstetigkeiten und Wandlungen in der Gesetzgebung; hier auf dem Laufenden zu bleiben ist nicht leicht. Besonders sind die Widersprüche und Wechselwirkungen zwischen den verschieden Gesetzen zu beachten: Zielgruppen sind unterschiedlich definiert oder werden noch einmal voneinander abgegrenzt. Unser Text schlägt eine erste Schneise, um einen Strukturüberblick über die Gesetzesproblematik zu gewinnen.

▶ Grundstruktur gesetzlicher Regelungen

Die berufliche Benachteiligtenförderung ist zunächst grob in die Regulierungsbereiche der Projekt- und der Regelförderungen gegliedert: **Projektförderungen** lassen sich als nicht standardisierte Angebote ansehen, die in Form innovativer Projekte ausgeschrieben werden können, für die sich einzelne Träger anhand vorgegebener Rahmenrichtlinien bewerben. Die resultierenden Angebote sind darum mehr oder weniger als Unikate zu betrachten. Dies ist z.B. bei zahlreichen Ausschreibungen von Projekten aus dem Europäischen Sozialfonds wie etwa dem ESF-Bundesprogramm „Bildung, Wirtschaft, Arbeit im Quartier (BIWAQ)" (BMVBS 2011) oder speziellen Kombinationen unterschiedlicher gesetzlicher Grundlagen, wie etwa Produktionsschulangeboten der Fall. Aufgrund der relativen Alleinstellungsmerkmale dieser Angebote lassen sich hier kaum allgemeinorientierende Angaben machen.

Anders verhält es sich mit gesetzlichen **Regelförderungen** mit mehr oder weniger standardisierten Ausrichtungen. Zwar gibt es auch hier Zwischenbereiche, in denen sich Angebote mit weiteren Richtlinien kombinieren und/oder individuell ausgestalten lassen (z.B. Arbeitsgelegenheiten nach § 16d SGB III, Maßnahmen zur Aktivierung und beruflichen Eingliederung nach § 45 SGB III und

Freie Förderung nach § 16f SGB II). Insgesamt lässt sich aber eine bundesweit relativ einheitliche Struktur flächendeckender Angebot und Rechtsgrundlagen beschreiben. Sie gliedert sich analog zur Struktur des Übergangssektors in einen schulischen und mehrere teilkongruente außerschulische Regulierungsbereiche.

Schulischer Bereich: Wenngleich sich die Schulgesetze föderal unterscheiden, lassen sich im schulischen Sektor doch artverwandte Regelungen erkennen, die von progressiv gestaffelten Bildungsgängen des Übergangssystems (BVJ, einjährige Berufsfachschulen) bis hin zu dualer und vollzeitschulischer Ausbildung, Fachoberschulen oder Fachgymnasien reichen (Buchholz & Straßer 2007).

Der **außerschulische Sektor** gliedert sich dagegen in die teilweise verzahnten Rechtskreise des SGB II, III und IX. Das SGB III regelt in Abstimmung mit dem BBiG zunächst die originären Angebote der Benachteiligtenförderung: Berufsvorbereitende Bildungsmaßnahmen (BvB) nach § 51, Einstiegsqualifizierung (EQ) nach § 54a, Maßnahmen zu Aktivierung und beruflichen Eingliederung nach § 45, ausbildungsbegleitende Hilfen (abH) nach § 75 und außerbetriebliche Ausbildung nach §§ 57, 59, 74 und 76-80. Damit liegt hier in vieler Hinsicht eine Art Parallelsystem zum schulischen Sektor vor. Dieser Regulierungsbereich wird in ambivalenter Form durch das SGB II ergänzt. Es richtet sich nach § 7 (2) vor allem an Jugendliche, deren Eltern in irgendeiner, durchaus auch ergänzender Form Leistungen aus dem Arbeitslosengeld II beziehen, also in einer sog. Bedarfsgemeinschaft leben. Diese Jugendlichen sollen zwar nach § 16 SGB II und § 35 SGB III gleichberechtigten Anspruch auf alle genannten Leistungen nach dem SGB III haben. Abgesehen davon, dass sie deutlich schärferen Sanktionsmechanismen unterliegen (wie im Praxisbeispiel verdeutlicht), stehen diesen jungen Menschen aber z.B. mit Arbeitsgelegenheiten nach § 16d und Freier Förderung nach § 16f exklusiv weitere Fördermöglichkeiten zur Verfügung. Schließlich werden Jugendliche mit ausgewiesenen Behinderungen nach dem SGB IX gefördert. Hier sind vor allem die Kapitel 5 (Leistungen zur Teilhabe am Arbeitsleben) und 12 (Werkstätten für behinderte Menschen (WfbM)) relevant. Allerdings sind Behinderte nach §§ 19, 22, 23, 112-117, 127 SGB III grundsätzlich auch gegenüber dem SGB III leistungsberechtigt, weswegen die Zuweisung zu den relevanten Förderinstrumenten über die Fachdienste der Bundesagentur für Arbeit erfolgt. Auch hier liegen mit dem Eingangsverfahren und dem Berufsbildungsbereich in WfbM und rehaspezifischen BvB weitere exklusive Rechtsansprüche vor.

▶ Zugangsvoraussetzungen

Wer nur den Text eines einzigen relevanten Gesetzes oder Durchführungserlasses liest, erhält für einen kurzen Moment einen Eindruck von regulierender Klarheit, für wen hier was mit welcher Zielsetzung angeboten wird. Die Lektüre mehrerer solcher Regelwerke muss aber verwirren. So formuliert etwa das Fachkonzept für berufsvorbereitende Bildungsmaßnahmen nach §§ 61, 61a SGB III[1]: „Zur Zielgruppe zählen insbesondere junge Menschen, die noch nicht über die erforderliche Ausbildungsreife oder Berufseignung verfügen" (BA 2009a, 2). Daneben ist der Handreichung für die Berufseinstiegsklasse (BEK) nach § 17 (2) Niedersächsisches Schulgesetz zu entnehmen: „Das BVJ und die BEK sind Bildungsangebote im Rahmen der Berufsausbildungsvorbereitung und nur für Schülerinnen und Schüler vorgesehen, die noch keine entsprechende Ausbildungsreife besitzen" (Niedersächsisches Kultusministerium 2010, 3). Und Einstiegsqualifizierungen nach § 54a (3) sind ebenfalls u.a. für „Ausbildungsuchende, die noch nicht in vollem Maße über die erforderliche Ausbildungsreife verfügen, und lernbeeinträchtigte und sozial benachteiligte Ausbildungsuchende" vorgesehen (→ Kapitel 17).

Aus dieser relativen Vielfalt von Fördermöglichkeiten resultieren grundsätzlich Wahlmöglichkeiten. Problematisch ist nur, dass die Jugendlichen jenseits der Schulpflicht keine dezidierten Rechtsansprüche auf die Teilnahme an bestimmten Förderungen haben. Zwar sehen §§ 29 und 35 SGB III und § 3 (2) SGB II einen grundsätzlichen Anspruch auf Vermittlung vor. Jenseits von Verweisen auf Prüfung von Eignung und Potenzial ist jedoch nicht genau vorgeschrieben, welches Angebot dies zu sein hat.

Dies gilt in etwas anderer Form auch für den schulischen Regulierungsbereich. Hier regelt etwa § 59a (4) des Niedersächsischen Schulgesetzes, dass eine überschrittene Aufnahmekapazität als Begründung für eine Aufnahmebeschränkung hinreicht. Dazu kommt schließlich, dass die angewandten Verfahren zur Eignungsfeststellung von schulischen Vorleistungen über interne Testierungen wie die Feststellung der Ausbildungsreife, psychologischen Eignungsuntersuchungen bis hin zur Überprüfung der individuellen und familiären Lebenssituation nach § 3 (1) SGB II reichen und darum keineswegs einheitlich sein müssen.

▶ Unstetigkeiten

Der Übergangssektor ist Gegenstand permanenter Wandlungen und Umstrukturierungen. Betrachtet man allein die Wandlungen der letzten zehn Jahre, so wird z.B. im Bereich Regelförderung der Niedersächsischen Berufsvorbereitung und Beschäftigungsförderung von ursprünglich elf Maßnahmen und Bildungsgängen einzig das BVJ noch in ursprünglicher Form angeboten. Vor allem im außerschulischen Bereich hat es mit der Einführung des Fachkonzepts für Berufsvorbereitende Bildungsmaßnahmen (BA 2004; 2009a), dem Erlass des SGB II (2005), dem Gesetz zur Neuausrichtung der Arbeitsmarktpolitischen Instrumente (2009) und dem Gesetz zur Verbesserung der Eingliederungschancen am Arbeitsmarkt (2011) allein vier tiefgreifende Umstrukturierungen gegeben. Dazu kommt, dass einzelne

---

1 Berufsvorbereitende Bildungsmaßnahmen werden abweichend zum aktuell abrufbaren Konzept nach Erlass des ab 01.01.2012 gültigen Instrumentenreformgesetzes zur „Verbesserung der Eingliederungschancen am Arbeitsmarkt" unter §§ 51, 52 geführt.

Maßnahmen innerhalb kürzester Zeiträume immer wieder aufs Neue beantragt werden müssen und darum ständigen Trägerwechseln unterliegen. So werden z.B. Berufsvorbereitende Bildungsmaßnahmen für zunächst nur zwei Jahre vergeben (Plicht 2010, 11). Infolgedessen sind die regionalen Angebotsstrukturen als höchst fluide anzusehen. Wer einmal rechtliche Bedingungen und die Angebotsstruktur in einer Region kennengelernt hat, wird sich schon nach Jahresfrist neu orientieren müssen.

► Widersprüche und Wechselwirkungen

Gesetzliche Regelungen und Neustrukturierungen müssen angesichts derart multipler Zuständigkeiten Wechselwirkungen in anderen Regulierungsbereichen auslösen. Dies lässt sich am deutlichsten anhand der Auswirkungen auf die Zusammensetzung und Fördermöglichen folgender beispielhaft genannter Zielgruppen ablesen:

Jugendliche mit Migrationshintergrund: Nicht alle jungen Menschen haben gleichermaßen Anspruch auf die verfügbaren Förderangebote. So sind zählen z.B. Jugendliche mit Duldungsstatus nach § 59 SGB III erst nach vier Jahren ununterbrochenen Aufenthalts zum förderungsfähigen Personenkreis für Berufsausbildungsbeihilfe. Erst ab diesem Zeitpunkt ist nach § 52 SGB III z.B. eine Teilnahme an Berufsvorbereitenden Bildungsmaßnahmen möglich. Diese Situation hat sich gegenüber früheren Jahren zwar deutlich verbessert. So ist nach § 10 der Beschäftigungsverfahrensverordnung die Aufnahme einer Ausbildung in einem staatlich anerkannten oder vergleichbar geregelten Ausbildungsberuf bereits nach einem Jahr regelgerechtem und ständigem Aufenthalt möglich. Beides kann jedoch durch Anwendung von § 11 dieses Regelwerks „Versagung der Erlaubnis" konterkariert werden und setzt überdies voraus, dass die betreffenden Jugendlichen und ihre Familien hinreichend über ihre rechtlichen Möglichkeiten informiert sind (Flüchtlingsrat Niedersachsen 2009, 69).

Als behindert ausgewiesene Jugendliche: Wie sehr administrative Neuregelungen eines Regulierungssektors Einfluss auf Fördermöglichkeiten und Identitäten Benachteiligter in anderen Bereichen haben können, verdeutlicht insbesondere die Situation von Jugendlichen mit ausgewiesenen Behinderungen. Hier zeigt sich bereits bezogen auf den sonderpädagogischen Förderbedarf an allgemeinbildenden Regel- und Förderschulen, dass Behindertenstatus und Förderbedarf erheblich von der Beschaffenheit historisch und regional eingesetzter Förderangebote abhängen (Powell 2004). Dies gilt in ganz ähnlicher Weise für jugendliche Rehabilitanden in außerschulischen Bildungsgängen und Maßnahmen. Hier ist der Bestand an Personen unter 25 Jahren in sog. individuellen rehaspezifischen Maßnahmen (überwiegend Eingangsverfahren und Berufsbildungsbereich in WfbM) im Dezember 2010 bezogen auf die Bevölkerung zwischen 15 und 25 Jahren am 31.12.2010 in Mecklenburg-Vorpommern weit mehr als doppelt so hoch wie in Baden-Württemberg (eigene Berechnung anhand StBA 2012a; BA 2012b). Dies hat jedoch auch eine zeitliche Komponente: So bewirkte die Einführung des neuen Fachkonzepts für BvB eine Anforderungssteigerung und dadurch einen erheblichen Zuweisungsrückgang als behindert ausgewiesener Jugendlicher. Die Folge ist eine massive Steigerung der Belegungszahlen von WfbM, die damit 2009 zum auslastungsstärksten Förderinstrument der beruflichen Ersteingliederung avancierten (Koch 2013, 343f.; Detmar et al. 2008, 7). Damit bewirkt der veränderte administrative Zuschnitt außerschulischer Berufsvorbereitung auch eine weitgehende Entkopplung der betroffenen Jugendlichen von regulärer Ausbildung und Beschäftigung. Denn die Übergänge von WfbM in Arbeitsverhältnisse, Ausbildung sowie in andere berufliche Bildungsmaßnahmen lagen zwischen 2002 und 2006 altersunabhängig bei bundesweit nur 0,16% (ebd., 111).

Anspruchsberechtigte nach dem SGB II: Wie dem oben aufgeführten Fallbeispiel zu entnehmen ist, bedeutete die Einführung des SGB II im Jahre 2005 eine zusätzliche Differenzierung der Zielgruppen beruflicher Benachteiligtenförderung. Daraus resultiert jedoch nicht nur die Installierung existenzieller Sanktionsmechanismen, die sich einschneidend auf Motivation und pädagogische Beziehungsgestaltung der betroffenen jungen Menschen auswirken müssen. Die Tatsache, dass vor allem die eigenen Eltern ergänzende Leistungen aus Arbeitslosengeld II in Anspruch nehmen müssen,[2] verleiht den Jugendlichen auch weitergehend andere Rechtsansprüche und darüber hinausgehende Zukunftsperspektiven. Überdies werden die Betroffenen zusätzlich von anderer Stelle betreut und beraten: Während ausbildungsinteressierte Jugendliche im Rechtskreis SGB III direkt und in jedem Fall die Berufsberatung der Agenturen für Arbeit in Anspruch nehmen können, sind im Rechtskreis SGB II zunächst die Jobcenter und dort jeweils persönliche Ansprechpartner vorgeschaltet. Diese können Berufsberatung entweder selbst durchführen oder die Agenturen für Arbeit damit beauftragen. Gleichzeitig bedingt die Anspruchsberechtigung nach SGB II, das nach § 3 (2): „Erwerbsfähige Leistungsberechtigte, die das 25. Lebensjahr noch nicht vollendet haben, sind unverzüglich nach Antragstellung auf Leistungen nach diesem Buch in eine Ausbildung oder Arbeit zu vermitteln. Können Leistungsberechtigte ohne Berufsabschluss nicht in eine Ausbildung vermittelt werden, soll die Agentur für Arbeit darauf hinwirken, dass die vermittelte Arbeit auch zur Verbesserung ihrer beruflichen Kenntnisse und Fähigkeiten beiträgt." Dafür stehen den Jugendlichen zusätzliche Instrumente wie vor allem Arbeitsgelegenheiten nach § 16d zur Verfügung, die zumindest in der Vergangenheit[3] als dezidiert niedrigschwelliges In-

---

2 Nach einer Studie des Instituts für Arbeitsmarkt- und Berufsforschung gingen im März 2008 65,5% aller Empfänger von Grundsicherung einer vom SGB II anerkannten Aktivität nach (Beste, Bethmann & Trappmann 2010, 2f.).

3 Infolge des Instrumentenreformgesetzes unterliegt die Vergabe von Arbeitsgelegenheiten stärkeren Restriktionen (BA 2012c), in deren Folge darin der Bestand Jugendlicher unter 25 Jahren deutlich abgenommen hat (BA 2012b).

strument eingerichtet wurden, um Jugendliche „zur Teilnahme an einer sich an die AGH MAE anschließenden BvB zu befähigen" (BA 2009b, 5).

Tatsächlich haben Jugendliche in der Vergangenheit aber erheblich seltener an nahezu allen regulären Förderinstrumenten nach dem SGB III teilgenommen (BA 2010, 125f.; 2011a, 118f.; 2012b). Hier ist zumindest zu vermuten, dass z.B. der erhebliche Rückgang Jugendlicher ohne Schulabschluss in Berufsvorbereitenden Bildungsmaßnahmen allein zwischen 2004 und 2008 auf weniger als ein Drittel (Konsortium Bildungsberichterstattung 2006a; Autorengruppe Bildungsbericht-erstattung 2010b) erheblich durch Zuweisungen in Arbeitsgelegenheiten kompensiert wurde. Denn der Bestand Jugendlicher ohne Schulabschluss liegt traditionell im Rechtskreis SGB II etwa dreimal so hoch wie im Rechtskreis SGB III (z.B. BA 2012d, 39). Damit deutet sich eine rechtskreisbedingte Abkopplung benachteiligter junger Menschen unter 25 Jahren von integrativer Berufsvorbereitung an. Denn eine Studie von Mitarbeitern des Instituts für Arbeitsmarkt- und Berufsforschung attestiert Arbeitsgelegenheiten für Jugendliche „keine oder gar negative Effekte auf die Beschäftigungschancen" (Wolff, Popp & Zabel 2010, 16).

14.4 Unser Credo: Gesetzliche Regelungen müssen mit individuellen Wünschen, Fähigkeiten und Perspektiven abgestimmt werden!

! Die parallele Vielfalt gesetzlicher Rahmenbedingungen erzeugt die Tendenz eines steuerungslosen Chaos in der beruflichen Benachteiligtenförderung, das von Jugendlichen und involvierten Akteuren kaum durchschaut werden kann.

! Wer darum welche Förderung erhält, ist darum im Kontext vielfältiger Richtlinien, institutioneller Interessen und Eigendynamiken relativ offen und unbestimmt.

! Die unterschiedlichen Regulierungsbereiche überlagern sich häufig und erzeugen Spannungsbereiche, die sich in Form widersprüchlicher Möglichkeiten und Anforderungen in den Lebenswelten der Jugendlichen entladen können.

! Die Förderung benachteiligter Jugendlicher verlangt darum nach einer umfassenden Kenntnis ihrer rechtlich bedingten Lebenssituationen und Möglichkeiten. Erst wenn man weiß, wie die Teilnahme eines Jugendlichen an einem Bildungsgang zustande gekommen ist, welche Möglichkeiten und Anforderungen damit verbunden sind und welche weiteren rechtlichen Regelungen den Alltag des jungen Menschen berühren, kann man sich ein Bild von seiner Motivation und der Fokussierung seiner Aufmerksamkeit machen.

! Die relative Vielfalt und Offenheit der rechtlichen Regulierung des Übergangssektors erhöht auch die Anzahl der Fördermöglichkeiten und eröffnet somit auch Chancen. Sie zu nutzen erfordert aber eine zumindest grundlegende Kenntnis der rechtlichen Ansprüche und Möglichkeiten, die benachteiligte Jugendliche sich kaum aneignen können. Fördernder Anwalt der jungen Menschen zu sein, verlangt darum im Sinne des Wortes auch Rechtskenntnisse und bedeutet, beratenden Einfluss auf die Zukunftsperspektiven und Lebensverhältnisse der Jugendlichen zu nehmen.

14.5 Praktische Empfehlungen, Aufträge, Übungen, Tipps

☞ **Empfehlung 1**

Man fühlt sich sicherlich überfordert, wenn man in der Benachteiligtenförderung nun auch ein Rechtsgelehrter sein soll. Denn sofern einmal die grundsätzliche Struktur der relevanten Regulierungsbereiche verstanden ist, lassen sich rechtliche Kenntnisse am besten durch *praktische Auseinandersetzung* und auf folgende Weise erwerben:

- Die Jugendlichen sind keine Rechtsexperten. Sie wissen in der Regel aber sehr wohl um ihre Erfahrungen und praktischen Konsequenzen. Fragen Sie darum nach und machen Sie sich ein Bild davon, von welchen rechtlichen Regelungen der Jugendliche betroffen ist und wie er sie interpretiert.

- Entwerfen Sie mit dem Jugendlichen zunächst idealtypische Integrationsperspektiven und wenden sich dann mit ihm zusammen an die zuständigen Stellen und lassen sich darüber aufklären, was warum möglich oder nicht möglich ist. Denn was wir in konkreten Auseinandersetzungen erfahren, können wir uns in der Regel gut merken.

- Umfassende Rechtskenntnisse entstehen in der Regel an Knotenpunkten, an denen verschiedene Regulierungsbereiche miteinander verhandelt werden müssen. Dies sind z.B. Beratungsstellen wie die Niedersächsischen Pro-Aktiv Center. Hier werden Jugendliche notwendiger Weise ganzheitlich beraten, weswegen die Akteure in aller Regel selbst gute Kenntnisse der unterschiedlichen Regulierungen haben oder zumindest über entsprechende Netzwerke verfügen und Kontakte zu weiteren Experten herstellen können.

- Beschäftigen Sie sich dauerhaft mit dem Thema; nur so erarbeitet man sich über die Zeit ein fundiertes Rechts- und Möglichkeitsverständnis.

📖 Literatur zum Weiterlesen

☐ Gesellschaft für innovative Beschäftigungsförderung (2012): Jugend und Beruf. Gesetzliche Grundlagen der Förderung. http://www.gib.nrw.de/service/downloads/JuB_GesetzlicheGrundlagen.pdf, 03.10.2012.

☐ Förster, H. (2008): Ausbildungschancen von Jugendlichen im SGB II. Expertise, München: dji, online, 109 Seiten, verfügbar unter: http://www.der-paritaetische.de/uploads/media/05_der_bericht.pdf, 03.10.2012.

Martin Koch

„It's the economy, stupid! "
Bill Clinton

15.1 Worum geht es in diesem Kapitel?

Wenn wir hier über die Finanzierung der Benachteiligtenförderung nachdenken, dann müssen wir uns bescheiden. Wir wollen und können Sie mit diesem Kapitel nicht zu Finanzierungsexperten machen. Vielmehr geht es darum, dass Sie halbwegs einschätzen können, wie die Finanzierungsfragen entstanden sind, in welcher Größenordnung sich in etwa der öffentliche Finanzaufwand für die verschiedenen Programme der Benachteiligtenförderung bewegt und wie sich die Ausgaben auf die verschiedenen institutionellen Segmente belaufen. Gleichzeitig wollen wir Sie zumindest ansatzweise mit einzelnen Strukturen der Finanzausstattung bekannt machen, damit Sie die Position der beruflichen Förderpädagogik gegenüber den Protagonisten anderer Schulformen oder Bildungsbereichen besser vertreten können.

▶ Begriffsannäherung I

Unter Finanzierung fassen wir die finanzielle Ausstattung der gesamten Benachteiligtenförderung zusammen. Die berufliche Benachteiligtenförderung im weiteren Sinne wird fast ausschließlich als öffentliche Aufgabe begriffen und entsprechend finanziert. Grobe Schätzungen belaufen sich – seit etwa 10 Jahren – zumeist auf eine **Summe zwischen 4 und 6 Milliarden Euro** (Werner et al. 2008, 238f.). Es gibt jedoch keine (volkswirtschaftliche) Gesamtrechnung für diesen Sektor, so dass diese Summe keineswegs alle diesbezüglichen Ausgaben erfasst.

▶ Begriffsannäherung II

Grundsätzlich zerfällt auch die Finanzierung in einen in sich noch einmal sehr heterogenen außerschulischen und einen, zumindest was den finanziellen Aspekt betrifft, eher geschlossenen schulischen Bereich. **Außerschulischer Bereich**: Angesichts der Zersplitterung der Benachteiligtenförderung (→ Kapitel 11) sind **vier Ebenen der Finanzausstattung** zu unterscheiden: Europäische Union – Bund – Länder – Kommunen. Die Europäische Union finanziert zumeist durch projektförmige Förderprogramme aus dem Europäischen Sozialfonds, die in regelmäßigen Abständen von den europäischen Institutionen bestätigt werden müssen, deren Kontinuität nicht gesichert ist und die ergänzender (Ko-)Finanzierungen aus anderen Mitteln bedürfen. Die aus Deutschland stammenden Summen von Bund, Länder und Gemeinden sind auf völlig verschiedene Weise und in sehr differierender Intensität entstanden. Das Gros der Angebote erhält oft eine projekt- oder institutionelle Finanzierung aus öffentlichen Haushaltsmitteln, wobei die Programme und „Maßnahmen" der Bundesagentur für Arbeit wiederum den größten Teilbereich darstellen. Dazu kommen Landesprogramme (teilweise kombiniert mit Förderungen aus dem Europäischen Sozialfonds), kommunale Mittel der Jugendförderung nach KJHG (§§ 13, 27, 35a SGB VIII) oder Sonder- und Modellversuchsprogramme von Arbeits- oder Wirtschaftsministerien auf Landes-, teilweise auch auf Bundesebene. Die **schulischen Angebote** der Berufsvorbereitung werden aus Landesmitteln der jeweiligen Kultus- und Bildungsministerien (Finanzmittel für Lehrerbesoldung) und aus kommunalen Mittel getragen (Werkstatt- und Gebäudekosten sowie weitere Infrastruktur).

▶ Relevanz dieses Kapitels

Die Relevanz dieses Kapitels beruht zunächst auf den sozialen Leistungsgesetzen für benachteiligte Jugendliche, die einen Anspruch auf eine wie geartete Förderung haben. Allerdings handelt es sich nicht durchgehend um Pflicht-, sondern oft auch um Kann-Leistungen, die den Prioritäten des Haushaltsgesetzgebers unterliegen. Eine nachhaltige und sowohl den Bedürfnissen der Jugendlichen entsprechende wie auch qualifikations- und beschäftigungsorientierte politische Steuerung wäre wichtig, die wir in diesem Feld allerdings nicht erkennen können. Die berufliche Benachteiligtenförderung erscheint damit finanziell als höchst unübersichtlich und wenig nachhaltig; sie lebt von kurzzeitigen Finanzierungen, bei denen allein für schulische Bildungsgänge eine verlässliche Kontinuität der Förderung festgehalten werden kann. Hier zeigt sich ein Dilemma: Die Forderung nach mehr Geld ist nur dann sinnvoll, wenn von einer weiterführenden gesellschaftlichen und beruflichen Integration ausgegangen werden kann. Da diese Perspektiven aber von anderen gesellschaftlichen Subsystemen, hier den Betrieben der Wirtschaft abhängen, stellt sich sofort die Sozialstaatsfrage. Muss eine Gesellschaft nicht per se für eine angemessene Ausstattung ihrer eher schwächeren Glieder sorgen? Umkehrt gibt es in solch einem finanziellen Wildwuchs natürlich auch „Effizienzreserven": Nicht alles, was in der beruflichen Benachteiligtenförderung ausgegeben wird, ist per se eine sinnvolle Investition.

15.2 Ein Beispiel aus der Praxis: Was kostet der Bildungsweg von „Standby"?

Das Problem aller Statistik und aller Finanzierungsbilanzen liegt nicht allein darin, dass uns die oben aufgeführte Summe so astronomisch hoch erscheint, dass wir sie mit Ausgaben und Einnahmen unseres Alltags nicht mehr zu verbinden vermögen. Eine kaum geringere Tücke liegt in der Unsichtbarkeit allen Schicksals, das sich hinter der Summierung einzelner Kostenpunkte verbirgt. So wie z.B. die Geschichte von „Standby", den sie früher einmal „Turbo" genannt haben, der ursprünglich einmal Tobias hieß und den wir uns hier in einer Weise ausgedacht haben, dass wir Fragmente real erfahrener Lebensgeschichten zur finanziellen Bilanz einer einzigen Bildungsbiografie verschweißt haben. Die dabei zugrunde gelegten Daten bezeichnen jeweils die aktuelle verfügbare Kostensituation. Aus Tobias ist „Turbo" und später „Standby" geworden, er hätte aber wenigstens „Turbo" bleiben oder später vielleicht sogar „Säge", „Boss" oder sogar „Professor" genannt werden können.

Am Anfang, als „Turbo" noch klein und die Welt für alle Möglichkeiten offen war, hieß „Turbo" noch nicht einmal „Turbo", sondern ganz einfach Tobias. Damals lebte Tobias mit seinen Eltern und den beiden älteren Schwestern in einer Fünf-Zimmer-Wohnung am Stadtrand. Der Vater war im Nachbardorf aufgewachsen, aber die Mutter war nicht von hier. Tobias erinnert sich nicht mehr gut an die Mutter, nur dass es oft Streit gab und sie den Vater „Idiot" genannt hat. Dann zog sie mit den beiden Geschwistern weg. Tobias hat alle drei seitdem nicht mehr gesehen, aber neulich hat er im Internet gelesen, dass die Ältere Ärztin geworden ist. Tobias wollte damals beim Vater bleiben. Kein Wunder, denn der konnte ja eigentlich alles: Arbeiten wie ein Pferd oder alles reparieren. Bald kam Tobias in den Kindergarten im Nachbardorf. Der Vater fuhr ihn morgens im Beiwagen seines Mopeds dorthin und abends waren sie gemeinsam im Garten, übernachteten dort, wenn das Wetter schön war und fuhren im Sommer manchmal wochenlang nicht in die winzige Wohnung im zehnten Stock. „Eine kleine Wohnung reicht, wenn man einen Garten hat", sagte der Vater. Der Kindergarten kostete 18.300 € wie bei jedem durchschnittlichen Kind. Dann kam Tobias in die Grundschule. Diese vier Jahre kosteten 19.200 € wie bei jedem Kind. Hier ahnte Tobias zum ersten Mal, dass das Leben vielleicht doch nicht so toll war. Mit dem Schreiben ging es ja noch, aber Tobias konnte nicht richtig rechnen. Am Anfang fiel es nicht weiter auf, denn der Vater saß abends mit ihm in der Küche und zeigte ihm alles. Aber an dem Tag, als es ums Dividieren ging, begann der Vater zu schwitzen und rief: „Man muss nicht rechnen, wenn man arbeiten kann!" Und dann gingen sie raus in den Garten und der Vater zeigte Tobias, wie man Bretter mit der Säge zerschneidet, oder genug Reste für die Fensterläden übrig lassen musste.

Tabelle 1: Bildungskosten „Professor"

Kindergarten	Grundschule	Gymnasium	Studium	Gesamt
18.300 €	19.200 €	55.400 €	37.800 €	**130.700 €**

Datenbasis: StBA 2012b, 110

„Wenn nur irgendjemand gekommen wäre", denkt sich Standby heute, wenn er über alles nachdenkt, „der mir das alles gezeigt hätte. Dann hätte ich aufs Gymnasium gehen und später studieren können. Dann wäre ich heute Professor oder wenigstens Arzt, wie meine Schwester. Das Gymnasium hätte 55.400 € und das

Studium vielleicht 37.800 € und meine ganze Bildungslaufbahn also 130.700 € gekostet; wie bei jedem anderen gebildeten Kind." (Das letzte denkt Standby natürlich nicht, denn er kann ja nicht rechnen.)

Doch Tobias musste nicht auf die Sonderschule. Die Lehrerin war nett, nahm ihn in Schutz, wenn ihn die Anderen auslachten und das Nötigste konnte er ja. Doch auf der Hauptschule war es dann anders. Sie hätte übrigens normalerweise 33.700 € gekostet, aber weil Tobias zweimal sitzen blieb, waren es dann sogar 47.180 €. Das erste Mal war schon in der fünften Klasse, der Lehrer war zwar okay, hörte aber weg, wenn die anderen Turbos Rechenkünste verlachten. Das zweite Mal war in der siebten Klasse. Der neue Lehrer ließ ihn danach nicht mehr sitzen. Er ließ ihn stehen. Und zwar an der Tafel. Am letzten Tag vor den Ferien, wenn es zu heiß war oder wenn einfach nichts mit der Klasse mehr anzufangen war, dann holte er Tobias nach vorn an die Tafel und ließ ihn rechnen. Erst schwerere, dann immer leichtere Aufgaben und wenn er schließlich bei 1+1 angelangt war, dann bog sich die Klasse vor Lachen. Einmal als Tobias eine Textaufgabe anschreiben sollte, kam es, dass er das Schreiben verlernte; und zwar seinen eigenen Namen. „Was soll denn das heißen? Turbo oder was?" fragte der Lehrer. „Wenn nur irgendjemand kommen würde", denkt Standby heute, „Dann könnte ich heute Ingenieur oder so was sein und die anderen würden ‚Boss' zu mir sagen. Denn dann hätte ich meinen Hauptschulabschluss geschafft und hätte danach eine Ausbildung (25.200 €) anfangen können. Danach hätte ich Fach-Abi machen (5.400 €) und danach an der Fachhochschule studieren können (26.500 €)."

Tabelle 2: Bildungskosten „Boss"

Kindergarten	Grundschule	Hauptschule	Ausbildung	Fachabitur	Fachhochschule	Gesamt
18.300 €	19.200 €	33.700 €	25.200 €	5.400€	26.500 €	**124.900 €**

Datenbasis: StBA 2012b, 110

Als sein Vater sah, wie sein Sohn kaum noch aß und mit 14 Jahren frühmorgens weinte, wenn er zu Schule musste, ließ er sich erzählen, was immer wieder in der Schule passierte. Er packte Turbo in den Beiwagen, fuhr mit ihm in die Schule und stürmte vor den Lehrer. „Ach, Willi", lachte der Lehrer, „du bist der Vater von Turbo? Na, der Apfel fällt nicht weit vom Stamm, was? Willst du dich wieder da hinten auf deinen alten Platz setzen?" Turbo sah wie der Kopf seines Vaters immer röter wurde, seine Schultern immer tiefer sanken und wie er sich umdrehte und leise hinausging. Als dann nach einer Weile das Sägewerk zumachte, gab der Vater sich alle Mühe eine neue Arbeit zu finden. Er trug Zeitungen aus und tat, was immer man ihm zu tun gab. Doch es reichte vorne und hinten nicht und als Turbo 15 Jahre alt war, bekamen die beiden ergänzendes Arbeitslosengeld II. Das kostete, bis Turbo 18 Jahre alt war, nur für seinen Unterhalt monatlich 275 € und danach 306 €, also 3.671 € im Jahr. Und obwohl der Vater immer dazu verdiente und manchen Monat ohne einen Zuschuss des Job-Centers auskam, war es nicht mehr wie früher zwischen Turbo und seinem Vater.

Sein Vater hatte seine Meinung geändert. „Du musst deinen Abschluss machen, Tobias", sagte er abends zu Turbo. „Ohne Abschluss und Ausbildung wird man nichts. Begreif es doch endlich. Setz dich endlich auf deinen Hintern und streng dich an." Als Turbo die Hauptschule ohne Abschluss verließ und ins Berufsvorbereitungsjahr eingeschult wurde, war er richtig glücklich und dachte sich, dass er „es" jetzt endlich wirklich begriffen hätte. Das eine Jahr BVJ kostete übrigens 9.700 € und Turbo strengte sich im Fachpraxisunterricht Körperpflege an. Turbo hätte zwar lieber Holztechnik gemacht. Trotzdem ging ihm die Arbeit leicht von der Hand. Im allgemeinbildenden Unterricht aber saß er und strengte sich an. Wenn es etwas zu rechnen oder zu schreiben gab, spannte er jeden Muskel seines Körpers an. Trotzdem wurde er im Januar nicht in den Hauptschulkurs aufgenommen. „Wenn jemand gekommen wäre", denkt Turbo heute, „dann hätte ich den Hauptschulabschluss geschafft und danach vielleicht die Berufsfachschule gemacht (6.800 €). Dann hätte ich immer noch eine Ausbildung zum Tischler anfangen können. Dann würden sie mich heute vielleicht ‚Säge' nennen."

Tabelle 3: Bildungskosten „Säge"

Kindergarten	Grundschule	Hauptschule	BVJ	Berufsfachschule	Ausbildung	Gesamt
18.300 €	19.200 €	47.180 €	9.700 €	6.800 €	25.200 €	**126.380 €**

Datenbasis: StBA 2012b, 110

Niemand hat gemerkt, dass sich Turbo verändert hatte. Zwar war sein Name irgendwie von der Hauptschule in das BVJ mitgekommen, aber als ihn die junge Lehrerin eines Tages an die Tafel holte, Turbo sie zu beschimpfen begann und zwei Stühle gegen die Tafel schleuderte, da dachten alle, dass er diesen Spitznamen deswegen trug. Turbo wurde zunächst von der Schule suspendiert und als er sich ein weiteres Mal anmeldete, wurde er nicht wieder aufgenommen. „Macht nichts", hatte sein Freund Checker gesagt, „kannst du zu Abrakadabra gehen und Abschluss machen; hat mein Cousin auch gemacht vor acht Jahren." Arb-A-Qua-Da-Bera (Arbeit, Ausbildung, Qualifizierung, Dazulernen, Beratung) war ein regionaler Bildungsträger, der unter einer Fülle von Maßnahmen auch Berufsvorbereitende Bildungsmaßnahmen anbot. Und Checker hatte recht: Wer seit Neuestem daran teilnahm, hatte nach § 53 SGB III sogar das gesetzlich verbriefte Recht hier einen Hauptschulabschluss nachzuholen. Die Teilnahmekosten waren in den letzten Jahren zwar günstiger geworden, hätten aber wohl mindestens 5.000 € betragen. „Wenn das geklappt hätte" denkt sich Turbo heute, „dann wäre ich zwar noch lange Turbo geblieben, hätte aber vielleicht noch eine Ausbildung anfangen können".

Tabelle 4: Bildungskosten „Turbo"

Kindergar-ten	Grund-schule	Haupt-schule	BVJ	BvB	Ausbil-dung	Gesamt
18.300 €	19.200 €	47.180 €	9.700 €	5.000 €	25.200 €	**124.580 €**

Eigene Berechnung anhand StBA 2012b, 110; BA 2011b, 122, 148

Doch dazu kam es nicht. Als Turbo seinen Termin im Job-Center hatte, kam für ihn eine „Förderung im Rahmen berufsvorbereitender Bildungsmaßnahmen" „(noch) nicht in Betracht" (BA 2012c, 2). Er wurde deswegen dem Projekt „Mach was draus!" zugewiesen. Sie wurde nach § 45 SGB III (Maßnahmen zur Aktivierung und beruflichen Eingliederung) und Kosten im Durchschnitt pro Teilnehmer 4.042 €. Hier konnte er keinen Hauptschulabschluss erwerben. Doch Turbo kann sich kaum noch erinnern, was dort mit ihm geschah. Er besuchte Programme und Bildungs-gänge mit so merkwürdigen Namen wie „Jobwundertüte", „Aufbruch Arbeit", „Perspektivschmiede" und „Bildende Umstände"; er schöpfte Papier, um seine Motivationsbereitschaft zu animieren, entwickelte seine Sozialkompetenzen beim Ausbau eines Lagerraums, verbesserte seine Arbeitstugenden beim Unkrautjäten, erweiterte seine Frustrationstoleranz beim Reinigen mehrerer Segelyachten oder verfasste Unmassen von Bewerbungsschreiben. Überhaupt war er längst nicht mehr Turbo: Er hatte sich angewöhnt regungslos auf Stühlen in Unterrichtsräu-men zu sitzen. Irgendein Dozent hatte ihm darum den Namen Standby gegeben. Kein Mensch kann mehr sagen, was all diese Maßnahme gekostet haben. Und doch hatte Turbo den Verdacht, dass das Geld, was er kostete, immer weniger und die Leute, mit denen er zu tun hatte, immer schlechter gelaunt wurden.

Turbo tat alles, um den Motor seines Lebens wieder zum Laufen zu bringen. Er trug Zeitungen aus, half in einer Großküche für 3,50 € in der Stunde, heuerte bei einer Zeitarbeitsfirma an und lernte viele Fabrikhöfe, Baustellen und Warenlager kennen. Doch es gelang ihm nie, so viel zu verdienen, dass er bei seinem Vater hätte ausziehen können. Und so lang dies so war, wurde er weiteren Maßnahmen zugewiesen. Immer öfter fehlte er über immer längere Zeitabschnitte. Dann wur-de er sanktioniert und seine Bezüge gekürzt und mehrfach sogar vollkommen ge-strichen. Dies führte zu Streit mit dem Vater. Darauf begann er zu stehlen. Meist an Orten, an denen er sich auskannte. Es hatte mehrfach Gerichtsverfahren gege-ben. Bislang war er mit Bewährung oder Zuchtmitteln wie gemeinnützigen Ar-beitsleistungen davongekommen. Aber diesmal würde wohl eine Haftstrafe folgen (Sie kostete 2007 altersunabhängig je Haftplatz 29.900 € (StBA 2011b, 57)). Nun lag er zu Hause auf dem Teppich und wartete. Irgendetwas würde kommen. Das war sicher, denn wenn er seit Wochen auch keinen Brief mehr geöffnet hatte, so ahnte er doch, dass sich in dem Stapel neben der Tür etwas Unvermeidliches zu-sammenbraute. Aber wer oder was es auch war: Standby würde Kosten verursa-chen.

Tabelle 5: Bildungskosten „Standby"

Kinder-garten	Grund-schule	Haupt-schule	BVJ	Aktivierung	Fortsetzung	Gesamt
18.300 €	19.200 €	47.180 €	9.700 €	4.042 €	???	98.422 € + ???

Eigene Berechnung anhand StBA 2012b, 110; BA 2011b; BA 2012b, 122, 148

15.3 Was man über die „Finanzausstattung" wissen sollte

Allein dieses ersonnene Beispiel aus der Praxis zeigt, welche immensen sozialen und immer auch individuellen Probleme sich hinter der Finanzierungsfrage und der bloßen Bilanzierung von Ausgabenposten verbergen. Dazu erörtern wir zunächst die Frage, wie die verschiedenen Formen öffentlicher Finanzierung entstanden und notwendig geworden sind. Nach diesen historisch-erklärenden Passagen geben wir einen allgemeinen Überblick zu den Größenordnungen der Finanzausstattung und ihren Widersprüchen. Danach diskutieren wir, wie man die Finanzierung auf eine breitere Basis stellen könnte.

▶ Verschiebungen im „Gesamthaushalt" der Benachteiligenförderung

Die Finanzierung der Benachteiligtenförderung lässt sich nur in Relation zu anderen Ausgaben und in ihrer zeitlichen Entwicklung interpretieren. Dass es überhaupt zur Entwicklung und Ausweitung benachteiligtenspezifischer Angebote (→ Kapitel 11) und damit auch der Kosten gekommen ist, liegt zunächst in einer **manifesten Umstrukturierung des beruflichen Bildungssystems** begründet. Diese Entwicklung geht zurück auf den Ausbruch der bis heute andauernden strukturellen Arbeitsmarktkrise Mitte der 1970er Jahre, u.a. bedingt durch die Ölkrise, die Aufwertung der DM und durch relativ nachlassende Einkommenszuwächse. Zudem traten mit der sog. Babyboomgeneration erheblich mehr potenzielle Bewerber auf den Ausbildungsmarkt.

Dieses Problem wird im damaligen Berufsbildungssystem auf zweierlei Weise gelöst: Zunächst kommt es zwischen Mitte der 1970er und Ende der 1980er Jahre zu einer annähernden Verdopplung des bei der Bundesanstalt für Arbeit gemeldeten Angebots an Ausbildungsstellen (Fütterer et al. 2008, 10). Daneben entsteht bereits jetzt ein schulischer und außerschulischer Übergangssektor, dessen Anteil jedoch bis 1982 die Marke von 18% aller Einmündungen in das berufliche Bildungssystem nicht übersteigt (Teichler 1985, 173). In dieser Phase werden die Kosten der Ausbildungskrise also wesentlich von den Betrieben und erst in zweiter Instanz durch die öffentliche Hand übernommen. Danach kommt es sogar zu einem relativen Angebotsüberhang auf dem Ausbildungsmarkt. Dann aber beginnt die Zahl der Schulabsolventen bis Mitte der 2000er Jahre erneut um fast 200.000

zu wachsen (BIBB 2010b, 98). Dieses demografische Wachstum bleibt zwar deutlich hinter der Babyboomphase zurück (Tivig & Henze 2007, 6). Im Unterschied zu der vorangegangen Epoche nehmen die gemeldeten Ausbildungsstellen bis 2006 um rund 300.000 ab (Fütterer et al. 2008, 10). Davon sind zumindest seit Ende der 1990er Jahre vor allem Angebote betrieblicher Ausbildungsplätze betroffen (BA 2009c). Die Folge ist ein komplementäres Anwachsen beruflicher Grundbildungslehrgänge um rund 320.000 und des Schulberufssystems um rund 80.000 Einmündungen (BIBB 2010b, 98).

Insofern bedeutet der Strukturwandel des beruflichen Bildungssystems seit den 1990er Jahren aus volkswirtschaftlicher Perspektive auch eine **Verlagerung von Ausbildungskosten von betrieblicher in öffentliche Trägerschaft**. Denn auch betriebliche Ausbildung stellt neben dem Ertrag durch die eingesetzte Arbeitskraft einen erheblichen Kostenfaktor dar. Das BIBB veranschlagt für 2007 einen volkswirtschaftlichen Gesamtaufwand von 5,6 Mrd. € sog. Nettokosten unter Berücksichtigung der Ausbildungserträge (ebd., 280). Daraus ergibt sich ein Aufwand von durchschnittlich 3.596 € pro Jahr (Wenzelmann et al. 2009, 2). Eine demografiebedingte Ausweitung des Ausbildungsplatzangebots um 200.000 würde also bei Zugrundelegung einer dreijährigen Ausbildungsdauer rein rechnerisch einen zusätzlichen Kostenaufwand von rund 2,16 Mrd. € nach Zahlen von 2007 bedeutet haben. Dieses nachlassende Ausbildungsengagement belegt einen schwindenden Einfluss von Politik und Verbänden auf die freie Wirtschaft, den Übergang in traditionell weniger ausbildungsintensive Berufe im Dienstleistungsbereich (Baethge, Solga & Wieck 2007, 27) und schließlich umgesetzte Rationalisierungsstrategien der Betriebe.

Damit entsteht während der 1990er Jahre eine erhebliche Zusatzbelastung der öffentlichen Hand, die kurz nach dem Millennium ihren Höhepunkt erreicht. In 2003 beginnen insgesamt 1.287.844 junge Leute eine wie geartete berufliche Bildung. Darunter sind mit 42,7% erstmals mehr Einmündungen in das Übergangssystem als in duale Ausbildung mit 41,1% (ebd., 22).

▶ Der grundlegende Umbruch 2004/2005

Was passierte danach? Hintergrund sind zunächst deutlich abnehmende Einmündungszahlen in den Übergangssektor, die nicht hinreichend durch rückläufige Jahrgangsstärken erklärt werden können. Denn während sich zwischen 2003 und 2010 die Zahl der Schulabsolventen auf bundesweit 93,1% vermindert, bleiben die Einmündungen in duale Ausbildung und in das Schulberufssystem mit 96,3% bzw. 101,7% annähernd auf dem Niveau von 2003. Daneben sinken die Einmündungszahlen in das Übergangssystem auf 64,2% des Werts von 2003. Diese abnehmenden Belegungszahlen gehen in erheblichen Maßen auf außerschulische Berufsvorbereitung zurück. Denn während die Einmündungen in schulische Bildungsgänge (Berufsvorbereitungsjahr/einjährige Berufseinstiegsklassen, schulisches Berufsgrundbildungsjahr (Vollzeit), Berufsfachschulen, die keinen beruflichen Abschluss vermitteln) zwischen 2004 und 2010 auf nur 74,3% zurückgehen, vermindert sich dieser Wert in Bildungsgängen des außerschulischen Bereichs (Berufsvorbereitende Maßnahmen, Einstiegsqualifizierung und Jugendsofortprogramm) auf weniger als die Hälfte auf 45,3% (eigene Berechnungen anhand Konsortium Bildungsberichterstattung 2006b, Tab. E1-1A; Autorengruppe Bildungsberichterstattung 2012, Tab. E1-1A).[1] Dieser Effekt geht in erheblichem Ausmaß auf die **„Aussteuerung" bildungsbenachteiligter Jugendlicher** zurück: Denn während der Anteil Jugendlicher ohne Hauptschulabschluss in BVJ, BGJ und BFS 2010 gegenüber 2004 sogar zwischen 35,5% (BGJ) und 9,3% (BVJ) zunahm, ging er allein in BvB im selben Zeitraum auf von 43,8 auf 24,5% oder in absoluten Zahlen von 50 973 auf 17 163 zurück. Mit anderen Worten: Der Rückgang von Zuweisungen in BvB geht zu fast drei Vierteln (72,8%) auf Jugendliche ohne Hauptschulabschluss zurück (eigene Berechnungen anhand Konsortium Bildungsberichterstattung 2006b, Tab. E1-3A; Autorengruppe Bildungsberichterstattung 2012b, Tab. E1-3web).

Diese abnehmenden Belegungszahlen verweisen wesentlich auf eine **grundlegende Umstrukturierung der außerschulischen Benachteiligtenförderung**, mit der gleichsam erhebliche Einsparungen verbunden sind. So übernahm die Bundesagentur für arbeitsmarktpolitische und benachteiligtenbezogene Dienstleistungen seit 2004 ein **Vergaberecht**, das im überregionalen Wettbewerb wesentlich auf Kostenkriterien orientiert war (Schierholz 2005). Zugleich entstand mit dem sog. **„Neuen Fachkonzept"** für berufsvorbereitende Bildungsmaßnahmen eine grundlegende Neuformatierung. Zuvor bestand dieses Angebot aus aufeinander abgestimmten Bildungsgängen mit abgestuften Anforderungsniveaus. Hier war eine mehrfache Teilnahme durchaus üblich und vorgesehen. Nach der Neuausrichtung wurden nahezu sämtliche dieser Maßnahmen – und damit auch Zielgruppen – in einem einzigen binnendifferenzierten Fördertypus komprimiert. Gleichzeitig war eine Teilnahme im Regelfall nur noch ein einziges Mal für eine Dauer von 10 Monaten möglich (Koch 2008c, 49ff.; BA 2009a, 14f.). Als einzige Ergänzung existieren seit 2004 sog. (betriebliche) Einstiegsqualifizierungen mit deutlich geringeren Kostensätzen.

Als weitere Neuerung führt die Einführung des vierten Gesetzes für moderne Dienstleistungen (**Hartz IV**) und das darauf folgende SGB II zum 01.01.2005 zu einer zusätzlichen Segmentierung der Zielgruppen. Jugendlichen, die selbst oder deren Haushaltsangehörige ganz oder teilweise aus Arbeitslosengeld II alimentiert werden, stehen neben regulären Maßnahmen nach SGB III zusätzliche arbeitsmarktpolitische Instrumente, wie z.B. Arbeitsgelegenheiten (Ein-Euro-Jobs) zur

---

1 Um die Vergleichbarkeit der Werte zu halten wurden für 2010 für das Übergangssystem Daten einschließlich Doppelzählungen zugrunde gelegt. Berufsvorbereitende Maßnahmen enthalten vor 2005 weitere Reha-Maßnahmen.

Verfügung. Die zwischenzeitlich immens angewachsene Auslastung dieses Instruments (→ Kapitel 14) ist allerdings seit Anfang 2010 drastisch zurückgegangen, was der Referent der Geschäftsführung der Arbeitnehmerkammer Bremen, Peer Rosenthal (2012, 9), auf „restriktive(.) budgetäre(.) Rahmenbedingungen" nicht nur im Kontext des seit April 2012 umgesetzten „Gesetzes zur Verbesserung der Eingliederungschancen" zurückführt. Hier deuten sich eine Verschließung des außerschulischen Übergangssektors für originär benachteiligte Zielgruppen und damit erhebliche Kostenreduktionen an.

▶ Größenordnungen – allgemein

Benachteiligtenförderung ist ohne jeden Zweifel **ein volkswirtschaftlich kostspieliges Unterfangen**: „Im Jahr 2006 wurden rund 5,6 Mrd. Euro von Bund, Ländern, Kommunen und der Bundesagentur für Arbeit für Integrationsmaßnahmen verausgabt" (Werner, Neumann & Schmidt 2008, 238). Zum Vergleich entspricht diese Zahl etwa 4% des nationalen Bildungsbudgets (eigene Berechnung anhand Krüger-Hemmer 2008, 72) und 0,56% sämtlicher Staatsausgaben in 2006 (eigene Berechnung anhand Schulze-Steikow 2008, 99). Allein diese Zahlen verdeutlichen, dass es sich keineswegs nur um eine sozial- und bildungspolitische, sondern gleichermaßen auch um eine volkswirtschaftliche Problemstellung handelt.

Doch ist damit keineswegs die gesamte Dimension der relevanten Kosten erfasst. Die aufgeführte Zahl umfasst lediglich die direkten Aufwendungen für ausgewiesene[2] Maßnahmen und Bildungsgänge des Übergangssystems und außerbetriebliche Ausbildung. Weitere „[i]ndirekte Kosten einer mangelnden Integration in Ausbildung und Beschäftigung" (Werner, Neumann & Schmidt 2008, 256), wie etwa beschäftigungsfördernde Leistungen aus dem SGB II (z.B. sog. Arbeitsgelegenheiten), Transferleistungen für Personen ohne Berufsabschluss, gesundheitliche Folgekosten anhaltender Arbeitslosigkeit, durch Arbeitslosigkeit verursachte Ausfälle möglicher Steuereinnahmen und Sozialversicherungsbeiträge und schließlich extern entstandene Ausbildungskosten im Zuge von Zuwanderungen ausländischer Facharbeitskräfte sind in der Aufstellung nicht enthalten.

Trotzdem und obwohl sich ein Großteil dieser Ausgaben kaum ansatzweise beziffern lässt, stehen sie in unmissverständlichem Zusammenhang mit dem Ausbleiben beruflicher Integrationserfolge und müssen somit zumindest als **Folgekosten ausbleibender, ineffizienter oder fehlgerichteter Integrationsbemühungen** angesehen werden, die weit über die Lebensphase Jugend hinaus bei späterhin schlecht ausgebildeten Erwachsenen anfallen können. Immerhin liegt die Arbeitslosenquote von Personen ohne formalen Berufsabschluss 2007 mit

---

2 Behindertenspezifische Leistungen, wie etwa berufliche Ersteingliederungen in Werkstätten für behinderte Menschen sind nicht berücksichtigt.

20,2% erheblich über dem Vergleichsniveau von solchen mit betrieblichem oder berufsfachschulischem Abschluss (8,4%) (ebd. 257f.). Das Institut der deutschen Wirtschaft veranschlagt die auf diese Weise für die Arbeitslosenversicherung entstehenden Kosten für 2006 auf durchschnittlich 1.945 € und einen zusätzlichen Wertschöpfungsverlust von 10.015 € (ebd. 286f.).

Auf die **direkten Kosten für benachteiligtenspezifische Bildungsgänge** entfielen 2006 von den bezifferten 5,6 Mrd. 48% auf die Bundesagentur für Arbeit, 44,35% auf die Länder, 3,32% auf den Bund und 4,33% auf die vorwiegend kommunale Jugendsozialarbeit (ebd. 243). Dabei erweisen sich diese Verteilungsrelationen bezogen auf die unterschiedlichen Kostensätze der einzelnen Maßnahmenformen hoch differenziert: So kostete ein Schulplatz im Niedersächsischen Berufsvorbereitungsjahr 2009 mehr als das das Doppelte der jährlichen Teilnahmekosten in einer Berufsvorbereitenden Bildungsmaßnahme (vgl. Tabelle 6).

Tabelle 6: Strukturmerkmale ausgesuchter Bildungsgänge des Niedersächsischen Übergangssystems im Schuljahr 2011/2012[3]

	BVJ	BEK	BFS	AGH	Reha.**	BvB	EQ	JW***
TN*	4.211	4.231	24.103	3.384	2.094	5.918	1.368	5.972 (2009)
Kosten in Mio. €	29,5 (2009/10)	22,2 (2009/10)	112,2 (2009/10)	k.A.	k.A.	35,9 (2010)	k.A.	38,0
Kosten pro TN in €	6.750 (2009/10)	4.430 (2009/10)	3.976 (2009/10)	k.A.	k.A.	3.053 (2010)	k.A.	6.868 (2009)

Quellen: LSKN 2001-2012; BA 2013; 2011, Niedersächsische Landesregierung 2011, 12, 14,16, 19.

*	BVJ, BEK, BFS = Neuzugänge 2011 insgesamt; AGH. Reha, BvB, EQ = Bestand im Dezember 2011; JW = Abschlüsse 2009
**	unter Reha. sind individuelle rehaspezifische Maßnahmen mit dem Schwerpunkt WfbM (AV und BBB) zusammengefasst
***	Aufgrund von Kofinanzierungen sind doppelte Zählungen mit AGH anzunehmen (JW = Jugendwerkstätten)

▶ Auswirkungen auf Träger und Akteure im außerschulischen Bereich

Die immensen Strukturverschiebungen und Finanzierungsveränderungen im außerschulischen Bereich haben erhebliche Auswirkungen. Wer sich nur eine begrenzte Auswahl der seit der Jahrtausendwende angebotenen, eingestellten und neukonzipierten **Bildungsprogramme** vergegenwärtigt, erhält einen Eindruck von den Arbeitsbedingungen in diesem Sektor. An die Stelle von BBE-Lehrgängen,

---

3 Die verfügbaren Quellen weichen hinsichtlich verausgabter Kosten (z.B. Werner, Neumann & Schmidt 2008, 139) teilweise deutlich voneinander ab. Die Kosten sind hier nicht nach Trägern differenziert und enthalten keine Teilnehmerentgelte. Die Gesamtkosten bzw. Kosten pro Teilnehmer beziehen sich hinsichtlich BVJ, BEK und BFS auf die jeweils zugrunde gelegten Zahlen. Für BvB wurden die Ausgaben der BA für Lehrgangskosten durch die Gesamtzahl der rechtskreisübergreifenden Beitritte in 2010 dividiert.

Grundausbildungskursen, Förderlehrgängen (Schierholz 2002, 127ff.) dem Freiwilligen Sozialen Trainingsjahr, Quali-ABMs und „Arbeit und Qualifizierung für (noch) nicht ausbildungsgeeignete Jugendliche" (AQJ) sind, allein was das Übergangssystem angeht, Berufsvorbereitende Bildungsmaßnahmen, Einstiegsqualifizierungen, Maßnahmen zur Aktivierung und beruflichen Eingliederung nach § 241 (3a) später § 46 (1), später § 45 SGB III und freie Förderungen nach § 16f SGB II getreten, die ihrerseits in jeweils mehrfachen Verfahren transformiert wurden. Bei der **Beschäftigungsförderung** sind an die Stelle von Arbeitsbeschaffungs- und Strukturanpassungsmaßnahmen, Arbeitsgelegenheiten und Sonstige Weitere Leistungen gesetzt und großenteils wieder abgeschafft worden. Zentrale Programme des Europäischen Sozialfonds wie Lokales Kapital für soziale Zwecke (LOS), Stärken vor Ort oder EQUAL sind mittlerweile Geschichte und durch andere Ausschreibungen wie z.B. XENOS oder BiWAQ substituiert worden.

Dazu kommt, dass all diese Programme in regelmäßigen Abständen ausgeschrieben und überregional nach Kosten- und Leistungskriterien vergeben werden. Dies bedeutet erheblich eingeschränkte Planungssicherheit, drastische zusätzliche Arbeitsbelastungen und verminderte Einkommen. Die Betroffenen müssen dieselbe Arbeit nicht nur mit oftmals geringerer Personalausstattung verrichten; sie sind zudem ständig gehalten, sich parallel zu ihren pädagogischen Aufgaben um die Fortführung ihrer Finanzierungsgrundlagen zu kümmern: Das bedeutet die ständige Abfassung umfangreicher Anträge, Verdingungsunterlagen und Konzepte, deren Realisierung oft mehr als unwahrscheinlich ist und die Umsetzung höchst aufwendiger Abrechnungs- und Dokumentationsverfahren. Und da insbesondere Programme des ESF Kofinanzierungen der Kommunen und öffentlichen Haushalte vorsehen, sind hier ständig zusätzliche Finanzierungsquellen zu erschließen, die aufgrund entsprechender Gesetzesnovellen permanent wieder zu versiegen drohen. Außerdem muss dies zwangsläufige Auswirkungen auf die personelle Nachhaltigkeit der Bildungsprogramme und Anbieter haben.

▶ Disparitäten zwischen den Sektoren

Man kann pointiert sagen: Die außerschulische Benachteiligtenförderung ist billig und wird derzeit immer weiter verbilligt, hingegen ist der schulische Bereich eher teuer. Außerschulische Maßnahmen sind seit der skizzierten „Steuerungs-Wende" immer mehr in den Sog eines politischen Sparprogramms geraten. Damit stellt sich natürlich die Frage, ob und wann sich die Bundesagentur aus der Fläche zurückgezogen haben wird, etwa mit dem Argument der sog. „versicherungsfremden Leistung". Auf der anderen Seite ist die schulische Berufsvorbereitung allein durch ihre Verfasstheit als stabil einzuschätzen: Sie ist in den Ländergesetzen verankert und bildet für die Länderkultusministerien ein wichtiges Instrument zur Versorgung schulpflichtiger Jugendlicher.

Diese Disparitäten zwischen den beiden großen Bereichen der Benachteiligtenförderung haben auch Konsequenzen für die Betrachtung der Finanzen. Denn entweder geht der „neoliberale" Zug weiter, die Benachteiligtenförderung unterauszustatten und den Jugendlichen unter dem Stichwort „Fördern und Fordern" weiterhin die Verantwortung für ihre mangelnde Berufsintegration zuzuschieben, oder aber es kommt zu einer Renaissance staatlicher Interventionspolitik, die eben auch den Übergangssektor betrifft.

▶ Wie könnten Neuregelungen aussehen?

Arnulf Bojanowskis Vorschlag geht davon aus, dass der Übergangssektor steuerzufinanzieren sei, und rät zu einer **Fondslösung.** Denkbar wäre z.B., dass der Bund die bisher von der Bundesagentur für Arbeit für die berufsvorbereitenden Maßnahmen etc. aufgebrachten Gelder einbringt, genauso wie die Länder ihre Aufwendungen für Länderprogramme oder die schulischen Berufsvorbereitungsmaßnahmen einzahlen. Dieser Fonds würde keine monetären Versicherungs- und Sparinteressen vertreten, sondern über einen gesetzlich garantierten Etat verfügen. So entstünde ein gemeinsamer Topf für schulische und außerschulische Berufsvorbereitung, der gleichzeitig kompensierende Mittel für Ausfälle dualer Ausbildungsangebote verwaltet und einsetzt. Die Fondslösung wäre auch im Blick auf die Mittel der Bundesagentur für Arbeit elegant. Die bisher widersprüchliche Verwendung der sogenannten versicherungsfremden Leistungen der Bundesagentur wäre gestoppt; die beträchtlichen (indirekten) Mittel des Bundeshaushaltes würden unmittelbar in den Fonds fließen. Kreative Lösungen müssen gefunden werden für die extrem ausgeweitete europäische Kofinanzierung von Projekten. Hier sind Absprachen und Regelungen mit der EU in Brüssel unabdingbar (Bojanowski 2012a, 74f.).

Überdies bedarf es unbedingt einer **unabhängigen Schiedsstelle im kommunalen und überregionalen Kontext.** Finanzielle Erwägungen lassen sich nicht in direkten Zusammenhang mit förderpädagogischen Zielsetzungen bringen. Pädagogische Programme und Zuweisungsprozesse sollten nicht von den Institutionen umgesetzt werden, die sie direkt finanzieren. Eine Institution wie die Bundesagentur für Arbeit muss auf diese Weise in strukturelle Widersprüche geraten. Aus diesem Grund bedarf die Benachteiligtenförderung einer mit kompetentem Mandat ausgestatteten unabhängigen Koordinierungsinstanz, die auf kommunaler Ebene individuelle Förderpläne für einzelne Jugendliche entwickelt und in diesem Zusammenhang auch für Zuweisungen in konkrete Bildungsgänge und ggf. für deren serielle Abfolge zuständig ist (→ Kapitel 10). Eine solche Instanz sollte weitergehend regionale Qualifizierungsbedarfe anhand betrieblicher Anforderungen und den Interessen und Dispositionen der Jugendlichen erheben und auf dieser Basis Anforderungen für regional und überregional vernetzte Förderprogramme entwerfen (Bals & Koch 2012, 55ff.).

15.4 Unser Credo: Prekäre Finanzierung öffentlich zum Thema machen!

! Wer von der Finanzierung der Benachteiligtenförderung spricht, sollte auf deren prekäre Ausstattung aufmerksam machen. Die Aufwendungen in diesem Bereich sind nicht wie im sonstigen Bildungswesen gesichert, sondern in einem Konglomerat verschiedenster „Töpfe" mit unsteten Laufzeiten verortet.

! Historisch gesehen sind die verschiedenen „Töpfe" in den letzten 40 Jahren in der Bundesrepublik Deutschland völlig naturwüchsig entstanden. Sie sind nicht das Ergebnis halbwegs durchdachter staatlicher Steuerung, sondern verdanken sich verschiedensten Impulsen und kurzfristigen Notmaßnahmen.

! Wir vermuten, dass es wenig öffentliches Interesse gibt, den Übergangssektor wirklich angemessen finanziell auszustatten. Im Gegenteil: Außerschulische Benachteiligtenförderung mutierte zu einem Sparprogramm. Daher sollte ein Benachteiligtenförderer die Unterausstattung möglichst anhand konkreter eigner Beispiele verdeutlichen können. Hier wäre auch auf die sehr viel bessere Versorgung der Einrichtungen nach SBG IX (Behinderteneinrichtungen) aufmerksam zu machen.

! Zwischen den verschiedenen Maßnahmen und Förderansätzen gibt es eine große Diskrepanz der Kostendeckung, bedingt durch unterschiedliche Förderlogiken oder Traditionen. Es wäre aber fatal, würde man diese Unterschiedlichkeit gegeneinander ausspielen. Vielmehr gilt es, einen einheitlichen kohärenten Bildungswegs bei benachteiligten Jugendlichen einzufordern.

! Einmal gewachsene förderpädagogische Kulturen zu zerschlagen, bedeutet immer auch einen Verlust an Handlungswissen ausgestalteter Netzwerke und Übereinkünfte. Trotzdem findet eine solche Dekonstruktion längst über kurzfristige kostenorientierte Ausschreibungsverfahren statt. Um kohärente pädagogische Zielsetzungen jenseits monetärer Maximen zu ermöglichen, bedarf die berufliche Benachteiligtenförderung unabhängiger Steuerungsinstitutionen, die individuelle Förderpläne und Bildungskonzeptionen entwickeln.

15.5 Praktische Empfehlungen, Aufträge, Übungen

☞ Praxisaufgabe 1

Derzeit ist in der außerschulischen Berufsvorbereitung die Tendenz zu beobachten, die Ursachen für Benachteiligung allein in dem Verhalten der Jugendlichen zu suchen und Abstriche bei der pädagogischen Qualität der Förderangebote in Kauf zu nehmen. Damit befindet sich die Benachteiligtenförderung in Widerspruch zu den gleichzeitig anwachsenden Qualitätsanforderungen. Es muss also die kritische

Frage gestellt werden, ob eine solche Form der Förderung den Befindlichkeiten und Bedarfen der betroffenen Jugendlichen entspricht und ob damit nicht letztlich unerfüllbare Anforderungen an diese Klientel gestellt werden.

Erkundigen Sie sich

- bei *Berufsschülern* oder bei Jugendlichen in berufsvorbereitenden Maßnahmen, wovon sie derzeit leben und wie ihre finanzielle Unterstützung gesichert ist,
- bei *Betrieben*, wer auf welcher Basis bei ihnen arbeitet und ob die Lebensbedingungen gerade junger prekarisierter Menschen als angemessen eingeschätzt werden,
- bei der örtlichen *Bundesagentur für Arbeit* oder dem *Job-Center* nach den aktuellen Förderinstrumenten und Finanzausstattungen für benachteiligte Jugendliche und fragen Sie danach, ob auch bei preiswerten Anbietern die Qualität gesichert bleibt.

☞ Praxisaufgabe 2

Setzen Sie sich einmal mit einem Ihnen bekannten Träger in der Benachteiligtenförderung zusammen und untersuchen Sie mit ihm, wie seine Kosten entstehen. Überlegen Sie gemeinsam, wo der Träger schon *Einsparpotentiale* gesehen hat und an welchen Bereichen er notfalls noch mit den Kosten herunter gehen würde.

📖 Literatur zum Weiterlesen

◻ Wößmann, L. & Piopiunik, M. (2009): Was unzureichende Bildung kostet. Eine Berechnung der Folgekosten durch entgangenes Wirtschaftswachstum. Bertelsmann Stiftung, Gütersloh 2009. http://www.bertelsmann-stiftung.de/bst/de/media/xcms_bst_dms_30242_30243_2.pdf, 27.02.2013.

16 Milieu und Lebenswelt[1]

Martin Koch

„Da hab ich zum ersten Mal begriffen, wo wir herkommen, was wir sind. Dreck, meinst du? Weniger als Dreck, [...] viel weniger. Wir sind NICHTS, verstehst du, großgeschrieben NICHTS. In deren Köpfen kommen wir nicht vor. Oder höchstens wie hungernde Afrikaner oder ferne Kriege. Als böse Nachrichten aus einer fremden Welt. Wenn die so leben müssten wie wir, wären die nach drei Tagen verkümmert.“
Matthias Altenburg

16.1 Worum geht es in diesem Kapitel?

Wer Jugendliche im Feld der beruflichen Benachteiligtenförderung unterrichtet, berät oder anderweitig unterstützt, trifft auf Defizite, Verhaltensauffälligkeiten, Motivations- und Perspektivlosigkeit. Denn im negativen Sinn ist Benachteiligung nun einmal das Eingangsticket für jede Form von Benachteiligtenförderung. Aber wie und warum sind all diese scheinbaren Unzulänglichkeiten entstanden? Hier stoßen Erklärungs- und Förderansätze an widersprüchliche Grenzen: So werden die Jugendlichen als Kinder „schlechter Familien“ erachtet, die seit Generationen zu nichts als maßloser Überflüssigkeit sozialisieren. Demgegenüber häufen sich Diagnosen und Mutmaßungen pathologischer Veranlagungen. Und schließlich steht vielfach der Vorwurf im Raum, dass die Jugendlichen allein die Schuld für ihr Verhalten tragen, weil sie nicht lernen und sich nicht anpassen wollen. Im Kern schält sich hinter diesen Zuschreibung aber nur eine einzige unbequeme Wahrheit heraus: **dass wir den Sinn der Handlungsweisen Jugendlicher kaum kennen und die dahinter liegende Vernunft nicht verstehen.** Wenn wir den Sinn jugendlicher Handlungen aber verstehen und die jungen Menschen darauf aufbauend fördern wollen, so müssen wir uns einer unbekannten Welt von Empfindungen, Wünschen und Erlebnissen der Jugendlichen öffnen und anerkennen, dass sie außerhalb unseres eigenen Wissens und unserer Erfahrungen liegt.

▶ Begriffsannäherung I

Die Anerkennung von **Lebenswelten** bezeichnet gewissermaßen eine Abkehr von der Vorstellung einer objektiven Messbarkeit menschlichen Handelns und Wahrnehmens. Denn die Lebenswelt eines Menschen ist etwas höchst Subjektives. Sie bezeichnet nicht nur die Gesamtheit dessen, was ein Mensch in Vergangenheit und Gegenwart erlebt hat, sondern auch die besondere Weise, in der er dies alles

---

1 Herzlichen Dank an Rayko Brunotte für die Vorarbeiten in seiner Masterarbeit.

erlebt. Sie „ist die Schnittstelle des Objektiven und des Subjektiven, die Schnittstelle der objektiven Strukturen und der subjektiven Deutungen und Bewältigungsmuster; sie ist der Ort, an dem die objektiven Strukturen ins Subjektive übersetzt, also gelebt erfahren und bewältigt werden müssen" (Thiersch 2002a, 781). Dabei ist das Wort „Ort" sicherlich etwas verwirrend: Natürlich setzt sich die Lebenswelt eines Menschen auch aus geografischen Orten – der familiäre Mittagstisch, das Bushäuschen als Treffpunkt der Peergroups, der eigene einsame Platz zwischen den Büschen am Rande des Viertels – zusammen. Doch Ort bezeichnet hier vielmehr auch die Weise, mit der diese Plätze behandelt und wahrgenommen werden.

▶ Begriffsannäherung II

„Milieu" stammt aus dem Französischen und kann zunächst mit „Umwelt" übersetzt werden. Es handelt sich hierbei um eine soziologische Kategorie, die die soziale Umwelt eines Individuums bezeichnet und somit Bezug nimmt zu dem konkreten (sozialen) Herkunftsort einer Person. Entsprechend prägt das Leben in einem bestimmten Milieu auch das Denken und Handeln der betroffenen Personen (Hradil 1992, 18). Der Milieuansatz ist ein Forschungszweig der Ungleichheitsanalyse und löste in den vergangenen Jahrzehnten bisher gängige Klassen- und Schichtansätze ab, die aufgrund aktueller Individualisierungs-, Differenzierungs- und Pluralisierungsprozesse die Wirklichkeit in ihrer zunehmenden Komplexität nicht mehr ausreichend abbilden konnten, da sie die unterschiedlichen Vorlieben in Bezug auf die Lebensführung und den Lebensstil zu wenig berücksichtigten (Heitmeyer et al. 1996, 188). Die Milieuforschung will analysieren, in welchem sozialen Umfeld ein Kind oder ein Jugendlicher aufwächst und inwieweit sein Verhalten und seine gesellschaftlichen Partizipationsmöglichkeiten von eben diesem Umfeld abhängig bzw. von ihm geprägt sind.

▶ Relevanz dieses Kapitels

Die pädagogische Verwendung der Konzepte von Milieu und Lebenswelt scheinen zunächst nur die Jugendlichen vor Unverständnis und Verurteilung zu schützen. Und in der Tat vermag uns ihre gedankliche Verwendung vor jenem „Stratozentrismus", die Jugendlichen „aus der Perspektive jener Einstellungen, Erwartungen und Ansprüche, die [unserer, d.A.] Schicht eigen sind" (Hiller 1991, 21) zu schützen. Berufliche Förderpädagogik wird eigentlich immer erst in dem Augenblick erfolgreich, in dem sie für die betroffen Jugendlichen gestaltbar wird. Gestaltbarkeit kann aber überhaupt erst aus einer gestaltenden Rolle entstehen. Und gerade derartige Rollen können Lebenswelt- und Milieuorientierung ermöglichen, denn in ihrer **alltäglichen Lebensbewältigung**, in der Interpretation und Gestaltung von allem, was ihnen geschieht, sind alle benachteiligten Jugendlichen hochsensible lebensweltliche Architekten. Wenn in der Beruflichen Förderpädagogik also von Milieu und Lebenswelt die Rede ist, kann dies unterschiedliche Zielsetzungen verfolgen. Zum einen kann durch den Verweis auf das Milieu oder die Lebenswelt eines Jugendlichen eine Erklärung für gewisse Verhaltensformen gefunden werden. Zum anderen findet der Begriff unter dem Konzept der Lebenswelt- oder Milieuorientierung Eingang in die praktische Arbeit und kann helfen, die Jugendlichen selber als Akteure zu begreifen.

16.2 Ein Beispiel aus der Praxis:

Der folgende Text (aus einem Roman von Martin Z. Schröder) handelt von dem neunzehnjährigen Savio, der sich im sozialen Netz der Großstadt Berlin immer mehr verheddert. In der folgenden Episode setzt sich Savio mit seiner Sozialarbeiterin Claudia Agthe auseinander.

„ICH HAB DICH schon vermißt", sagt Claudia Agthe, als Savio in die Sprechstunde kommt.

„Na ja, war nicht so easy, alle Papiere zusammenzukriegen. Aber jetzt bin ich kompletto."

Claudia liegen Vorwürfe auf der Zunge, Savio hätte anrufen können. Aber um des lieben Friedens willen läßt sie es bei einem Seufzen bewenden. „Deine neue Wohnung ist in Kreuzberg. Was hältst du von Übergabe morgen? Hast du Zeit?"

„Klar."

„Morgen früh um zehn. Adresse steht hier auf dem Zettel. Pünktlichkeit bitte ich mir aus. Ich warte zehn Minuten, keine Sekunde länger. Ob du wirklich mit uns zusammenarbeiten willst, zeigt sich daran, wie du mit uns umgehst."

„Hm. Ja, ich bemüh mich."

„Gut. Den Miet- und Betreuungsvertrag bringe ich morgen mit. Unterschreibst du dann. Wie sieht's mit der Lehrstelle aus? Hast du was erreicht?"

Weitschweifig erzählt Savio, wie oft er vergeblich unterwegs gewesen sei, wobei er aus dem Gang zur Berufsberatung zwei macht, da er den zum Arbeitsamt mitrechnet. Den angebotenen Schullehrgang verschweigend, legt er dar, daß das Arbeitsamt nichts für ihn habe. „Die machen nicht viel für Jugendliche, das ist echt schwer. Jugendarbeitslosigkeit und so, wissen Sie ja. Ich hab Frau Kampnagel gefragt, ob sie was für mich tun kann. Sie will mal gucken, ob sie 'ne Idee hat."

„Ihre Bewährungshelferin, hm." Claudia ist in Ausbildungsfragen nicht eingearbeitet. Sie nimmt sich vor, mit Frau Kampnagel zu sprechen sowie mit ihrer Kollegin Monika Schondorf, die in der vereinseigenen Ausbildungsstätte für Jugendliche ohne Schulabschluß arbeitet und Savio möglicherweise einen Platz besorgen kann.

AM NÄCHSTEN VORMITTAG trifft Savio sogar als erster ein. Eine Viertelstunde vor zehn Uhr steht er vor dem unlängst gestrichenen Altbau und sieht sich nach Frau Agthe um. Da kommt sie schon: keckes Basecap auf dem Kopf, kariertes Hemd,

Jeans, Sandalen mit Absatz. Schlank, kleine Brüste. Nicht schlecht gebaut. Vielleicht bißchen alt, bestimmt schon dreißig. Am Hintern baumelt eine schwarze Tasche, im Arm wird ein Ordner geschleppt.

„Hallo, Savio", zwitschert sie. „Toll, daß du so pünktlich bist. Da erkenne ich doch, daß du wirklich was erreichen willst. Wir können gleich raufgehen."

Die Haustür aufschließend, schiebt sie sich voran, das Treppenhaus ist kühl, ein Kinderwagen guckt unter der Treppe hervor, zwei Fahrräder. Claudia klappert die Treppen hoch. Savio folgt im entgegengesetzten Takt, er nimmt zwei Stufen auf einmal und zieht sich am Geländer aufwärts. Die Tasche wippt auf ihrem Hintern.

Dann stehen sie vor der Wohnung und treten ein. Savio ist enttäuscht. Er versucht, sich nichts anmerken zu lassen. Die Küche. Ein Schrank mit wenig Geschirr. Claudia öffnet die Türen, Savio schließt sie wieder. Besteckkasten mit zwei Messern, zwei Gabeln, zwei Löffeln. Ein zweiter Schrank, darin Besen, Wischmop und Eimer. In der Ecke ein Mülleimer, weiß emailliert. Ein Tisch, zwei Stühle. Nur das Nötigste. Zweckmäßig. Savio schluckt.

Dann der Wohn- und Schlafraum. Eine Klappcouch an der Wand, ein Sessel, ein Schrank, ein Tischlein für einen Fernseher. Raufasertapete. Savio reißt sich zusammen und lächelt.

„Du kannst die Wohnung ganz nach deinen Vorstellungen gestalten. Ich finde ja, in einer Wohnung soll sich Persönlichkeit spiegeln, verstehst du? Du kannst dir Poster an die Wand hängen, aber bitte lieber mit Nadeln. Tesafilm macht so häßliche Spuren." Sie entnimmt dem Ordner eine vorgedruckte Inventarliste. Während sie vorliest, trägt sie Ziffern ein. Savio guckt aus dem Fenster. Gegenüber liegt eine Greisin auf gepolsterter Fensterbank.

„So", sagt Claudia, „darf ich mal ein paar Autogramme haben? Hier die Inventarliste, haben wir uns ja alles angeguckt. Das Doppel kriegst du. Wenn was fehlt, ziehen wir das von der Kaution ab, die mußt du von deiner Sozialhilfe noch zahlen, keine Angst, ist nicht so hoch. Und hier der Mietvertrag. Ich hab schon gestempelt und unterschrieben." Savio krakelt seine Unterschrift auf die Dokumente.

„Jetzt ist die Wohnung deine." Sie streckt ihm strahlend die Schlüssel entgegen. „Ich komme ab und zu mal vorbei. Ich würde sagen, für den Anfang einmal pro Woche, dann sehen wir weiter. Morgen würde ich dich gern im Büro sehen. Wir müssen uns unterhalten, wie's nun vorangeht. Ich habe schon mit der Kollegin von unserm Ausbildungsprojekt gesprochen."

Als sie gegangen ist, sitzt Savio im Sessel. Vom Fernseher-Tischchen läßt ein Ziertuch die Ecken herabhängen, auf dem Fensterbrett hinter der Gardine steht ein Übertopf. Nicht einmal eine Fliege ist daheim. Savio reißt sich hoch. Und flieht.

Entnommen aus: Schröder 2002. S. 161-164. © Rowohlt-Verlag

16.3 Was man über „Milieu und Lebenswelt" wissen sollte

Das oben eingefügte Textbeispiel verdeutlicht nicht nur, mit welchen unterschiedlichen Stilen und Formen Jugendliche ihre Gegenwart bewältigen. Es zeigt vielmehr auch, wie unterschiedlich Umgangsformen, Zielsetzungen und Vorstellungen der unterschiedlichen Jugendlichen und der pädagogischen Fachkräfte sein können, die ihnen vorgesetzt oder zugeordnet sind. Offenkundig können wir uns Jugendlichen nicht voraussetzungslos nähern. Immer sind wir und unser Gegenüber eingebunden in einen situativen und einen historischen Kontext. Die Alltagswelt ist mehr als sie uns scheinen lassen will; sie baut auf menschlichen Empfindungen auf und konstituiert sozialen Sinn. Alltagserleben findet immer in realen Räumen, in Stadtteilen, die oft problematisch sind („hoher Erneuerungsbedarf") oder in bürgerlichen Vierteln von Einfamilienhäusern und gediegenem Einkommensniveau statt. Die pädagogischen Konzepte zur Lebensweltorientierung zeigen uns, dass wir Lebenswelten und Milieus konkret pädagogisch auslegen können, um den Jugendlichen in ihren Weltbezügen näher zu kommen. Letztlich muss es darum gehen, junge Menschen in ihrer Gewordenheit so anzunehmen wie sie sind.

▶ **Zur Geschichtlichkeit sozialstruktureller Erscheinungen und Empfindungen**

Die pädagogische Verwendung des Milieubegriffs birgt eine Gefahr. Er kann dazu tendieren, originäre Urteile zu verstärken, nach denen benachteiligte Jugendliche eben so sind wie sie sind, weil sie es nicht anders wollen oder nicht anders können. Um diesen Fehltritt zu vermeiden, hilft uns zunächst ein **Blick in die Geschichte:** Sozialer Sinn wird in den verschiedenen Milieus wohl transformiert, niemals aber gänzlich erschaffen. Wenn wir ein Buch aus dem 19. Jahrhundert lesen, so entdecken wir je nach dem sozialen Ort des Geschehens im Handeln der darin beschriebenen Menschen Blaupausen unseres eigenen Handelns. Sie sprechen nicht nur eine ähnliche Sprache, sie benehmen sich ähnlich, verabscheuen ähnlich und wir bemerken, wie uns ihre Wohnungseinrichtungen gefallen.

Mit dieser innere Zuordnung zu längst verstorbenen fiktiven oder realen Personen bringen wir die **„Traditionslinien"** (Vester et al. 2001, 29ff.) unserer Milieus zum Ausdruck: „Deutungs- und Einstellungsmuster stehen mit denen vorangegangener Generationen in einer Beziehung, die Kontinuitäten aufweist" (Lange-Vester 2000, 7). Jedes Wort, jede Form von Beziehung und jede Haltung war also im Grundsatz längst in der Welt, bevor wir sie einnahmen, verwendeten und gestalteten. Wir wurden von Eltern erzogen und von Menschen behandelt, die ihrerseits solche Erziehung und Behandlung erfuhren.

Hier aber stellt sich für die sogenannten **neuen Unterschichten** ein Problem. Denn es handelt sich entgegen aller populistischen Verlautbarung um ein neuartiges Phänomen. Bis weit in die 1970er Jahre hinein hat es bei anhaltender Vollbeschäftigung ein solches Milieu überhaupt nicht gegeben. Exemplarisch analysiert der Historiker Eric Hobsbawm das globale Problem von Exklusion und Benachteiligung: „Die Bauernschaft, die während der gesamten bekannten Geschichte die Mehrheit der menschlichen Rasse gebildet hatte, war durch die agrikulturelle Revolution überflüssig geworden. Doch die Millionen, die nicht mehr auf dem Land gebraucht wurden, waren in der Vergangenheit bereitwilligst von anderen arbeitshungrigen Beschäftigungsbereichen an anderen Orten aufgesogen worden. Und die hatten von ihnen nichts weiter gefordert, als Arbeitswilligkeit, die Nutzung ihrer auf dem Land erlernten Fertigkeiten, um Gräben zu schaufeln und Mauern zu bauen, oder die Fähigkeit, sich im Rahmen der jeweiligen Arbeit fortzubilden. Was sollte aber mit diesen Arbeitern geschehen, wenn sie nicht mehr gebraucht wurden? Selbst wenn ein paar von ihnen für die hochwertigen Jobs des Informationszeitalters [...] fortgebildet werden konnten, gab es nicht genug davon, um einen Ausgleich schaffen zu können" (Hobsbawm 2010, 517). Dies bedeutet weit mehr als eine bald 40-jährige Periode struktureller Massenarbeitslosigkeit. Auch der soziale Sinn, den Generationen der unteren Schichten über Jahrhunderte notgedrungen erlernt und mit denen sie ihre Leben bewältigt haben, tritt in dem Moment, als für ihn keine Lebensverhältnisse mehr bereitstehen, außer Funktion. Es war wohl gelungen, ihn über die industrielle Modernisierungsperiode hinweg zu transformieren und veränderten Lebens- und Arbeitsverhältnissen anzupassen. Doch als auch sie sich nun auflösen, findet er **keine Umsetzungsmöglichkeiten** mehr vor. Die Betroffenen und vielleicht noch mehr ihre Kinder treten zwar nicht mit leeren Händen in die Welt. Doch das einstige Rüstzeug erscheint wie ein Vermögen nach einer Währungsreform. Es gleicht den Ersparnissen von Generationen, die allein die soziale Wirklichkeit wertlos gemacht hat. Wenn aber ein lange bewohntes Haus in einer entvölkerten Gegend seinen Marktpreis verliert, so behält es doch seine bergende Funktion und die Spuren des in ihm geleisteten Lebens.

Und genau so wird jeder Praktiker in der beruflichen Benachteiligtenförderung an jedem der ihm anvertrauten Jugendlichen **besondere Eigenschaften und Verhaltensweisen** feststellen, die auf etwas jenseits des pädagogischen Alltags verweisen. Die Jugendlichen werden sich unterschiedlich kleiden, in unterschiedlicher Weise Beziehungen pflegen und sich Krisensituationen auf unterschiedliche Weisen entziehen. Darin müssen wir Sinnvorlagen für ein mögliches Leben erkennen, das sich unter den gegebenen Umständen nicht umsetzen kann. Wir müssen die Vergangenheit als utopisches Reservoir einer noch nicht sichtbaren Zukunft auffassen, auf ihrer Grundlage den Sinn von Verhalten und Lebenswelten verstehen und Möglichkeiten für künftige Veränderungen erschaffen.

▶ Milieu und Lebenswelt: Alltag, Habitus, Struktur

Hinter gedachten oder gesprochenen Worten, wie „das geht ja wohl gar nicht", „es kann doch nicht angehen" oder „man kann doch nicht einfach" verbirgt sich nichts anderes, als dass wir im **Alltag** ständig und auf faszinierende Weise vergessen, dass unsere Ansichten keinen allgemeingültigen Weltgeist verkörpern. Wir pflegen unsere Umgangsformen nicht um der Kultur, sondern um der Erwartungen der Menschen in unserem Umfeld willen, die längst auch unsere eigenen sind. Unsere Interessen, Ansichten, Geschmäcker, Gewohnheiten und Lebenswelten können aber unmöglich für alle Menschen verbindlich sein. Zu unterschiedliche Berufe üben wir aus, zu unterschiedliches Geld steht uns zu Verfügung und zu unterschiedlich sind die Gewohnheiten unserer Bezugspersonen. Man „kann darum doch nicht nur einfach", man muss es auch. Ein Hilfsarbeiter darf keine Entscheidungen treffen und wird sich zu seinen Kollegen solidarisch verhalten, wenn er sich nicht selbst schaden will. Ganz anders ergeht es einem Ladenbesitzer. Der arbeitet nur für sich selbst, im Zweifelsfall gegen die anderen (Ladenbesitzer). Die dabei verfolgten Gewohnheiten und Interessen lernen wir von unserer Umwelt, unseren Eltern, Verwandten und Freunden und weil wir sie selber tagein tagaus pflegen, werden sie für uns nicht nur selbstverständlich, sondern auch Ausdruck unserer sozialen Personen.

Der Soziologe Pierre Bourdieu nannte diese verinnerlichten sozialen Gewohnheiten den Habitus, als die „aktive Präsenz früherer Erfahrungen, die sich in jedem Organismus in Gestalt von Wahrnehmungs-, Denk- und Handlungsschemata niederschlagen" (Bourdieu 1987, 101f.). Was immer wir also in unserem Leben erlebten, wir wurden dabei als etwas bestimmtes, als Sohn eines Arbeiters, Tochter eines Professors, als Leiharbeiter oder Beamter behandelt. Und jede einzelne dabei gemachte Erfahrung verdeutlichte uns wer wir sind, und ging so sehr in unser Empfinden, Handeln und Wahrnehmen ein, dass wir uns danach richten, ohne es überhaupt noch zu bemerken. Und just dies verkörpert den **besonderen Sinn**, mit dem jeder Mensch sein Leben bewältigt und seine Lebenswelt konstituiert. Denn „in etwa ist mir bewußt, was von mir abhängt und was nicht, was ‚etwas für mich' ist oder ‚nichts für mich' oder ‚für Leute wie mich', was ich ‚vernünftigerweise' tun, erwarten, verlangen kann" (Bourdieu 2001, 167; Herv. i. Org.).

An jedem geografischen Ort unserer arbeitsteiligen Gesellschaft entstehen ähnliche Berufe, ein ähnliches Oben und Unten und ähnliche Beziehungen zwischen den einzelnen Gruppen und Menschen. Daher weisen Menschen **ähnliche Habitus, Lebenswelten und Sinnkonzepte** auf, selbst wenn sie sich in der Mehrzahl niemals begegnet sein dürften. So bilden sich soziale Gruppen von Ähnlichkeiten, die in der Soziologie als Milieus aufgefasst werden: „Milieu bezeichnet gemeinhin die besondere soziale Umwelt, in deren Mitte [...] Menschen leben, wohnen und tätig sind und die ihrem Habitus entspricht" (Vester et al. 2001, 168).

Hier verbergen sich also tendenzielle Übereinstimmungen von Werten, Gesellungsstilen, politischen und ästhetischen Präferenzen. Sie gehen bis tief in alle Haltungen, Mentalitäten, Sympathien und Antipathien hinein und beeinflussen sogar unsere Einstellung zu Bildung und unsere Vorstellung von unserem Leistungsvermögen (Bremer 2006; Grundmann et al. 2006). Wichtig ist zu verstehen, dass kein Mensch diese Eigenschaften willentlich ausgesucht hat, dass wir alle uns diesen besonderen Sinnstrukturen eingepasst haben, weil uns das Leben dazu gezwungen hat und uns keine andere Vernunft als die in diesem Rahmen sinnvolle zur Verfügung stehen konnte. Und schließlich: Obwohl diese verschiedenen Milieus unterschiedlich bewertet werden und in hierarchischer Beziehung zueinander stehen, unterscheiden sie sich nicht qualitativ noch in irgendeiner weitern Form von Differenziertheit und Leistungsvermögen. Das Leben als Kind eines arbeitslosen Arbeiters zu gestalten erfordert jedenfalls das gleiche Maß an sozialer Genialität wie dem Vater in den Firmenvorstand zu folgen.

▶ Milieu und Lebenswelt, räumlich verstanden: Stadtteil

Wenn wir nun versuchen, Milieus räumlich zu verorten, dann kommt die Stadtteilforschung und -entwicklung ins Spiel. Ein gutes Beispiel einer solchen Stadtteilstudie findet sich bei Nicole Kraheck (2004). Sie vertritt die Annahme, dass bestimmte soziale Räume aufgrund ungünstiger Chancenstrukturen die Risiken sozialer Ausgrenzung erhöhen (Kraheck 2004, 10). Sie zeigt dies am Beispiel eines Stadtteils mit einseitiger Sozialstruktur, hoher Lärm- und Schadstoffbelastung, hohem Arbeitslosen- und Ausländeranteil sowie städtebaulichen und Infrastrukturdefiziten. Diese **Standortnachteile** wirken auf die Bildungs-, Ausbildungs- und Arbeitsmöglichkeiten der dort lebenden Jugendlichen. Arbeitslosigkeit erscheint allgegenwärtig und allein die Wohnadresse kann derart stigmatisieren, dass Bewerbungen von Jugendlichen aus „verrufenen" Stadtteilen seltener oder überhaupt nicht berücksichtigt werden. Hier kann Bewältigung scheinbar aussichtsloser Lebenssituationen zu empfundener Normalität werden (was freilich nicht bedeutet, dass die Betroffenen nicht unter anderen Umständen sehr wohl in der Lage wären, gegebene Chancen zu nutzen).

Diese Aspekte der Stadtteilforschung verweisen auf die **Subjektivität** im Prozess der Milieubildung. Lothar Böhnisch (1998, 164ff.) zeigt aus sozialpädagogischer Sicht, dass emotionale und psychosoziale Komponenten bei der Milieubildung von bedeutender Rolle sind. „Milieubeziehungen steuern [...] die Lebensbewältigung, strukturieren das Bewältigungsverhalten bei psychosozialen Belastungen und in kritischen Lebensereignissen. In Milieubezügen formiert sich aber auch Normalität und soziale Ausgrenzung, entwickeln sich Deutungsmuster über das, was als konform und was als abweichend zu gelten hat" (ebd., 165).

▶ „Lebensweltorientierung": ein konkretes pädagogisches Konzept

Die Befassung mit Lebenswelten und Milieus insbesondere sozial benachteiligter Kinder und Jugendlicher hat seit den 1980er Jahren verstärkt Bedeutung gewonnen. Von zentraler Bedeutung waren hierbei die Arbeiten von G.G. Hiller. Hiller (1991) spricht zwar nicht primär von der Lebenswelt der Betroffenen. Er beschreibt unter dem Begriff der **„Realitätsnähe"** aber etwas sehr ähnliches, indem er vor allem die Institution Schule dazu auffordert, die Lebenswelt ihrer Schüler als Bezugspunkt zu nutzen und sie verstärkt bei der Arbeit mit den Jugendlichen zu nutzen (ebd., 7) (→ Kapitel 8). Die Relevanz solcher Lebensweltorientierung für die Praxis beschreibt u.a. Thiersch in seinem Konzept der lebensweltorientierten sozialen Arbeit (Thiersch 2002a, 778ff.), das sich auch auf die Benachteiligtenförderung bezieht. Hiernach ist es für alle Menschen von großer Wichtigkeit, Anerkennung von ihrem sozialen Umfeld zu erfahren. Das Ausbleiben solcher Bestätigung führt entgegengesetzt oft zu Trauer, Wut, Gewalttätigkeit und Antriebslosigkeit.

An dieser Stelle muss **lebensweltorientierte Jugendsozialarbeit** einsetzen und die Ressourcen, die Jugendliche aus ihren sozialen Bezügen mitbringen, stützen und ergänzen. Ganz konkret kann dies z.B. bedeuten, dass den Betroffenen aufgezeigt werden muss, welche Perspektiven sie mit ihrer bereits erworbenen schulischen Bildung haben und an welche Stellen sie sich wenden können, um weitere Unterstützung zu erfahren. Vor allem aber bedeutet es, mit den Jugendlichen gemeinsam ihre Lebenssituation zu reflektieren, zu diskutieren, welche Bewältigungsleistungen sie in ihrem Alltag vollbringen, zu überlegen, wie diese Potentiale für ihren beruflichen Werdegang genutzt werden können und zu auszuloten, in welcher Hinsicht sie sich genau dabei selbst blockieren oder von anderen blockiert werden. Das bloße Vermitteln von fachlichen Inhalten ohne Bezug zu der aktuellen Lebenssituation der Jugendlichen macht für diese weitaus weniger Sinn und ist aus diesem Grund schon häufig zum Scheitern verurteilt. Die Jugendlichen benötigen positive Bestätigung und Unterstützung sowohl bei der Qualifikation für die Berufswelt als auch für das Management ihres Lebenslaufes (ebd., 786).

Dem Konzept der Lebensweltorientierung liegt die Annahme zugrunde, dass Lernen immer vor dem Hintergrund bisheriger individueller Erfahrungen stattfindet. Die Lebenswelt eines Jugendlichen prägt also auch dessen Einstellungen zum Lerngegenstand bzw. auch zu dem gesamten Lernumfeld und muss als Ausgangsvoraussetzung für erfolgreiches Lernen von den Mitarbeitern in der Benachteiligtenförderung zunächst einmal analysiert werden, bevor ein erfolgreicher Lernprozess in Gang gesetzt werden kann.

▶ Milieus und Lebenswelten als pädagogische Herausforderung

Für alle in der Beruflichen Förderpädagogik Arbeitenden ist nicht nur das Wissen um Lebenswelten und Milieus sowie die Berücksichtigung des Lebenswelt- und

Milieubezuges bei der Arbeit wichtig. Man muss unbedingt die **Sichtweise des Jugendlichen** berücksichtigen, da diese ja Teil der Lebenswelt ist und sich in ihr auch die Milieubezüge widerspiegeln. D.h., dass stets das Bewusstsein vorhanden sein muss, dass jeder einzelne Jugendliche eine Wahrnehmung von dem ihn umgebenden Umfeld hat und dass diese Wahrnehmung sein Handeln, Denken und Fühlen beeinflusst. Im Umkehrschluss trifft dies natürlich auch auf die Lehrer, Sozialpädagogen etc. zu, die mit dem Jugendlichen arbeiten. Auch sie sind von ihrem Milieu und ihrer Lebenswelt geprägt und haben sich dadurch eine individuelle Sichtweise auf ihr Umfeld angeeignet. Diese Sichtweisen sollten immer wieder analysiert und hinterfragt werden, um eine größere Offenheit in Bezug auf eher fremde Lebenswelten zu ermöglichen.

Jedoch sind Milieus und Lebenswelten begriffliche Konzepte, die die Gefahr weitergehender **Stigmatisierungen** enthalten. Doch entbehrt ein Blick, der die unterprivilegierten Milieus als Ansammlung schlechten Benehmens, geringeren Denkens und minderwertigen Verhaltens ansieht, nicht nur jeder Vernunft; er ist auch menschenverachtend: Denn wenn Menschen, die sich nicht unseren Vorstellungen entsprechend verhalten, damit tatsächlich unser geistiges und sittliches Niveau unterschritten, so müssten sie und ihre Vorfahren genetische Defizite aufweisen oder sie müssten aus böser Absicht so handeln. Täten sie dies aber aus böser Absicht, so wäre die Frage zu stellen, warum sie, aber wir das nicht tun. Dies ließe sich aber nicht anders erklären, als das es sich eben von Grund auf um schlechtere handelt – womit wir wieder bei der ersten, genetischen, These angelangt wären.

Wenn wir also das Milieu- und das Lebensweltkonzept darum förderpädagogisch nutzen wollen, müssen wir die **Empathieleistung** wagen, jedes uns noch so ungehörig und eingeschränkt erscheinende Verhalten als für den betrachteten Jugendlichen einzig richtig und aus sich heraus derart vernünftig zu verstehen, als das wir selbst es nicht besser hätten umsetzen können, wenn wir das Leben dieses Menschen gelebt hätten. Wir müssen erkennen, dass wir alle den Sinn unseres Lebens wohl gestalten, uns ihn aber alle nicht aussuchen können. Wenn sich ein junger Mensch unseren Anordnungen widersetzt oder offenbar eine gestellte Aufgaben nicht zu lösen vermag, so müssen wir begreifen, dass der alltägliche Augenblick, in dem dies geschieht, ein historischer Augenblick ist und das in diesem Moment bereits Zukunft entsteht. Den geschichtlichen Hintergrund dieser Vernunft kennen wir ebenso wenig wie den besonderen Hintergrund dieser Handlung. Wir verstehen ihn nicht. Und genau das ist es, was wir verstehen müssen. Wir müssen das Verhalten des Jugendlichen deswegen nicht billigen, aber können wir etwas verurteilen, das wir nicht verstehen? Und wie könnte es zu dieser Handlung gekommen sein? Wie konkret lebt dieser Jugendliche? Wie sieht sein Alltag aus? Welchen Einfluss haben seine lebensweltlichen Erfahrungen auf seine Handlungsmuster? Dies alles sind Fragen, denen wir uns zuwenden können und versuchen sollten, sie näher zu beantworten.

16.4 Unser Credo: Was lehren uns die Begriffe „Milieu" und „Lebenswelt"?

! Um den Sinn jugendlicher Handlungen zu verstehen und um die jungen Menschen darauf aufbauend zu fördern wollen, müssen wir uns der Welt von Empfindungen, Wünschen und Erlebnissen der Jugendlichen öffnen. „Milieu" und „Lebenswelt" können uns helfen, die Jugendlichen nicht nur aus unserer Perspektive, nur mit unseren Einstellungen, Erwartungen und Ansprüche, zu betrachten, sondern deren ureigene Sichtweisen zu akzeptieren.

! Ein Blick in die Geschichte kann helfen, den sozialen Sinn der verschiedenen Milieus zu verstehen und die Traditionslinien unserer Milieus einzufangen.

! Weil heute gerade Unterschichtszugehörige oft keine arbeitsbezogenen Umsetzungsmöglichkeiten finden, müssen wir den uns anvertrauten Jugendlichen besondere, vielleicht in der konkreten Situation noch gar nicht sichtbare, Eigenschaften und Verhaltensweisen zutrauen, damit sie neue alltagsweltliche Perspektiven entwickeln können.

! In Milieus gibt es tendenzielle Übereinstimmungen von Werten, Gesellungsstilen, politischen und ästhetischen Präferenzen, die tief in alle Haltungen, Mentalitäten, Sympathien und Antipathien des jeweiligen Milieus hineinreichen. Wichtig ist zu verstehen, dass sich kein Mensch diese Eigenschaften willentlich ausgesucht hat und sie trotzdem die Ausgangsbasis dafür darstellen, eigentlich alles auf die besondere eigene Weise erlernen zu können.

! Standortnachteile und Images von Stadtteilen können negative Auswirkungen auf die Bildungs-, Ausbildungs- und Arbeitsmöglichkeiten der darin lebenden Jugendlichen haben. Diese Lebenswelt prägt neben Einstellungen zum Lernen und zum Lernumfeld auch die produktive Weise, mit der sie ihr Leben gestalten. Die Institution Schule sollte daher die Lebenswelt ihrer Schüler als Bezugspunkt nutzen und sie verstärkt bei der Arbeit mit den Jugendlichen einbauen. Notwendig wird eine Berücksichtigung der Ressourcen, die ein Jugendlicher aus seinen sozialen Bezügen mitbringt.

! Auch Lehrer, Sozialpädagogen oder Anleiter, die mit den Jugendlichen arbeiten, sind von ihrem Milieu und ihrer Lebenswelt geprägt und haben sich dadurch eine individuelle Sichtweise auf ihr Umfeld angeeignet. Die Einstellungen müssen immer wieder reflektiert und in Frage gestellt werden.

! Die Begriffe Milieu und Lebenswelt können zu Stigmatisierungen führen. Eine förderpädagogische Nutzung muss die Empathieleistung bergen, jedes uns noch so ungehörig und eingeschränkt erscheinende Verhalten als für den betrachteten Jugendlichen einzig richtig und aus sich heraus vernünftig zu verstehen.

16.5 Praktische Empfehlungen, Aufträge, Übungen, Tipps

☞ Praxisaufgabe 1

- Untersuchen Sie den folgenden *Lesetext* daraufhin, wie die Verschiedenheit der Menschen in die Welt kam.
- Überlegen Sie, welche Rolle dabei die Entstehung von Milieus spielen.
- Prüfen Sie Ihre Einstellung zu den verschiedenen lebensweltlichen Stilen und Rollen!

Vor 150 Jahren, lange bevor sich die vielen deutschen Kleinstaaten industrialisierten, lebten die Menschen in Dörfern – und waren dabei alles andere als gleich. Was sie unterschied, war zunächst ihr Besitz. Wer etwas hatte, der vererbte es an eines oder mehrere seiner Kinder, wer aber nichts oder wenig hatte, der musste ganz oder zumindest zum Teil für die anderen arbeiten. Alles, das politische Mitspracherecht, die Sitzordnungen in Kirche und Schule, die Anredeformen und die Möglichkeiten zu heiraten oder Freundschaft zu schließen, waren gerade für die unteren Schichten eingeschränkt vorgegeben.

In jedem Moment des Lebens war klar, was ein Knecht, was ein Bauer und was ein bestimmter Handwerker zu tun und was er zu lassen hatte. Und wer in diese beschränkte dörfliche Welt hinein geboren wurde, wurde von der ersten Sekunde seines Lebens an als das Kind einer bestimmten Familie behandelt. Er sah, wie der Vater sich vor dem Bauern fürchtete, weil er sich um seiner Existenz willen vor ihm fürchten musste. Er erfuhr, dass andere Kinder größere Rechte hatten oder, dass man als Tagelöhner niemals wissen konnte, wie der nächste Tag aussehen würde. Schließlich aber lernte er, dass die anderen mehr konnten und dass man als kleiner Mann nichts zu entscheiden hatte und dies auch nicht durfte.

So wurde mit jedem Tag dieses Lebens eine soziale Person produziert. Alles was ein Mensch in dieser Zeit erlebte, wiederholte er in all seinem Handeln: Ohne dass er darüber nachdachte, setzte er sich auf seinen Platz, neigte seinen Kopf, wenn er redete und verspürte Angst, Respekt, Zuneigung oder Hochmut, wenn er auf einen anderen traf. Alle äußeren Regeln wurden zu Regeln seines Verhaltens, sie strukturierten sämtliche seiner Beziehungen zu Menschen und Dingen und mit ihnen den Blick, mit dem er die Welt, seine Lebenswelt betrachtete. Dabei müssen wir nun drei Dinge verstehen:

Erstens sind das Denken, Handeln und Fühlen des Knechts zwar schlechter bewertet. Doch sie sind ebenso vielfältig wie die seines Herrn. Die Zahl der Menschen, zu denen er Beziehungen aufbauen muss, ist nicht kleiner, die Menge der Dinge, die er unterscheiden muss, nicht geringer und der Vorrat an Empfindungen und Gesten, mit denen er all diesen Dingen begegnet, nicht begrenzter. Er ist auch nicht dümmer. Er hat bloß gelernt, mit einer als dümmer definierten Rolle zu leben.

Zweitens sind all sein Leben und Handeln zwar durch die derart gegebenen Umstände geprägt. Und weil sich die Schicksale von Knechten, Tagelöhnern und Kleinbauern überall ähneln, prägen sich zwischen ihren Verhaltens- und Wahrnehmungsweisen Ähnlichkeiten heraus, die wir heute als Milieu umschreiben würden. Und doch sind die besonderen Erfahrungen und Verhältnisse, unter den sie leben, nicht gleich. Und so sehr sie in all ihren Gedanken und Handlungsgewohnheiten geprägt sind, nutzen sie auf dieser Grundlage jede Möglichkeit ihr Leben zu gestalten. Wir alle sind durch Art unserer Erlebnisse beschränkt. Doch innerhalb dieses Rahmens haben wir unendliche Möglichkeiten. Wie wir diese Möglichkeiten aber umsetzen, das ist die kreative Bewältigungsleistung unseres Lebens.

Drittens sind diese Möglichkeiten aber nur in der Weise beschränkt, dass jeder Mensch eben einen besonderen Stil ausprägt, mit dem er sein Leben gestaltet. Das heißt aber nicht, dass mit diesem Stil nur ganz bestimmte Dinge erreicht werden können. Natürlich setzt die beschriebene dörfliche Welt jedem Handeln ständig unüberschreitbare Grenzen. Was aber wäre, wenn diese Grenzen verschwänden oder sich in einer Weise verschöben, dass sich neue Verhaltensspielräume eröffneten? Könnte dann nicht der kleinste Knecht die ungeahntesten Dinge vollbringen? Er könnte – denn gerade die Unmasse seiner Eindrücke und Verhältnisse befähigt ihn, beinahe alles zu schaffen.

☞ Praxisaufgabe 2

In → Kapitel 16.3 gibt es Hinweise auf die pädagogische Rolle der Lebensweltorientierung; und in → Kapitel 8.3 finden Sie Hinweise zum Leitkonzept „Lebenswelt- und Alltagsorientierung". Bitte gehen Sie von Ihrer realen Situation aus und überlegen Sie, wie sich diese doch eher abstrakten Kategorien in Ihrer Lebenswirklichkeit konkretisieren lassen.

📖 Literatur zum Weiterlesen

- Böhnisch, L. (1998): Grundbegriffe einer Jugendarbeit als „Lebensort". Bedürftigkeit, Pädagogischer Bezug und Milieubildung. In: Böhnisch, L., Rudolph, M. & Wolf, B. (Hrsg.): Jugendarbeit als Lebensort. Jugendpädagogische Orientierungen zwischen Offenheit und Halt. Weinheim: Juventa, S. 155-168.
- Koch, M. (2008d): Gelingen Habitustransformationen in der „Unterschicht"? In: bwpat Spezial. 4. Hochschultage Berufliche Bildung 2008. FT 11: Berufliche Förderpädagogik, online, 10 Seiten, verfügbar unter: http://www.bwpat.de/ht2008/ft11/koch_ft11-ht2008_spezial4.pdf, 30.01.13.
- Thiersch, H. (2002b): Lebensweltorientierte Jugendsozialarbeit. In: Fülbier, P. & Münchmeier, R. (Hrsg.): Handbuch Jugendsozialarbeit. Geschichte, Grundlagen, Konzepte, Handlungsfelder, Organisation, Band 2, Münster: Votum, S. 777-789.

17 Politischer Diskurs: Das Beispiel der „Ausbildungsreife"[1]
Günter Ratschinski

„Die berufliche Frage ist bei mir eigentlich nie ganz gelöst worden."
Loriot

17.1 Worum geht es in diesem Kapitel?

Berufliche Förderpädagogik steht in einem politischen Kontext. Benachteiligte Jugendliche sind ein Politikum. Allein durch ihre bloße Existenz sind sie ein Stein des Anstoßes, sind sie ein Hinweis auf ein mögliches Versagen, sei es des deutschen Bildungssystems, sei es des Arbeitsmarktes. Politik möchte nicht gerne auf ein potentielles Versagen aufmerksam gemacht werden, trotz Größe, Langlebigkeit, Zersplittertheit und „Unsichtbarkeit" des Übergangssektors. Regelmäßig wird argumentiert, der Übergangssektor sei ein temporäres Gebilde, das auf keinen Fall „verstetigt" werden sollte. Zugrunde liegt weiterhin die Hoffnung, dass vor allem über das duale System der Berufsausbildung Benachteiligte integriert werden können. Damit ist Berufliche Förderpädagogik im Zentrum politischer Auseinandersetzungen angekommen. Sie muss quasi als **Anwalt benachteiligter Jugendlicher** gegen die Imperative einer Gesellschaft agieren, die am liebsten das Thema totschweigen würde. Politik müsste also steuernd eingreifen. In Deutschland aber hat sich eine spezielle Konstruktion herausgebildet. Man steuert weniger über bildungspolitische Programme oder Interventionen, sondern über eine Selektion der Zielgruppen. Dirigiert wird das über das Konstrukt der „Ausbildungsreife". Angesichts vor unseren Augen ablaufender Exkludierungs- und Marginalisierungsprozesse benachteiligter Jugendlicher (→ Kapitel 13) muss überlegt werden, wie die Benachteiligtenförderung mit dieser Zuschreibung umgeht.

▶ Begriffsannäherung I

Der „Nationale Pakt für Ausbildung und Fachkräftenachwuchs in Deutschland" hat im Januar 2006 einen **Kriterienkatalog** mit 24 Merkmalen vorgelegt, in dem Ausbildungsreife sowohl nominal als auch operational definiert wird (Nationaler Pakt 2006). Der Katalog soll allen Beteiligten Klarheit schaffen und den Berufsberatern eine Handlungsstrategie liefern. Wenn Betriebe allerdings klagen, dass sie keine geeigneten Bewerber für ihre Ausbildungsplätze finden, muss man – nach Meinung des Expertenkreises – zwischen drei Konzepten unterscheiden. Erstens umreißt man die **Ausbildungsreife**; das ist der Zustand, in dem ein Jugendlicher ohne Hilfe eine Ausbildung bewältigten kann. Die Ausbildungsreife soll über Kon-

---

1 Bei diesem Kapitel handelt es sich um eine erweiterte und veränderte Fassung des Aufsatzes „Verdient die Ausbildungsreife ihren Namen? Anmerkungen zu einer neuen Rubrik für alte Klagen" in Ratschinski & Steuber (2012), S. 21–32.

sens hergestellt werden. Zweitens definiert man die **Berufseignung** als eine Merkmalskombination, die nachweislich mit guten Berufsleistungen und mit Berufszufriedenheit einhergeht. Die Berufseignung wird in Zweifelfällen vom Psychologischen Dienst der Arbeitsagentur festgestellt. Er kann sich dabei auf eine Tradition von 100 Jahren Eignungsdiagnostik stützen, die inzwischen mehrfach gesichertes Wissen in etlichen Untersuchungen, Zusammenfassung von Untersuchungen (= Metaanalysen) und inzwischen auch Meta-Meta-Analysen hervorgebracht hat. Drittens setzt man die **Vermittlungsfähigkeit** fest, die vom Markt, von den Betrieben und von Merkmalen der Person abhängt. Die Vermittlungsfähigkeit ergibt aus den Bemühungen der Arbeitsverwaltung und kennzeichnet den pragmatischen Aspekt der Übergangshilfen.

▶ Begriffsannäherung II

Konsensbildungen sind in demokratischen Gesellschaften üblich. Über bestimmte Begriffe wird mit Argumenten und nach Mehrheit entschieden. Die Frage ist allerdings, welche Konzepte sinnvollerweise durch Gruppenkonsens festlegbar sind und welche durch empirische Forschung bestimmt werden müssen. Dabei sind Expertenbefragungen der erste Schritt wissenschaftlichen Vorgehens, in dem Inhalte und Bedeutungsumfang eines Konzeptes erhoben werden. So wurde auch beim Begriff „Ausbildungsreife" verfahren. In einem Expertendelphi[2] des Bundesinstituts für Berufsbildung haben knapp 500 Experten 38 Merkmale zusammengetragen. Sie reichen von Zuverlässigkeit, Motivation, Ausdauer über Rechenfähigkeit bis hin zu Englischkenntnissen (Ehrenthal, Eberhard & Ulrich 2005). Der Expertenkreis des Pakts für Ausbildung hat insgesamt 24 Merkmale in fünf Bereichen identifiziert: 1. Schulkenntnisse (Schulische Basiskenntnisse); 2. Testleistungen in Leistungstests (Psychologische Leistungsmerkmale); 3. Physische Merkmale; 4. Psychologische Merkmale des Arbeitsverhaltens und der Persönlichkeit; 5. Berufswahlreife.

▶ Relevanz dieses Kapitels

Der Anspruch an die Ausbildungsreife ist hoch und es ist fraglich, ob sie das alles leisten kann. Z.B. unterscheiden sich in Bezug auf Zuverlässigkeit, Motivation und Ausdauer schon Grundschüler bei der Bearbeitung von Schulaufgaben. Außerdem variieren Arbeitshaltungen deutlich mit dem Schulfach oder allgemein mit dem Beschäftigungsgegenstand. In welcher Form, unter welchen Bedingungen und mit welcher Zuverlässigkeit Fähigkeiten oder Einstellungen als Reifeindikatoren für die Feststellung der Ausbildungsfähigkeit nutzbar sind, muss **empirisch überprüft** werden. Das sind die notwendigen nächsten Schritte wissenschaftlichen

---

2 Experten schätzen einen Sachverhalt anonym ein. Die Ergebnisaufbereitung wird wiederholt bis zum Konsens vorgelegt.

Vorgehens, die bisher nicht vollzogen wurden. Ordnungspolitisches Handeln will aber offenbar keine relative Integration Randständiger erreichen, sondern unternimmt immer gezieltere Strategien der Ausgrenzung. Mit dem Konstrukt der „Ausbildungsreife" formulieren die „gate keeper" auch und hauptsächlich gemäß den gesellschaftlichen Bedarfslagen. Nur solche Jugendliche können in Ausbildung kommen, die über einen bestimmten Kanon von Fertigkeiten, Fähigkeiten oder Kompetenzen verfügen. Hier wird als Gegenposition zum Pakt für Ausbildung gezeigt, dass auch Ausbildungsreife – oder Konzepte, die den Gegenstandsbereich der Ausbildungsreife abdecken – Konstrukte sind.

17.2 Praxisbeispiel: Was ist Ausbildungsreife und wie gehen wir damit um?

Im „Good Practise Center" des BIBB findet sich ein Interview mit Prof. Günter Ratschinski, das folgendermaßen eingeleitet wird: Jugendliche sind in Bezug auf das Thema Beruf frühzeitig interessiert und motiviert, ihre Wege zur Berufswahl sind aber unterschiedlich. Besonders profitieren sie von Praxiskontakten. Die sind Erkenntnisse aus dem aktuellen Forschungsprojekt „Entwicklung der Berufswahlkompetenz von Sekundarschülern im regionalen Längsschnitt" des Instituts für Berufspädagogik und Erwachsenenbildung der Leibniz Universität Hannover. Der Projektleiter, Prof. Ratschinski, betont im Interview mit dem GPC, dass die Berufswahl ein Prozess ist, in dem junge Menschen differenzierte Angebote brauchen.

> *Sie haben in einem niedersächsischen Landkreis ein Projekt geleitet, das die Berufswahlbereitschaft und -kompetenz von Sekundärschülerinnen und -schülern untersucht. Was wollten Sie herausfinden? Und zu welchem Zweck?*

In unserem Projekt im Landkreis Soltau-Fallingbostel wollten wir herausfinden, wie normalerweise Prozesse der Berufswahl verlaufen. Was verändert sich im Berufswahlverhalten bei Jugendlichen durch ihre Entwicklung – und zwar über persönliche Unterschiede hinaus? Die Ergebnisse sollen genutzt werden, um pädagogische Maßnahmen in der Berufsorientierung und der Berufsvorbereitung effektiv einsetzen zu können. Der Kreis als Auftraggeber war interessiert daran, Impulse für die schulische Berufsorientierung zu bekommen.

> *Wie sind Sie vorgegangen?*

In der Diskussion um Ausbildungsreife geht es häufig um Zuschreibungen von außen: Andere Personen bewerten Haltungen von Jugendlichen. Das ist problematisch, da Haltungen sehr abhängig sind vom Interesse am konkreten Beruf. Wir haben dagegen die Schülerinnen und Schüler selbst gefragt, eingebettet in einen Fragenkomplex, das ist sehr viel belastbarer. In unserer Längsschnitt-Stichprobe haben wir ca. 2.300 Schülerinnen und Schüler ab der 7. Klasse bis zur 10. Klasse dreimal online befragt. Beteiligt waren insgesamt 15 von 21 Schulen des Heidekreises: Hauptschulen, Realschulen und Förderschulen.

Mit der Berufswahlkompetenz wird nach der Berufsreife, der Berufswahlreife und der Ausbildungsreife ein weiterer Begriff eingeführt. Verwirrt das nicht eher? Worin bestehen die Unterschiede?

Berufsreife und Berufswahlreife sind Begriffe aus der Forschung, während Ausbildungsreife aus der politischen Rhetorik stammt: Mit der Diskussion darüber versuchten Arbeitgeber sich vor der Ausbildungsabgabe zu schützen. Wir wollten mit der Berufswahlkompetenz an wissenschaftliche Traditionen anknüpfen, die in wichtigen Gremien nicht aufgegriffen wurden. Konkret bilden Berufsreife und Berufswahlkompetenz einen Entwicklungsprozess ab; sie beschrieben nicht Persönlichkeitsmerkmale, sondern individuelle Entwicklungen. Die Ausbildungsreife dagegen ist ein Klammerbegriff für erwartete Haltungen.

Was macht denn die Kompetenz in der Berufswahlkompetenz aus?

Der Begriff Reife drückt aus, dass etwas quasi automatisch passiert. Kompetenz dagegen betont, dass man etwas erwirbt, sich aneignet, lernt oder aufnimmt. Das muss gar nicht gezielt geschehen, aber es ist ein aktiver Austauschprozess zwischen der Person und ihrer Umwelt. Dazu ist es wichtig, dass man sich selbst kennt, etwas über Berufe weiß und eine Zuordnung vornimmt. Die Passung oder das Matching ist eine sehr anspruchsvolle Aufgabe. Herauszufinden, was ich wirklich will, einzuschätzen, wo ich mich nachher wohlfühle, das erfordert Sensibilität für die eigenen Bedürfnisse.

Das geht aber sehr von den Jugendlichen aus.

Ja, das ist meine Perspektive als Psychologe. Von den Voraussetzungen der Jugendlichen auszugehen ist notwendig, da diese erhebliche Konsequenzen für das Verhalten haben. Diejenigen Jugendlichen, die selbst noch nicht in der Lage sind, eine Entscheidung zu treffen, landen – so zeigen viele Ergebnisse aktuell – nicht im Arbeitsmarkt. Sie verlängern den Schulbesuch und schieben die Entscheidung hinaus.

Woran zeigt sich, ob jemand Berufswahlkompetenz erworben hat? Gibt es einen bestimmten Zeitpunkt? Oder reden wir von einem individuellen Prozess?

Sowohl als auch. Der Prozess ist daran erkennbar, dass Schülerinnen und Schüler anfangen zu suchen. Bei den meisten gibt es einen Entwicklungsschub, wenn die Aufgabe konkret ansteht, z. B. im letzten Schuljahr.

Warum haben Sie bereits in der 7. Klasse angefangen? Gibt es in dieser Entwicklungsphase denn schon realistische Vorstellungen über Berufe? Oder träumen 12-Jährige noch davon, Fußballstar oder Germany's Next Topmodell zu werden?

Da gibt es sehr große individuelle Unterschiede. Es hat sich gezeigt, dass einige Schülerinnen und Schüler schon im 7. Schuljahr sehr konkret wissen, was sie werden wollen. Bei anderen ist das in der 10. Klasse noch offen. Insgesamt hat sich gezeigt, dass Jugendliche sehr engagiert sind, wenn es um die Berufswahl geht. Sie sind sehr früh an dem Thema interessiert, stellen sich der Entwicklungsaufgabe ernsthaft und beteiligten sich mit eigenen Aktivitäten. Die Glamourberufe sind auch im 7. Schuljahr die absolute Ausnahme.

Zu welchen weiteren Erkenntnissen sind Sie gekommen?

Eine zentrale Erkenntnis lautet, dass die Schülerinnen und Schüler profitieren, die regelmäßig Kontakte zu Betrieben haben. Bei ihnen ändern sich Einstellungen, sie steigern ihre Aktivitäten, gehen optimistischer an die Aufgabe und haben mehr Vertrauen in die eigene Leistungsfähigkeit. Aus diesem Grund empfiehlt es sich, ruhig frühzeitig, z.B. schon in der 8. Klasse, mit Betriebspraktika zu beginnen. Praktika entfalten – wie andere Maßnahmen auch – vor allem dann Wirkung, wenn sie gut vor- und nachbereitet werden. Für punktuelle Maßnahmen wie z.B. den Girls' Day konnten wir dagegen keine Effekte nachweisen.

Forschungsprojekte zur Berufswahlkompetenz, wie z.B. das Thüringer Berufswahlkompetenzmodell, haben wichtige Hinweise erbracht, wie pädagogische Fachkräfte den Berufswahlprozess unterstützen können. Wie lauten Ihre Hinweise?

Wichtig ist, sich die Schülerinnen und Schüler näher anzuschauen. Die Thüringer haben in ihrem Berufswahlkompetenzmodell unterschiedliche Phasen für den Prozess der Berufswahl genannt: Einstimmen, Erkunden, Entschieden, Erreichen. Diese Phasen muss man hier beachten und sich ansehen, wo die Einzelnen stehen und was sie jetzt brauchen. Ein Programm für alle, auch noch in einer Klasse, das ist ganz bestimmt nicht das Richtige. So macht ein Bewerbungstraining wenig Sinn, wenn man gar nicht weiß, was man werden will.

Welche Schlussfolgerungen ziehen Sie für die Gestaltung von Berufsorientierungskonzepten?

Schülerinnen und Schüler brauchen Differenzierung, wie es sie in Schulen auch im Unterricht schon gibt. Darüber hinaus sollten flankierende Maßnahmen angeboten werden, das erfordert andere Partner, z.B. Beratungsstellen, in Berufsorientierungskonzepte einzubeziehen. Nach unseren Ergebnissen sind alle Maßnahmen wichtig, die im Zusammenhang mit einer Öffnung von Schulen stehen. Sie scheinen tatsächlich zu Kompetenzzuwächsen zu führen. Auch andere Projekte, die wir begleiten, zeigen diesen roten Faden: die Weichen frühzeitig stellen, Schulen öffnen, andere mit ins Boot holen – vor allem Betriebe. Maßnahmen ohne den Geruch von Schule machen Schülerinnen und Schüler eher kompetent für die Berufswahl.

Entnommen aus: Ratschinski 2012.

17.3 Was man über „Ausbildungsreife" wissen sollte

Schon in dem Praxisbeispiel, dem Interview, wird die inhaltliche Problematik der „Ausbildungsreife" sinnfällig. Man kann rasch die politischen Implikationen pädagogischer Entscheidungen einschätzen lernen: Bildungspolitische Setzungen, wie eine Ausbildungsreifeuntersuchung in der Berufsberatung vorzuschalten, nehmen auf die Problematik des „Reifebegriffs" keine Rücksicht. Solche Setzungen verstehen nicht (wollen nicht verstehen?), dass Fragen nach den Entwicklungsaufgaben und der Berufswahlkompetenz im Jugendalter fundamental, ja existentiell sind. Jugendpädagogik muss gegen ein statisches Verständnis von „Reife" ein Konzept von Selbstwirksamkeit entwickeln, um Jugendliche etwa durch Betriebspraktika wirkliche Unterstützung beim Berufsintegrationsprozess zu geben. Die öffentlichen Diskussion über Ausbildungsreife hat diese jugendpädagogischen Entwicklungssituation bisher kaum thematisiert, so dass man sich fragen muss: Was passiert hier? Unser Unbehagen über die Debatte meint: Mit diesem Konzept droht, dass Jugendliche durch Ausbildungsreifekriterien – leider – sortiert, klassifiziert und gedemütigt werden können.

▶ Zur Problematik des „Reifebegriffs"

Die drei Vordenker des oben eingeführten Expertenkreises wollten mit dem Reifebegriff auf die Entwicklungsdynamik des Begriffes abzielen und eine Interpretation einer statisch feststellbaren Eigenschaft vermeiden (Müller-Kohlenberg, Schober & Hilke 2005). Im jetzigen Stand des Verfahrens ist genau das eingetreten, was die Initiatoren verhindern wollten. Statt Entwicklungsindikatoren wurden überwiegend stabile Merkmalszuschreibungen zusammengestellt. Eine genauere Bestimmung der Merkmale auf der Kriterienliste des Expertendelphis, die im Alter von 10 bis 20 Jahren Entwicklungsfortschritte zeigen (altersabhängiges Lernen) und wo Veränderungen auf altersunabhängiges Lernen zurückzuführen sind, führt zu etwa 20-30% entwicklungssensitiver Merkmale.

Der einzige Bereich nachgewiesener Entwicklungsabhängigkeit ist der der **Berufswahlreife**. Dieses Ergebnis ist nicht überraschend: Es gibt nicht nur über 100 Jahre Berufseignungsdiagnostik, sondern es liegen auch über 60 Jahre empirischer Forschung zur Entwicklung von Berufsfähigkeit vor, unter denen das Berufswahlreifekonzept eine prominente Stellung einnimmt. Diese Quelle hat der Expertenkreis nicht oder nur sehr oberflächlich ausgeschöpft. Auch das hat System. Als 1967 das Institut für Arbeitsmarkt- und Berufsforschung (IAB) eingerichtet wurde und gleichzeitig der psychologische Dienst (PD) als eigenständige Einrichtung erhalten blieb, wurde die Zuständigkeit für Berufswahlforschung jeweils der anderen Stelle zugewiesen (Dostal 2005), mit dem Ergebnis, dass in Deutschland die Forschungtradition der Berufswahlforschung in den 1970er Jahren versandete. Das IAB bemühte sich die Berufskunde zur Wissenschaft zu machen und der PD der Arbeitsverwaltung sah seine vornehmliche Aufgabe in der Berufseignungsdiagnostik.

In der Kriterienliste des Pakts für Ausbildung wird Berufswahlreife zwar aufgenommen, aber sie wird zur Statusbeschreibung reduziert und verdient deshalb kaum diese Bezeichnung. Festgestellt wird mit Selbsteinschätzungs- und Informationskompetenz zudem nur ein Ausschnitt des Bedeutungsumfangs.

Berufswahlreife ist nach Super, der den Begriff 1953 eingeführte, „die Fähigkeit und Bereitschaft, zur Inangriffnahme und effektiven Bewältigung der mit der Berufswahl zusammenhängenden phasentypischen beruflichen Entwicklungsaufgaben" (Seifert 1984; Super 1953; 1994).

▶ Entwicklungsaufgaben und Berufswahlkompetenz im Jugendalter

Die phasentypischen **Entwicklungsaufgaben** umfassen in der Explorationsphase, in der sich Jugendliche beim Übergang in die Arbeit befinden, Planung, Exploration des Selbst und der Berufe, Kristallisation und Spezifizierung der Berufspräferenzen und schließlich Entscheidung für eine Beruf und Realisierung des Berufswunsches. Der Begriff ist mehrdimensional, er enthält verschiedene Stadien der Entwicklung und er ist relational über den Bezug zu Entwicklungsaufgaben definiert. Das Konzept der Entwicklungsaufgaben (→ Kapitel 9) bereitete den Weg zu einer Konzeption der lebenslangen Entwicklung vor, die biologisch orientierte Entwicklungskonzepte ergänzen und teilweise ablösen sollte (Havighurst 1952). Super hat diesen „Paradigmenwechsel" mit vollzogen und berufliche Entwicklung über die gesamt Lebenspanne beschrieben, aber er hat – und das ist inkonsequent – das biologistisch fundierte Reifekonzept beibehalten.

In den traditionellen Entwicklungstheorien wurde Entwicklung in Anlehnung an biologische Wachstumsprozesse als Differenzierung und hierarchische Integration in Richtung auf einen definierten Endzustand aufgefasst, der als Reife bezeichnet wurde. Erst im Reifezustand ist der Organismus voll funktionsfähig, adaptiv und flexibel. Ist Reife erreicht, ist der Entwicklungsprozess abgeschlossen, Veränderungen danach sind nicht mehr durch Entwicklungen erklärbar. Diese Entwicklungskonzeption geht von einer (im Sinne von Eigenaktivitäten) weitgehend passiven Person und einer eher passiven Umwelt aus (Montada 2002). Die heute verbreitete Konzeption einer Entwicklungspsychologie der Lebensspanne begreift Entwicklung dagegen als Interaktion einer aktiven Person und einer aktiven Umwelt aus (Baltes 1990). Neben Reifungsvorgängen gilt die Auseinandersetzung mit normativen Entwicklungsaufgaben oder kritischen Lebensereignissen als Agens der Entwicklung. Was Heranwachsende dabei erwerben sind Kompetenzen.

Berufswahl ist ein **Klärungs- und Entscheidungsprozess**, der von den meisten Jugendlichen **selbst organisiert durchgeführt und bewältigt** wird. Zwar werden Ratschläge und Empfehlungen von Eltern und Berufsberatern eingeholt und oder entgegengenommen, aber die Entscheidung wird selbständig gefällt. Dazu werden Informationsangebote der Arbeitsverwaltung angenommen und geschätzt. Die Jugendlichen nutzten aktiv bereitgestellte Informationen zur Sondierung ihrer Optionen und Möglichkeiten und holen Rat und Anregungen aus vielen Quellen ein. Nicht selbst organisierte Maßnahmen und Angebote, wie Informationsveranstaltungen in Schulen, haben deutlich geringeren Einfluss auf die Berufsentscheidungen. In einer Befragung der Bundesanstalt für Arbeit von über 1000 Schüler der Abgangsklassen gaben 60% an, selbst auf ihren Berufswunsch gekommen zu sein und 47% bzw. 45% wurden von Eltern/Verwandten und durch ein Betriebspraktikum beeinflusst. Nur 12% gaben an, dass ihre Berufswahl durch Schulbesprechungen beeinflusst sei (Kleffner et al. 1996). Entsprechend verhalten sich die Eltern. Zumindest drei Viertel überlassen nach einer retrospektiven Befragung von Jugendlichen, die Anfang der 1990er Jahre in Leipzig und Bonn ihre Ausbildung begonnnen hatten, ihren Kindern ganz allein die Entscheidung (Ernst 1997). Für drei Viertel der von der Arbeitsverwaltung Befragten war der angegebene Berufswunsch seit langem der Wunschberuf (Kleffner et al. 1996). Der Klärungsprozess nimmt demnach geraume Zeit vor der Berufsentscheidung in Anspruch. Es gehört offensichtlich zur normalen Entwicklung in der Adoleszenz, dass Jugendliche die Entwicklungsaufgabe Berufswahl spontan und zeitgerecht in Angriff nehmen und sich die Entscheidung systematisch erarbeiten.

Dieses Primat der Eigenaktivität und der Selbstorganisation ist Kennzeichen von **Kompetenzerwerb**. Eine weithin akzeptierte – wenn auch gewöhnungsbedürftige – Definition von Kompetenz ist Disposition zur Selbstorganisation (Erpenbeck & Rosenstiel 2003a). Die Fähigkeit und Bereitschaft zur Berufsentscheidung ist gemessen an diesen Kriterien eine Kompetenz, kein Reifezustand. Berufswahlkompetenz ist als Alternativkonzept zur Berufswahlreife nicht neu.

In der deutschen Literatur zur Berufswahl (Bußhoff 1989; Seifert 1984) wird ein psychologisch-empirischer und ein pädagogisch normativer Sprachgebrauch des Begriffs Berufswahlreife unterschieden. Die empirische Konzeption geht – wie beschrieben – auf Super zurück und macht erreichte Entwicklungsstände an altersabhängigen Reifungsindikatoren fest. Die normative Konzeption definiert Berufswahlreife als Ziel pädagogischer Berufsorientierung. Es ist eine wünschenswerte Qualifikation, die pädagogischen Prozessen vermittelt wird. Für den pädagogisch-normativen Verwendungssinn schlagen Bußhoff (1989) und Dibbern (1983) den Begriff Berufswahlkompetenz vor.

In der aktuellen Diskussionen der Berufspädagogik wird die Unterschiedlichkeit der Konzepte Kompetenz und Qualifikation betont (Rychen & Salganik 2001). Während Qualifikation trainierbare Fähigkeiten sind, die in standardisierten Prüfungssituationen beobachtet werden können, sind Kompetenzen Dispositionen zur erfolgreichen Anpassung an neuartige und herausfordernde Situationen einer Leistungs- oder Handlungsdomäne. Berufswahlkompetenz ist demnach weder Qualifikation, die curricular direkt vermittelt werden kann, noch ist sie ein Reifezustand. Sie ist das **Ergebnis einer komplexen lang andauernden Anlage-**

Umwelt-Interaktion eines aktiv auf seine Entwicklung einwirkenden Heranwachsenden. Durch pädagogische Maßnahmen kann die Entwicklung und Herausbildung von Kompetenzen ebenso unterstützt oder begünstigt werden, wie durch andere Umwelteinflüsse und Erfahrungen, aber Pädagogik sollte durch gezielte Arrangements und das geplante Bereitstellen von Erfahrungen effektiver und effizienter sein.

▶ Selbstwirksamkeit

In diesem Kontext bekommen **Betriebspraktika** eine besondere Bedeutung. Ihr Einfluss auf die Berufsentscheidung ist mehrfach belegt. In der erwähnten Studie der Bundesanstalt für Arbeit z.B. gaben 48% der befragten Schüler an, dass Betriebspraktika sie zu ihrem Berufswunsch angeregt hätten; für 50% waren sie sehr, für 20% etwas hilfreich (Kleffner et al. 1996). Fast drei Viertel der Jugendlichen haben also davon bei ihrer Berufsentscheidung profitiert. Praktika regen insbesondere die berufliche Zukunftsplanung und die selbständige Exploration der beruflichen Möglichkeiten an (Kracke et al. 2011). Die praktischen Erfahrungen im realen Berufsalltag beeinflussen vor allem die eigenen Selbstwirksamkeit, also die Überzeugung, eine Arbeit gut verrichten zu können, sozusagen die subjektive Spiegelung der Kompetenz. Je ähnlicher die Anforderungen der realen Ausbildung sind, desto größer ist der Lernerfolg für die Schüler und desto größer ist die Bereitschaft der Betriebe, Jugendliche auszubilden.

Selbstwirksamkeit wird allgemein aus vier Quellen gespeist: aus der eigenen Erfahrung, durch Beobachtung, durch Argumentation anderer und durch körperliche Rückmeldungen (Bandura 1997). Diese Auflistung ist nach Wichtigkeit geordnet; der **Königsweg zum Erwerb von Selbstwirksamkeit ist die eigene Erfahrung.** Kooperationsprojekte zwischen Schule und Wirtschaft können sich also auf gesicherte empirische und theoretische Grundlagen berufen. Selbstwirksamkeit ist in der Zeit nach Super in der internationalen Literatur zu einem wichtigen Aspekt der Career Maturity[3] geworden (Creed & Patton 2003). Werden daneben noch alle anderen Einflussfaktoren auf Berufswahlprozesse erfasst und auf Gemeinsamkeiten untersucht, lassen sich regelmäßig zwei Dimensionen extrahieren, die sich mit Supers Vorstellungen decken: Einstellung und Wissen. Beide Dimensionen zeigen deutliche Entwicklungen im Sekundarschulalter und beeinflussen – das entspricht der Logik des Verfahrens – eine Reihe anderer Haltungen und Merkmale.

Wenn Jugendliche die Berufsentscheidung als eine wichtige Entwicklungsaufgabe auf dem Weg zu personaler Autonomie begreifen, passen sie ihre Zielsetzungen und ihr Verhalten an. Dann entwickeln sie sich: Die Schulleistungen werden besser, wie ein Längsschnitt des Max-Plack-Instituts gezeigt hat (Heckhausen &

---

3 Nach der bisherigen Argumentation wäre die Bezeichnung *career competence* vorzuziehen.

Tomasik 2002). Das Kriterium Leistungsbereitschaft aus dem Kriterienkatalog ist relational und nur unter bestimmten Bedingungen wirksam. Es ist von der Verbundenheit mit der Entwicklungsaufgaben Berufswahl (commitment) abhängig.

Bestimmte Merkmale, Fähigkeiten und Einstellungen besetzen Zentralpositionen im kognitiven Selbstregulationssystem der Entwicklung und wirken unterschiedlich stark auf andere Faktoren. Über das Beziehungssystem der Einflussfaktoren untereinander liegen seit längerem solide Daten vor. Summativ aufgereihte Kriterienlisten wie die des Expertenkreises bleiben deutlich hinter dem Erkenntnisstand der internationalen Berufswahlforschung zurück, in der solide Beziehungsmuster zwischen Einflussfaktoren ermittelt wurden. Eindeutig Ergebnisse von Lernprozessen und nicht von Entwicklungen sind fehlende schulische Voraussetzungen für erfolgreiche Berufsausbildungen.

▶ Zur öffentlichen Diskussion über Ausbildungsreife

Die öffentliche Diskussion um Ausbildungsreife wurde hauptsächlich durch zwei Beobachtungen beeinflusst: durch (1) das schlechte Abschneiden der deutschen Schüler durch regelmäßige Feststellungen von sinkenden Rechen- und Lesefähigkeiten der Bewerber um Ausbildungsstellen und durch (2) internationale Schulvergleiche (TIMSS, PISA).

(1) In den überwiegend von Kammern, Verbänden und großen Wirtschaftsunternehmen durchgeführten Untersuchungen zur Beherrschung der Kulturtechniken wurden nicht nur erhebliche **Lücken in den Rechtschreib- und Lesefähigkeiten** der Bewerber um Ausbildungsplätze festgestellt, sondern auch ein deutlicher Rückgang der Leistungen in den letzten Jahren. Nach Daten der BASF z.B. sanken die Rechtschreibleistungen der Hauptschulabsolventen von 51% richtig gelöster Aufgaben im Jahre 1975 auf 36,8% im Jahre 1996; die Ergebnisse der Realschüler sanken im gleichen Zeitraum von 75,2 auf 62,6%. Im Rechnen sank der Anteil richtiger Lösungen bei Hauptschulabsolventen von 72,5% auf 52,1%, bei Realschulabsolventen von 75,8% auf 64,4% (Ebbinghaus 1999). Die Ergebnisse beruhen jedoch auf nicht-repräsentative Gelegenheitsstichproben („anfallende, selbst selegierte Stichproben") und die Aufgaben wurden keinen teststatistischen Analysen unterzogen, so dass die Zuverlässigkeit und Reproduzierbarkeit der Ergebnisse in Frage gestellt ist. Zudem kann die curriculare Validität der Aufgaben allein aufgrund von Lehrerurteilen angezweifelt werden. Lehrer unterschätzen gewöhnlich die Schwierigkeit der Aufgaben. Marktabhängige Stichprobeneffekte werden nicht kontrolliert, z.T. werden Testwiederholungen mit unterschiedlichen Verfahren durchgeführt.

Auf methodisch soliden Grundlagen beruhen dagegen Daten der Bundesagentur für Arbeit (BA). Der in der Berufseignungsdiagnostik eingesetzte und von der BA entwickelte „Berufswahltest" (BWT) muss wie alle Leistungstests in Abständen neu normiert werden. Im Rahmen der Neunormierungen zeigte sich in einem

Zeitraum von 20 Jahren ein Leistungsabfall im Rechnen und in der Rechtschreibung, während die Leistungen im schlussfolgerndem Denken und im Regel erkennen deutlich besser wurden. Das Leistungsniveau in den Kulturtechniken ist niedrig: Im Rechenteil des BWT beherrschten nur 21,5% der Hauptschüler und 42,6% der Realschüler (n=26.000) in der neunten Klasse die Prozentrechnung (Hustedt 1998).

(2) Nach den Ergebnissen der **internationalen Schulleistungsvergleiche** ist knapp ein Viertel der deutschen Jugendlichen nicht in der Lage, nach Ende der Pflichtschulzeit weiterführende schulische oder berufliche Bildungswege erfolgreich zu absolvieren (PISA-Konsortium Deutschland 2004, 367)[4]. Ein Großteil dieser Schüler soll in berufsvorbereitenden Maßnahmen Bildungsrückstände aufholen und beruflich verwertbare Kenntnisse und Einstellungen erwerben.

Nach einer Untersuchung von Badel (2003) aus dem Jahre 2002 an Berliner Teilnehmern von berufsvorbereitenden Maßnahmen im Berufsfeld Ernährung und Hauswirtschaft ist nicht nur von mangelhaften Kenntnissen in Deutsch und Mathematik auszugehen, sondern auch von extremen Leistungsunterschieden. Badel ließ 572 BVJ-Schüler (333 Schülerinnen und 212 Schüler)[5] die Aufgaben der Hamburger Schulleistungsuntersuchung LAU 9 bearbeiten, in denen das curriculare Wissen in Mathematik, Rechtschreibung und Lesen der Klassen 7 und 8 abgefragt wird. In Mathematik wurden im Durchschnitt 17 von 40 Aufgaben gelöst (43%). Im Deutschtest Leseverständnis wurden im Schnitt 31 von 48 Aufgaben gelöst (65%), im Deutschtest Sprachverständnis wurden 22 von 42 Aufgaben (52%) richtig gelöst und im Rechtschreibtest wurden 8 von 30 Fehlern erkannt. Bemerkenswert sind neben der geringen Zahl gelöster Aufgaben die enormen Streubreiten. Im Rechtschreiben konnte Badel z.B. eine Leistungsspreizung von 1:6 feststellen und im Sprachverständnis Leistungsunterschiede von mindestens drei Lernjahren. Obwohl sie formal der Klassenstufe 11 angehören, entsprechen die Leistungen des unteren Quartils etwa dem Niveau der Klassenstufe 5, die des oberen Quartils etwa der Klasse 8 der Hauptschule (Badel 2006).

Die Feststellung fehlender schulischer, physischer, kognitiver und anderer personaler Voraussetzungen ist lediglich im **Hinblick auf bestimmte Berufe und berufliche Tätigkeiten** sinnvoll. Insofern ist sie Teil der Eignungsdiagnostik, die vom Pakt für Ausbildung bewusst von der Fragen und Bestimmung der Ausbildungsreife abgegrenzt wurde. Ab welchem Niveau vorhandener Lese- und Rechtschreibfähigkeiten der Ausbildungserfolg gefährdet ist, hängt von den Anforderungen der Ausbildung, dem Potenzial, der Motivation des Auszubildenden und situativen Faktoren ab.

---

4 Vermutlich ist diese Schätzung zu pessimistisch, denn die Zahl der Jugendlichen, die keine Ausbildung absolvieren, liegt unter 15%, die der Jugendlichen ohne Hauptschulabschluss bei ca. 9% (Solga 2003).

5 Das waren 77% der insgesamt 742 Berliner BVJ-Schüler in diesem Berufsfeld in öffentlichen Schulen (Badel 2003).

▶ **Was passiert hier? Unser Unbehagen über die Debatte**

Die bisherigen Erörterungen sprechen gegen einen intuitiv erstellten Kriterienkataloge für Ausbildungsreife, wie ihn der Pakt für Ausbildung vorschlägt. Die Checkliste trägt weder zur Klarheit bei, noch wird sie der Persönlichkeit eines Bewerbers um Ausbildungsstellen gerecht. **Es bestehen erhebliche Zweifel, ob allgemeine Aussagen über Sorgfalt, Merkfähigkeit, Ausdauer ohne Bezug auf den Tätigkeitsbereich sinnvolle Aussagen sind.** Merkmalszuschreibungen und -urteile sind fehleranfällig, wie viele sozial- und differentialpsychologische Experimente gezeigt haben. Wie wissen nichts über die Zuverlässigkeit und Gültigkeit solcher Urteile, die – nach den Vorstellungen des Pakts für Ausbildung – immerhin über den Zugang zu einer Berufsvermittlung entscheiden sollen und damit Lebenswege bahnen.

Wenn Daten, Informationen und Erkenntnisse vorliegen oder auf bekannte Weise ermittelt werden können, müssen sie für professionelle Entscheidungen, die das Schicksal anderer berühren, herangezogen werden. Statt Konsensurteile zur Basis von Entscheidungen zu machen, sollten empirisch gesicherte und prädiktive Faktoren zusammengestellt oder ermittelt werden, die nachweisbar in sinnvoller Beziehung zu Ausbildungsverlauf und -erfolg stehen.

Was geschieht mit den Jugendlichen? Man kann so folgern: Wer gemäß den entwickelten Kriterien noch nicht ausbildungsreif ist, hat selbst Schuld, muss noch an seiner Vollendung arbeiten. „Ausbildungsreife" wirkt dann wie ein Unterfangen, um gezielt Jugendliche zu demütigen und ihnen Versagen zuzuschieben. Die sozialen Sicherungssysteme einer Gesellschaft geben keine Sicherheit mehr. Die Verhaltensweisen und Reaktionen junger Menschen werden unentschlüsselbar und unberechenbar. Ihnen fehlt es nicht nur an kurz- bis mittelfristigen „Perspektiven" (im Sinne Makarenkos), etwa die absehbare Gewissheit eines Ausbildungsplatzes, sondern sie sind gewissermaßen „seelisch nackt" den Bedingungen der Prekarität erzeugenden Jetztzeit ausgesetzt.

17.4 Unser Credo: Was sollten Benachteiligten-Profis bedenken, wenn sie mit „Ausbildungsreife" konfrontiert sind?

! Wir müssen damit leben, dass Öffentlichkeit und Politik (im weitesten Sinne) sich nicht mit den „loosern" der Gesellschaft befassen will. Es bleibt die Aufgabe der Vertreter der Beruflichen Förderpädagogik, diesem Zustand Argumente entgegenzuhalten und Integrationsperspektiven auszumachen.

! Auf das Konzept der Ausbildungsreife sollte verzichtet werden. Wenn der einzige Erfolg von Berufsvorbereitungsmaßnahmen in einer erfolgreichen Vermittlung in Ausbildung besteht, müssten die meisten Pädagogen verzweifeln. Das Konstrukt der „Ausbildungsreife" vermittelt den Eindruck, dass es gelingen könnte, situativ Jugendliche so zu klassifizieren, dass sie objektiv für eine Ausbildung geeignet sind oder nicht.

! Wir empfehlen die Weiterentwicklung der Berufswahlreife zu einem operationalisierbaren Konzept der Berufswahlkompetenz. Das Ziel ist es, ein Instrument für Berufsvorbereitungsmaßnahmen zu Verfügung zu stellen, dass zur Feststellung des Ausgangsniveaus geeignet ist und zur Evaluation der pädagogischen Arbeit eingesetzt werden kann.

! Es gilt paradoxe Effekte zu verhindern, die in manchen Berufsvorbereitungsmaßnahmen beobachtet werden. Die Ausbildungsreife, im Sinne von Bereitschaft und Fähigkeit den Anforderungen einer Ausbildung zu genügen, rückt mit Fortschreiten der Maßnahmen in weitere Ferne, weil die Ansprüche der Jugendlichen steigen. Einige Jugendliche sind weniger bereit, für wenig Geld eine Ausbildung anzutreten und ziehen stattdessen ungelernte aber besser entlohnte Tätigkeiten vor.

! Pädagogische Arrangements müssen Selbstwirksamkeitserfahrungen ermöglichen. Besonders für beruflich benachteiligte Jugendliche ist Instruktionsunterricht in Berufsschulen zweite Wahl. Die handlungsorientierte Erarbeitung von Fachinhalten legt nicht nur fachliche Kompetenzen und Potenziale frei, sondern begünstigt auch die Entwicklung von Berufswahlkompetenz und Berufsidentität. Grundlegende Bedürfnisse nach Autonomie und sozialer Verbundenheit werden in der Praxis befriedigt.

! Pädagogische Institutionen müssen sich systematisch als Individuations- und Sozialisationsinstanzen reflektieren. In der heutigen Zeit haben die Bildungsinstitutionen zudem zweifellos noch an Bedeutung gewonnen. Sie markieren den Ort, dem sich der Heranwachsende prägende Impulse verdankt, sie haben den „freien Raum im Jugendleben" ausgeweitet, den jede Gesellschaft benötigt. Daher ist es pädagogische Aufgabe, solche Zuschreibungen wie Ausbildungsreife zu verhindern.

17.5 Praktische Empfehlungen, Aufträge, Übungen, Tipps,

☞ Übung 1
Machen einen *Selbsttest*: Ziehen Sie den Ausbildungsreifekatalog zu Rate und untersuchen Sie bei sich selbst, zu welchen Dimensionen Sie spontan Antworten geben könnten.

☞ **Übung 2**

Machen Sie einen Test unter Ihren *Freunden und Bekannten*: Nehmen Sie den Ausbildungsreifekatalog, suchen einige Dimensionen heraus und fragen Sie diese Freunde und Bekannte, ob sie spontan Antworten geben könnten.

☞ **Übung 3**

Fragen Sie einem Betriebsinhaber, den Sie gut kennen, was er von einem *Bewerber* auf einen potentiellen Ausbildungsplatz erwarten würde. Diskutieren Sie mit ihm darüber und verwenden Sie Argumente aus diesem Kapitel!

☞ **Übung 4**

Prüfen Sie, inwieweit Ihre Entscheidung, die Entscheidung Ihrer Freunde und die des Betriebsinhabers *objektiv* getroffen worden sind.

📖 Literatur zum Weiterlesen

☐ Dobischat, R., Kühnlein, G. & Schurgatz, R. (2012). Ausbildungsreife – Ein umstrittener Begriff beim Übergang Jugendlicher in eine Berufsausbildung. Expertise. Düsseldorf: Hans-Böckler-Stiftung. Verfügbar unter: http://www.boeckler.de/pdf/p_arbp_189.pdf, 21.02.13.

☐ Riemer, A. (2012): Ausbildungsversorgung und Ausbildungsreife im Policy-Prozess. In: Ratschinski, G. & Steuber, A. (Hrsg.): Ausbildungsreife. Kontroversen, Alternativen und Förderansätze. Wiesbaden: Springer VS, S. 33-52.

18 Zur Weiterentwicklung der Beruflichen Förderpädagogik

Arnulf Bojanowski, Ariane Steuber & Philipp Struck

„Und pädagogische Empirie ist angewiesen auf die praktische Gegebenheit pädagogischer Experimente, denn sie bezieht ihre Gegenstände nicht unmittelbar aus der Theorie, sondern aus der theoretisch orientierten Erziehungspraxis.“
Dietrich Benner

18.1 Worum geht es in diesem Kapitel?

Zwischen den verschiedenen Wissenschaften und Wissensformen, die für die Entwicklung der beruflichen Benachteiligtenförderung und einer beruflichen Förderpädagogik notwendig sind, gibt es kaum Berührungspunkte. Eine Berufliche Förderpädagogik zeigt ähnliche Probleme mit ihrem „Wissensmanagement" (Willke 2001) wie viele andere Pädagogiken auch: In der Benachteiligtenförderung gibt es keine wie auch immer geartete systematische Erzeugung wissenschaftlichen Wissens (Wissensidentifikation und -produktion), kaum breiter gespannte und leicht abrufbare Wissensdokumentationen, keinen halbwegs organisierten Transfer wissenschaftlichen Wissens in die Praxis der Einrichtungen und Berufsschulen, zu wenig Beobachtungen darüber, ob und wie wissenschaftliches Wissen in der Praxis eingesetzt, umgesetzt oder verwendet wird (Wissensverwendung) und keine Ideen darüber, wie mögliche Erkenntnisse und Erfahrungen aus der Praxis in den Wissenskorpus zurückfließen und dort wiederum für weitere Erfahrungszugewinne genutzt werden könnten.

▶ Begriffsannäherung I

Die gesellschaftliche Problemstellung einer beruflichen Förderung benachteiligter Jugendlicher existiert schon seit Beginn des Industriezeitalters. Erste Überlegungen zu einer „Kollektiv- und Arbeitserziehung" wurden schon zu Beginn des 20. Jahrhunderts von A.S. Makarenko vorgelegt. Doch erst in den letzten 25 bis 30 Jahren haben sich eine breite Praxis und ein anregender, bislang aber **unstrukturierter Korpus wissenschaftlichen Wissens** gebildet, dessen weitere Zusammenfügung und Systematisierung noch aussteht (→ Kapitel 8). Da sich hier ein neuer Bereich herausbildet, bedarf es eines Dialogs zwischen verschiedenen Wissenschaftsdisziplinen, angewandter Praxisforschung und praxisbezogener Impulse. Doch über die Verwendung (wissenschaftlichen) Wissens oder strukturierter Erkenntnisse in der Praxis wissen wir wenig. Einen ersten systematisierenden Überblick boten Bojanowski, Eckardt & Ratschinski (2005) mit einem Resumee von 30 Jahren Forschung zur Benachteiligtenförderung.

▶ **Begriffsannäherung II**

Zu den Handlungsfeldern, die für die Berufsvorbereitung und berufliche Bildung benachteiligter oder behinderter Personengruppen von Bedeutung sind, zählen aus institutioneller Sicht die klassischen Lernorte beruflicher Bildung wie Schule und Betrieb sowie außerschulische Bildungseinrichtungen. Berufliche Förderpädagogik bezieht sich gleichermaßen auf das allgemeinbildende Schulwesen, Rehabilitationseinrichtungen, Förderzentren für Behinderte, das gesamte Feld der Jugendsozialarbeit, der offenen Jugendarbeit und auf alle Formen ehrenamtlicher oder informeller Tätigkeit. Aber auch wenn sie auch sich hierfür „zuständig" erklärt, heißt das noch nicht, dass sie als solche **integrative Pädagogik** wahrgenommen oder gar gemeinschaftlich weiterentwickelt wird. Alle diese Handlungsfelder haben jeweils lose Berührungspunkte zu den verschiedenen („differentiellen") Pädagogiken (Berufsbildungswerke z.B. zur Sonderpädagogik), ohne dass sie systematisch versuchen, sich andere Ansätze zu erschließen oder sie zu kombinieren.

▶ **Relevanz dieses Kapitels**

Da es also für eine förderpädagogische Entwicklung und Forschung keine gemeinsamen pädagogischen Disziplinen gibt, muss darüber weiter nachgedacht werden, wie man besser zusammenkommen könnte. Es fehlen ja nicht nur „pädagogische Zuständigkeiten", sondern auch eine entsprechende **wissenschaftliche Infrastruktur**, etwa in Form von Lehrstühlen, staatlich unterstützten Forschungseinrichtungen etc. Vor diesem Hintergrund konnte die Sichtung der Forschungslandschaft eher Desiderata benennen (Bojanowski, Eckardt & Ratschinski 2005). Für die wissenschaftliche Entfaltung einer Pädagogik der Benachteiligten signalisieren innerwissenschaftliche Diskurse der Pädagogiken Entwicklungsnotwendigkeiten in Richtung Theoriebildung und Empirie. So fordert Sandra Bohlinger (2004) schon vor Jahren eine „integrative Berufspädagogik", die auch dem Stand der Benachteiligtenförderung gerecht wird – ein wichtiger Hinweis auf den Theorie- oder Systematisierungsbedarf!

18.2 Ein Beispiel aus der Praxis: Impressionen aus zwei Fachszenen

Impression I: Bislang existiert kein pädagogischer Wissenschaftsbereich, der sich des Themas „Übergangssystem" annimmt. Prof. Arnulf Bojanowski erörterte diese Problematik in einem Interview mit der Gesellschaft für innovative Beschäftigungsförderung im Mai 2012.

Das Thema „benachteiligte Jugendliche und deren berufliche Integration" wird von den einzelnen pädagogischen Disziplinen aber auch von den einzel-

nen politischen Handlungsfeldern mehr oder weniger stark vereinnahmt. Welche Folgen und Probleme ergeben sich aus dieser Parzellierung?

Betrachten wir kurz die wichtigsten Pädagogiken: In der Sonderpädagogik wird zu wenig wahrgenommen, dass die Schüler und Schülerinnen auch älter werden und dass sie sich beruflich eingliedern wollen. Nur einige Rehabilitationswissenschaftler widmen sich diesem Thema. In der Berufs- und Wirtschaftspädagogik bleibt weiterhin das duale System der Berufsausbildung im Mittelpunkt. Das hängt vielleicht auch mit der Struktur dieser Disziplin zusammen; sie thematisiert den Aufstieg – und zwar den Aufstieg durch Arbeit und Beruf. Da sind die „Abgehängten" eher ein unangenehmes Thema. Die Sozialpädagogik interessiert das Problem nur unter dem Aspekt der Jugendsozialarbeit, einer – wie angedeutet – gesellschaftlich inzwischen wenig einflussreichen Disziplin, für die es aber fachlich-pädagogisch bisher keine echte Kompensation gibt. Und die Schulpädagogik nimmt das Thema, wenn überhaupt, nur von der schulischen Seite wahr. Unterrichtsforschungen, bspw. zum Berufsvorbereitungsjahr gibt es viel zu wenig.

Wir haben also im Grunde keinen pädagogischen Wissenschaftsbereich, der das Übergangssystem zum Thema macht. Das ist auf wissenschaftlicher Ebene ein zentrales Problem. Eine Sektion der Deutschen Gesellschaft für Erziehungswissenschaft, die Sektion Berufs- und Wirtschaftspädagogik hat vor gut zwei Jahren ein „Memorandum" vorgelegt, das auf die Problematik der unzureichenden Professionalisierung in der Benachteiligtenförderung aufmerksam macht. Eine der Forderungen lautet: „Angesichts der Größe des Übergangssystems müssen mindestens zehn bis zwölf Lehrstühle für Berufspädagogik umgewidmet werden und sich zentral der beruflichen Benachteiligtenpädagogik widmen." Die Begeisterung im Kreise meiner Zunftkolleginnen und -kollegen können Sie sich denken.

Halten Sie es überhaupt für möglich, dass die Wissenschaft eine Theorie zu diesem gesellschaftlichen Problem entwickeln kann?

Ich habe vor ein paar Jahren ein Modell vorgeschlagen, in dem zentrale Wissens- und Tatbestände einer Pädagogik für benachteiligte Jugendliche entfaltet werden: 18 Felder, organisiert in drei verschiedenen „Waben". Ich schlage vor, diese Pädagogik, die sich zum ersten Mal bei Anton S. Makarenko ausformt, „berufliche Förderpädagogik" zu nennen. Es handelt sich um ein pragmatisches Modell, mit dem man die Lehrerausbildung strukturieren kann und das für die Entwicklung des Hochschulcurriculums in unserem Institut Anregungen gab.[1]

Aber die Wissenschaft müsste weiter gehen. Zunächst müsste man überhaupt erst einmal ökonomisch-soziologisch (bspw. im Anschluss an Pierre Bourdieu oder Robert Castel) wahrnehmen, dass die Übergangsproblematik nicht nur ein gesellschaftliches Epi-Phänomen ist. Dann müsste man fragen: Wie sähe eine Wissenschaft aus, die dieses Subsystem kompetent bearbeiten kann? Mein von mir hoch geschätzter Kollege Adolf Kell sagt mit Recht: Wir brauchen ein Zwischensystem

---

1 Und das diese „Einführung" strukturiert hat.

zwischen Arbeiten und Lernen, das beide Themen – Vorbereitung auf Arbeit, aber auch Hinführung zum Lernen – systematisch entfaltet. In diese Richtungen muss man meiner Überzeugung nach weiter denken und wissenschaftlich forschen.

Welche thematischen Eckpunkte müsste eine solche neue Disziplin abstecken?

Sicher gehört dazu die Verbindung von Arbeiten und Lernen, verstanden im Sinne einer „Vita Activa" im Sinne Hannah Arendts. Wir Menschen müssen uns in irgendeiner Art und Weise vergegenständlichen, eben nicht nur sozial und nicht nur intellektuell, sondern auch tätig. Daher müssen wir, egal wie wir solch einen Wissenschaftsbereich figurieren, die anthropologische Tatsache der Selbstverwirklichung und der Vergegenständlichung mitdiskutieren. Das wäre der eine Eckpunkt und der zweite ist natürlich die Lust am Lernen. Kinder haben Lust zu lernen, sind neugierig und Entdecker. Wir müssen darüber nachdenken, wieso die Gesellschaft den Kindern und Jugendlichen spätestens mit der Schule jegliche Entdeckerlust austreibt. Das alles wäre für eine Wissenschaft schon fast zu breit, aber warum können wir nicht ein hier anknüpfendes Setting entwickeln, dieses anthropologisch begründen, empirisch erforschen und lerntheoretisch fassen, das sich mit den Übergangs-Lebensaltern „reife Kindheit", „Jugendalter" und „frühes Erwachsenleben" befasst?
Entnommen aus: Bojanowski 2012c.

Impressionen II: Man kann das angerissene Problem eines mangelnden wissenschaftlichen Diskurses zu benachteiligten Jugendlichen auch ganz praktisch erleben. Dazu eine kleine Episode:
Zwei Nachwuchswissenschaftlern, die an einer Fachtagung zur Beruflichen Bildung zur Präsentation eines eigenen Beitrags und zum Informationsaustausch mit Fachkollegen teilnahmen, bot sich folgendes Bild: Das Thema Benachteiligtenförderung erschien uns auf der Tagung nur randständig repräsentiert. Beide Wissenschaftler mussten sich mit ihrem „Benachteiligtenthema" anderen Themengebieten zuordnen und sich diesen anpassen. Wir stellten dann fest: In der berufspädagogischen Lehr-/Lernforschung erfolgt eine Beschäftigung mit den Zielgruppen der Benachteiligtenförderung nur am Rande. Zudem kam es oft zu einem „kolonialisierenden" Blick auf die Zielgruppen: Benachteiligte Jugendliche werden vorwiegend defizitorientiert betrachtet; Förderung wird dementsprechend als „Defizitausgleich" verstanden. In Anbetracht der Entwicklung und der Größe des Übergangssektors erscheint es auf dieser Tagung fraglich, warum die berufliche Benachteiligtenförderung keinen eigenen Themenschwerpunkt darstellt. Zugleich gab es nur wenige fachliche Anknüpfungspunkte für einen wissenschaftlichen Austausch.

18.3 Was man über die Weiterentwicklung der Beruflichen Förderpädagogik wissen sollte

Die Impressionen aus verschiedenen Fachszenen können deutlich machen, dass eine Berufliche Förderpädagogik noch kein wissenschaftliches „Zuhause" hat. Es gibt viele Bezugsfelder und eine Fülle von zu lösenden Aufgaben, aber noch keine rechte Perspektive, wie das geschehen soll und wo diese Aufgabe verortet werden könnten. Und dabei ist etliches anzupacken. So bedarf es gerade in der Benachteiligtenförderung kluger Kombinationen von Grundlagenforschung und angewandter Forschung. Berufliche Förderpädagogik sollte sich ihrer „Lücken" gerade in der Grundlagenforschung klar werden. Sie sollte aber auch angewandte Forschung im engen Praxisbezug betreiben, so dass die Erfahrungen der Praxis einfließen können. Untersucht man pädagogische Konzepte, empirische Lehr-/Lernforschung, quantitative oder qualitative Forschungen, so ist der Weg vorgezeichnet: Er geht vom Erfahrungswissen zur wissenschaftlichen Beruflichen Förderpädagogik. Für ihre Entwicklung ist es notwendig, dass sich verschiedene wissenschaftliche Disziplinen vernetzen.

▶ Grundlagenforschung und angewandte Forschung

Betrachtet man den Weg wissenschaftlicher Erkenntnisse in den Erziehungswissenschaften, so wird eine ungeordnete Forschungsstruktur sichtbar (Bojanowski, Eckardt & Ratschinski 2005): Eher zufällige Forschungsergebnisse kommen kaum in der Praxis an, Forschung und Praxis haben nur wenige Berührungspunkte. In der Benachteiligtenförderung kann von einer Form der Wissensproduktion, wie sie etwa in den Naturwissenschaften betrieben wird, die Rede sein, indem etwa eigenständig Grundlagenforschung und angewandte Forschung betrieben und diese im Hinblick auf die Verbindung von Forschung und Entwicklung systematisch aufeinander bezogen werden.

Für unser Feld besteht **faktisch keine Grundlagenforschung**, obwohl sich hier eine Fülle von Themen anbieten. So müsste über gesellschaftliche Formen und Anlässe von Benachteiligung gearbeitet werden, über individuelle Verarbeitungsstrategien von Benachteiligung sowie über die Effizienz des Fördersystems bzw. die Leistungsfähigkeit unterschiedlicher Förderansätze. Des Weiteren fehlen Erhebungen über den langfristigen Verbleib von Benachteiligten oder Anknüpfungen an die neurowissenschaftliche Forschung. Viele empirische Ansätze vor allem der Struktur- und Planungsforschung gehen kaum über eine Deskription und die Ermittlung von Prävalenzraten und einfachen Zusammenhängen hinaus. Es fehlen systematische Hypothesengenerierungen und -überprüfungen, die zu empirisch fundierten Modell- und Theoriebildungen führen können. Grundsätzlich ist der Bestand an empirischen Zusammenhängen hinreichend groß für Theoriebildungen. Befunde müssten jedoch aus verschiedenen Disziplinen und Forschungsfeldern zusammengeführt und verknüpft werden. Untersuchungen von Übergangsprozessen in die Arbeitswelt aus Soziologie, Entwicklungspsychologie (Fend & Berger 2005; Heckhausen & Tomasik 2002) und Bildungsforschung (Heyn, Schnabel & Roeder 1997), die z.T. am Max-Planck-Institut für Bildungsforschung durchgeführt wurden, bieten zwar Ansätze für Grundlagenforschung, aus forschungstechnischen Gründen sind aber leider die Zielgruppen der Benachteiligtenförderung regelmäßig unterrepräsentiert oder gar nicht erfasst.

Auch im Blick auf **anwendungsorientierte Forschung** sind Lücken zu verzeichnen: Neben der seit Jahren üblichen Modellversuchsbegleitung gibt es nur wenige Initiativen zu „kontrollierten pädagogischen Experimenten" (Benner 1978). Kontinuität in den Fragestellungen oder den Methoden sind nicht vorhanden; dazu müsste sich eine „Forschungskultur Beruflicher Förderpädagogik" entwickeln, die an erprobten oder bewährten Fragen und Methoden anknüpft und replikationsfähige Aussagen ermöglicht (Ratschinski 2005).

Der **Wissenstransfer** ist noch nicht ausgebaut. Es gibt immer wieder Modellversuche, Projekte etc., die aber zumeist nur singulär wirken. Dies ist zwar generell ein Problem in den Erziehungswissenschaften (Nickolaus & Schnurpel 2001), schlägt aber in unserem Fall besonders dramatisch durch. Vor allem ist der Transfer von „Leuchtturm-Projekten" oder „Leuchtturm-Institutionen" in die Breite der bestehenden Einrichtungen nicht gelungen. Besonders problematisch scheint: Es gibt keinen Informationsfluss über ausbildungsrelevante Veränderungen der Berufspraxis. Benachteiligtenorganisationen kennen gerade mal ihren regionalen Ausbildungsmarkt, verfügen aber nicht über Instrumente, um tiefer eindringen oder gar betriebliche Veränderungsprozesse erkennen zu können. Zwischen den Institutionen der beruflichen Benachteiligtenförderung findet zudem kaum ein Wissensaustausch über didaktische und curriculare Konzepte statt – mit der Folge erheblicher Doppelarbeit innerhalb der Institutionen. Das eigentliche pädagogisch-didaktische Kerngeschäft der Benachteiligtenförderung (Unterrichten, Ausbilden, Fördern, Beraten etc.) ist nur wenig empirisch untersucht worden; von einer etablierten Forschungsrichtung kann keine Rede sein. Rein quantitativ müssen wir von einem Forschungsmangel sprechen, wenn auch die Benachteiligtenförderung insgesamt eine Fülle von Literatur produziert hat. Das Übergangssystem erscheint somit wie eine „Black Box", von der keiner so recht weiß, was sich dort alles verbirgt (Bojanowski & Eckert 2012).

▶ Pädagogische Konzepte und empirische Lehr-/Lernforschung

Aus pädagogischer Sicht gibt es eine Fülle von Einzelstudien und pädagogischen Konzepten. Anregend ist ein Sammelband zu einer „Didaktik der Benachteiligten" (Biermann, Bonz & Rützel 1999), in dem zum Benachteiligtenbegriff, zu Randgruppen, zu verschiedenen pädagogischen Ansätzen oder zu trägerspezifischen Realisierungsformen gearbeitet wird. Jedoch fügen sich die hier versammelten

Teilstücke aus Berufs-, Sozial-, Sonder- und Schulpädagogik noch längst nicht zu einem konsistenten Theoriegerüst. Auch gibt es pädagogisch anregende Teilstudien, etwa zur Didaktik des Werkstattlernens, zur ganzheitlichen Förderung oder gar zu „Paradigmata pädagogischer Praxis" (Gessner 2003, 247ff.). Im Bereich der empirischen Lehr-/Lernforschung liegen im Blick auf die Zielgruppen der beruflichen Benachteiligtenförderung bislang lediglich **vereinzelte empirische Forschungsbefunde** vor, die auf eine Unterstützung des Selbstkonzepts der Jugendlichen zielen und sich anhand der Kategorien „Förderung biografischer Lernvoraussetzungen" und „Förderung individueller Lernleistungen" darstellen lassen (Straßer & Bojanowski 2011, 113f.). Auch aus dem Bereich der beruflichen Bildung sind nur wenige, „auf die Zielgruppe der beruflichen Benachteiligtenförderung abgestimmte explizit fachdidaktische Forschungen" bekannt (ebd., 122).

Weitgehend abgekoppelt vom engeren wissenschaftlichen Diskurs hat sich vor 20 Jahren in der Praxis der außerschulischen Förderung benachteiligter Jugendlicher – konkretisiert durch Arbeiten freier Entwicklungs- und Forschungsinstitute und dem BIBB – ein Konzept der „sozialpädagogisch orientierten Berufsausbildung" (BMBF 2005) entwickelt, das unterschiedliche Anleihen bei der Sonderpädagogik, (Individualisierung, Förderplanung) der Sozialpädagogik (Begleitung, Beratung, Gemeinwesenorientierung) und der Berufspädagogik (Berufsbezug, Arbeitspädagogik) vornimmt (→ Kapitel 8). Die Konzeption nimmt eine Sonderstellung in der Theorieentwicklung ein, weil viele produktive pädagogische Elemente aufgenommen und vielfach eingesetzt werden. Sie bietet gute Anregungen und könnte mittelfristig als Vorarbeit für eine integrative pädagogische Theorie der Benachteiligtenförderung fungieren. Sie ist aber in den letzten Jahren weder weiterentwickelt noch empirisch überprüft worden.

▶ Quantitative Forschungen

Sichtet man die bisherigen quantitativen empirischen Forschungen, so zeigt sich deutlich deren soziologische bzw. bildungssoziologische Ausrichtung. In der bisherigen Empirie ist besonders die „Übergangsthematik" in verschiedenen Facetten und in erhellenden empirischen Studien angemessen ausgearbeitet (→ Kapitel 9). Diese erfährt unter dem Thema der „Berufswahlkompetenz", die sich u.a. an der Forschungstradition der Berufswahlreife orientiert, eine verstärkte öffentliche Wahrnehmung. Neuere Studien untersuchen die Entwicklung Jugendlicher hin zu einer ersten Berufswahl. Dank neuerer Untersuchungen können Jugendliche im Übergangssystem mit Jugendlichen in allgemein bildenden Schulen verglichen werden. Entsprechend wachsen die Erkenntnisse über die Berufswahlentwicklung bei Benachteiligten (Ratschinski & Struck 2012).

Vermisst wird dagegen eine systematische pädagogische Forschung, mit der Kernbereiche des Benachteiligtensystems kontrolliert überprüft werden können. Die bisher vorliegenden Erkenntnisse erscheinen als beliebig. Bei den von uns herangezogenen und ausgewerteten Studien ist keine Struktur, keine gemeinsame Fragestellung, kein systematisches „Oberziel", keine Koordination von Forschungsfragen, kaum aufeinander bezogene Studien, kaum Replikationen von Untersuchungen und selten nur ein Anknüpfen an ältere Studien zu finden. Ratschinski (2005) fasst den Gesamtertrag der empirischen Forschung so zusammen: Neben ihrer verstärkt soziologischen bzw. bildungssoziologischen Ausrichtung seien die bisherigen quantitativen empirischen Forschungen stark am aktuellen politischen Bedarf ausgerichtet; daher stelle sich die Frage nach der Relevanz der Forschungsergebnisse und die Notwendigkeit, Theorie und Empirie stärker aufeinander zu beziehen (Ratschinski 2005).

▶ Qualitative Forschungen

Auch die qualitativen Forschungen lassen keine einheitliche Linie erkennen. Zwar haben vor allem **Modellversuche** das Programm einer pädagogischen Ausgestaltung der Förderpraxis durch eine Fülle produktiver Praxisanregungen vielfältig eingelöst. Mit dem Konzept der Modellversuchsforschung zeigen sich allerdings wissenschaftspolitische Probleme der Benachteiligtenförderung. Der Ertrag der Modellversuche für die Benachteiligtenforschung ist eher gering einzuschätzen, weil es nicht gelang, tragfähige Systematisierungen zu etablieren. Damit steht die bisher praktizierte Begleitforschung zur Evaluation von Modellprojekten auf dem Prüfstand. Es wird nicht alleine darauf ankommen, Modellversuche in komplexe „Programme" einzubinden und Programmträger mit der Durchführung zu beauftragen, sondern Modellversuche müssen auch verstärkt ihren Beitrag zur Entwicklung breit ansetzender Hypothesen und wissenschaftlicher Theorien formulieren. Zugleich stellen die qualitativen Untersuchungen einen großen und bisher kaum gehobenen Schatz dar, wenn es gelänge, sie unter systematisierenden Gesichtspunkten zusammenzufassen. Hierzu aber fehlt es an einer etablierten Forschungskultur, in der netzwerkartig Erkenntnisse zusammengetragen werden.

▶ Transdisziplinarität I: Vom Erfahrungswissen zur wissenschaftlichen Beruflichen Förderpädagogik

Alle Pädagogik beruht auf Praxis. Und alle pädagogischen Praktiker haben „theoretische" Vorstellungen darüber was sie tun – ob sie es wollen oder nicht. Diesen unverrückbaren Sachverhalt hat **Erich Weniger** (1884-1961) in den 1920er Jahren mit seinem berühmten Konzept der drei Theorien aufgedeckt (Weniger 1952). Die erste Theorieebene ist die der pädagogischen Praktiker, die sich immer auch Gedanken machen über ihr Tun, über die Jugendlichen oder über die zu vermittelnden Sachverhalte. Die zweite Theorie ist die der reflektierten Praxis; hier wird schon auf Basis von gemeinschaftlichen Erkenntnissen über das pädagogische

Geschäft nachgedacht. Und erst auf der dritten Ebene ist die pädagogische (= erziehungswissenschaftliche) Theoriebildung anzusiedeln.

Dem sind auch aus heutiger Sicht nur zwei Aspekte hinzuzufügen: Die Situation der Erziehungswissenschaft hat sich angesichts des politischen Drucks, doch endlich „Gültiges" über das deutsche Schulwesen zu formulieren, im Blick auf die Theoriebildung nicht vereinfacht. Und die Erziehungswissenschaft muss das verschlungene Ineinander von theoretischen Erkenntnissen und empirischen Erfahrungen einlösen, ohne es recht zu können. Ihre Problemverarbeitungskapazität erscheint dazu zu klein. Weder gelingt es, die Theorien der „ersten" Stufe zum Sprechen zu bringen, noch gelingt es, die „dritte" Stufe wirklich zu elaborieren. Und hier sind wir mitten in der Problematik der Wissenschaftsentwicklung unseres Bereichs. Denn gerade im Bereich der Benachteiligtenförderung bedarf es des **Erfahrungswissens der Praktiker**, um zu neuen Erkenntnissen zu gelangen. Die praktischen Erfahrungen der professionell Tätigen bieten immer noch und allererst die Hauptquelle unserer Erkenntnisse. Wie können nun in der heutigen Zeit einer hochentwickelten Wissenschaftskultur die praktischen Erfahrungen fruchtbar gemacht werden?

Dies wird mustergültig an einer Studie von Robert Jahn deutlich, die sich mit den „Stützlehrern" in der Benachteiligtenförderung befasst (Jahn 2011). Angesichts der Komplexität ihrer Aufgaben und angesichts der breiten Dimensionen ihrer pädagogischen Tätigkeiten erscheinen die Stützlehrer in der Studie in einem neuen Licht. Klassisch begann der Stützlehrer als trägernaher Nachhilfelehrer, der das praktische Tun der Jugendlichen unterstützen und vor allen Dingen die Fachtheorie der Teilzeitberufsschule nacharbeiten sollte. Ein solches vereinfachtes Bild lässt sich auf Basis der empirischen, der theoretischen und der pädagogisch-konstruktiven Ausführungen der Studie nicht mehr halten. Vor dem Hintergrund der gewichtigen Zahl der Stützlehrer und angesichts der Differenziertheit ihrer Tätigkeiten müssen sie – im Blick auf die Entfaltungsmöglichkeiten benachteiligter junger Menschen – nachhaltig professionalisiert werden. Damit kommt die Wissenschaft der Benachteiligtenförderung ins Spiel. Die Studie nimmt die bildungspolitisch ungeliebte, aber in der Realität des Bildungswesens vorhandene Tatsache auf, dass eine große Gruppe junger Menschen fernab beruflicher Bildung gleichwohl eben dieser bedarf. Es braucht erhebliche Professionalisierungsanstrengungen der Berufs- und Wirtschaftspädagogik, um das Umsetzungs- und Durchführungsdefizit zu mindern – so Robert Jahn.

► Transdisziplinarität II: Notwendigkeit der Vernetzung wissenschaftlicher Disziplinen am Beispiel der sprachlichen Bildung

Sprachbildung gilt vor dem Hintergrund steigender sprachlicher und kommunikativer Anforderungen in der Ausbildung und im Beruf inzwischen als wichtige Querschnittsaufgabe in der Berufsvorbereitung. Jugendliche im Übergang Schule–Beruf benötigen eine „relativ kurzfristige Förderung, die sich eng an den fachlichen Erfordernissen und den individuellen bzw. lerngruppenspezifischen Ausgangslagen orientiert" (Ohm, Kuhn & Funk 2007, 131). Wenn in der beruflichen Qualifizierung von Jugendlichen mit besonderem Förderbedarf vor allem ihre Stärken bzw. Kompetenzen und nicht ihre Defizite im Vordergrund stehen sollen, dann sind entsprechende Konzepte ein Desiderat: Bislang werden Fördermaßnahmen überwiegend als additive Angebote für bestimmte Zielgruppen (z.B. Jugendliche mit Migrationshintergrund) und auf lokaler Ebene durchgeführt, vorhandene Sprachkompetenzen der Jugendlichen werden in der Regel als defizitär wahrgenommen; auch die sprachliche Vielfalt der Zielgruppen im Übergangsbereich spielt bislang lediglich eine untergeordnete Rolle. Einen interessanten Ansatz stellt das im Rahmen des Modellversuchs FörMig (Förderung von Kindern und Jugendlichen mit Migrationshintergrund) entwickelte Konzept der „Durchgängigen Sprachbildung" (Gogolin & Lange 2010) dar, das eine individuelle Sprachförderung von Kindern und Jugendlichen während ihrer gesamten Bildungsbiografie vorsieht. Im Übergang Schule – Beruf wurde dieses Konzept allerdings erst in Ansätzen aufgegriffen (Daase 2012).

Die Integration eines Sprachfördercurriculums in berufliche und lebensweltliche Lehr-/Lernarrangements ist eine komplexe Aufgabe: Die Anforderungen an Sprachkompetenzen unterscheiden sich z.B. je nach beruflicher Domäne und Betriebsform. Um den Jugendlichen in der Berufsvorbereitung eine individuelle Weiterentwicklung ihrer Sprachkompetenzen ermöglichen zu können, stehen Fachlehrkräfte aus Praxis und Theorie, oftmals ohne eine entsprechende Qualifizierung (z.B. im Bereich des Deutschen als Zweit- und Fremdsprache), vor der Herausforderung, unterschiedliche sprachliche Ressourcen der jungen Menschen zu identifizieren, von denen aus weitere sprachliche Kompetenzbereiche erschlossen werden können. Die Konkretisierung von Konzepten zur Sprachbildung im Übergang Schule – Beruf ist somit ohne eine Zusammenführung von Expertise aus der Berufsbildungsforschung, der beruflichen Benachteiligtenförderung und dem Bereich Deutsch als Zweit- und Fremdsprache nur schwerlich denkbar (Steuber 2012b).

▶ Eine wissenschaftliche Berufliche Förderpädagogik!

Aus den beiden Beispielen mag deutlich werden: Es gibt Ansatzpunkte. Die Fachszene beginnt – im besten Sinne des Wortes – „autopoietisch" zu argumentieren. Sie ist in der Lage, das Problem von Benachteiligtenförderung und Übergangssystem mittels eigenständiger Fragen und Herangehensweisen zu kontextualisieren. Besonderheiten dieses Bildungsbereichs erscheinen nicht mehr nur als Reflex auf allgemeine Probleme im Bildungswesen, sondern werden so bearbeitet, dass spezifische Fragestellungen hervortreten. Pädagogische Wirksamkeit wird nicht mehr allein aus sich selbst heraus interpretiert, also z.B. aus dem Kontext einzelner Bildungsgänge oder aus dem situativen Verhalten von Jugendlichen, sondern erscheint als **komplexe Wechselwirkung in einem sozialen Gesamtkontext**. Berufliche Förderpädagogik gewinnt an Breite; sie hat sich als eigenständige Fachlichkeit etabliert. Sie nutzt Impulse aus anderen Wissenschaften und beginnt, das eigene Fachwissen zu nutzen, um die bildungspolitischen Umwälzungen ihres eigenen Sujets zu verorten. Die Verortung von Bildungsgängen (Bojanowski 2012a), von Klassifizierungsverfahren (Ratschinski & Struck 2012) oder von historisch-gesellschaftlichen Strukturierungshintergründen von Bildungsstrategien und prekären Lebenssituationen (Buchmann & Huisinga 2012; Niemeyer 2012) könnte dazu verhelfen, das bisher unübersichtliche Terrain systematischer zu fassen.

18.4 Unser Credo: Vernetzung der wissenschaftlichen Disziplinen und Symbiose von Theorie und Praxis

! Als Fachkraft in der Beruflichen Benachteiligtenförderung sollte man die vier Pädagogiken (Berufspädagogik, Schulpädagogik, Sonderpädagogik, Sozialpädagogik) kennen, um sie auf aktuelle theoretische und praktische Fragestellungen anwenden zu können. Darüber hinaus ist eine Verbesserung des fachlichen Austausches zwischen den differentiellen Pädagogiken erforderlich.

! Für die Entwicklung von Förderstrategien sollte der Grundsatz „Jeder Benachteiligte ist anders!" gelten. Zielgruppenansätze berücksichtigen spezifische Förderbedarfe bis zu einem gewissen Maß, gehen jedoch nach wie vor von homogenen Lerngruppen aus (Individualisierungstheorem der Beruflichen Förderpädagogik).

! Die Entwicklung einer eigenständigen „Forschungskultur Berufliche Förderpädagogik" ist notwendig. Dies erfordert neben einer Vernetzung verschiedener wissenschaftlicher Disziplinen auch immer eine Verschränkung von Theorie und Praxis (Wissen und Können). Mögliche Erkenntnisse und Erfahrungen aus der Praxis sollten systematisch in den Wissenskorpus zurückfließen um dort wiederum für weitere Erfahrungszugewinne genutzt werden zu können.

! Um das Innere der „Black Box Übergangssystem" aufzudecken, ist wissenschaftliche Offenheit erforderlich. Es besteht ein Bedarf an Grundlagenforschung und anwendungsorientierter Forschung. Beide Forschungsrichtungen sollten aufeinander bezogen werden.

! Für die Berufsschul-Lehrerbildung ist eine entsprechende wissenschaftliche Infrastruktur notwendig. Die meisten zukünftigen Lehramtsanwärter werden mit benachteiligten Jugendlichen arbeiten. Bislang werden sie jedoch unzureichend auf diese Aufgabe vorbereitet. Somit bedarf es an Universitäten mit

Berufsschullehrerausbildung eines Ausbaus von Forschung und Lehre zur Beruflichen Förderpädagogik. Dafür sind drei mögliche Varianten denkbar: (1) Erweiterung des Basiscurriculums Berufs- und Wirtschaftspädagogik, (2) Einrichtung eines Wahlpflichtbereichs „Berufliche Förderpädagogik" oder (3) Implementierung eines eigenständigen Studiengangs (Sektion Berufs- und Wirtschaftspädagogik 2009, 20f.).

18.5 Praktische Empfehlungen, Aufträge, Übungen, Tipps

☞ **Übung 1**
Suchen Sie sich vertiefende Informationen über Ressourcen und Förderbedarfe benachteiligter Jugendlicher in der einschlägigen pädagogischen Literatur (→ Kapitel 7). Erstellen Sie auf dieser Grundlage eine *Zielgruppendefinition*. Befragen Sie dann Experten aus der Praxis der beruflichen Benachteiligtenförderung zu den o.g. Aspekten und vergleichen Sie die Ergebnisse mit Ihrer Zielgruppendefinition. Wo sehen Sie Überschneidungen, wo stellen Sie Abweichungen fest?

☞ **Übung 2**
Informieren Sie sich in der sonderpädagogischen bzw. psychologischen Literatur über diagnostische Verfahren zur *Ermittlung der Lesekompetenz*. Wählen Sie einen Test aus und kritisieren Sie diesen unter Aspekten der Beruflichen Förderpädagogik. Beschreiben Sie anschließend eine Strategie, wie man diesen Test für den Einsatz in der beruflichen Benachteiligtenförderung weiterentwickeln kann.

📖 Literatur zum Weiterlesen

Die zur Vertiefung empfohlenen Texte können Ihnen zeigen, wie sich allmählich neue Wissensarchitekturen in der Beruflichen Förderpädagogik entwickeln können:

- Steuber, A. (2012b): Sprachbildung im Kontext beruflicher Tätigkeiten – auf der Suche nach einer methodisch-didaktischen Konkretisierung. In: Ratschinski, G. & Steuber, A. (Hrsg.): Ausbildungsreife. Kontroversen, Alternativen und Förderansätze. Wiesbaden: Springer VS, S. 301-315.
- Ratschinski, G. (2009): Selbstkonzept und Berufswahl – Eine Überprüfung der Berufswahltheorie von Gottfredson an Sekundarschülern. Münster: Waxmann.
- Koch, M. & Bojanowski, A. (2013): Deklassierende Dispositive. Zur kulturgeschichtlichen Dimension des zeitgenössischen Übergangsgeschehens. In: Maier, M.S. & Vogel, T. (Hrsg.): Blinde Flecke in der Debatte zum Übergangssystem Schule – Beruf (im Erscheinen).

Literatur

Arendt, H. (1992): Vita Activa oder vom tätigen Leben. München: Piper.

Ahrens, F. (2012): … wir lernen da zwar, aber nicht so schülerisch, sondern mehr so Spaß. Zur Bedeutung, Sichtbarmachung und Anerkennung informell erworbener Kompetenzen am Übergang von der Schule in die Arbeitswelt für benachteiligte Jugendliche. Münster: LIT.

Allmendinger, J. & Leibfried, S. (2002): Bildungsarmut im Sozialstaat. In: Burkart, G. & Wolf, J. (Hrsg.): Lebenszeiten. Erkundungen zur Soziologie der Generationen. Opladen: Leske + Budrich, S. 287-315.

Arbeitskreis Assessment Center e.V. (2004): Standards der Assessment Center Technik. http://www.arbeitskreis-ac.de/projekte/standards/ac-standards.pdf, 07.03.05.

Argyris, C. & Schön, D. A. (1999): Die Lernende Organisation. Grundlagen, Methode, Praxis. Stuttgart: Klett-Cotta.

Arnold, R. & Pätzold, H. (2002): Schulpädagogik kompakt. Prüfungswissen auf den Punkt gebracht. Berlin: Cornelsen.

Autorengruppe Bildungsberichterstattung (2008): Bildung in Deutschland 2008. Ein indikatorengestützter Bericht mit einer Analyse zu Übergängen im Anschluss an den Sekundarbereich II. Bielefeld: Bertelsmann.

Autorengruppe Bildungsberichterstattung (2010a): Bildung in Deutschland 2010. Ein indikatorengestützter Bericht mit einer Analyse zu Perspektiven des Bildungswesens im demografischen Wandel. Bielefeld: Bertelsmann.

Autorengruppe Bildungsberichterstattung (2010b): Bildung in Deutschland 2010. Ein indikatorengestützter Bericht mit einer Analyse zu Perspektiven des Bildungswesens im demografischen Wandel. Tabelle E1 zu Kapitel E. http://www.bildungsbericht.de/zeigen.html?seite=8407, 03.10.2012.

Autorengruppe Bildungsberichterstattung (2012a): Bildung in Deutschland 2012. Ein indikatorengestützter Bericht mit einer Analyse zur kulturellen Bildung im Lebenslauf. Bielefeld: Bertelsmann.

Autorengruppe Bildungsberichterstattung (2012b): Bildung in Deutschland 2012. Ein indikatorengestützter Bericht mit einer Analyse zur kulturellen Bildung im Lebenslauf. Tabellenanhang E1 Ausbildungsanfänge – Strukturentwicklung in der beruflichen Bildung. http://www.bildungsbericht.de/zeigen.html?seite=10217, 03.02.2013.

BA (Bundesagentur für Arbeit) (2004): Berufsvorbereitende Bildungsmaßnahmen (BvB) der Bundesagentur für Arbeit (BA). Neues Förderkonzept vom 12. Januar 2004.

BA (Bundesagentur für Arbeit) (2009a): Fachkonzept für Berufsvorbereitende Bildungsmaßnahmen nach § 61, 61a SGB III. http://www.arbeitsagentur.de/zentraler-Content/HEGA-Internet/A05-Berufl-Qualifizierung/Publikation/HEGA-11-2009-VA-Erg-BvB-Fachkonzept-Anlage-2.pdf, 11.03.2010.

BA (Bundesagentur für Arbeit) (2009b): SGB II – Arbeitshilfe Arbeitsgelegenheiten (AGH) nach § 16d SGB II. Juli 2009. http://www.arbeitsagentur.de/zentraler-Content/HEGA-Internet/A06-Schaffung/Publikation/GA-SGB-2-NR-21-2009-07-14-Anlage.pdf, 08.10.10.

BA (Bundesagentur für Arbeit) (2009c): Statistik der Bundesagentur für Arbeit. Arbeitsmarkt in Zahlen, Ausbildungsstellenmarkt, Berufsausbildungsstellen. http://statistik.arbeitsagentur.de/cae/servlet/contentblob/216258/publicationFile/98266/zr-bb-st-d-0-zip.zip, 08.03.2011.

BA (Bundesagentur für Arbeit) (2010): Amtliche Nachrichten der Bundesagentur für Arbeit. Arbeitsstatistik 2009. Jahreszahlen. http://statistik.arbeitsagentur.de/

Statistikdaten/Detail/200912/arbeitsstatistik/arbeitsstatistik/arbeitsstatistik-d-o-pdf.pdf, 03.10.2012.

BA (Bundesagentur für Arbeit) (2011a): Amtliche Nachrichten der Bundesagentur für Arbeit. Arbeits-statistik 2010. Jahreszahlen. http://statistik.arbeitsagentur.de/Statistikdaten/Detail/201012/arbeitsstatistik/arbeitsstatistik-d-o-pdf.pdf, 03.10.2012.

BA (Bundesagentur für Arbeit) (2011b): Statistik der Bundesagentur für Arbeit. Einnahmen und Aus-gaben der BA (Abrechnungsergebnisse im Haushaltsjahr). Dezember 2010. http://statistik.arbeitsagentur.de/Statistikdaten/Detail/201012/iiia5/abrechnung-r905/r905-d-o-xls.xls, 06.09.2011.

BA (Bundesagentur für Arbeit) (2012a): Fachkonzept „Berufsvorbereitende Bildungsmaßnahmen mit produktionsorientiertem Ansatz (BvB-Pro)". http://www.arbeitsagentur.de/zentraler-Content/HEGA-Internet/A05-Berufl-Qualifizierung/Dokument/HEGA-11-2012-VA-BvB-mit-produktionsorientiertem-Ansatz-Anlage-1.pdf, 06.03.2013.

BA (Bundesagentur für Arbeit) (2012b): Statistik der Bundesagentur für Arbeit. Arbeitsmarkt in Zahlen. Förderstatistik. Ausgewählte arbeitsmarktpolitische Instrumente für Personen unter 25 Jahre. Juni 2012. http://statistik.arbeitsagentur.de/Statistikdaten/Detail/Aktuell/iiia5/u25-amp-u25-endg/amp-u25-endg-r-o-zip.zip, 02.10.2012.

BA (Bundesagentur für Arbeit) (2012c): SGB II. Fachliche Hinweise. Arbeitsgelegenheiten (AGH) nach § 16d SGB II. April 2012. http://www.arbeitsagentur.de/zentraler-Content/HEGA-Internet/A06-Schaffung/Dokument/HEGA-01-2012-Gesetz-Oeffentlich-gefoerderte-Beschaeftigung-Anlage-1.pdf, 03.10.2012.

BA (Bundesagentur für Arbeit) (2012d): SGB II. Sozialgesetzbuch Zweites Buch. Grundsicherung für Arbeitsuchende in Zahlen. August 2012. http://statistik.arbeitsagentur.de/Statistikdaten/Detail/201208/iiia7/grusi-in-zahlen/grusi-in-zahlen-d-o-pdf.pdf, 03.10.2012.

BA (Bundesagentur für Arbeit) (2013): Statistik der Bundesagentur für Arbeit. Arbeitsmarkt in Zahlen – Förderstatistik. Ausgewählte arbeitsmarktpolitische Instrumente für Personen unter 25 Jahre. Deutschland Oktober 2012. http://statistik.arbeitsagentur.de/Statistikdaten/Detail/Aktuell/iiia5/u25-amp-u25-endg-zr/amp-u25-endg-zr-r-o-zip.zip, 06.09.2011.

Badel, S. (2003): Basiskompetenzen Jugendlicher in berufsvorbereitenden Maßnahmen des Berufs-feldes Ernährung und Hauswirtschaft in Berlin. In: Buer, J. v. & Zlatkin-Troitschanskaia, O. (Hrsg.): Berufliche Bildung auf dem Prüfstand. Entwicklung zwischen systemischer Steuerung, Transformation durch Modellversuche und unterrichtlicher Innovation. Frankfurt/Main: Lang, S. 119-156.

Badel, S. (2006): Sind Berliner Schulabgänger ausbildungsfähig? Ergebnisse einer Untersuchung zu Basiskompetenzen Jugendlicher. Wirtschaft und Erziehung 86 (5), S. 160-164.

Baethge, M., Solga, H. & Wieck, M. (2007): Berufsbildung im Umbruch. Signale eines überfälligen Aufbruchs. Berlin: Friedrich-Ebert-Stiftung.

Bals, T. & Koch, M. (2012): Zur Komplexität und Empirie des Übergangssystems. Erfassung und Analyse des Übergangssystems in der Region Osnabrück. Paderborn: Eusl.

Baltes, P.B. (1990): Entwicklungspsychologie der Lebensspanne. Theoretische Leitsätze. Psychologische Rundschau 41 (1), S. 1-24.

Bandura, A. (1997): Self-Efficacy. The exercise of control. New York: Freeman.

Baudisch, W. (1997): Lernbeeinträchtigungen, Lernstörungen und Lernbehinderungen. Begriffsbestimmungen, Diagnostik und Förderstrategien. In: Institut für berufliche Bildung, Arbeitsmarkt- und Sozialpolitik (Hrsg.): Berufsausbildungen in Sonderform – Chancen oder Sackgasse. Wege zur Qualifizierung und Beschäftigung lernbehinderter und lernbeeinträchtigter junger Menschen. Frankfurt/Main: INBAS, S. 53-62.

Baudisch, W. (2002): Zum Perspektivwechsel in der Rehabilitationspädagogik. Seine Bedeutung für Fragen der beruflichen Rehabilitation. In: Baudisch, W. & Bojanowski, A. (Hrsg.): Berufliche Rehabilitation mit behinderten und benachteiligten Jugendlichen im Berufsbildungswerk. Münster: LIT, S. 15-26.

Baudisch, W & Bojanowski, A. (Hrsg.) (2002): Berufliche Rehabilitation mit behinderten und benachteiligten Jugendlichen im Berufsbildungswerk. Münster: LIT.

Baumgart, F. (Hrsg.) (2000): Theorien der Sozialisation. Erläuterungen, Texte, Arbeitsaufgaben. 2. Auflage. Bad Heilbrunn: Klinkhardt.

Beck, U. (1986): Risikogesellschaft. Auf dem Weg in eine andere Moderne. Frankfurt/Main: Suhrkamp.

Beck, U., Brater, M. & Daheim, H.J. (1980): Soziologie der Arbeit und der Berufe. Reinbek: Rowohlt.

Beicht, U. & Granato, M. (2009): Übergänge in eine berufliche Ausbildung. Geringere Chancen und schwierige Wege für junge Menschen mit Migrationshintergrund. http://www.bibb.de/de/52287.htm, 20.03.2013.

Bellmann, L. & Stegmaier, J. (2007): Einfache Arbeit in Deutschland. Restgröße oder relevanter Beschäftigungsbereich? In: Friedrich-Ebert-Stiftung (Hrsg.): Perspektiven der Erwerbsarbeit. Einfache Arbeit in Deutschland. Dokumentation einer Fachkonferenz der Friedrich-Ebert-Stiftung. http://library.fes.de/pdf-files/asfo/04591.pdf, 21.02.2013.

Benner, D. (1978): Hauptströmungen der Erziehungswissenschaft. Eine Systematik traditioneller und moderner Theorien. München: List.

Benner, D. (1993): Die Pädagogik Herbarts: Eine problemgeschichtliche Einführung in die Systematik neuzeitlicher Pädagogik. 2. Auflage. Weinheim: Juventa.

Benner, D. (2001): Allgemeine Pädagogik. Eine systematisch-problemgeschichtliche Einführung. Weinheim: Juventa.

Bereswill, M., Koesling, A. & Neuber, A. (2008a): Umwege in Arbeit. Die Bedeutung von Tätigkeit in den Biographien junger Männer mit Hafterfahrung. Baden-Baden: Nomos.

Bereswill, M., Koesling, A. & Neuber, A. (2008b): Brüchige Erfolge. Biographische Diskontinuität, Inhaftierung und Integration. In: Goerdeler, J. & Walkenhorst, P. (Hrsg.): Jugendstrafvollzug in Deutschland. Neue Gesetze, neue Strukturen, neue Praxis? Mönchengladbach: Forum Verlag Godesberg, S. 294-312.

Berntzen, V. (2002): MELBA – auch ein Kompetenzfeststellungsverfahren für arbeits- und/oder ausbildungslose Jugendliche. In: Institut für berufliche Bildung, Arbeitsmarkt- und Sozialpolitik (Hrsg.): Kompetenzfeststellung. Teil 1: Grundlagen. Offenbach: INBAS, S. 143-154.

Beste, J., Bethmann, A. & Trappmann, M. (2010): Arbeitsmotivation und Konzessionsbereitschaft. ALG-II-Bezug ist nur selten ein Ruhekissen. IAB Kurzbericht 15/2010. http://doku.iab.de/kurzber/2010/kb1510.pdf, 21.02.2013.

Bethscheider, M. & Settelmeyer, A. (2011): Jugendliche mit Migrationshintergrund. In: Bundesinstitut für Berufsbildung (Hrsg.): Datenreport zum Berufsbildungsbericht 2011. Informationen und Analysen zur Entwicklung in der beruflichen Bildung. Bonn: BIBB, S. 188-93.

BIBB (Bundesinstitut für Berufsbildung) (2010a): Datenreport zum Berufsbildungsbericht. Informationen und Analysen zur Entwicklung der beruflichen Bildung. Tabellen zum Datenreport 2010. http://datenreport.bibb.de/media2010/a12voe_datenreport_bbb_2010_tabellen.pdf, 20.02.2013.

BIBB (Bundesinstitut für Berufsbildung) (2010b): Datenreport zum Berufsbildungsbericht 2010. Informationen und Analysen zur Entwicklung der beruflichen Bildung. Bonn: BIBB.

BIBB (Bundesinstitut für Berufsbildung) (2012): Datenreport zum Berufsbildungsbericht 2011. Informationen und Analysen zur Entwicklung der beruflichen Bildung. Bonn: BIBB.

Biermann, H. & Rützel, J. (1991): Benachteiligte in der beruflichen Bildung. Eine alte Gruppe mit neuen Risiken? Berufsbildung, 45 (1991) 11/12, S. 414-421.

Biermann, H. & Rützel, J. (1999): Didaktik der beruflichen Bildung Benachteiligter. In: Biermann, H., Bonz, B. & Rützel, J. (Hrsg.): Beiträge zur Didaktik der Berufsausbildung Benachteiligter. Stuttgart: Holland + Josenhans, S. 11-37.

Biermann, H., Bonz, B. & Rützel, J. (Hrsg.) (1999): Beträge zur Didaktik der Berufsbildung Benachteiligter. Stuttgart: Holland + Josenhans.

BMBF (Bundesministerium für Bildung und Forschung) (Hrsg.) (2002): Berufliche Qualifizierung Jugendlicher mit besonderem Förderbedarf. Berlin.

BMBF (Bundesministerium für Bildung und Forschung) (Hrsg.) (2005): Berufliche Qualifizierung Jugendlicher mit besonderem Förderbedarf. Benachteiligtenförderung. http://www.kompetenzen-foerdern.de/Handbuch_BNF_opt.pdf, 04.06.2012.

BMJFFG (Bundesministerium für Jugend, Familie, Frauen und Gesundheit) (Hrsg.) (1990): Achter Jugendbericht. Bericht über Bestrebungen und Leistungen der Jugendhilfe. Bonn.

BMVBS (Bundesministerium für Verkehr, Bau und Stadtentwicklung) (Hrsg.) (2011): Bildung, Wirtschaft, Arbeit im Quartier (BIWAQ). Gemeinsam neue Perspektiven schaffen. http://www.biwaq.de/nn_248698/DE/4Veroeffentlichungen/BIWAQ__ Broschuere__2011,templateId=raw,property=publicationFile.pdf/BIWAQ_Broschue re_2011.pdf, 02.10.2012.

Boban, I. & Hinz, A. (2005): Persönliche Zukunftsplanung mit Unterstützerkreisen. Ein Ansatz auch für das Leben mit Unterstützung in der Arbeitswelt. In: Bieker, R. (Hrsg.): Teilhabe am Arbeitsleben. Wege der beruflichen Integration von Menschen mit Behinderung. Stuttgart: Kohlhammer, S. 133-145.

Bohlinger, S. (2004): Der Benachteiligtenbegriff in der beruflichen Bildung. Zeitschrift für Berufs- und Wirtschaftspädagogik. 100. Jg. Nr. 2, S. 230-241.

Böhnisch, L. (1998): Grundbegriffe einer Jugendarbeit als „Lebensort". Bedürftigkeit, Pädagogischer Bezug und Milieubildung. In: Böhnisch, L., Rudolph, M. & Wolf, B. (Hrsg.): Jugendarbeit als Lebensort. Jugendpädagogische Orientierungen zwischen Offenheit und Halt. Weinheim: Juventa, S. 155-168.

Böhnisch, L. (2001): Abweichendes Verhalten. Eine pädagogisch-soziologische Einführung. Weinheim: Juventa.

Bojanowski, A. (1996): Die Produktionsschule. In: Dedering, H. (Hrsg.): Handbuch zur arbeitsorientierten Bildung. München: Oldenbourg, S. 479-500.

Bojanowski, A. (2001): Sind Institutionen menschenblind? Ein Versuch zur Qualitätsdebatte in der Sozialen Arbeit – mit Hilfe des Philosophen Avishai Margalit. In: Berg, W. (Hrsg.): Wie professionell darf Soziale Arbeit sein? Tagungsband der FH Merseburg, Fachbereich Sozialwesen am 21.-23. Juni 2001 in Merseburg. Aachen: Kovacs, S. 53-57.

Bojanowski, A. (2002): Selbstverantwortete Projektarbeit – ein Entwicklungsimpuls für „lernende Organisationen" in der Benachteiligtenförderung. In: Baudisch, W. & Bojanowski, A. (Hrsg.): Berufliche Rehabilitation mit behinderten und benachteiligten Jugendlichen im Berufsbildungswerk. Münster: LIT, S. 41-62.

Bojanowski, A. (2004): Kooperation und Netzwerkbildung in der Benachteiligtenförderung. Eine professionelle Aufgabe für das Fachpersonal. In: Kampmeier, A.S. & Niemeyer, B. (Hrsg.): Benachteiligtenförderung. Auf dem Weg zu einer professionalisierten Kooperation. Goldebeck: Mohland, S. 39-60.

Bojanowski, A. (2005a): Umriss einer beruflichen Förderpädagogik. Systematisierungsvorschlag zu einer Pädagogik für benachteiligte Jugendliche. In: Bojanowski, A., Ratschinski, G. & Straßer, P. (Hrsg.): Diesseits vom Abseits. Studien zur beruflichen Benachteiligtenförderung. Bielefeld: Bertelsmann, S. 330-362.

Bojanowski, A. (2005b): „Wirklich irritierend" Eine Erkundungsreise zu den dänischen Produktionsschulen. In: Büchter, K., Seubert, R. & Weise-Barkowsky, G. (Hrsg.): Berufspädagogische Erkundungen. Eine Bestandsaufnahme in verschiedenen Forschungsfeldern. Festschrift für Martin Kipp. Frankfurt/Main: GAFB, S. 333-347.

Bojanowski, A. (2008): Professionalisierung des Fachpersonals in der beruflichen Benachteiligtenförderung. Ein curricularer Vorschlag für die Fachszene. In: Faßhauer, U., Münk, D. & Paul-Kohlhoff, A. (Hrsg.): Berufspädagogische Forschung in sozialer Verantwortung. Festschrift für Josef Rützel zum 65. Geburtstag. Stuttgart: Steiner, S. 209-220.

Bojanowski, A. (2011): Charakteristika von Produktionsschulen in Deutschland. Annäherungen an eine „amtliche" Definition. In: Meier, J., Gentner, C. & Bojanowski, A. (Hrsg.): Produktionsschule verstetigen! Handlungsempfehlungen für die Bildungspolitik. Münster: Waxmann, S. 15-26.

Bojanowski, A. (2012a): Bildungs- und ordnungspolitische Neuformatierung des Übergangssystems. Versuch eines „Masterplans". In: Bojanowski, A. & Eckert, M. (Hrsg.): Black Box Übergangssystem. Münster: Waxmann, S. 62-78.

Bojanowski, A. (2012b): „Moratorium 2.0". Oder: Wie das Übergangssystem in Sozialisations- und Individuationsprozesse eingreift. In: Ratschinski, G. & Steuber, A. (Hrsg.): Ausbildungsreife. Kontroversen, Alternativen und Förderansätze. Wiesbaden: Springer VS, S. 115-132.

Bojanowski, A. (2012c): Eine „berufliche Förderpädagogik" für benachteiligte Jugendliche. Interview mit Prof. Dr. Arnulf Bojanowski. G.I.B.INFO 2/12, S. 16-21.

Bojanowski, A. & Eckert, M. (2012) (Hrsg.): Black Box Übergangssystem. Münster: Waxmann.

Bojanowski, A., Carstensen-Bretheuer, E. & Kipp, M. (1996): Jugendliche besser verstehen und ganzheitlich fördern. Frankfurt/Main: GAFB.

Bojanowski, A., Eckardt, P. & Ratschinski, G. (2005): Annäherung an die Benachteiligtenforschung. Verortung und Strukturierung. In: Bojanowski, A., Ratschinski, G. & Straßer, P. (Hrsg.): Diesseits vom Abseits. Studien zur beruflichen Benachteiligtenförderung. Bielefeld: Bertelsmann, S. 10-40.

Bojanowski, A., Koch, M., Ratschinski, G. & Straßer, P. (2007): Der Teile genug! Vision einer Systematischen Benachteiligtenförderung. Ein Verfahrensvorschlag an die Fachszene. Jugend, Beruf, Gesellschaft. Heft 2, S. 105-118.

Bönsch, M. (2004): Differenzierung in Schule und Unterricht. Ansprüche, Formen, Strategien. 2. Auflage. München: Oldenbourg.

Bönsch, M. (2006): Allgemeine Didaktik. Ein Handbuch zur Wissenschaft vom Unterricht. Stuttgart: Kohlhammer.

Bonz, B. (2006): Methodik. Lern-Arrangements in der Berufsbildung. Baltmannsweiler: Schneider Hohengehren.

Bonz, B. (2009): Methoden der Berufsbildung. 2. Auflage. Stuttgart: Hirzel.

Bonz, B. & Huisinga, R. (1999): Methoden und Medien. In: Biermann, H., Bonz, B. & Rützel, J.: Beiträge zur Didaktik der Berufsbildung Benachteiligter. Stuttgart: Holland + Josenhans, S. 38-55.

Börchers, U. & Rütters, K. (2005): Ausbildung von Jugendlichen mit besonderem Förderbedarf zum Teilezurichter in einer dual-kooperativen Berufsschule. In: Bojanowski, A., Ratschinski, G. & Straßer, P. (Hrsg.): Diesseits vom Abseits. Studien zur beruflichen Benachteiligtenförderung. Bielefeld: Bertelsmann, S. 222-241.

Bosch, G. (2012): Prekäre Beschäftigung und Neuordnung am Arbeitsmarkt. Expertise im Auftrag der Industriegewerkschaft Metall. Duisburg: Institut Arbeit und Qualifikation.

Bourdieu, P. (1987): Sozialer Sinn. Kritik der theoretischen Vernunft. Frankfurt/Main: Suhrkamp.

Bourdieu, P. (1997): Prekarität ist überall. In: Gegenfeuer. Wortmeldungen im Dienste des Widerstands gegen die neoliberale Invasion. Konstanz: UVK, S. 96-102.

Bourdieu, P. (2001): Meditationen. Zur Kritik der scholastischen Vernunft. Frankfurt/Main: Suhrkamp.

Brandt, O. & Iske, G. (2008): Erfolgsfaktoren. Zur Funktionsweise von Werkstattpädagogik. In: Gentner, C., Bojanowski, A. & Wergin, C. (Hrsg.): Kurs finden. Junge Menschen auf dem Weg ins Leben. Produktionsschulen in Mecklenburg-Vorpommern. Münster: Waxmann, S. 39-51.

Brater, M., Büchele, U., Fucke, E. & Herz, G. (1988): Berufsbildung und Persönlichkeitsentwicklung. Stuttgart: Freies Geistesleben.

Braun, F. (2002a): Jugendarbeitslosigkeit aus der Perspektive von Arbeitsmarktförderung und Arbeitsmarktpolitik. In: Fülbier, P. & Münchmeier, R. (Hrsg.): Handbuch Jugendsozialarbeit. Geschichte, Grundlagen, Konzepte, Handlungsfelder, Organisationen. Bd. 1. Münster: Votum. S. 394-407.

Braun, F. (2002b): Jugendarbeitslosigkeit und Benachteiligtenförderung. In: Tippelt, R. (Hrsg): Handbuch der Bildungsforschung. Opladen: Leske + Budrich, S. 761-774.

Braun, F., Schäfer, H. & Schneider, H. (1985): Jugendarbeitslosigkeit. Strukturdaten und Konsequenzen. In: Deutsches Jugendinstitut (Hrsg.): Immer diese Jugend. München: Kösel. S. 225-237.

Bremer, H. (2006): Lernen, Lernwiderstände und soziale Milieus. In: Faulstich, P. & Bayer, M. (Hrsg.): Lernwiderstände. Anlässe für Vermittlung und Beratung. Hamburg: VSA, S. 39-54.

Breuer, K.H. (2002): Jugendsozialarbeit in der Zeit nach dem Zweiten Weltkrieg (1945-1965). In: Fülbier, P. & Münchmeier, R. (Hrsg.): Handbuch Jugendsozialarbeit. Bd. 1. 2. Aufl. Münster: Votum, S. 47-83.

Brinkmann, U., Dörre, K., Röbenack, S., Kraemer, K. & Speidel, F. (2006): Prekäre Arbeit. Ursachen, Ausmaß, soziale Folgen und subjektive Verarbeitungsformen unsicherer Beschäftigungsverhältnisse. Bonn: Friedrich-Ebert-Stiftung.

Buchholz, C. & Haubner, A. (2005): Kompetenzanregung beim Fachpersonal in der Benachteiligtenförderung. Zum Modellversuch „Lernorte im Dialog". In: Bojanowski, A., Ratschinski, G. & Straßer, P. (Hrsg.): Diesseits vom Abseits. Studien zur beruflichen Benachteiligtenförderung. Bielefeld: Bertelsmann, S. 280-303.

Buchholz, C. & Straßer, P. (2007): Aktuelle Tendenzen in der schulischen Berufsvorbereitung. Eine Expertise des Instituts für Berufspädagogik und Erwachsenenbildung – Fachgebiet für Sozialpolitik – an der Leibniz Universität Hannover für das Good Practice Center zur Förderung von Benachteiligten in der beruflichen Bildung (GPC). http://www.good-practice.de/expertise_schulische_berufsvorbereitung.pdf, 09.09.2010.

Buchmann, U. & Huisinga, R. (2012): Subjektentwicklung und Inklusion im Übergangssystem. Überlegungen zu einem Forschungsprogramm. In: Bojanowski, A. & Eckert, M. (Hrsg.): Black Box Übergangssystem. Münster: Waxmann, S. 143-156.

Büchter, K. & Meyer, R. (2010): Beruf und Beruflichkeit als organisierendes Prinzip beruflicher Bildung. In: Nickolaus, R., Pätzold, G., Reinisch, H. & Tramm, T. (Hrsg.): Handbuch Berufs- und Wirtschaftspädagogik. Bad Heilbrunn: Klinkhardt. S. 323-326.

Bude, H. (2008): Die Ausgeschlossenen. Das Ende vom Traum einer gerechten Gesellschaft. München: Hanser.

Bundesanstalt für Arbeit (1999): Dienstblatt-Runderlass 50/99. Entscheidungsleitfaden zur fachlichen Qualitätsbeurteilung bei der Vergabe von Maßnahmen in der Benachteiligtenförderung (§§ 235, 240 bis 246 SGB III). Nürnberg: BfA.

Bundesregierung (2010): Die Grundpfeiler unserer Zukunft sichern. http://archiv.dstgb.de/homepage/pressemeldungen/erste_bewertung_des_eckpunktepapiers_der_spar klausur_der_bundesregierung/eckpunkte_sparpaket_br_100607.pdf, 03.03.2013.

Bundesverband Produktionsschulen (2006): Produktionsschulprinzipien. http://bv-produktionsschulen.de/downloads/Produktionsschulprinzipien.pdf, 10.03.2013.

Bundesverband Produktionsschulen (2011): Wo Produktionsschule drauf steht, soll auch Produktionsschule drin sein. Qualitätsstandards des Bundesverbandes Produktionsschulen e.V. http://www.bv-produktionsschulen.de/cms/wp-content/uploads/2011/01/Qualitätsstandards_BS_PS_web.pdf, 10.03.2013.

Bundschuh, K. (2007): Förderdiagnostik konkret. Theoretische und praktische Implikationen für die Förderschwerpunkte Lernen, geistige, emotionale und soziale Entwicklung. Bad Heilbrunn: Klinkhardt.

Burgert, M. (2001): Fit fürs Leben. Grundriss einer Pädagogik für benachteiligte Jugendliche in Schule, Ausbildung und Erwerbsarbeit. Langenau-Ulm: Armin Maas.

Bußhoff, L. (1989): Berufswahl. Theorien und ihre Bedeutung für die Praxis der Berufsberatung. Stuttgart: Kohlhammer.

Bylinski, U. (2011): Der Weg von der Schule in die Arbeitswelt: Herausforderungen für die pädagogischen Fachkräfte. In: bwp@ Spezial 5 – HAT 2011 http://www.bwpat.de/content/ht2011/ws10/bylinski/, 20.03.2013.

Candeias, M. (2009): Von der Anomie zur Organisierung. Die Pariser Banlieue. In: Castel, R. & Dörre, K. (Hrsg.): Prekarität, Abstieg, Ausgrenzung. Die soziale Frage am Beginn des 21. Jahrhunderts. Frankfurt/Main: Campus, S. 369-379.

Castel, R. (2000): Die Metamorphosen der sozialen Frage. Eine Chronik der Lohnarbeit. Konstanz: UVK.

Christe, G., Enggruber, R., Fülbier, P. & Mergner, U. (2002): Eine empirische Studie zur Vorbereitung von Sozialpädagogen und Sozialpädagoginnen an Fachhochschulen für eine Tätigkeit in der Benachteiligtenförderung. Oldenburg: IAJ.

Combe, A. & Helsper, W. (1996): Pädagogische Professionalität. Frankfurt/Main: Suhrkamp.

Creed, P.A. & Patton, W. (2003): Predicting two components of career maturity in school based adolescents. Journal of Career Development 29 (4), S. 277-290.

Daase, A. (2012): Mehrsprachigkeit im Übergang. Sprachbildung als integralen Bestandteil etablieren! BWP 2/2012, S. 18-21.

Detmar, W., Gehrmann, M., König, F., Momper, D., Pieda, B. & Radatz, J. (2008): Entwicklung der Zugangszahlen zu Werkstätten für behinderte Menschen. http://www.bmas.de/portal/29698/property=pdf/f383__forschungsbericht.pdf, 17.09.2010.

Dewe, B., Ferchhoff, W. & Radtke, F.O. (Hrsg.) (1992): Erziehen als Profession. Zur Logik des professionellen Handelns in pädagogischen Feldern. Opladen: Leske + Budrich.

Dibbern, H. (1983): Berufsorientierung im Unterricht. Verbund von Schule und Berufsberatung in der vorberuflichen Bildung. Nürnberg: IAB.

Dietrich, H. & Kleinert, C. (2006): Der lange Arm der sozialen Herkunft. Bildungsentscheidungen arbeitsloser Jugendlicher. In: Tully, C.J. (Hrsg.): Lernen in flexibilisierten Welten. Wie sich das Lernen der Jugend verändert. Weinheim: Juventa, S. 111-130.

Dobischat, R. & Kühnlein, G. (2009): Politische Gestaltung des kommunalen Übergangsmanagements an der Passage von der Schule in die Arbeitswelt. Dokumentation eines Expertenworkshops der Universität Duisburg-Essen. Bonn: Friedrich-Ebert-Stiftung.

Dobischat, R., Kühnlein, G. & Schurgatz, R. (2012): Ausbildungsreife. Ein umstrittener Begriff beim Übergang Jugendlicher in eine Berufsausbildung. Expertise. Düsseldorf, Hans-Böckler-Stiftung. http://www.boeckler.de/pdf/p_arbp_189.pdf, 21.02.2013.

Dörfel, S. (2001): Lernen ist lernbar. Grundlagen für eine adressatengerechte Methodik und Didaktik. hiba Weiterbildung Band 10/04. Darmstadt: hiba.

Dostal, W. (2005): Berufsforschung. Beruf als Forschungsgebiet des Instituts für Arbeitsmarkt- und Berufsforschung (IAB) von 1967 bis 2003. Nürnberg: IAB.

Druckrey, P. (2003): START. Stärken ausprobieren – Ressourcen testen. Assessment Center-Verfahren für Jugendliche im Übergang von der Schule in den Beruf. Ein Projekt der IMBSE e.V. Moers: unveröffentlichtes Manuskript.

Dubs, R. (2008): Lehrerbildung zwischen Theorie und Praxis. In: Lankes, E.-M. (Hrsg.): Pädagogische Professionalität als Gegenstand empirischer Forschung. Münster: Waxmann, S. 11-28.

Ebbinghaus, M. (1999): Niwo? Wie aussagekräftig sind Untersuchungen zum Leistungsniveau von Ausbildungsanfängern? Eine methodenkritische Betrachtung ausgewählter Untersuchungen. Berlin: BIBB.

Eckert, M. & Rützel, J. (1996): Subjektorientierte Lernsituationen gestalten. Den Gegensatz von objektiven Lernanforderungen und subjektiven Lernwegen überwinden. In: Eckert, M. & Rützel, J. (Hrsg.): Didaktische Innovationen. Subjektorientierte Lernsituationen gestalten. Alsbach: Leuchtturm, S. 8-18.

Eggert, D. (1997): Von den Stärken ausgehen ... Individuelle Entwicklungspläne in der Lernförderungsdiagnostik. Ein Plädoyer für andere Denkgewohnheiten und eine veränderte Praxis. Dortmund: Borgmann.

Eggert, D. (2007): Von den Stärken ausgehen ... Individuelle Entwicklungspläne (IEP) in der Lernförderdiagnostik. Basel: Borgmannpublishing.

Ehrenthal, B., Eberhard, V. & Ulrich, J.G. (2005): Ausbildungsreife. Auch unter den Fachleuten ein heißes Eisen. Ergebnisse des BIBB-Expertenmonitors. Bonn: BIBB.

Eliasson, G: (1996): Gründe für das lebenslange Lernen. Berufsbildung. Europäische Zeitschrift 8/9. Lebenslanges Lernen. Retrospektive und Perspektiven, S. 1-4.

Endruweit, G. (2004): Organisationssoziologie. Stuttgart: Lucius & Lucius.

Enggruber, R. (1989): Organisationsentwicklung in der sozialpädagogisch orientierten Berufsausbildung. Köln: Müller Botermann.

Enggruber, R. (2001): Überlegungen zur Professionalität in der Beruflichen Bildung benachteiligter Jugendlicher. In: Enggruber, R. (Hrsg.): Berufliche Bildung benachteiligter Jugendlicher. Empirische Einblicke und sozialpädagogische Ausblicke. Münster: LIT, S 197-218.

Enggruber, R. (2011): Versuch einer Typologie von „Risikogruppen" im Übergangssystem – und damit verbundene Risiken. In: bwp@ Spezial 5 – HT 2011. http://www.bwpat.de/ht2011/ws15/enggruber_ws15-ht2011.pdf, 18.07.2012.

Enggruber, R. & Bleck, C. (2004): Modelle der Kompetenzfeststellung. Expertise im Auftrag von IRIS e.V. für die Entwicklungspartnerschaft „Arbeitsplätze für junge Menschen in der Sozialwirtschaft" im Rahmen der Gemeinschaftsinitiative EQUAL. http://www.equal-sachsen-sozialwirtschaft.de/download/Modelle_gesamt.pdf, 03.03.2005.

Enggruber, R. & Euler, D. (2003): Zielgruppen benachteiligter Jugendlicher. In: Enggruber, R., Euler, D., Gidion, G. & Wilke, J.: Pfade für Jugendliche in Ausbildung und Betrieb. Gutachten zur Darstellung der Hintergründe der unzureichenden Ausbildungs- und Beschäftigungschancen von benachteiligten Jugendlichen in Baden-Württemberg sowie deren Verbesserungsmöglichkeiten, S. 16-70. http://www.mfw. baden-wuerttemberg.de/fm7/1106/Jugendliche_Ausbildung.pdf, 19.07.2012.

Ernst, C. (1997): Berufswahl und Ausbildungsbeginn in Ost- und Westdeutschland. Eine empirisch-vergleichende Analyse in Bonn und Leipzig. Bielefeld: Bertelsmann.

Erpenbeck, J. & Rosenstiel, L. v. (2003a): Einführung. In: Erpenbeck, J. & Rosenstiel, L. v. (Hrsg.): Handbuch Kompetenzmessung. Stuttgart: Schäffer-Pöschel, S. IX-XL.

Erpenbeck, J. & Rosenstiel, L. v. (Hrsg.) (2003b): Handbuch Kompetenzmessung. Erkennen, verstehen und bewerten von Kompetenzen in der betrieblichen, pädagogischen und psychologischen Praxis. Stuttgart: Schäffer-Pöschel.

Euler, D. (2010): Einfluss der demographischen Entwicklung auf das Übergangssystem und den Berufsausbildungsmarkt. Expertise im Auftrag der Bertelsmann Stiftung. http://www.bertelsmann-stiftung.de/bst/de/media/xcms_bst_dms_32527_32528_2.pdf, 20.03.2013.

Falkensohn, R., Hüetlin, T., Leick, R., Smoltczyk, A. & Traufetter, G. (2005): Aufruhr in Eurabia. Der Spiegel 45/2005. http://www.spiegel.de/spiegel/print/d-42983326.html, 07.07.2010.

Faulstich-Wieland, H. (2006): Einführung in Genderstudien. 2. Aufl. Opladen: Barbara Budrich.

Feldmann, K. (2002): Professionalisierung und Interprofessionalisierung im Erziehungsbereich. http://klaus.feldmann.phil.uni-hannover.de/downloads/, 29.07.2010.

Fend, H. & Berger, F. (2005): Zur Einführung in den Themenschwerpunkt. Entwicklungsverläufe von der Adoleszenz ins Erwachsenenalter. Zeitschrift für Soziologie der Erziehung und Sozialisation, 25 (1), S. 4-7.

Feyerer, E. (2005): Integrative/Inklusive LehrerInnenbildung für alle PädagogInnen. In: Grubich, R. et al. (Hrsg.): Inklusive Pädagogik. Beiträge zu einem anderen Verständnis von Integration. Aspach: Edition Innsalz, S. 275-285.

Flüchtlingsrat Niedersachsen (2009): Handlungsbedarf. Zeitschrift für Flüchtlingspolitik in Niedersachsen, Heft 127, Mai, S. 68-71.

Förster, H. (2008): Ausbildungschancen von Jugendlichen im SGB II. Expertise. http://www.der-paritaetische.de/uploads/media/05_der_bericht.pdf, 03.10.2012.

Franken, S. (2009): Vorlesungsunterlagen an der FH Köln. Fakultät für Wirtschaftswissenschaften. http://www.wi.fh-koeln.de/homepages/s-franken/docs/Personalentwicklung/7-Organisationsentwicklung.pdf, 29.07.2010.

Friedemann, H.J. & Schroeder, J. (2000): Von der Schule ... ins Abseits? Untersuchungen zur beruflichen Eingliederung benachteiligter Jugendlicher. Langenau-Ulm: Vaas.

Fritzsche, Y. & Fuchs-Heinritz, W. (2000): Jugend 2000. 13. Shell Jugendstudie. Opladen: Leske + Budrich.

Füller, Ch. (2002): Kurzbesuch in der Futurum-Schule in Bålsta, Schweden. taz vom 6.2.2002, S. 14. http://www.eineschulefueralle.de/futurum-schule, 10.03.2013.

Fütterer, M., Fütterer, P., Hofmann, L., Weick, H. & Willmann, A. (2008): Ausbildung für Alle! Wege aus der Ausbildungskrise. Hamburg: VSA.

Gage, N.L. & Berliner, D.C. (1996): Pädagogische Psychologie. 5. Auflage. Weinheim: Psychologie Verlagsunion.

Galuske, M. (1993): Das Orientierungsdilemma. Jugendberufshilfe, sozialpädagogische Selbstvergewisserung und die modernisierte Arbeitsgesellschaft. Bielefeld: Böllert.

Gaupp, N., Reißig, B. & Lex, T. (2008): Hauptschüler auf dem Weg von der Schule in die Arbeitswelt. Das DJI-Übergangspanel. München: VS.

Geißler, H. (2005): Grundlagen einer pädagogischen Theorie des Organisationslernens. In: Göhlich, M., Hopf, C. & Sausele, I. (Hrsg.): Pädagogische Organisationsforschung. Wiesbaden: VS Verlag, S. 25-42.

Gentner, C. (2005): Produktionsschulen – (auch) ein Angebot für Schulverweigerer? Bericht aus einem Modellprojekt des BuntStift Kassel e.V. In: Bojanowski, A., Ratschinski, G. & Straßer, P. (Hrsg.): Diesseits vom Abseits – Studien zur beruflichen Benachteiligtenförderung. Bielefeld: Bertelsmann, S. 151-174.//www.bv-produktionsschulen.de/, 01.03.2013

Gentner, C. (2007): Zur Gestaltung von Lern- und Arbeitsräumen an Produktionsschulen. In: Paritätischer Wohlfahrtsverband – Gesamtverband e.V. (Hrsg.): Produktionsschulen. Mythos und Realität in der Jugendsozialarbeit. Heft 6 der Reihe „Paritätische Arbeitshilfe" Jugendsozialarbeit, S. 57-64.

Gentner, C. (2008a): Entwicklungsprozesse von Jugendlichen an Produktionsschulen. In: Gentner, C. (Hrsg.): Produktionsschulen im Praxistest. Untersuchungen zum Landesprogramm Produktionsschulen in Mecklenburg-Vorpommern. Münster: Waxmann, S. 27-59.

Gentner, C. (2008b): Portrait der Produktionsschule Wolgast. In: Gentner, C. (Hrsg.): Produktionsschulen im Praxistest. Untersuchungen zum Landesprogramm Produktionsschulen in Mecklenburg-Vorpommern. Münster: Waxmann, S. 333-361.

Gentner, C. (2008c) (Hrsg.): Produktionsschulen im Praxistest. Untersuchungen zum Landesprogramm Produktionsschulen in Mecklenburg-Vorpommern. Münster: Waxmann.

Gesellschaft für innovative Beschäftigungsförderung (2012): Jugend und Beruf. Gesetzliche Grundlagen der Förderung. http://www.gib.nrw.de/service/downloads/JuB _GesetzlicheGrundlagen.pdf, 03.10.2012.

Gessner, T. (2003): Berufsvorbereitende Maßnahmen als Sozialisationsinstanz. Zur beruflichen Sozialisation benachteiligter Jugendlicher im Übergang in die Arbeitswelt. Münster: LIT.

Geulen, D. & Hurrelmann, K. (1980): Zur Programmatik einer umfassenden Sozialisationstheorie. In: Hurrelmann, K. & Geulen, D. (Hrsg.): Handbuch der Sozialisationsforschung. Weinheim: Beltz, S. 51-67.

Ginnold, A. (2008): Der Übergang Schule – Beruf von Jugendlichen mit Lernbehinderung. Einstieg – Ausstieg – Warteschleife. Bad Heilbrunn: Klinkhardt.

Girmes, R. (1997): Sich zeigen und die Welt zeigen. Bildung und Erziehung in posttraditionalen Gesellschaften. Opladen: Leske + Budrich.

Goebel, J., Gornig, M. & Häußermann, H. (2010): Polarisierung der Einkommen. Die Mittelschicht verliert. Wochenbericht des DIW Berlin Nr. 24/2010. http://www. diw.de/documents/publikationen/73/diw_01.c.357505.de/10-24-1.pdf, 20.02.2013.

Görlich, H. (2001): Schwierige Unterrichtssituationen im Berufsvorbereitungsjahr (BVJ). Pädagogische Problemlagen und ihre Wirkungen auf Lehrerinnen und Lehrer im Zeitablauf. In: Zeitschrift für Berufs- und Wirtschaftspädagogik, 97 (4), S. 561-583.

Gogolin, I. & Lange, I. (2010): Durchgängige Sprachbildung. Eine Handreichung. Münster: Waxmann.

Gogolin, I., Neumann, U. & Roth, H.-J. (2003): Förderung von Kindern und Jugendlichen mit Migrationshintergrund. Bund-Länder-Kommission. Heft 107. http://www.bmbf.de/pub/studie_foerderung_migration.pdf, 13.02.2009.

Graser, N. (2009): Kooperation in der Benachteiligtenförderung. Eine Untersuchung zu den Auswirkungen von Kooperationsbeziehungen innerhalb eines Bildungsnetzwerkes zur beruflichen Integration benachteiligter Jugendlicher. Hamburg: Kovac.

Greve, W., Hosser, D. & Pfeiffer, Ch. (1997): Gefängnis und die Folgen. Identitätsentwicklung und kriminelles Handeln während und nach Verbüßung einer Jugendstrafe. http://www.kfn.de/versions/kfn/assets/idententwicklungvoll.pdf, 04.03.2013.

Groeben, A. v.d. (2008): Verschiedenheit nutzen. Besser lernen in heterogenen Gruppen. Berlin: Cornelsen-Scriptor.

Grubich, R. et al. (2005) (Hrsg.): Inklusive Pädagogik. Beiträge zu einem anderen Verständnis von Integration. Wien: edition innsalz.

Grundmann, M., Dravenau, D., Bittlingmayer, U.H. & Edelstein, W. (2006) (Hrsg.): Handlungsbefähigung und Milieu. Zur Analyse milieuspezifischer Alltagspraktiken und ihrer Ungleichheitsrelevanz. Münster: LIT.

Grunwald, K. & Thiersch, H. (Hrsg.) (2004): Praxis Lebensweltorientierter Sozialer Arbeit. Handlungszugänge und Methoden in unterschiedlichen Arbeitsfeldern. Weinheim: Juventa.

Gudjons, H. (2003): Pädagogisches Grundwissen. Überblick – Kompendium – Studienbuch. 8. Auflage. Bad Heilbrunn: Klinkhardt.

Häcker, H., Leutner, D. & Amelang, M. (Hrsg.) (1998): Standards für pädagogisches und psychologisches Testen. Ausgearbeitet vom Committee to Develop Standards for Educational and Psychological Testing of AERA, APA, and NCME. Deutsche Bearbeitung: Supplementum 1/1998 der Diagnostica und der Zeitschrift für Differentielle und Diagnostische Psychologie.

Hallitzky, M. & Seibert, N. (2005): Didaktische Konzepte und Modelle. In: Studienbuch Schulpädagogik. Bad Heilbrunn: Klinkhardt, S. 206-229.

Hannemann, D. (2008): Wege nach Rom. Individualisierter Unterricht in der Grundschule. Hohengehren: Schneider.

Haubner, A., Batram, S. & Brinkmann, M. (2005): „Lernende Organisation" und Eingliederungspädagogik. Qualifizierung des Fachpersonals in einer Werkstatt für behinderte Menschen. In: Bojanowski, A., Ratschinski, G. & Straßer, P. (Hrsg.): Diesseits vom Abseits. Studien zur beruflichen Benachteiligtenförderung. Bielefeld: Bertelsmann, S. 304-316.

Hauschild, J. (1994): Menschenbilder im „Lehrplan zur individuellen Lernförderung". Frankfurt/Main: Peter Lang.

Havighurst, R.J. (1952): Developmental tasks and education (2). New York: David McKay.

Heckhausen, J. & Tomasik, M.J. (2002): Get an apprenticeship before school is out. How German adolescents adjust vocational aspirations when getting close to a developmental deadline. Journal of Vocational Behavior, 60 (2), S. 199-219.

Heinrich, D. (o.J.): Anton Semjonowitsch Makarenko. Lehrer, Pädagoge, Schriftsteller. „Ich fordere Dich, weil ich Dich achte". http://forge.fh-potsdam.de/~BiB/gruender/makarenko.pdf, 03.03.2013.

Heitmeyer et al. (1996): Gewalt. Schattenseiten der Individualisierung bei Jugendlichen aus unter-schiedlichen Milieus. Weinheim: Juventa.

Herz, B. (2010): Soziale Benachteiligung und Desintegrationsprozesse. In: Ahrbeck, B. & Willmann, M. (Hrsg.): Pädagogik bei Verhaltensstörungen. Ein Handbuch. Stuttgart: Kohlhammer, S. 333-342.

Heymann, H.W. (2007): Lernen und Arbeiten im Team. Pädagogik, 4. http://www.beltz.de/de/paedagogik/zeitschriften/paedagogik/themenschwerpunkte/themenschwerpunkt-42007.html, 20.03.2013.

Heyn, S., Schnabel, K.U. & Roeder, P.M. (1997): Von der Options- zur Realitätslogik. Stabilität und Wandel berufsbezogener Wertvorstellungen in der Statuspassage Schule – Beruf. In: Meier, A., Rabe-Kleberg, U. & Rodax, K. (Hrsg.): Jahrbuch Bildung und Arbeit '97. Transformation und Tradition in Ost und West. Opladen: Leske + Budrich, S. 281-305.

Hiller, G.G. (1991): Ausbruch aus dem Bildungskeller. Pädagogische Provokationen. Langenau-Ulm: Vaas.

Hiller, G.G. (1997): Schulisch wenig erfolgreiche Jugendliche aus Haupt- und Sonderschulen im Übergang ins Beschäftigungssystem. In: Stark, W., Fitzner, T. & Schubert, C. (Hrsg.): Lernschwächere Jugendliche im Übergang zum Beruf. Eine Fachtagung. Evangelische Akademie Bad Boll. Stuttgart: Klett, S. 39-60.

Hillmann, K.-H. (2007): Wörterbuch der Soziologie. Stuttgart: Kröner.

Hobsbawm, E. (2010): Das Zeitalter der Extreme. Weltgeschichte des 20. Jahrhunderts, München: dtv.

Hoff, E.-H., Lempert, W. & Lappe, L. (1991): Persönlichkeitsentwicklung in Facharbeiterbiographien. Bern: Huber.

Hofmann, B., Koch, S., Kupka, P., Rauch, A., Schreyer, F., Stops, M., Wolff, J. & Zahradnik, F. (2011): Wirkung und Nutzen von Sanktionen in der Grundsicherung. Zur Stärkung der Rechte von Arbeitslosen. IAB Stellungnahme 5/2011. http://doku.iab.de/stellungnahme/2011/sn0511.pdf, 21.02.2013.

Hohmeyer, H. & Wolff, J. (2010): Wirkungen von Ein-Euro-Jobs für ALG-II-Bezieher. Macht die Dosierung einen Unterschied? IAB Kurzbericht 4/2010. http://doku.iab.de/kurzber/2010/kb0410.pdf, 21.02.2013.

Holtappels, H.-G. (2003): Schulqualität durch Schulentwicklung und Evaluation. München: Luchterhand.

Hradil, S. (1992) (Hrsg.): Zwischen Bewußtsein und Sein. Opladen: Leske + Budrich.

Hüser, D. (2010): Die sechs Banlieue-Revolten im Herbst 2005. Oder: Überlegungen zur sozialen, politischen und kolonialen Frage in Frankreich. In: Hüser, D. (Hrsg.): Frankreichs Empire schlägt zurück. Gesellschaftswandel, Kolonialdebatten und Migrationskulturen im frühen 21. Jahrhundert. Kassel: kassel university press, S. 15-56.

Hustedt, H. (1998): Veränderungen in den kognitiven Leistungsvoraussetzungen der Schulabgänger. Lassen sich damit die Probleme bei der Besetzung von Ausbildungsplätzen erklären? In: Dostal, W., Parmentier, K. & Schober, K. (Hrsg.): Mangelnde Schulleistungen oder überzogene Anforderungen? Nürnberg: IAB, S. 161-167.

Imbusch, P. & Heitmeyer, W. (2008) (Hrsg.): Integration – Desintegration. Ein Reader zur Ordnungsproblematik moderner Gesellschaften. Wiesbaden: VS Verlag.

INBAS (Institut für berufliche Bildung, Arbeitsmarkt- und Sozialpolitik) (2003): Entwicklungsinitiative. Neue Förderstruktur für Jugendliche mit besonderem Förderbedarf. Qualitätsmerkmale. Anforderungen an Konzeption und Praxis der Berufsausbildungsvorbereitung. Offenbach: INBAS.

Jagusch, B. (2012): Facetten der Migration In: Jagusch, B., Sievers, B. & Teupe, U. (Hrsg.): Migrationssensibler Kinderschutz. Ein Werkbuch, Frankfurt/Main: IGfH-Eigenverlag, S. 93-145.

Jahn, R.W. (2011): Stützlehrer als pädagogische Profession in der Beruflichen Integrationsförderung?! Eine berufs- und professionstheoretische Analyse der Tätigkeit und Entwicklung eines Strukturmodells professioneller pädagogischer Kompetenz. Diss. Universität Jena.

Kampmeier, A.S. (2004): Alles Einzelkämpferei?! Professionelle Kooperation in der Benachteiligten-förderung. In: Bojanowski, A., Eckert, M. & Stach, M. (Hrsg.): Berufliche Bildung Benachteiligter vor neuen Herausforderungen. Bielefeld: Bertelsmann, S. 117-132.

Kampmeier, A.S., Niemeyer, B., Petersen, R. & Stannius, M. (2008): Das Miteinander fördern. Ansätze für eine professionelle Benachteiligtenförderung. Bielefeld: Bertelsmann.

Kampmeier, A.S., Niemeyer, B., Petersen, R., Schreier, C. & Stannius, M. (2006): Professionell kooperieren und qualifizieren in der Benachteiligtenförderung. Goldebeck: Mohland.

Keupp, H., Ahbe, T., Gmür, W., Höfer, R., Mitzscherlich, B., Krau, W. & Straus, F. (1999): Identitätskonstruktionen. Das Patchwork der Identitäten in der Spätmoderne. Reinbek: Rowohlt.

Kick, K.G. (2002): DIK-2 diagnostische Kriterien. Katalog berufsbezogener Personenmerkmale. Version 2. In: Institut für berufliche Bildung, Arbeitsmarkt- und Sozialpolitik (Hrsg.): Kompetenzfeststellung. Teil 1 Grundlagen. Offenbach: INBAS, S. 155-164.

Kieser, A., Walgenbach, B. (2003): Organisation. Stuttgart: Schäffer Pöschel.

King, V. (2004): Die Entstehung des Neuen in der Adoleszenz. Individuation, Generativität und Geschlecht in modernisierten Gesellschaften. 2. Auflage. Wiesbaden: VS Verlag.

Kiper, H. & Mischke, W. (2004): Einführung in die allgemeine Didaktik. Weinheim: Beltz.

Kipp, M. (1978): Arbeitspädagogik in Deutschland. Johannes Riedel. Hannover: Schroedel.

Kipp, M. (2008): Produktionsschule. Zur aktuellen Wirksamkeit einer alteuropäisch-pädago-gischen Idee in Deutschland. In: Gentner, C., Bojanowski, A. & Wergin, C. (Hrsg.): Kurs finden. Junge Menschen auf dem Weg ins Leben. Produktionsschulen in Mecklenburg-Vorpommern. Münster: Waxmann, S. 173-188.

Kirchler, E. (Hrsg.) (2005): Arbeits- und Organisationspsychologie. Wien: WUV.

Kleffmann, A. L., Weinmann, S. & Föhres, F. (1997): Psychologische Merkmalsprofile zur Eingliederung Behinderter in Arbeit. MELBA. Forschungsbericht Sozialforschung 212. Bonn: Bundesministerium für Arbeit und Sozialforschung.

Kleffner, A., Schober, K., Lappe, L. & Raab, E. (1996): Fit für den Berufsstart? Berufswahl und Berufsberatung aus Schülersicht. Materialien aus der Arbeitsmarkt- und Berufsforschung 3. Nürnberg: IAB.

Kobelt, K. (2008): Ideengeschichtliche Entwicklung des pädagogischen Kompetenzkonzepts. In: Koch, M. & Straßer, P. (Hrsg.): In der Tat kompetent. Zum Verständnis von Kompetenz und Tätigkeit in der beruflichen Benachteiligtenförderung. Bielefeld: Bertelsmann, S. 9-23.

Koch, M. (2008a): Wozu braucht Jugendberufshilfe Kompetenzfeststellung? In: Landesarbeitsgemeinschaft der Jugendsozialarbeit in Niedersachsen (Hrsg.): Kompetenzfeststellung im Übergang Schule – Beruf als fester Bestandteil des regionalen Übergangsmanagements. Hannover: LAGJSA, S. 24-31.

Koch, M. (2008b): BVJ-Produktionsschule. Bericht der wissenschaftlichen Begleitung. Leibniz Universität Hannover. Institut für Berufspädagogik und Erwachsenenbildung.http://www.ifbe.uni-hannover.de/index.php?eID=tx_nawsecuredl&u=0&file= uploads/tx_tkpublikationen/BVJ-Produktionsschule._Bericht_der_wissenschaftlichen_Begleitung__Universitaet_Hannover__Manuskriptdruck__2008.-2.pdf&t=1364 296766&hash=a767c39f219cad0e9bc2b5657e64240740a46cb7, 26.02.2013.

Koch, M. (2008c): Kritische Bestandsaufnahme der außerschulischen Berufsvorbereitung. In: Bojanowski, A., Mutschall, M. & Meshoul, A. (Hrsg.): Überflüssig? Abgehängt? Produktionsschule. Eine Antwort für benachteiligte Jugendliche in den neuen Ländern. Münster: Wax-mann, S. 47-68.

Koch, M. (2008d): Gelingen Habitustransformationen in der „Unterschicht"? bwpat Spezial 4. Hochschultage Berufliche Bildung 2008. FT 11: Berufliche Förderpädagogik. http://www.bwpat.de/ht2008/ft11/koch_ft11-ht2008_spezial4.pdf, 30.01.2013.

Koch, M. (2009): „Your Spot!" Interkulturelle TalentClips – Audiovisuelle Profilspots für Bewerbungen jugendlicher Migranten und Migrantinnen. Bericht der wissenschaftlichen Begleitung. Hannover: Eigendruck.

Koch, M. (2012): Strukturen des Niedersächsischen Übergangssystems. In: WISO-Info. Gewerkschaftliche Informationen zu Wirtschafts- und Sozialpolitik. Ausgabe 1/2012, S. 13-18. http://niedersachsen.dgb.de/++co++2785795e-570f-11e1-7098-00188b4dc 422/@@dossier.html, 15.02.2012.

Koch, M. (2013): „Verschüttetes Können?" Kompetenz, Herkunft und Habitus benachteiligter Jugendlicher. Münster: Waxmann

Koch, M. & Bojanowski, A. (2013): Deklassierende Dispositive. Zur kulturgeschichtlichen Dimension des zeitgenössischen Übergangsgeschehens. In: Maier, M.S. & Vogel, T. (Hrsg.): Blinde Flecke in der Debatte zum Übergangssystem Schule–Beruf (im Erscheinen).

Koch, M. & Straßer, P. (2008): Der Kompetenzbegriff. Kritik einer neuen Bildungsleitsemantik. In: Koch, M. & Straßer, P. (Hrsg.): In der Tat kompetent. Zum Verständnis von Kompetenz und Tätigkeit in der beruflichen Benachteiligtenförderung. Bielefeld: Bertelsmann, S. 25-52.

Koch, M., Ratschinski, G., Steuber, A. & Bojanowski, A. (2013): Klasse, Kontext, Defizit? Diffuse Diversität beruflicher Benachteiligtenförderung in Deutschland. In: Hauenschild, K., Robak, S. & Sievers, I. (Hrsg.): Diversity Education. Zugänge – Perspektiven – Beispiele. Frankfurt/Main: Brandes & Apsel (im Erscheinen).

Kock, K. (2008): Auf Umwegen in den Beruf. Destandardisierte und prekäre Beschäftigung von Jugendlichen an der zweiten Schwelle. Eine Auswertung empirischer Befunde. Dortmund: Sfs.

Koesling, A. (2008): Tätigkeit in Beziehung. In: Koch, M. & Straßer, P. (Hrsg.): In der Tat kompetent. Zum Verständnis von Kompetenz und Tätigkeit in der beruflichen Benachteiligtenförderung. Bielefeld: Bertelsmann, S. 149-166.

Koesling, A. (2010): Erziehungs- und Beziehungserfahrungen jugendlicher und heranwachsender Inhaftierter. Münster: LIT.

Konsortium Bildungsberichterstattung (2006a): Bildung in Deutschland. Ein indikatorengestützter Bericht mit einer Analyse zu Bildung und Migration. Bielefeld: Bertelsmann.

Konsortium Bildungsberichterstattung (2006b): Bildung in Deutschland. Ein indikatorengestützter Bericht mit einer Analyse zu Bildung und Migration. Tabellenanhang E1 Ausbildungsanfänger. http://www.bildungsbericht.de/zeigen.html?seite=4328, 03.02.2013.

Kracke, B., Hany, E., Driesel-Lange, K. & Schindler, N. (2011): Anregung zur selbständigen Zukunftsplanung? Angebote der schulischen Studien- und Berufswahlvorbereitung aus der Sicht von Jugendlichen. In: Krekel, E. M. & Lex, T. (Hrsg.): Neue Jugend, neue Ausbildung? Beiträge aus der Jugend- und Bildungsforschung. Bonn: BIBB, S. 79-93.

Krafeld, F.J. (1984): Geschichte der Jugendarbeit. Von den Anfängen bis zur Gegenwart. Weinheim: Beltz.

Krafeld, F.J. (1989): Anders leben lernen. Von berufsfixierten zu ganzheitlichen Lebensorientierungen. Weinheim: Beltz.

Kraheck, N. (2004): Karrieren jenseits normaler Erwerbsarbeit. Lebenslagen, Lebensentwürfe und Bewältigungsstrategien von Jugendlichen und jungen Erwachsenen in Stadtteilen mit besonderem Erneuerungsbedarf. Abschlussbericht. München: DJI.

Kronauer, M. (2002): Exklusion. Die Gefährdung des Sozialen im hoch entwickelten Kapitalismus. Frankfurt/Main: Campus.

Kronauer, M. (2006): „Exklusion" als Kategorie einer kritischen Gesellschaftsanalyse. Vorschläge für eine anstehende Debatte. In: Bude, H. & Willisch, A. (Hrsg.): Das Problem der Exklusion. Ausgegrenzte, Entbehrliche, Überflüssige. Hamburg: Hamburger Edition, S. 27-45.

Kronauer, M. (2010): Einleitung. Oder warum Inklusion und Exklusion wichtige Themen für die Weiterbildung sind. In: Kronauer, M. (Hrsg.): Inklusion und Weiterbildung. Reflexionen zur gesellschaftlichen Teilhabe in der Gegenwart. Bielefeld: Bertelsmann, S. 9-23.

Krüger-Hemmer, C. (2008): Bildungsbeteiligung, Bildungsniveau und Bildungsbudget. In: Statistisches Bundesamt, Gesellschaft sozialwissenschaftlicher Infrastruktureinrichtungen & Wissenschaftszent-rum Berlin für Sozialforschung (Hrsg.): Datenreport 2008. Ein Sozialbericht für die Bundesrepublik Deutschland, S. 51-73. http://www.destatis.de/jetspeed/portal/cms/Sites/destatis/Internet/DE/Content/Publikationen/Querschnittsveroeffentlichungen/Datenreport/Downloads/Datenreport2008,property=file.pdf, 29.04.2010.

Kruse, W. (2011): „Kommunale Koordinierung" beim Übergang Schule–Arbeitswelt. Jugendhilfe, 49 (6), S. 321-328.

Kuhnke, R. & Müller, M. (2009): Lebenslagen und Wege von Migrationsjugendlichen im Übergang Schule-Beruf. Ergebnisse aus dem DJI-Übergangspanel. München: DJI.

Kuhnt, B. & Müllert, N. (2004): Moderationsfibel. Zukunftswerkstätten verstehen, anleiten, einsetzen. 3. Auflage. Neu-Ulm: AG-Spak.

Länderbericht Freie und Hansestadt Hamburg (2011) In: Meier, J., Gentner, C. & Bojanowski, A. (Hrsg.): Produktionsschule verstetigen! Handlungsempfehlungen für die Bildungspolitik. Münster: Waxmann, S. 141-164.

Länderbericht Mecklenburg-Vorpommern (2011) In: Meier, J., Gentner, C. & Bojanowski, A. (Hrsg.): Produktionsschule verstetigen! Handlungsempfehlungen für die Bildungspolitik. Münster: Waxmann, S. 165-178.

Landesgruppe Produktionsschulen Hessen (2009): Arbeiten Lernen Leben. http://www.bv-produktionsschulen.de/cms/wp-content/uploads/2009/03/broschuere_LPH_web.pdf, 10.03.2013.

Landesprojektgruppe & Wissenschaftliche Begleitforschung (2008): Schulversuch Berufsbildende Schulen in Niedersachsen als regionale Kompetenzzentren (ProReKo). Abschlussbericht. http://www.proreko.de/uploads/media/ProReKo_Abschlussbericht_Ergebnisband.pdf, 10.03.2013.

Lange-Vester, A. (2000): Kontinuität und Wandel des Habitus. Handlungsspielräume und Handlungs-strategien in der Geschichte einer Familie. Diss.Universität Hannover. http://edok01.tib.uni-hannover.de/edoks/e002/319682951.pdf, 27.09.2005.

Laur-Ernst, U. (2002): Das Berufskonzept – zukunftsfähig – auch für Jugendliche mit schlechten Startchancen? In: BIBB (Hrsg.): Benachteiligte durch berufliche Qualifizierung fördern! http://www.bibb.de/dokumente/pdf/pr_pr-material_2002_benachteiligte_laurernst_badboll.pdf, 20.03.2013.

Lauth, G. (2000): Lernbehinderungen. In: Borchert, J. (Hrsg.): Handbuch der Sonderpädagogischen Psychologie. Göttingen: Hogrefe, S.21-45.

Lex, T. (2002): Individuelle Beeinträchtigungen und soziale Benachteiligung. Eine empirisch fundierte Begriffsbestimmung. In: Fülbier, P. & Münchmeier, M. (Hrsg.): Handbuch Jugendsozialarbeit. Geschichte, Grundlagen, Konzepte, Handlungsfelder, Organisation. Band 1. 2. Auflage. Münster: Votum, S. 469-485

Lippegaus, P. (2003): DIAgnose- und TRAININgseinheit für benachteiligte Jugendliche im Übergang Schule – Beruf. In: Institut für berufliche Bildung, Arbeitsmarkt- und Sozialpolitik (Hrsg.): Kompetenzfeststellung. Teil II Instrumente und Verfahren. Offenbach: INBAS, S. 165-180.

Lippegaus, P. (2005): Kompetenzen feststellen und entwickeln. DIA-TRAIN. Eine Diagnose- und Trainingseinheit für Jugendliche im Übergang Schule – Beruf. In: Bojanowski, A., Ratschinski, G. & Straßer, P. (Hrsg.): Diesseits vom Abseits. Studien zur beruflichen Benachteiligtenförderung. Bielefeld: Bertelsmann, S. 130-150.

Lippegaus-Grünau, P. (2009): Kompetenzen entwickeln und erkennen. Sozialpädagogisch orientierte Kompetenzfeststellung im Übergang Schule – Beruf dargestellt am Beispiel einer Diagnose- und Trainingseinheit für benachteiligte Jugendliche. Offenbach: INBAS.

Loch, D. (2010): Gesellschaftliche Entsolidarisierung gegenüber den banlieues. Städtische Segregation und Stadtpolitik in Frankreich. In: Hüser, D. (Hrsg.): Frankreichs Empire schlägt zurück. Gesellschaftswandel, Kolonialdebatten und Migrationskulturen im frühen 21. Jahrhundert. Kassel: kassel university press, S. 95-122.

LSKN (Landesbetrieb für Statistik und Kommunikationstechnologie Niedersachsen) (2001-2012): Tabelle K3050411, Berufsbildende Schulen im November in Niedersachsen, Schulträger insgesamt, Geschlecht und Staatsangehörigkeit: Schüler/innen insgesamt. http://www1.nls.niedersachsen.de/statistik/, 28.01.2013.

Mack, W. (2008): Bildungslandschaften. In: Coelen, Th. & Otto, H.-U. (Hrsg.): Grundbegriffe der Ganztagsbildung. Das Handbuch. Wiesbaden: VS Verlag, S. 741-749.

Makarenko, A.S. (1951): Der Weg ins Leben. Ein pädagogisches Poem. Berlin: Aufbau.

Makarenko, A.S. (1971): Ein pädagogisches Poem. Der Weg ins Leben. Frankfurt/Main: Ullstein.

Makarenko, A.S. (1978): Gesammelte Werke in acht Bänden. Bd. 5. Berlin: Aufbau.

Mancheno, T. (2011): Raum und Gewalt. Eine geo-ethnologische Analyse der Pariser Banlieues. http://www.wiso.uni-hamburg.de/fileadmin/sowi/akuf/Text_2010/AP_Banlieues-Mancheno_2011_2.pdf, 20.02.2013.

Manshusen, E. & Rütters, K. (2008): Lehrerteams als Instrument der Qualitätsentwicklung an berufsbildenden Schulen – aufgezeigt am Beispiel der Entwicklung Regionaler Kompetenzzentren in Niedersachsen. Bildung und Erziehung, 61. Jahrgang, 3(9), S. 297-320.

Margalit, A. (1999): Politik der Würde. Über Achtung und Verachtung. Frankfurt/Main: Fischer.

Meier, J. (2008): Die Besonderheit der Produktionsschule Wolgast auf ihrem eigenen Weg in der Produktionsschullandschaft in Mecklenburg-Vorpommern. In: Gentner, C. (Hrsg.): Produktionsschulen im Praxistest. Untersuchungen zum Landesprogramm Produktionsschulen in Mecklenburg-Vorpommern. Münster: Waxmann, S. 135-156.

Meier, J. (2011): Produktionsschulen als – erweitertes – berufsvorbereitendes Angebot des SGB III kodifizieren. Der spezifische Regelungsbedarf für Produktionsschulen in Deutschland. In: Meier, J., Gentner, C. & Bojanowski, A. (Hrsg.): Produktionsschule verstetigen! Handlungsempfehlungen für die Bildungspolitik. Münster: Waxmann, S. 123-130.

Meier, J. & Gentner, C. (2011): Bildungszertifikate in Produktionsschulen ermöglichen. Am Beispiel einer Umsetzungsoption in Mecklenburg-Vorpommern. In: Meier, J., Gentner, C. & Bojanowski, A. (Hrsg.): Produktionsschule verstetigen! Handlungsempfehlungen für die Bildungspolitik. Münster: Waxmann, S. 27-40.

Meshoul A. (2008): Die kulturhistorische Betrachtungsperspektive. Impulse für den Produktionsschul-ansatz. In: Gentner, C., Bojanowski, A. & Wergin, C. (Hrsg.): Kurs finden. Junge Menschen auf dem Weg ins Leben. Produktionsschulen in Mecklenburg-Vorpommern. Münster: Waxmann. S. 237-244.

Meyer, H. & Jank, W. (1991): Didaktische Modelle. Berlin: Cornelsen Scriptor.

Montada, L. (2002): Fragen, Konzepte, Perspektiven. In: Oerter, R. & Montada, L. (Hrsg.): Entwicklungspsychologie. Weinheim: Beltz. S. 3-53.

Mollenhauer, K. & Uhlendorff, U. (2004): Sozialpädagogische Diagnosen 1. Über Jugendliche in schwierigen Lebenslagen. 4. Auflage. Weinheim: Juventa.

Morgan, G. (1997): Bilder der Organisation. Stuttgart: Klett-Cotta.

Müller, E. (2008): Übergangssysteme für benachteiligte Jugendliche im Vergleich. Strukturen und Probleme in Deutschland und Dänemark. München: GRIN.

Müller-Kohlenberg, L., Schober, K. & Hilke, R. (2005): Ausbildungsreife. Numerus clausus für Azubis? Ein Diskussionsbeitrag zur Klärung von Begriffen und Sachverhalten. In: Berufsbildung in Wissenschaft und Praxis, 34(3), S. 19-23.

Münchmeier, R. (2002): Strukturwandel der Jugendphase. In: Fülbier, P. & Münchmeier, R. (Hrsg.): Handbuch Jugendsozialarbeit. Geschichte, Grundlagen, Handlungsfelder, Organisation. Bd. 1. 2. Auflage. Münster: Votum, S. 101-113.

Münk, D. (2008): Berufliche Bildung im Labyrinth des pädagogischen Zwischenraums. Von Eingängen, Ausgängen, Abgängen – und von Übergängen, die keine sind. In: Münk, D., Rützel, J. & Schmidt, Ch. (Hrsg.): Labyrinth Übergangssystem. Forschungserträge und Entwicklungsperspektiven der Benachteiligtenförderung zwischen Schule, Ausbildung, Arbeit und Beruf. Bonn: Pahl-Rugenstein, S. 31-52.

Myschker, N. (2005): Verhaltensstörungen bei Kindern und Jugendlichen. Erscheinungsformen – Ursachen – Hilfreiche Maßnahmen. Stuttgart: Kohlhammer.

Nationaler Pakt für Ausbildung und Fachkräftenachwuchs in Deutschland (2006): Kriterienkatalog zur Ausbildungsreife. Ein Konzept für die Praxis. Berlin: Nationaler Pakt für Ausbildung und Fachkräftenachwuchs in Deutschland.

Neukäter, H. & Wittrock, M. (2002): Verhaltensstörungen. In: Bundesanstalt für Arbeit (Hrsg.): Berufliche Rehabilitation junger Menschen. Handbuch für Schule, Berufsberatung und Ausbildung. Nürnberg: BW Bildung und Wissen, S. 254-265.

Nickolaus, R. & Schnurpel, U. (2001): Innovations- und Transfereffekte von Modellversuchen. Bd. 1. Bonn: BMBF Publik.

Niedermann, A., Schweizer, R. & Steppacher, J. (2007): Förderdiagnostik im Unterricht. Grundlagen und kommentierte Darstellung von Hilfsmitteln für die Lernstandserfassung in Mathematik und Sprache. Biel (CH): Edition SZH/CSPS.

Niedersächsische Landesregierung (2011): Übergangssysteme für Jugendliche ohne Ausbildungsplatz. Antwort der Niedersächsischen Landesregierung auf die große Anfrage der Fraktion Bündnis 90/Die Grünen vom 11. August 2010. http://www.blvnds.de/pdfs/2011/110131_uebergangssysteme.pdf, 25.08.2011.

Niedersächsisches Kultusministerium (2010): Materialien für berufsbildende Schulen. Handreichung für die Berufseinstiegsklasse (BEK). http://www.bvj.nibis.de/BEK/handreichung%20Mai%202010.pdf, 30.06.2010.

Niemeyer, B. (2004): Fachlichkeit versus Förderung? Professionalisierungsbedingungen in der Benachteiligtenförderung. In: Kampmeier, A. S. & Niemeyer, B. (Hrsg.): Benachteiligtenförderung. Auf dem Weg zu einer professionalisierten Kooperation. Goldebeck: Mohland, S. 101-116.

Niemeyer, B. (2012): Ordnung im Zwischenraum!? Überlegungen zur Steuerungslogik in der „Black Box". In: Bojanowski, A. & Eckert, M. (Hrsg.): Black Box Übergangssystem. Münster: Waxmann, S. 81–89.

Nolte, H., Röhrs, H.-J. & Stratmann, K. (1973): Die Jungarbeiter als Problem der Berufsschule. In: Neuordnung des beruflichen Schulwesens NW. Strukturförderung im Bildungswesen des Landes Nordrhein-Westfalen. Heft 22. Ratingen: Henn, S. 141-205.

Nürnberg. Bürgermeisteramt, Bildungsbüro (2011): Bildung in Nürnberg 2011. Erster Bildungsbericht der Stadt Nürnberg. http://www.pedocs.de/volltexte/2012/5879/pdf/Nuernberg_2011_Bildungsbericht.pdf, 03.03.2013.

Oerter, R. (1987): Jugendalter. In: Oerter, R. & Montada, L. (Hrsg.): Entwicklungspsychologie. Ein Lehrbuch. 2. Auflage. München: Psychologie Verlags Union, S. 265-338.

Ohm, U., Kuhn, C. & Funk, H. (2007): Sprachtraining für Fachunterricht und Beruf. Fachtexte knacken – mit Fachsprache arbeiten. Münster: Waxmann.

Oswald, P. & Schulz-Benesch, G. (Hrsg.) (2008): Grundgedanken der Montessori Pädagogik. Quellentexte und Praxisberichte. Freiburg: Herder.

Ott, B. (1997): Grundlagen des beruflichen Lernens und Lehrens. Ganzheitliches Lernen in der beruflichen Bildung. Berlin: Cornelsen.

Ott, B. (2000): Grundlagen des beruflichen Lernens und Lehrens. 2. Auflage. Berlin: Cornelsen.

Pätzold, G. & Wingels, J. (2006): Kooperation in der Benachteiligtenförderung. Eine Studie zur Umsetzung der Handlungsempfehlungen „Optimierung der Kooperation zur Förderung der sozialen und beruflichen Integration benachteiligter Jugendlicher". Bonn: Bund-Länder-Kommission für Bildungsplanung und Forschungsförderung.

Pätzold, G., Klusmeyer, J., Wingels, J. & Lang, M. (2003): Lehr-Lernmethoden in der beruflichen Bildung. Eine empirische Untersuchung in ausgewählten Berufsfeldern. Oldenburg: BIS.

Peterßen, W.H. (1998): Handbuch Unterrichtsplanung. München: Oldenbourg.

Peterßen, W.H. (2001): Lehrbuch allgemeine Didaktik. München: Oldenbourg.

Petzold, H.-J. & Schlegel, W. (1983): Qual ohne Wahl. Jugend zwischen Schule und Beruf. Frankfurt/Main: Jugend & Politik.

Pfeiffer, C. & Wetzels, P. (2006): Kriminalitätsentwicklung und Kriminalpolitik: Das Beispiel Jugendgewalt. Heidelberg: C.F. Müller.

Pfeiffer, G., Goll, M. & Tress, J. (2002): Die Weiterentwicklung des handwerklich-motorischen Eignungstests (HAMET) zum hamet2. In: Institut für berufliche Bildung, Arbeitsmarkt- und Sozialpolitik (Hrsg.): Kompetenzfeststellung. Teil 1 Grundlagen. Offenbach: INBAS, S. 119-142.

Piaget, J. (1976): Psychologie der Intelligenz. 2. Auflage. München: Kindler.

PISA-Konsortium Deutschland (Hrsg.) (2004): PISA 2003. Der Bildungsstand der Jugendlichen in Deutschland. Ergebnisse des zweiten internationalen Vergleichs. Münster: Waxmann.

Plicht, H. (2010): Das neue Fachkonzept berufsvorbereitender Bildungsmaßnahmen der BA in der Praxis. Ergebnisse aus der Begleitforschung BvB. http://doku.iab.de/forschungsbericht/2010/fb0710.pdf, 10.09.2010.

Powell, J.J.W. (2004): Das wachsende Risiko, als „sonderpädagogisch förderbedürftig" klassifiziert zu werden, in der deutschen und amerikanischen Bildungsgesellschaft. Selbständige Nachwuchsgruppe. Working Paper 2/2004. http://www.mpib-berlin.mpg.de/de/forschung/nwg/NWG%20Powell%20WP2_2004.pdf, 10.09.2010.

Projektgruppe Förderplanung. (2001a): Individuelle Förderplanung in der Benachteiligtenförderung. Teil 1: Verfahren und institutionelle Förderplanung. 2. Auflage. Heidelberg: hiba.

Projektgruppe Förderplanung. (2001b): Individuelle Förderplanung in der Benachteiligtenförderung. Teil 2: Instrumente und Dokumentation der Förderplanung. 2. Auflage. Heidelberg: hiba.

Rapold, M. (2006): Pädagogische Kompetenz, Identität und Professionalität. Die Konzeption eines universitären Seminars. In: Rapold, M. (Hrsg.): Pädagogische Kompetenz, Identität und Professionalität. Baltmannsweiler: Schneider Hohengehren, S. 5-34.

Ratschinski, G. (2005): Viele Daten – (zu) wenig Erkenntnis? Zum Wert der empirischen Benachteiligtenforschung für die Pädagogik. In: Bojanowski, A., Ratschinski, G. & Straßer, P. (Hrsg.): Diesseits vom Abseits. Studien zur beruflichen Benachteiligtenförderung. Bielefeld: Bertelsmann, S. 41-71.

Ratschinski, G. (2008): Berufsorientierung und Laufbahnentwicklung. Brauchen wir spezielle Konzepte für Frauen in der Benachteiligtenförderung? In: Bojanowski, A., Mutschall, M. & Meshoul, A. (Hrsg.): Überflüssig? Abgehängt? Produktionsschule: Eine Antwort für benachteiligte Jugendliche in den neuen Ländern. Münster: Waxmann, S. 211-222.

Ratschinski, G. (2009): Selbstkonzept und Berufswahl. Eine Überprüfung der Berufswahltheorie von Gottfredson an Sekundarschülern. Münster: Waxmann.

Ratschinski, G. (2012): Für die Berufswahl kompetent machen – Interview mit Prof. Dr. Günter Ratschinski. http://www.good-practice.de/infoangebote_beitrag4786.php, 03.03.2013.

Ratschinski, G. & Struck, P. (2012): Die entwicklungspsychologischen Grundlagen der Ausbildungsreife. In: Bojanowski, A. & Eckert, M. (Hrsg.): Black Box Übergangssystem. Münster: Waxmann, S. 171-182.

Ratzki, A. (2005): Pädagogik der Vielfalt im Lichte internationaler Schulerfahrungen. In: Bräu, K. & Schwerdt, U. (Hrsg.): Heterogenität als Chance: Vom produktiven Umgang mit Gleichheit und Differenz. Paderborner Beiträge zur Unterrichtsforschung und Lehrerbildung. Band 9. Münster: LIT, S. 37-52.

Rauschenbach, T. (2005): Plädoyer für ein neues Bildungsverständnis. Aus Politik und Zeitgeschichte (APuZ): Bildungsreformen. Ausgabe 12/2005, S. 3-6.

Riemer, A. (2007): Demokratische Teilhabe durch Produktionsschulen. In: Bojanowski, A., Mutschall, M. & Meshoul, A. (Hrsg.): Überflüssig? Abgehängt? Produktionsschule:

Eine Antwort für benachteiligte Jugendliche in den neuen Ländern. Münster: Waxmann, S. 165-168.

Riemer, A. (2012): Ausbildungsversorgung und Ausbildungsreife im Policy-Prozess. In: Ratschinski, G. & Steuber, A. (Hrsg.): Ausbildungsreife. Kontroversen, Alternativen und Förderansätze. Wiesbaden: Springer VS, S. 33-52.

Ritzenhofen, M. (2005): Brennende Banlieues. Die Explosion der Cités kam nicht überraschend. Dokumente. Zeitschrift für den deutsch-französischen Dialog. 6/2005, S. 6-10.

Rose, L. (2004): Gender Mainstreaming in der Kinder und Jugendarbeit. Weinheim: Juventa.

Rosenthal, P. (2012): Anmerkungen zu den Perspektiven öffentlich geförderter Beschäftigung vor dem Hintergrund von Mittelkürzungen und Instrumentenreform. In: AWO Bundesverband e.V. Berlin: Zukunft der Arbeitsförderung nach der Instrumentenreform. Tagungsdokumentation der Arbeitstagung am 15. und 16. März in Berlin, S. 5-12. http://www.arbeitnehmerkammer.de/cms/upload/Publikationen/Politikthemen/ArbeitSoziales/Dokumentation_Zukunft_der_Arbeitsfoerderung_nach_der_Instrumentenreform.pdf, 31.01.2013.

Rützel, J. (1995): Randgruppen in der beruflichen Bildung. In: Arnold, R. & Lipsmeier, A. (Hrsg.): Handbuch der Berufsbildung. Opladen: Leske + Budrich, S. 109-120.

Rützel, J. & Schapfel, F. (1997): Grundzüge einer Didaktik arbeitsplatznahen Lernens aus kritisch subjektorientierter Sicht. In: Rützel, J. & Schapfel, F.: Gruppenarbeit und Qualität. Alsbach: Leuchtturm, S. 1-23.

Rychen, D.S. & Salganik, L.H. (Hrsg.) (2001): Defining and selecting key competencies. Seattle: Hogrefe & Huber.

Rychen, D.S. & Salganik, L.H. (Hrsg.): (2003): Key competencies for a successful life and well-functioning society. Göttingen: Hogrefe & Huber.

Sänger, R. & Bennewitz, H. (2001): Von der Last zur Lust an der Zusammenarbeit. Handlungsempfehlungen zum Aufbau von Netzwerken gegen Jugendarbeitslosigkeit. In: Institut für berufliche Bildung, Arbeitsmarkt- und Sozialpolitik (Hrsg.): Lokale und regionale Netzwerke zur sozialen und beruflichen Integration Jugendlicher. Offenbach: INBAS; S. 75-100.

Schaub, H. & Zenke, K. G. (2000): Wörterbuch Pädagogik. 4. Auflage. München: dtv.

Schein, E. H. (2003): Organisationskultur. Bergisch Gladbach: EHP.

Schelten, A. (2004): Einführung in die Berufspädagogik. Wiesbaden: Franz Steiner.

Schierholz, H. (2002): Strategien gegen Jugendarbeitslosigkeit. Zur Ausbildungs- und Berufsintegration von Jugendlichen mit schlechteren Startchancen. 2. Auflage. Hannover: edition.jab.

Schierholz, H. (2005): Perspektiven einer Reform des Vergaberechts unter besonderer Berücksichtigung einer sachgerechten Erbringung von Dienstleistungen am Arbeitsmarkt. Gutachterliche Stellungnahme für den Bundesverband der Träger beruflicher Bildung (Bildungsverband) e.V. Hamburg: Bildungsverband e.V.

Schmidt-Lorch, M. (2006): DIA-TRAIN. DIAgnose und TRAINing. Fallbeispiel Wuppertal. In: Regiestelle E & C der Stiftung SPI. Sozialpädagogisches Institut Berlin, S. 95-98. http://www.eundc.de/pdf/44021.pdf, 21.02.2013.

Schmiel, M. & Sommer, K.-H. (1992): Lehrbuch Berufs- und Wirtschaftspädagogik. 2. Auflage. München: Ehrenwirth.

Schnadt, P. (2000): Individuelle Förderplanung in der Benachteiligtenförderung. http://www.foerderplan.de/foerderpln.htm, 20.03.2013.

Schnurpel, U., Reschke, B. & Börchers, U. (2002): Praxisorientierung und Kooperation in der Berufsschullehrerausbildung. Bielefeld: Bertelsmann.

Schreiber-Kittl, M. & Schröpfer, H. (2002): Abgeschrieben? Ergebnisse einer empirischen Untersuchung über Schulverweigerer. Übergänge in Arbeit. Bd. 2. München, Leipzig: Deutsches Jugendinstitut.

Schröder, H. (2001): Didaktisches Wörterbuch. Wörterbuch der Fachbegriffe von „Abbilddidaktik" bis „Zugpferd-Effekt". München: Oldenbourg.

Schröder, M. Z. (2002): Allgemeine Geschäftsbedingungen. Roman. Berlin: Alexander Fest.

Schuck, K.D. (2008): Konzeptuelle Grundlagen der Förderdiagnostik. In: Arnold, K.-H., Graumann, O. & Rakhkochkine, A. (Hrsg.) Handbuch Förderung. Weinheim: Beltz, S. 106-114.

Schulte, E. (2004): Die Weiterentwicklung der beruflichen Benachteiligtenförderung im Handlungsfeld Jugendsozialarbeit/Jugendberufshilfe. Ein Zukunftsszenario. Analysen, Feststellungen und Vorschläge. Expertise im Auftrag der Bundesarbeitsgemeinschaft Jugendsozialarbeit. Bonn: BAG JAW e.V.

Schulze-Steikow, R. (2008): Öffentliche Finanzen und öffentlicher Dienst. In: Statistisches Bundesamt, Gesellschaft sozialwissenschaftlicher Infrastruktureinrichtungen & Wissenschaftszentrum Berlin für Sozialforschung (Hrsg.): Datenreport 2008. Ein Sozialbericht für die Bundesrepublik Deutschland, S. 98-108. http://www.destatis. de/jetspeed/portal/cms/Sites/destatis/Internet/DE/Content/Publikationen/Quersch nittsveroeffentlichungen/Datenreport/Downloads/Datenreport2008,property=file.p df, 29.04.2010.

Schütze, F. (1992): Sozialarbeit als bescheidene Profession. In: Dewe, B., Ferchhoff, W. & Radtke, F.O. (Hrsg.): Erziehen als Profession. Zur Logik des professionellen Handelns in pädagogischen Feldern. Opladen: Leske + Budrich, S.132-170.

Schwarte, J. (2002): Der werdende Mensch. Persönlichkeitsentwicklung und Gesellschaft. Wiesbaden: Westdeutscher Verlag.

Seifert, K.H. (1984): Berufswahlreife. In: Bundesanstalt für Arbeit (Hrsg.): Handbuch zur Berufswahlvorbereitung. Mannheim: TransMedia, S. 186-197.

Sektion Berufs- und Wirtschaftspädagogik in der Deutschen Gesellschaft für Erziehungswissenschaft (DGfE) (Hrsg.) (2009): Memorandum zur Professionalisierung des pädagogischen Personals in der Integrationsförderung aus berufsbildungswissenschaftlicher Sicht. http://www.bwp-dgfe.de/index.php?eID=tx_nawsecuredl&u=0&file= uploads/media/Memorandum.Druckfassung.30.08.2009.pdf&t=1363889591&hash= 87b91cbedce3205f44fb45dc7e77c19c8c5c5d78, 20.03.2013.

Sennet, R. (2008): Handwerk. Berlin: Berlin.

Seubert, R. (1984): Zur Geschichte des Jungarbeiter-Problems. Siegen Universität-Gesamthoch-schule: Manuskriptdruck.

Solga, H. (2003): Jugendliche ohne Schulabschluss und ihre Wege in den Arbeitsmarkt. In: Cortina, K.S., Baumert, J., Leschinsky, A. & Mayer, K.U. (Hrsg.): Das Bildungswesen in der Bundesrepublik Deutschland. Strukturen und Entwicklungen im Überblick. Reinbek: Rowohlt, S. 711-754.

Stadt Herford, Dezernat Bildung, Jugend und Soziales (2006): Erfahrungsbericht „Futurum Skola/Schweden". Wir machen Schule. http://www.herford.de/media/custom/ 1050_1206_1.PDF, 10.03.2013.

Stanat, P., Segeritz, M. & Christensen, G. (2010): Schulbezogene Motivation und Aspiration von Schülerinnen und Schülern mit Migrationshintergrund. In: Bos, W., Klieme, E. & Köller, O. (Hrsg.): Schulische Lerngelegenheiten und Kompetenzentwicklung. Festschrift für Jürgen Baumert. Münster: Waxmann, S. 31-58.

StBA (Statistisches Bundesamt) (2011a): Fachserie 11 Reihe 1. Bildung und Kultur. Allgemeinbildende Schulen. Schuljahr 2010/2011. https://www.destatis.de/DE/Publikatio nen/Thematisch/BildungForschungKultur/Schulen/AllgemeinbildendeSchulen21101

00117004.pdf;jsessionid=A52147581A5C6F657014D81529C4F7D6.cae1?__blob=pub licationFile, 18.10.2012.

StBA (Statistisches Bundesamt) (2011b): Justiz auf einen Blick. Ausgabe 2011. https://www.destatis.de/DE/Publikationen/Thematisch/Rechtspflege/Querschnitt/ BroschuereJustizBlick0100001099004.pdf?__blob=publicationFile, 02.02.2012.

StBA (Statistisches Bundesamt) (2012a): Bevölkerung und Erwerbstätigkeit. Bevölkerungsfortschreibung 2010. https://www.destatis.de/DE/Publikationen/Thema tisch/Bevoelkerung/Bevoelkerungsstand/Bevoelkerungsfortschreibung20101301070 04.pdf?__blob=publicationFile, 02.10.2012.

StBA (Statistisches Bundesamt) (2012b): Bildungsfinanzbericht 2012, S. 30f, 110. https://www.destatis.de/DE/Publikationen/Thematisch/BildungForschungKultur/B ildungKulturFinanzen/Bildungsfinanzbericht1023206127004.pdf?__blob=publicati onFile, 06.02.2013.

Stauber, B. & Walther, A. (2000): Selektion und Cooling-out durch das Benachteiligungsprinzip. Biografische Risiken durch institutionelle Strukturen und ihre ideologischen Grundlagen. In: Pohl, A. & Schneider, S. (Hrsg.): Sackgassen – Umleitungen – Überholspuren? Ausgrenzungsrisiken und neue Perspektiven im Übergang in die Arbeit. Tübingen: Neuling, S. 17-33.

Stein, R. (1997): Technische Berufsausbildung Lernbeeinträchtigter. Pädagogische Konzepte und Organisation. Bad Heilbrunn: Klinkhardt.

Steuber, A. (2012a): Sprachförderung für Jugendliche in der Berufsvorbereitung. Zielgruppen, Fachstrukturen und Gestaltungsansätze. In: Bojanowski, A. & Eckert, M. (Hrsg.): Black Box Übergangssystem. Münster: Waxmann, S. 253-266.

Steuber, A. (2012b): Sprachbildung im Kontext beruflicher Tätigkeiten. Auf der Suche nach einer methodisch-didaktischen Konkretisierung. In: Ratschinski, G. & Steuber, A. (Hrsg.): Ausbildungsreife. Kontroversen, Alternativen und Förderansätze. Wiesbaden: Springer VS, S. 301-315.

Straßer, P. (2005): Wege zum Verstehen. Reflektiertes Lehren und Lernen in der beruflichen Benachteiligtenförderung. In: Bojanowski, A., Ratschinski, G. & Straßer, P. (Hrsg.): Diesseits vom Abseits. Studien zur beruflichen Benachteiligtenförderung. Bielefeld: Bertelsmann, S. 85-110.

Straßer, P. (2008a): Können erkennen. Reflexives Lehren und Lernen in der beruflichen Benachteiligtenförderung. Bielefeld: Bertelsmann.

Straßer, P. (2008b): Arbeiten und Lernen verbinden. Die Bedeutung von Tätigkeit in der pädagogischen Praxis. In: Gentner, C., Bojanowski, A. & Wergin, C. (Hrsg.): Kurs finden. Junge Menschen auf dem Weg ins Leben. Produktionsschulen in Mecklenburg-Vorpommern. Münster: Waxmann, S. 229-235.

Straßer, P. & Bojanowski, A. (2011): Benachteiligte Jugendliche. Förderstrategien und ihre empirische Fundierung. Zeitschrift für Berufs- und Wirtschaftspädagogik. Beiheft 25, S. 113-128.

Straßer, P. & Koch, M. (2008): Subjektivierung von Welt. Tätigkeit als notwendiges Prinzip einer beruflichen Förderpädagogik. In: Koch, M. & Straßer, P. (Hrsg.): In der Tat kompetent. Zum Verständnis von Kompetenz und Tätigkeit in der beruflichen Benachteiligtenförderung. Bielefeld: Bertelmann. S. 133-148.

Stürzer, M. (2012): Allgemeinbildende Schulen. In: Stürzer, M., Täubig, V., Uchronski, M. & Bruhns, K. (Hrsg.): Schulische und außerschulische Bildungssituation von Jugendlichen mit Migrationshinter-grund. Ein Daten- und Forschungsüberblick. München: DJI, S. 14-58.

Super, D.E. (1953): A theory of vocational development. American Psychologist 8, S. 185-190.

Super, D.E. (1994): Der Lebenszeit-, Lebensraumansatz der Laufbahnentwicklung. In: Brown, D. & Brooks, L. (Hrsg.): Karriere-Entwicklung. Stuttgart: Klett-Cotta, S. 211-280.

Tärre, M. (2005): Geschäftsprozessorientierte Ausbildung in der Informations- und Telekommunikationstechnik. Ergebnisse aus einem Modellprojekt. In: Bojanowski, A., Ratschinski, G. & Straßer, P. (Hrsg.): Diesseits vom Abseits. Studien zur beruflichen Benachteiligtenförderung. Bielefeld: Bertelsmann, S. 242-262.

Teichler, U. (1985): Zum Wandel von Bildung und Ausbildung in den 70er und 80er Jahren. In: Institut für Arbeitsmarkt und Berufsforschung (Hrsg.): Mitteilungen aus der Arbeitsmarkt- und Berufsforschung, 1985/18, S. 167-176. http://doku.iab.de/mittab/1985/1985_2_mittab_teichler.pdf, 16.05.2010.

Tenberg, R. (2003): Kollegiale Teamarbeit als Perspektive für innovative Lehrerbildung. In: Zeitschrift für Berufs- und Wirtschaftspädagogik, Beiheft 17, S. 150-160.

Terhart, E. (2001): Lehrerberuf und Lehrerbildung. Weinheim: Beltz.

Thiel, R. (2008): Produzieren und Lernen als Herausforderung im Werkstattalltag. In: Gentner, C., Bojanowski, A. & Wergin, C. (Hrsg.): Kurs finden. Junge Menschen auf dem Weg ins Leben: Produktionsschulen in Mecklenburg-Vorpommern. Münster: Waxmann. S. 53-63.

Thiersch, H. (2002a): Positionsbestimmungen der Sozialen Arbeit. Gesellschaftspolitik, Theorie und Ausbildung. Weinheim: Juventa.

Thiersch, H. (2002b): Lebensweltorientierte Jugendsozialarbeit. In: Fülbier, P. & Münchmeier, R. (Hrsg.): Handbuch Jugendsozialarbeit. Geschichte, Grundlagen, Konzepte, Handlungsfelder, Organisation. Band 2. Münster: Votum, S. 777-789.

Thiersch, H. (2009): Lebensweltorientierte Soziale Arbeit. Aufgaben der Praxis im sozialen Wandel. Weinheim: Juventa.

Tietgens, H. (1988): Professionalität für die Erwachsenenbildung. In: Gieseke, W. et al.: Professionalität und Professionalisierung. Bad Heilbrunn: Klinkhardt, S. 28-75.

Tivig, T. & Henze, P. (Hrsg.) (2007): Deutschland im Demografischen Wandel. Rostocker Zentrum zur Erforschung des Demografischen Wandels. http://www.zdwa.de/zdwa/artikel/broschuere/broschuere2007_gesamt.pdf, 25.06.2010.

Trepke, S., Greiner-Jean, A. & Gentner, C. (2008): Benötigen Produktionsschulen Regeln und Rituale? In: Gentner, C., Bojanowski, A. & Wergin, C. (Hrsg.) (2008): Kurs finden. Junge Menschen auf dem Weg ins Leben. Produktionsschulen Mecklenburg-Vorpommern. Münster: Waxmann, S. 91-113.

Uhly, A. & Erbe, J. (2007): Auszubildende mit Hauptschulabschluss. Vom Normalfall zur Randgruppe? BWP Berufsbildung in Wissenschaft und Praxis. 4/2007, S. 15-20. http://www.bibb.de/dokumente/pdf/a12bwp_04_2007_beitrag_uhly-erbe.pdf, 16.03.2011.

Ulrich, J.G. (2011): Übergangsverläufe von Jugendlichen aus Risikogruppen. Aktuelle Ergebnisse aus der zum Jahreswechsel 2010/2011 durchgeführten BA-BIBB-Bewerberbefragung. Vortrag auf „16. Hochschultage Berufliche Bildung". Workshop 15: „Risikogruppen im Übergangssystem". http://www.kibb.de/cps/rde/xchg/SID-3C5594CA-91415E8B/kibb/hs.xsl/481_1328.htm, 24.09.2012.

Ulrich, J.G. & Beicht, U. (2010): Auszubildende mit betrieblichen und außerbetrieblichen Ausbildungs-verträgen. In: Datenreport zum Berufsbildungsbericht 2010. Informationen und Analysen zur Entwicklung der beruflichen Bildung. Bonn: BIBB, S. 124-128.

Vester, M., Oertzen, P. v., Geiling, H., Hermann, T. & Müller, D. (2001): Soziale Milieus im gesellschaftlichen Strukturwandel. Zwischen Integration und Ausgrenzung. Frankfurt/Main: Suhrkamp.

Vogel, B. (2009): Stärkung des Kommunalen als Aufgabe. Die öffentlichen Dienstleistungen drohen ihre Funktionsfähigkeit zu verlieren. Frankfurter Rundschau vom 16.11.2009, S. 22.

Wagner, J. (2010): Kein Geld für die Briefmarke. In: DIE ZEIT, 25.02.2010 Nr. 09. http://www.zeit.de/2010/09/Jugend-Hartz-IV/seite-2, 10.03.2013.

Walden, G., Beicht, U., Herget, H., Kath, F., Rübsaat, R. & Schaaf, C.M. (2003): Abschlussbericht zum Forschungsprojekt 2.9005. Nutzen und Nettokosten der Berufsausbildung für Betriebe. http://www2.bibb.de/tools/fodb/pdf/eb_29005.pdf, 08.03.2011.

Weinheimer Initiative (2007): Lokale Verantwortung für Bildung und Ausbildung. Eine öffentliche Erklärung. Weinheim 2007. http://www.weinheimer-initiative.de/Portals /7/Dokumente/WEINHEIMER_Erklärung%202007.pdf, 20.03.2013.

Weniger, E. (1952): Die Eigenständigkeit der Erziehung in Theorie und Praxis. Weinheim: Beltz.

Wensierski, H.-J. v., Schützler, Ch. & Schütt, S. (2005): Berufsorientierende Jugendbildung. Grundlagen, empirische Befunde, Konzepte. Weinheim: Juventa.

Wenzelmann, F., Schönfeld, G., Pfeifer, H. & Dionisius, R. (2009): Betriebliche Berufsausbildung. Eine lohnende Investition für die Betriebe. Ergebnisse der vierten BIBB-Kosten-Nutzenerhebung 2007. BIBB-Report 8/09. Forschungs- und Arbeitsergebnisse aus dem Bundesinstitut für Berufsbildung. http://www.bibb.de/dokumente/pdf/ a12_bibbreport_2009_08.pdf, 17.05.2010.

Werner, D., Neumann, M. & Schmidt, J. (2008): Volkswirtschaftliche Potenziale am Übergang von der Schule in die Arbeitswelt. Eine Studie zu den direkten und indirekten Kosten des Übergangsgeschehens sowie Einspar- und Wertschöpfungspotenzialen bildungspolitischer Reformen. Im Auftrag der Bertelsmann Stiftung. Erstellt durch das Institut der deutschen Wirtschaft Köln. http://www.bertelsmann-stiftung.de/bst/de/media/xcms_bst_dms_26143_26517_2.pdf, 16.05.2010.

Wiater, W. (2005): Bildung und Erziehung als Aufgaben der Schule. In: Apel, H.J. & Sacher, W. (Hrsg.): Studienbuch Schulpädagogik. Bad Heilbrunn: Klinkhardt, S. 301-326.

Wiemann, G. (1962): Das wolfenbütteler Modell der Jungarbeiter-Berufsschule. Braunschweig: West-ermann.

Willke, H. (2001): Systemisches Wissensmanagement (Mit Fallstudien). 2. Auflage. Stuttgart: UTB.

Winkel, K. (2003): Wiederentdeckt: Dewey und der Projektunterricht. Bildungsbenachteiligte Jugendliche werden „weiterbildungsfähig". Beobachtungen aus einer Gesamtschule im saarländischen LLL-Programm. http://www.diezeitschrift.de/32003/win kel03_01.htm, 03.02.2013.

Winter, I. (2008): Maria Montessoris „Erdkinderplan". Ein Beitrag zur Anreicherung der Produktionsschulidee. In: Gentner, C., Bojanowski, A. & Wergin, C. (Hrsg.): Kurs finden. Junge Menschen auf dem Weg ins Leben. Produktionsschulen in Mecklenburg-Vorpommern. Münster: Waxmann, S. 245-255.

Wisser, U. (2002): Europäische Politik und Finanzierungselemente. In: Fülbier, P. & Münchmeier, R. (Hrsg.): Handbuch Jugendsozialarbeit. Geschichte, Grundlagen, Konzepte, Handlungsfelder, Organisationen. Bd. 1. Münster: Votum, S. 311-327.

Wolff, J., Popp, S. & Zabel, C. (2010): Ein-Euro-Jobs für hilfebedürftige Jugendliche. Hohe Verbreitung, geringe Integrationswirkung. WSI Mitteilungen. Monatszeitschrift des Wirtschafts- und Sozialwissenschaftlichen Instituts in der Hans-Böckler-Stiftung. 1/2010, S. 11-18.

Wößmann, L. & Piopiunik, M. (2009): Was unzureichende Bildung kostet. Eine Berechnung der Folgekosten durch entgangenes Wirtschaftswachstum. Bertelsmann Stiftung, Gütersloh 2009. http://www.bertelsmann-stiftung.de/bst/de/media/xcms_bst _dms_30242_30243_2.pdf, 27.02.2013.

Ziehe, T. (1987): Neue kulturelle Suchbewegungen. Nach dem Hedonismus. Sozialwissenschaftliche Informationen 4, S. 247-254.

Zielinski, W. (1998): Lernschwierigkeiten. Ursachen – Diagnostik – Intervention. Stuttgart: Kohlhammer.

Zielke, D. & Lemke, I. (1989): Außerbetriebliche Berufsausbildung benachteiligter Jugendlicher. Anspruch und Realität. Berlin: BIBB.

Internetquellen

www.lernorte-im-dialog.de, 21.02.2013

http: Biermann, H. & Rützel, J. (1991): Benachteiligte in der beruflichen Bildung – eine alte Gruppe mit neuen Risiken? In: Berufsbildung, 45 11/12, S. 414-421.

Arnulf Bojanowski,
Manfred Eckert (Hrsg.)

Black Box Übergangssystem

2012, 298 Seiten, br., 26,90 €
ISBN 978-3-8309-2724-2

In den letzten zwei Dekaden hat sich ein Sektor beruflicher Bildung entwickelt, den die Nationalen Bildungsberichte als berufliches „Übergangssystem" bezeichnen.
Der Band versammelt Beiträge, die Entwicklungen und Probleme dieses Sektors erörtern. Zunächst geht es um die soziale Struktur der Gesellschaft. Diskutiert werden „neue Randgruppen" oder die soziale Selektivität des Übergangsverlaufs. Danach beleuchtet der Band die institutionelle Seite: Wohin entwickeln sich Übergangssysteme? Hier werden programmatische Überlegungen und analytische Reflexionen miteinander verbunden. Der dritte Teil des Buches richtet sich auf die „subjektive Seite" der Übergangsprobleme: Was zeigt die Forschung über junge Menschen in Übergangsprozessen?

Joachim Schroeder

Schulen für schwierige Lebenslagen

Studien zu einem Sozialatlas
der Bildung

2012, 490 Seiten, br., 34,90 €
ISBN 978-3-8309-2737-2

In Deutschland gibt es zahlreiche Bildungseinrichtungen für Jugendliche und junge Erwachsene, die in sehr schwierigen Lebenslagen zurechtkommen müssen: Straßenschulen, Bahnhofsschulen, Lernwerkstätten oder Fernschulen; Lagerschulen, Gefängnisschulen, Hospiz- und Therapieschulen; Produktionsschulen, Schülerfirmen sowie Schulen für Kinder beruflich Reisender; Schulen für Roma oder Sinti und Schulen für Jugendliche, die aufgrund ihrer sexuellen Orientierung von Gewalt bedroht sind; Schulen für Schulverweigerer.

Das Buch gibt somit einen umfassenden Überblick zu diesen ungewöhnlichen Schulen. An vielen Beispielen wird die praktische Arbeit in solchen Einrichtungen beschrieben, in schultheoretischen Erörterungen werden die spezifischen pädagogischen Antinomien herausgearbeitet, und in Stichwortartikeln sind die Fakten zur jeweiligen Schulform zusammengefasst.